한국고대와전명문

한국고대와전명문

김창호 지음

서경문화사

| 책머리에 |

고고학에서는 토기, 석기 등을 중심으로 하는 土石考古學과 칼, 冠, 청동합, 은합, 銙帶 등을 중심으로 하는 金屬器考古學이 있다. 전자는 지표 조사를 통해 개인적인 연구가 가능하여, 편년이나 분포 등을 연구할 수 있다. 후자는 국가 기관인 박물관 등에 소속되어야 지배 계층, 신분제, 이데올로기, 왕권 등의 연구가 가능하다. 후자인 토기와 같이 흙으로 만들었으면서 지배 계급 등을 연구할 수 있는 자료로 기와가 있다. 그래서 기와의 중요성은 아무리 강조해도 지나치지 않다.

이토록 중요한 기와 가운데 명문이 있는 문자 자료에 대한 연구는 대단히 중요하나 금석문과 기와를 동시에 공부하지 않으면 안 된다. 가령 「익산 미륵사지 출토 景辰명기와」이란 논문은 避諱를 알지 못하면 쓸 수가 없다. 여기에서는 백제의 피휘가 우리나라에서 가장 오래된 것이며, 장판타날기와의 9세기설과 모순되는 장판타날의 656년설을 검토할 필요가 있게 되었고, 당과 백제도 그렇게 적대 관계가 아님을 알게 되었고, 고신라 원통 기와의 기원을 백제에서 찾게 되었다. 피휘와 함께 금석문에서 연대를 알 수 있는 방법으로 결획이 있다. 이 결획은 고려시대부터 나오며 삼국시대나 통일 신라 시대에는 그 예가 없다.

기와가 중요하지만 그 절대 연대를 알려주는 기와 명문 자료는 부족하다. 고신라에서는 암새와 기와나 평기와에서 문자 자료가 있는 자료가 단 1점도 없다. 그래서 고신라의 기와는 5세기 4/4분기에 출현하는 것으로 짐작된다. 보통 6세기 전반을 고신라 기와의 생산 시작으로 보고 있다. 금관총의 3루환두대도 검초 단금구 2점에서 나온 尒斯智王(刀)이란 명문을 훈독과 반절로 풀이할 때, 넛지왕이 되고, 넛지왕은 신라 왕 가운데 눌지왕과 가장 가까운 麻立干=王이다. 그러면 금관총은 458년이란 절대 연대를 가지게 된다. 금관총은 종래 5세기 4/4분기로 보아 왔다. 458년과 17~42년의 연대 차이가 있게 된다. 이를 법흥왕의 율령 반포가 520년 正月임을 근거로 적석목곽묘와 횡혈식석실분의 교체시기를 520년으로 보면, 기와의 시작도 30년을 소급시켜야 하기 때문이다. 세기의 발견인 금관총의 尒斯智王은 4~8세기 신라 적석목곽묘, 횡혈식석실분, 신라토기, 인화문토기, 단각고배 등의 절대 연대를 30년 소급시키는 효과를 가져 오게 된다.

기와에서 연간지나 연호 기와는 고구려가 아니면 없고, 백제는 인각기와가 많으나 단편적인 글자이지 연간지는 많지 않다. 고신라는 문자 기와가 아예 없다. 그래서 儀鳳四年皆土명 기와의 皆土의 뜻풀이에 온통 시간을 할애하고 있다. 679년 儀鳳四年皆土 이후에 調露二年명전 등 연호나 연간지를 수반한 기와가 나오나 거의가 다 8세기나 9~10세기의 것이다. 신라 기와가 원통기와임을 푸는데 도움이 된 景辰명기와는 656년이나 고신라 기와에 연호나 연간지가 나온 예는 없다. 앞으로 나올 가능성이 클 것이다.

신라 기와에서 초기 기와로 보이는 끝기와, 토기구연암막새기와, 瓦形土器 등으로 부리는 기와는 기와가 아닌 寶器나 儀器로서 기와와는 관계가 없는 것이다. 왜냐하면 기와의 세로 곡선이 너무 경사도가 가파르고, 이 기와를 동반하는 평기와나 수막새가 없기 때문이다. 고신라의 암막새는 고신라에 있어서 존재하지 않으나 수막새는 고신라에 존재한다. 이로 보면 寶器가 암막새는 아니라고 판단된다.

어릴 적에 살던 마을에서는 100호쯤 되었는데 기와집이 두 채밖에 없었다. 그만큼 기와가 귀했음을 말해 주고 있다. 고대의 기와는 왕궁, 관아, 사원, 지방 관아, 귀족 가옥 등뿐이다.

기와가 나오는 유적을 경주에서는 많이 발굴했고, 앞으로도 발굴될 것이다. 그 가운데에서 지방 통치와 직결되는 고신라 지방 관아는 7세기 전반에 영남 일원에서 많이 보고된 바가 있다. 상대적으로 그 수가 많은 절의 발견은 거의 기와나 주춧돌에 의존하고 있다. 칠불암의 불상 연대를 679년으로 본 것은 儀鳳四年皆土의 조그마한 기와 조각이었다. 미술사 특히 조각사에서 그 연대의 세부적인 사항을 잘 몰랐던 부처상을 절대 연대를 가진 기와로 편년하는 것은 기와고고학의 개가였다. 儀鳳四年皆土명 기와로 말미암아 그 연대를 추정하는 것은 기적이라 할 수 있다. 곧 칠불암 마애상은 679년이기 때문이다.

평기와 편년은 신라에서 고식 단판 6세기 전반~7세기 전반, 신식 단판 7세기 후반(의봉사년개토명, 습부명, 한지명 암키와), 중판은 7세기 후반~9 · 10세기로 판단하고 있다. 지방은 중판이 7세기 후반~8세기에, 경주를 제외한 지방에서는 장판이 9세기 전반부터 출토되고 있어서 전부가 그렇게 편년하고 있다. 656년의 절대 연대를 가진 자료가 장판타날 기와라서 문제가 되고 있다. 앞으로 자료가 증가하면 그 편년을 수정할지 아니면 그대로 위의 편년을 지켜질지는 발굴되는 고고학 자료인 기와에 달려 있다.

기와 명문에 있어서 경주시 보문동에서 채취된 平瓦片으로 '官瓦' · '東窯'가 양각으로 반복해서 새겨져 있는 것을 고신라로 보고 있으나 이는 조선시대의 것이다. 국사편찬위원회 한국사데이터베이스에서는 令妙寺명을 고신라로 보고 있으나 통일신라나 고려시대의 것이고, 신라 와경편 2점을 고신라로 보고 있으나 통일신라시대의 것이다. 통일신라 기와 가운데 가장 많이 연구되어 온 것은 儀鳳四年皆土명 기와이다. 이 皆土를 率土皆我國家로 보아서 삼국 통일을 달성한 문무왕의 업적과 대비시켰다. 신라의 삼국 통일을 676년이 아닌 679년으로 보고, 이때가 실질적인 삼국 통일한 해로 보았다. 納音 五行과 皆土를 연결시켜서 연간지, 월간지, 일간지가 土가 되는 해로 보았다. 경운종에서 연간지+삭간지+일간지라는 점을 들어서 이 납음 오행설을 비판하였다. 다시 납음 오행과 개토설에서는 구체적으로 679년 5월 7 · 8 · 29일을 들고 있다. 儀鳳四年皆土 기와는 문무대왕기와라는 속칭이 있는 경주 지역에 나오는 기와이다. 이 기와는 통일신라 최고의 기와이다. 왜 여기에 납음 오행과 같은 어려운 방식으로 기와에 표시했을까하는 의문이 생긴다. 납음 오행과 관련되는 기와는 우리나라에는 없다. 문무대왕 기와는 백성들을 위하고, 왕권 강화를 위한 기와이다. 그래서 출토양이나 출토예가 다른 어느 기와보다도 월등히 많다. 따라서 儀鳳四年皆土의 개토는 평민이나 노예인 기와 기술자로 곧 기와제작 총감독자로 보인다. 지금까지 통일신라 기와에서 연호나 연간지 다음에 나오는 말들에 인명이 포함되지 않는 예는 없다.

한국고대와전명문에 대해서는 정말로 좋은 책을 만들고 싶었다. 실력 부족으로 졸저를 쓰게 되었다. 하나 중요한 것은 吏讀에 주목하여 廣州 船里 출토 蟹口瓦를 蟹口

開城이 나와서 이를 蟹口는 開城이다. 蟹口와요는 開城에 있다로 해석하고, 광주 선리로 보아 온 선리 기와의 생산지를 개성으로 본 것은 조그마한 수확이었다. 선리에서 출토된 기와들을 918~935년 사이의 넉넉잡아 5년간에 만들어졌다고 보았다. 선리 기와를 고고학적인 형식 분류로 나누고 그 시기를 200년 사이로 본 것보다는 큰 차이가 생겼다.

『한국고대와전명문』은 전부 와전의 문자 자료만을 모아서 책을 내기로 마음먹었으나 뜻대로 되지 않았다. 그래서 일반 기와 논문이랑 고신라의 금석문과 목간 논문을 합쳐서 책을 만들었다. 앞으로 훌륭한 이 방면의 전공자가 나와서 좋은 책을 내기를 간절히 바랄 뿐이다. 기와와 문자 자료의 전공이라 어려움이 따르겠지만 시작이 반이라고 시작을 해보면 잘 될 것이다. 「미륵사지 景辰명기와에 대하여」란 논문을 쓴 것은 정말 행운이었다. 656년에 백제가 장판타날의 기와를 사용했고, 피휘를 사용했다는 것은 충격적인 자료로 판단된다.

이 책을 내는데 금석문을 공부할 수 있게 이끌어 주신 동시에 영원한 롤 모델을 역할을 하신 은사 허흥식 선생님께 감사한다. 한문에 밝으시고, 인자하신 은사 문경현 선생님께 감사한다. 고대사를 해박한 지식으로 가르쳐주신 이기동 선생님께 감사한다. 불교사를 가르쳐준 채상식 교수님에게 감사한다. 고고학에 눈을 뜨게 해준 최종규 원장님에게 감사한다. 평소 자료 교환을 서로 한 김수태 교수, 박보현 교수, 한기문 교수, 이영호 교수, 이수훈 교수, 하시모토 시게루 박사, 이경섭 박사, 조성윤 박사, 이동주 박사에게 감사한다. 선진 일본고고학을 알게 해주시고, 책을 많이 보내주신 野上丈助 선생님과 기와를 가르쳐준 高正龍 교수에게 감사한다. 책을 내는데 응원을 해준 아내와 아들과 딸에게 감사한다. 특히 사위는 타자를 쳐주어서 고맙다. 끝으로 서경문화사의 김선경 사장님께 진심으로 감사하고, 관계 직원 여러분들에게 감사한다.

2022. 9. 20.

이서고국에서

김창호

| 목차 |

제1장
고구려

제1절 고구려 太王陵 출토 연화문 수막새의 제작 시기
제2절 고구려 국내성의 무덤 출토 와전 명문

제1절

고구려 太王陵 출토 연화문 수막새의 제작 시기

Ⅰ. 머리말

주지하는 바와 같이 고구려 와당에 대한 연구는 태왕릉, 장군총, 천추총 등의 주변에서 기와를[1] 습득하기 시작하면서 일인학자에 의해 연구되기 시작하였다. 이를 보다 쉽게 말하면 광개토태왕비의 발견과 더불어 태왕릉의 주인공을 찾기 시작하였다고 할 수가 있다.[2]

광개토태왕릉을 장군총으로 보면, 장군총의 연대가 5세기 초가 되고, 태왕릉을 광개토태왕릉으로 보게 되면 태왕릉이 5세기 초가 된다. 지금까지는 문헌사학자에 의해 대개 태왕릉을 광개토태왕릉으로 보아 왔다.[3] 고고학자들도 대개 이에 따르고 있다. 태왕릉 출토의 연화문 수막새와당의[4] 연대를 4세기 중엽으로 보면서 태왕릉은 그 주인공이 고국원왕, 소수림왕, 고국양왕으로 부상하였고, 장군총이 광개토태왕릉으로 주목받기 시작하였다.[5] 태왕릉 출토의 연화문

---

1) 이들 기와는 고분의 제사와 관련된 건물을 무덤의 위에나 주변에 지은 것으로 중국에서는 享堂이라고 부르고 있다.

2) 태왕릉 등의 와당을 포함한 기와 연구의 역사는 광개토태왕비의 연구와 궤를 같이 하므로 100년을 훨씬 넘었다.

3) 현재까지의 일본학계와 한국학계의 통설이다.

4) 이 수막새는 연판에 Y자로 3구획을 나누고, 각각의 구획마다 까만 원점을 넣고 있다.

5) 현재 고고학계의 전반적인 추세로 이는 잘못된 것이다.

와당에 대한 정확한 편년은 태왕릉 주인공 문제와 직결되는 것이다. 이는 태왕릉 출토 문자 자료의 검토가 필요하며, 고고학적인 접근도 필요하며, 기와에 대한 자료 정리도 필요하다고 판단된다. 문헌사학만으로의 태왕릉 주인공 비정은 위험하며, 고고학만으로도 이를 해결할 수가 없다. 따라서 고고학, 금석문, 기와 등을 통한 종합적인 접근만이 이를 가능하게 할 것으로 판단된다.

여기에서는 먼저 태왕릉에 대한 고고학적인 접근을 시도해 보고, 다음으로 문자 자료를 통한 검토를 시도하겠으며, 마지막으로 연화문수막새에 대한 검토로 그 제작 시기를 알아보고자 한다.

Ⅱ. 고고학적인 접근

태왕릉의 주인공 문제는 광개토태왕비 탁본이 일본에 전래되면서 시작되었다. 광개토태왕비를 광개토태왕의 왕릉비로 규정하지는 안았지만, 비의 근처에서 광개토태왕릉을 찾으려는 의도에서 태왕릉을 주목하였다.[6] 장군총도 석총 가운데에서는 큰 무덤이고, 4면비인 광개토태왕비와 그 방향이 일치하여 광개토태왕릉으로 추정되기도 하였다.[7] 이들 유적의 현지 조사와 함께 제시된 관계 전문가들의 견해에서는 태왕릉을 광개토태왕릉으로 비정하는 경우가 많았다.[8]

이렇게 광개토태왕릉을 태왕릉 또는 장군총으로 보는 가운데에서 본격적으로 고고학적인 입장에 근거한 견해가 나왔다.[9] 여기에서는 태왕릉과 장군총에

---

6) 浜田耕策, 「高句麗廣開土王陵墓比定論の再検討」『朝鮮學報』 119 · 120, 1986, 61~64쪽.

7) 鳥居龍藏, 『南滿洲調査報告』, 1940.

8) 浜田耕策, 앞의 논문, 1986, 61~64쪽.

9) 三上次男, 「古代朝鮮の歷史的推移と墳墓の變遷」『日本の考古學』 6, 1966.

서 유구 자체인 무덤과 구조를 비교해 장군총이 태왕릉보다 늦은 형식이란 점에서 태왕릉을 광개토태왕릉, 장군총을 장수왕릉으로 보았다.[10]

평양에 소재한 傳 東明王陵을 장수왕의 壽陵으로 본 견해가 나왔다.[11] 여기에서는 태왕릉과 장군총을 묘실의 방향, 현지 입지 상황에서 볼 때, 태왕릉이 오래되었고, 장군총은 고구려 고분의 편년으로 볼 때, 광개토태왕릉이고, 태왕릉은 광개토태왕 이전의 고국양왕 또는 소수림왕 또는 고국원왕의 분묘라고 결론지었다.

고고학 쪽에서 태왕릉을 광개토태왕릉으로 보지 않는 학설이 나오면서, 태왕릉 · 천추총 · 장군총에서 출토된 와당의 형식 분류에 근거하여 그 주인공을 추정한 견해가 나왔다.[12] 여기에서는 와당의 형식 분류에 근거할 때, 그 시대적인 순서는 태왕릉→천추총→장군총으로 보았다. 태왕릉 출토의 연화문 와당 연대는 蓮花文의 蓮弁이 연꽃봉오리 모양으로 되어 있는 바, 이와 유사한 예는 안악 3호분, 무용총, 삼실총, 쌍영총 등의 고구려 고분의 벽화에도 보인다. 그 연대를 357년에 만들어진 안악 3호분의 묵서명에 근거해 4세기 중엽으로 보았다. 천추총의 와당 연대는 4세기 후반에서 말경, 장군총의 와당 연대는 5세기 초두에서 전엽으로 각각 추정하였다. 따라서 광개토태왕릉은 태왕릉이 아니라 장군총이라고 주장하였다.

여기에서는 다음과 같은 두 가지 점에 근거하여 연화문 와당을 편년하고 있다.

첫째로 와당에 있는 蓮弁 사이의 輻線이 내외의 圈線과 합쳐지는 형태는 고구려 평양 지역에서 유행하는 수법이므로 태왕릉 · 천추총 · 장군총 출토의 와

---

10) 緒方 泉, 「高句麗古墳群に關する一考察(下)-中國集安縣における發掘調査を中心として-」『古代文化』 37-3, 1985, 16쪽.

11) 永島暉臣愼, 「高句麗の壁畫古墳」『日韓古代文化の流れ』, 1982.

12) 田村晃一, 「高句麗の積石塚の年代と被葬者をめぐる問題について」『青山史學』 8, 1984.

당은 평양 천도의 연도인 427년 이전이라는 것이다.

둘째로 태왕릉 출토 와당의 蓮弁이 연꽃봉오리 모양이라 357년의 안악 3호분 벽화와 연관시켜서 연대를 잡은 점이다.

먼저 와당에서 輻線이 내외의 圈線과 합쳐지느냐 떨어지느냐 하는 문제는 5세기 중엽으로 편년되는 集安 長川 2호분에서 시기가 떨어진 연화문 와당이 출토되어[13] 재고의 여지가 있는 듯하다. 곧 輻線이 떨어진 점에서만 근거해 태왕릉, 천추총, 장군총의 모든 와당이 427년 이전이라고 단정할 수만은 없게 된다.

다음으로 태왕릉 출토 와당의 연꽃봉오리 모양과 안악 3호분의 벽화에 나타난 연꽃봉오리 모양이 비슷한 점에 근거해 태왕릉을 4세기 중엽으로 편년한 점도 문제가 있는 듯하다. 5세기 후반에서 6세기로 편년되는 삼실총과 쌍영총에서도[14] 태왕릉 출토 와당의 꽃봉오리 모양와 비슷한 모양의 벽화가 있다. 모양만 비슷하다고 조형 작품인 와당과 벽화의 그림을 같은 시기에 편년하는 것이 가능한가 하는 점이다. 가령 신라 고분의 상한 문제의 절대적인 열쇠를 쥔 것처럼 간주되었던 鐙子가[15] 袁台子 무덤에서는 실물 등자는 출토되었지만 말을 타고 있는 기마인물도의 벽화에는 등자 그림이 없었다.[16] 나아가서 안악 3호분의 山字形 胡簶이 많이 그려져 있지만 이와 유사한 모습을 한 고구려, 백제, 신라, 가야 고분 출토의 호록을 4세기 중엽으로 보는 것은 전혀 고려되지 않고 있

---

13) 東 潮, 「高句麗文物に關する編年學的一考察」『橿原考古學研究所論文集』 10, 1988, 293쪽.
林至德 · 耿鐵華, 「集安出土の高句麗瓦當とその年代」『古代文化』 40-3, 1980, 25쪽 등에서는 그 연대를 5세기 말로 보고 있다.

14) 삼실총과 쌍영총에 대해 주영헌, 『고구려벽화무덤의 편년에 관한 연구』, 1964에서는 전자를 4세기 말~5세기 초로, 후자를 5세기 말엽으로 편년하고 있고, 東 潮, 「集安の壁畫墳とその變遷」『好太王碑と集安の壁畫古墳』, 1988에서는 삼실총과 쌍영총을 5세기 후반으로 편년하고 있다.

15) 穴澤和光 · 馬目順一, 「北燕馮素弗墓の提起する問題」『考古學ジャ-ナル』 85, 1973.

16) 遼寧省博物館 工作隊 등, 「朝陽袁台子東晉壁畫墓」『文物』 1984-6, 1984.

다.[17] 따라서 태왕릉의 와당 연대를 안악 3호분의 벽화에 의해 잡는 것은 재고되어야 한다.

와당 분류에 근거해 태왕릉→천추총→장군총의 순서로 편년한 결론이 제시된 데에도 불구하고, 태왕릉 출토의 와당을 5세기 초로 보고, 태왕릉을 광개토태왕릉이라고 주장한 중국학자의 견해도 나오고 있다.[18] 집안 근처의 고구려 무덤에서 출토된 와당 편년에 있어서 견해의 차이가 생기는 것은 아직까지도 와당 편년 자체가 확실히 마련되지 못한 까닭이라고 판단된다.

태왕릉과 장군총의 주인공 문제에 대한 고고학적인 접근에서는 문자 자료에 대한 검토가 없는 점도 하나의 약점이라고 판단된다. 유적이나 유물을 분석해 얻은 결론을 일방적으로 제시하여 광개토태왕릉과 장수왕릉을 비정하지만, 고고학자들 사이에서도 의견의 차이가 생기게 된다. 가령 전 동명왕릉을 장수왕릉이라고 주장한 견해가 있다.[19] 전 동명왕릉이 장수왕릉인지 여부는 별문제로 하고서도 장수왕의 무덤이 평양에 소재한다는 점에 동의할 수 있는 고고학자가 얼마나 될 지도 의문스럽다.

태왕릉의 太王 문제에 대해 고고학측에서는 충주고구려비에서 高麗太王이 장수왕을 가리킴을 근거로 고구려 때 太王은 광개토태왕 한 사람만이 아니라 여럿이라고 주장하였다.[20] 사실 모두루묘지 · 광개토태왕비 · 충주고구려비에 근거할 때, 太王으로 표기되었던 고구려의 왕은 故國原王, 廣開土太王, 長壽王이다. 위의 문자 자료에서 볼 때도 太王이라고 표기되었던 고구려의 왕은 3명이나 되어 고고학측의 반론은 설득력이 있는 것처럼 보인다. 여기에서 가장 큰 문제가 되는 점은 故國原王과 廣開土太王의 경우는 죽은 뒤의 시호제에 의한 표

---

17) 한반 남부 지역의 호록 가운데에서 가장 빠른 시기로 편년되는 창원 도계동 2호분의 호록도 5세기를 소급하지 못하고 있다.

18) 方起東, 「千秋塚, 太王陵, 將軍塚」 『好太王碑と高句麗遺蹟』, 1988, 284쪽.

19) 永島暉臣愼, 앞의 논문, 1982.

20) 永島暉臣愼, 「集安の高句麗遺蹟」 『好太王碑と集安の壁畫古墳』, 1988, 202쪽.

현이고, 長壽王을 高麗太王이라고 표기한 것은 재위 중의 왕이기 때문이다. 그렇다면 시호제에 의한 표기도 아니고 생존시의 고구려 왕이라고 단정할 수도 없는 太王陵이란 표기가 문제이다. 이 점에 대해서는 문자 자료를 통한 접근을 통해 검토하고자 한다.

III. 문자 자료를 통한 접근

태왕릉의 주인공을 廣開土太王이라고 보는 것은 몇 가지의 타당성이 있다. 1970년 이전까지는 문자 자료에서 太王이라고 불렸던 왕은 廣開土太王밖에 없었다. 모두루묘지에 國罡上聖太王이 고국원왕을 가리키고 있음은 최근에 밝혀졌고,[21] 충주고구려비의 高麗太王이 장수왕을 가리킴도 太子共=古鄒加共=長壽王子 古鄒大加助多임이 밝혀진 이후이다.[22] 또 광개토태왕비 근처에서 가장 가까이에 있는 대형분을 찾는다면 태왕릉이 그 대상이 된다. 위와 같은 점에서 보면 태왕릉의 주인공을 광개토태왕으로 추정하는 것은 설득력이 있는 듯하다.

태왕릉 출토의 유명전은 여러 개가 출토되었지만 그 전문은 한결같이 願太王陵安如山固如岳이다.[23] 유명전에 나타난 太王陵이란 命名이 무덤 주인공의 생존시인가 아니면 사후인가가 문제이다. 유명전은 전의 용도로 볼 때 무덤의 享堂에 명문이 있는 쪽이 보이도록 쌓아서 두는 벽전인 것이다. 무덤의 표면에 장식하는 유명전은 왕의 생존시에 이미 제작된 것이라기보다는 왕의 사후에 제작된 것으로 판단된다. 전면에 나오는 願, 願太王陵, 願太王陵安如山固如岳으로 보면 왕의 생존시에 제작되었다고 보기는 어려울 듯하다.

---

21) 佐伯有淸, 「高句麗牟頭婁塚墓誌の再檢討」『史朋』 7, 1977.

22) 김영하 · 한상준, 「중원 고구려비의 건립 연대」『교육연구지』 25, 1983.

23) 浜田耕策, 「高句麗の故都集安出土の有銘塼」『日本古代中世史論考』, 1987.

유명전이 왕의 사후에 제작되었다면 願太王陵安如山固如岳이란 명문 중에서 태왕릉이라고만 표기되어 있고, 시호명이 없는지가 궁금하다. 광개토태왕비의 내용이나 『삼국사기』, 고구려본기의 내용에 근거할 때, 이 시기 고구려에서는 시호제가 시행되었던 것은 분명하다. 광개토태왕비와 호우총 호우의 乙卯年國/罡上廣開/土地好太/王壺杅十이란 명문에 근거할 때, 태왕릉의 칭호도 廣開土太王陵이라고 기록해야 될 것이다. 유명전에는 그냥 太王陵이라고 기록되어 있어서 광개토태왕릉이 아닐 가능성도 있게 된다. 극단적으로 가정을 하여 태왕릉의 유명전을 광개토태왕 재위시에 만들었다고 보아도 그 칭호는 태왕릉이 아니라 永樂太王陵이라고 해야 될 것이다.

그런데 광개토태왕의 경우는 생존시의 왕호를 광개토태왕비에 근거해 永樂太王(연호+태왕)이라고 불렀다고 주장할 수가 있지만 그 다음의 장수왕의 경우만 하여도 연호+태왕이 아니고 충주고구려비에 高麗太王이라고 지칭하고 있다. 이렇게 되면 광개토태왕 전후의 고구려 왕은 연호+太王으로 표기했다고 단정할 수 없다. 태왕릉에서는 태왕의 앞에 年號, 王名, 高麗 등이 없이 그냥 태왕으로 기록되어 있다. 이렇게 태왕의 앞에 아무것도 붙지 않고 태왕이라고 기록한 까닭을 우선 고구려에서는 왕의 재위시에는 그냥 태왕이라고 지칭했다고 해석해 보자. 현재까지의 문자 자료에 근거하고 태왕릉의 편년을 고려할 때, 태왕릉의 주인공이 될 수 있는 왕은 故國原王, 小獸林王, 故國壤王, 廣開土太王이 된다. 이때의 문제점은 太王陵 출토의 유명전에 새겨진 전문이 願太王陵安如山固如岳이라서 전 자체는 생존시에 제작되었다기보다는 왕의 사후에 제작되었을 가능성이 크다는 점이다. 고구려의 무덤이 壽陵일지라도 무덤의 표면을 장식하는 전에 발원 형식의 문자까지 새길 수 있을지가 의문이다.

태왕릉의 太王이 어느 왕을 가리키는 문제와 함께 주목되어야 할 자료로 서봉총의 은합 명문이 있다.[24] 이에 대한 상세한 검토를 위해 우선 은합 명문을 제시하면 다음과 같다.

---

24) 太王陵의 문자 자료를 다루면서 한 번도 서봉총의 은합 명문을 검토한 적이 없다.

	銀盒 蓋內		銀盒 外底			
	②	①	③	②	①	
1	太	延	三	三	△	1
2	王	壽	斤	月	壽	2
3	教	元		△	元	3
4	造	年		太	年	4
5	合	太		王	太	5
6	杅	歲		敎	歲	6
7	用	在		造	在	7
8	三	卯		合	辛	8
9	斤	三		杅		9
10	六	月				10
11	兩	中				11

이 명문에 대해서는 많은 성과가 나와 있다.[25] 신라의 서봉총에서 출토된 은합의 제작장소가 문제이다. 고구려에서 제작되었다면 명문의 太王은 고구려의 왕을 가리키게 되고, 신라에서 제작되었다면 명문의 太王은 신라의 왕을 가리키게 된다. 명문 자체의 내용으로는 제작지 문제를 해결할 수 없다. 延壽元年辛卯란 연대와 王號를 비교해서 제작지를 추정해 보기로 하자. 524년에 작성된 蔚珍鳳坪新羅碑에서는 신라의 法興王을 喙部牟卽智寐錦王이라고 표기하고 있어서 391년, 451년, 511년의 신라왕을 太王이라고 표기했다고 보기가 어렵다. 그렇다면 은합의 太王은 고구려의 왕을 가리키게 되고, 은합의 제작지도 고

---

25) 浜田耕作, 「新羅の寶冠」『寶雲』 2, 1932 ; 『考古學硏究』, 1935 재수록.
이홍직, 「延壽在銘新羅合杅에 대한 1 · 2의 고찰」 『최현배박사환갑기념논문집』, 1954.
손영종, 「금석문에 보이는 삼국시기의 몇 개 연호에 대하여」 『역사과학』 1966-4, 1966.
小田富士雄, 「集安高句麗積石遺物と百濟 · 古新羅遺物」 『古文化談叢』 6, 1979.
김창호, 「고신라 서봉총의 연대 문제(Ⅰ)」 『가야통신』 13 · 14, 1985.

구려로 보는 것이 타당하다고 판단된다.

은합의 太王이 고구려의 왕을 가리킬 때 延壽元年辛卯의 연대가 문제이다. 391년은 故國壤王末年이고, 451년은 長壽王 39년이고, 511년은 文咨王 20년이다. 이 가운데 문자왕 20년(511년)설은 학계에서 한 번도 제기된 바 없다. 서봉총의 연대가 5세기 3/4분기인 점과 은합이 고구려에서 제작된 점에서 보면 511년설은 성립되기 어렵다.

이제 남은 것은 391년설과 451년설이다. 391년설은 은합 명문에 은합 명문에 延壽元年辛卯三月中~이라고 기록되어 있고, 『삼국사기』, 고구려본기, 고국양왕9년조에 九年夏五月 王薨 葬於故國壤 號爲故國壤王이라고 되어있는 점에 근거하고 있다.[26] 곧 은합의 명문대로 391년 3월에 고국양왕이 延壽란 연호를 처음으로 사용하였고, 그 뒤에 광개토태왕의 즉위로 永樂이란 연호가 사용되어 延壽가 逸年號가 되었다는 주장이다. 이 견해 자체는 신라 적석목곽묘의 연대를 끌어올리려는 의욕적인 노력의 일환일 뿐, 다른 구체적인 증거는 없다.

391년설에 따라 태왕릉의 주인공 문제를 검토해 보자. 은합의 연대를 391년으로 보면 태왕릉의 주인공이 고국양왕이 된다. 태왕릉의 주인공이 고국양왕일 때 광개토태왕릉이 어디인지가 문제가 된다. 지금까지는 태왕릉을 대개 광개토태왕릉으로 보아 왔다. 『삼국사기』에 따르면 고국양왕의 재위 기간은 9년밖에 되지 않고, 광개토태왕비에 따르면 광개토태왕이 왕위에 즉위할 때 나이는 18세이다. 이러한 상황에서 볼 때, 고국양왕의 무덤을 391년 3월 이전에 壽陵으로 만들었을 가능성이 거의 없기 때문에 태왕릉의 주인공을 고국양왕으로 보기도 어렵다.

451년설에 대해 검토해 보자. 서봉총의 延壽元年을 451년으로 보면, 태왕릉의 주인공은 장수왕이 된다. 이때에도 문제점은 있다. 먼저 태왕릉의 太王이 延壽太王이라고 표기되어 있지 않은 점이다. 태왕릉 자체가 壽陵으로 장수왕의

26) 최병현, 「신라고분연구」, 숭실대학교 박사학위논문, 1990, 365~366쪽.

재위 기간 중에 만들어졌을 경우에도 광개토태왕비의 예로 볼 때 延壽太王이나 아니면 충주고구려비에서와 같이 高麗太王이 되어야 할 것이다. 다음으로 太王陵은 와당 편년에 따라면 4세기 중엽에 축조된 무덤이고, 태왕릉을 장수왕의 무덤으로 볼 때에는 壽陵으로 가정해도 5세기 중엽을 소급할 수가 없다. 이렇게 되면 100년 가까운 연대 차이가 문제이다. 태왕릉의 주인공을 장수왕으로 보기도 어렵다.

태왕릉의 太王과 서봉총 은합 명문의 太王이 동일인이란 전제 아래 은합의 延壽元年辛卯에 의거하여 고구려의 왕을 검토해 보아도 뚜렷한 결론이 없다. 이제 남은 방법은 고구려 문자 자료에 나타난 太王과 王의 용례를 검토하는 것밖에 없을 것 같다. 우선 설명의 편의를 위해 太王과 王의 용례를 제시하면 다음의 <표 1>과 같다.

<표 1> 高句麗의 太王과 王의 用例

<table>
<tr><td rowspan="12">廣開土太王碑(414년)</td><td rowspan="4">太王</td><td>國罡上廣開土境平安好太王</td></tr>
<tr><td>永樂太王</td></tr>
<tr><td>國罡上廣開土境好太王</td></tr>
<tr><td>太王</td></tr>
<tr><td rowspan="8">王</td><td>鄒牟王</td></tr>
<tr><td>王(鄒牟王)</td></tr>
<tr><td>儒留王</td></tr>
<tr><td>大朱留王</td></tr>
<tr><td>王(廣開土太王)</td></tr>
<tr><td>王幢</td></tr>
<tr><td>祖王先王</td></tr>
<tr><td>祖先王</td></tr>
<tr><td>太王陵 출토 塼 銘文(414년)</td><td colspan="2">願太王陵安如山固如岳</td></tr>
<tr><td rowspan="4">牟頭婁塚 墓誌(5세기 중엽)</td><td colspan="2">鄒牟聖王</td></tr>
<tr><td colspan="2">聖王(鄒牟聖王)</td></tr>
<tr><td colspan="2">國罡上聖太王(故國原王)</td></tr>
<tr><td colspan="2">國罡上廣開土地好太聖王</td></tr>
</table>

忠州高句麗碑(458년경)	高麗太王
瑞鳳塚 銀盒 명문(451년)	太王
太王陵 靑銅鈴 명문(451년)	辛卯年好太王(敎)造鈴九十六
壺杅塚 壺杅 명문(475년)	國罡上廣開土地好太王
集安高句麗碑(491~519년)	鄒牟王
	美川太王
	國罡上太王
	國平安太王
	明治好太聖王

광개토태왕비는 제1면에 나오는 以甲寅年九月廿九日乙酉遷取山陵於是立碑銘記勳績以示後世焉이란 구절에 근거할 때 414년에 건립되었고, 王名과 太王名이 공존하고 있다. 태왕릉 출토의 유명전은 414년을 하한으로 하고, 유명전에 나오는 太王은 그 뒤에 발견된 451년의 靑銅鈴의 명문에 나오는 好太王이 광개토태왕이므로 광개토태왕이 된다.[27] 서봉총의 은합은 451년에 제작되었고, 그 명문의 태왕도 장수왕이 아닌 광개토태왕일 가능성이 있다.

모두루총의 묘지는 遝至國罡上廣開土地好太聖王緣祖父△尒恩敎奴客牟頭婁△△牟敎遣令北夫餘守事~란 구절을 근거로 모두루가 광개토태왕 때 사람임이 밝혀졌다.[28] 이를 근거로 모두루가 5세기 전반에 죽은 것으로 보고 있다.[29] 모두루총 묘지의 광개토태왕의 왕명은 國罡上廣開土地好太聖王으로 광개토태왕비의 왕명인 國罡上廣開土境平安好太王과 土地와 土境으로 차이가 있고, 土地가 나오는 호우총의 호우 명문의 乙卯年이 #마크 때문에 415년이 아닌 475년이 되어야 하므로 모두루총의 묘지를 5세기 중엽으로 보아야 한다.[30]

27) 결국 태왕릉의 주인공은 광개토태왕이다.

28) 佐伯有淸, 「高句麗牟頭婁塚墓誌の再檢討」 『史朋』 7, 1977.

29) 武田幸男, 「牟頭婁一族と高句麗王權」 『朝鮮學報』 99 · 100.

30) 모두루총의 묘지는 435년 이후에 제작된 것이다.

충주고구려비의 건립 연대는 여러 가지 견해가 있지만[31] 장수왕자인 古鄒大加助多의 죽은 직후인 458년경이 될 것이다.[32] 충주고구려비에 나오는 高麗太王은 五月中高麗太王相王公△新羅寐錦世世爲願如兄如弟上下相和守天東△△이란 구절로 볼 때, 광개토태왕과 장수왕 모두를 가리킨다.

집안고구려비의 연대는 광개토태왕대설과[33] 장수왕대설로[34] 양분되고 있으나 491~519년 사이인 문자왕대로 본다. 시조동명성왕을 鄒牟王으로 부른 것은 광개토태왕비, 모두루총의 묘지와 꼭 같다. 집안비에서는 美川太王, 國罡上太王(故國原王), 國平安太王(廣開土王), 明治好太聖王(文咨王의 諱號) 등이 나온다.

지금까지 고구려 금석문에서는 美川太王, 國罡上聖太王(故國原王), 國罡上廣開土境平安好太王, 高麗太王, 明治好太聖王(文咨王의 諱號) 등이 있다. 광개토태왕비에서는 추모왕을 왕이라고 한 것이 3예, 광개토태왕을 왕이라 칭한 것이 8예, 광개토태왕을 그냥 태왕이라고 칭한 예가 3예가 나온다. 太王陵의 太王이 광개토태왕을 가리키는 확실한 예로 451년 작성의 태왕릉 출토 청동령 명문인 辛卯年/好太王/(敎)造鈴/九十六을 들 수가 있다. 이는 '451년에 호태왕인 광개토태왕을 위해 (장수왕이) 敎로 鈴을 96번째로 만들었다.'로 해석되기 때문

31) 김영하 · 한상준, 앞의 논문, 1983 참조.

32) 김창호, 「중원고구려비의 재검토」『한국학보』 47, 1987.

33) 이용현, 「신발견 고구려비와 광개토왕비의 비교」『고구려발해학회 59차 발표논문집』, 2013.
조법종, 「집안고구려비의 특성과 수묘제」『고구려발해학회 59차 발표논문집』, 2013.
김현숙, 「집안고구려비의 건립시기와 성격」『한국고대사연구』 92, 2013.
공석구, 「집안고구려비 고찰과 내용에 관한 고찰」『고구려발해연구』 45, 2013.
단 집안고구려비의 광개토태왕대설은 國平安太王이란 광개토태왕 시호가 나와서 성립되기 어렵다.

34) 서영수, 「지안 고구려비 발견의 의의와 문제점」『고구려발해연구』 45, 2013.

이다. 그러면 와당 편년이나[35] 집안고구려비에서 얻은 환도성과 국내성의 왕릉이 20기라는 사실에 의해[36] 태왕릉을 광개토태왕릉으로 볼 수가 있다.

IV. 태왕릉의 연화문수막새

주지하는 바와 같이 연화문수막새는 무덤에서는 출토된 예로는 천추총, 태왕릉, 장군총뿐이다. 이들은 대개 무덤의 제사와 직결되는 享堂과 관계되는 것으로 알려져 있다. 종래 일본학계에서는 태왕릉, 천추총, 장군총의 순서로 편년해 왔으나[37] 연화문수막새보다 앞서는 권운문수막새가 천추총에서 나와 천추총, 태왕릉, 장군총의 순서로 편년되어야 한다.[38] 연화문수막새 가운데 태왕릉의 연판이 연꽃봉오리모양으로 된 것이 가장 빠름에는 학계가 의견의 일치를 보이고 있다. 그 제작 시기를 5세기 초로 보아왔으나 안악 3호분 벽화의 연꽃무늬와 연결지으면서 그 시기를 묵서명 연대인 357년에 준하여 설정하고 있다.[39] 이러한 점이 타당한지를 검토해 보기로 하자.

---

35) 김창호, 「고구려 태왕릉 출토 연화문숫막새의 제작 시기」 『백산학보』 76, 2006.

36) 孫仁杰 · 遣勇, 『集安高句麗墓葬』, 2007에서는 4기의 왕릉이 소개되어 있고, 吉林省考古文物研究所 · 集安市博物館, 『集安高句麗王陵』, 2004에서는 15기의 왕릉이 있다. 남은 하나는 환도성에서 평양성으로 491~500년 사이에 옮긴 동명성왕릉이다. 그러면 왕릉이 20기가 된다.

37) 田村晃一, 앞의 논문, 1984.
谷 豊信, 「四~五世紀の高句麗の瓦に關する若干の考察 -墳墓發見の瓦を中心として-」 『東洋文化研究所紀要』 108, 1989.
이 가설들은 현재 한국학계와 일본학계의 통설로 개설적인 고구려 기와 해설에도 반영되어 있다.

38) 중국에서 이에 관한 보고서가 나왔다고 하나 필자는 보지 못했다.

39) 田村晃一, 앞의 논문, 1984.

안악 3호분에서는 胡籙 그림이 여럿 나오고 있다. 고구려, 백제, 신라, 가야에서 호록 실물이 나오고 있으나 어느 고분도 4세기 중엽으로 편년하지 않고 있다.[40] 5세기 전반에서 6세기 전반으로 편년하고 있다. 바꾸어 말하면 재질이 다른 벽화 고분의 그림과 고구려 연화문수막새를 연결시켜서 그 연대를 추정하는 것은 무리가 있다는 말이다. 고고학에서 철기, 청동기 등을 교차 연대 추정 자료로 쓰고 있으나 이 문제도 성립되기 어렵다고 판단된다. 가령 황남대총 남분에서 많은 山자형 금동관(5개?)이 출토되었으나 그 연대가 402년으로[41] 풍소불의 415년보다 앞선다. 풍소불의 관이 형식상으로는 앞서지만 그 연대는 뒤진다. 합천 옥천 M3호분과 일본 사이따마현 이나리야마 고분의 철제 마구의 유사성에 의해 이나리야마 고분의 철검 연대인 471년과 비교해, 471년경으로 M3호분을 편년하고 있으나, 이는 잘못된 것이다. 이나리야마 고분의 칼은 471년이 맞지만 철제 마구가 나온 것은 역곽으로 6세기 전반이기 때문이다. 또 검릉형행엽과 f자형비가 세트를 이루면 그 시기가 6세기 전반이다.

재질이 다른 유물로 연대 설정에 문제가 되는 예를 하나 더 검토해 보기로 하자. 주지하는 바와 같이 신라에서 연화문수막새의 주연부에 連珠文이 있으면 통일신라시대의 기와이고, 없으면 고신라의 기와가 된다.[42] 그런데 신라 식리총은 450~475년 사이로 편년되는 데에도[43] 불구하고 연판이 갈라진 연화문이 많이 있는 데 이러한 연화문은 신라 기와학자들은 7세기 전반으로 편년하고 있다.[44] 식리총 신발에는 연주문이 많아도 그 연대를 450~475년으로 보면 신라

---

40) 胡籙이 삼국시대 고분에서 출토되어도 4세기 중엽으로 편년한 예는 전무하다.

41) 금관총의 尒斯智王이 눌지왕이라 458년의 눌지왕릉이 금관총이고, 황남대총 남분은 금관총이 선행하나 시해당한 실성왕릉일 수는 없고, 내물왕이므로 402년이 된다.

42) 이는 아직까지도 기와고고학계에서 통용되고 있는 통설이다.

43) 馬目順一, 「慶州飾履塚古新羅墓硏究 -非新羅系遺物系統年代-」『古代探叢』1, 1980에서는 식리총의 연대를 475~500년으로 보았으나 금관총의 尒斯智王명문이 나와서 신라 고분 연대를 30년가량 소급시켜야 하기 때문에 450~475년으로 보았다.

44) 이러한 연꽃잎기와를 기와고고학자들은 신라식 기와라고 부르고 있다.

기와 편년에서는 연주문이 있으면 무조건 통일신라로 보는 것과 모순이 된다.

안악 3호분의 연꽃과 태왕릉 기와의 연꽃이 유사하다는 이유로 그 제작 시기를 설정할 수는 없다. 안악 3호분의 연꽃과 같은 모양의 연꽃은 5세기 초로 편년되는 무용총과 각저총에도 나오고 있다. 그럼 하필 안악 3호분과 연결시켰을까? 이는 잘못된 것으로 太王이 고국양왕, 고국원왕, 소수림왕도 그 대상이 될 수 있음을 의식한 것이다.

고고학에서는 유적과 유물에 대한 치밀한 분석에 의해 그 시대의 생활사를 복원하는 학문이므로 다양한 분야에 걸쳐서 공부를 해야 한다. 기와만으로 모든 고구려 고분의 왕릉 문제를 해결할 수는 없다. 잘못된 외국의 편년을 이용하거나 이 방법을 사용한 결론을 추종할 때 미치는 영향은 엄청나다. 기와 도록이나 논문에서 태왕릉의 와당을 4세기 중엽으로 보고 있으며, 그렇게 생활사를 복원하고 있다. 이는 마치 대가야에서 아직까지 기와가 출토한 예가 없는 데에도 불구하고 고대국가로 보는 것과 조금의 차이도 없다.[45)]

고분 연구에 있어서 한국의 도질토기와 일본의 스에끼를 연결시킬 때에도[46)] 늘 금속기가 방증 자료로 사용되나 이 점도 주의가 요망된다. 특히 고고학에서 문헌이나 금석문 자료, 미술사 자료의 이용에는 그 창구가 다르므로 신중한 사료 비판이 요망된다. 가령 문헌에서는 신라 중고를 불교식 왕명시대라고 하지만[47)] 금석문 자료에서는 왕명이나 사찰명 등이 문헌과는 차이가 있기 때문이다.[48)] 가령 영태2년납석제사리호(766년)에서는 같은 화랑의 이름이 두 번 나

45) 기와와 고대국가의 관련성에 대해서는 김창호, 「고고 자료로 본 신라 고대 국가의 성립 시기」『신라문화』 21, 2003 참조.

46) 일본의 스에끼 편년은 한국의 도질토기 편년에 도움이 되지 않는다고 사료된다. 왜냐하면 일본의 스에끼 전문가인 大谷大學 中村 浩나 橿原考古學硏究所의 木下 亘 등이 한국에서 나오는 도질토기를 잘 편년할 같지만 실제는 그렇지 못하다.

47) 법흥왕의 사망 해인 539년의 울주 천전리서석 추명에 법흥왕을 另卽知太王이라고 부르고 있어서 중고를 불교식 왕호시대로 보기도 어렵다.

48) 이에 대해서는 김창호, 「신라 영묘사 복원 시론」『청계사학』 18, 2003 참조.

오는데 한 번은 豆溫愛廊이라고 표기하고, 다른 한 번은 豆溫哀郞이라고 표기하고 있어서 글자에 근거한 추론은 고려 초까지는 불가능하다. 또 문헌사학자들은 냉수리비를 503년으로 보면서 실성왕과 내물왕은 탁부 소속이고, 지증왕은 갈문왕을 칭하고 사탁부 소속으로 보고 있으나 이는 잘못된 것이다.[49] 왕족의 소속부는 탁부이며, 냉수리비에서 주인공 절거리가 실성왕(402~417년)에 교를 받았다면 503년에 그의 나이는 116~131세가 되는 문제점이 생긴다.

이제 다시 태왕릉으로 돌아가서 연화문수막새의 연대에 대해 검토해 보자. 태왕릉를 4세기 중엽으로 편년하는 학자들은 대개 장군총을 5세기 초로 보아서 광개토태왕릉으로 보고 있다. 장군총의 횡혈식석실은 벽과 천정을 잇는 부분이 특이하다.[50] 이렇게 생긴 고구려 고분은 전부 6세기로 편년되고 있다. 5세기로 편년한 예는 없다. 5세기로 편년한 모두루총, 덕흥리 벽화 고분, 무용총, 각저총 등은 모두 석실의 평면 구조가 呂자형이다. 呂자형이 아닌 장군총을 5세기로 보는 것은 자설의 편의를 위한 것일 뿐, 전혀 고고학적인 연구 성과가 아니다. 장군총처럼 벽과 천정의 연결 부분이 특이한 예로는 오회분 4호분, 4신총, 오회분 5호분 등이 있다. 이들 고분은 모두 6세기로 편년되고 있다.[51] 이렇게 장군총을[52] 6세기로 보면 태왕릉은 금석문 자료나 기와 자료로 볼 때 5세기 초의 고분이 된다. 그렇다면 고구려 최초의 연화문수막새 연대도 4세기 중엽이 아니라 5세기 初(410년대)가 된다.[53]

---

49) 실성왕은 탁부, 눌지왕은 탁부, 지증왕은 사탁부, 법흥왕은 탁부, 법흥왕의 동생인 입종갈문왕은 사탁부란 문헌사학자의 통설은 그 전거가 없다. 탁부가 왕족이고, 사탁부가 왕비족인 것은 고신라 금석문의 분석 결과 분명하다.

50) 천정과 벽을 잇는 부분의 단면이 逆ㄷ자와 ㄷ자로 되어 있다.

51) 東 潮, 『高句麗考古學硏究』, 1997, 192쪽.

52) 장군총은 491년에 죽은 장수왕의 무덤이다.

53) 태왕릉 발굴에서 소개된 辛卯年/好太王/(敎)造鈴/九十六이란 청동령 명문에 근거할 때 太王陵이 광개토태왕릉임이 분명하다.

V. 맺음말

먼저 태왕릉의 와당 시기 설정과 직결되는 태왕릉 주인공 문제를 고고학적인 연구 성과 소개와 함께 일별하였다.

다음으로 태왕릉에서 출토된 전에 새겨진 太王陵이란 명문을 고구려 금석문 자료인 광개토태왕비문, 신라 서봉총의 은합 명문, 태왕릉 출토 청동 방울 명문, 모두루총의 묵서명, 충주고구려비, 신라 호우총의 호우 명문, 집안고구려비 등에 나오는 太王 예와 비교하였다.

마지막으로 태왕릉 출토의 가장 빠른 연꽃봉오리모양의 연화문수막새를 안악 3호분, 각저총, 무용총 등과 비교하고, 재질이 다른 고고 자료의 비교로 연대를 추정하는 방법은 잘못된 것임을 근거로 태왕릉의 한국 최초의 연화문수막새의 제작 시기를 410년대로 보았다. 따라서 태왕릉이 광개토태왕릉이다.

제2절

고구려 국내성의 무덤 출토 와전 명문

Ⅰ. 머리말

고구려 국내성시대는 3년(유리왕 22년)부터 427년(장수왕 15년)까지이다. 이 시기의 무덤에서 출토되는 와전의 문자 자료를 정리하여 무슨 뜻이 있는가를 조사해 보는 것은 상당한 의의가 있다. 고고학에서 문자 자료의 중요성은 새삼 말할 필요가 없다. 年干支나 年號가 나오면 연대 설정에 중요하지만 연호나 연간지가 나오지 않은 천추총과 태왕릉의 양각으로 찍은 유명전도 그 해석 여부에 따라서는 역사적인 중요성을 나타내줄지도 모른다. 유적에서 유리된 유물의 절대 연대는 아무리 중요해도 1급 자료가 되지 못할 때도 있다. 그래서 국내성 무덤 출토의 와전 명문으로 그 범위를 축소하였다.

국내성 출토의 와전 명문은 그 예가 대단히 많고, 그 연구 성과는 적다. 천추총과 태왕릉의 유명전은 그 연구 성과가 나온지 100년이 넘어서 태왕릉은 그 주인공을 광개토태왕으로 보고 있지만, 천추총의 주인공에 대해서는 뚜렷한 결론이 없다. 천추총의 千秋萬歲永固 · 保固乾坤相畢전명과 태왕릉의 願太王陵安如山固如岳전명이 나오고 있어서 두 무덤이 千秋萬歲토록 굳건하거나 원컨대 태왕릉이여 山과 같이 安하고 岳과 같이 固하기를 빌고 있다. 무덤의 크기로 보나 두 무덤에서만 유명전이 출토된 점이나, 연화문수막새가 태왕릉, 천추총, 장군총에서만 나온 점에서 볼 때, 이들 3고분들은 왕릉으로 보여 이에 대한 정확한 왕릉 비정이 요망된다.

여기에서는 먼저 무덤에서 나오는 기와 명문을 살펴보고자 한다. 무덤에서 나오는 기와 명문을 다시 수막새 명문과 평기와 명문으로 나누어서 검토하였다. 다음으로 두 자료밖에 없는 전명을 검토하였다.

II. 기와 명문

1. 수막새 명문

고구려의 4세기 수막새기와로 卷雲文기와가 있다. 5~6세기의 연화문수막새와는 그 문양상 차이가 있다. 누가 보아도 卷雲文과 蓮花文의 차이는 쉽게 발견할 수 있다. 5~6세기의 연화문 수막새기와에는 명문이 없는데 대해 4세기의 권운문수막새기와에는 명문이 많이 나온다. 이 권운문수막새에 나오는 명문이야말로 年干支 등이 포함되어 있어서 기와 편년에 중요하다. 그러면 국내성 분묘 출토 권운문암막새의 문자를 제시하면 다음의 <표 1>과 같다.

<표 1> 국내성 분묘 출토 권운문암막새 명문

名稱	무덤 이름	直徑(cm)	銘文
己丑명[1)]	西大墓	14.5	己丑年△△于利作
己丑명[2)]	禹山下992호분		己丑年造瓦△△八
(戊)戌명[3)]	禹山下992호분	14~14.4	泰/歲(戊)戌年造瓦故記
△歲명[4)]	西大墓	14	△歲在△△年造△
丁巳명[5)]	禹山下3319호분	15.5~16	太歲在丁巳五月廿日爲中郎及夫人造盖墓瓦, 又作民四千, 餟盦△用盈時興詣, 得享萬世

1) 吉林省文物考古研究所 · 集安市博物館, 『集安高句麗皇陵』, 2004.

2) 耿鐵華, 「高句麗文物古迹四題」『文物春秋』, 1989-4, 1989.

3) 林至德 · 耿鐵華, 「集安出土的高句丽瓦当及其年代」『考古』, 1985~7, 1985.

4) 吉林省文物考古研究所 · 集安市博物館, 앞의 책, 2004.

名稱	무덤 이름	直徑(cm)	銘文
十谷民造명[6]	禹山下3319호분	15	十谷民造/大一(吉로도 판독)
乙卯명[7]	禹山下3319호분	15.5~16	乙卯年癸酉

이 권운문수막새의 연대를 알 수 있는 자료로 太寧四年명 와당이 있다.[8] 集安의 대중목욕탕, 영화관 공사장에 발견된 太寧四年명 와당의 명문은 전부 인용해 보고자 한다. 太寧四年太歲△△潤月六日己巳造吉保子宜孫이다. 권운문 가운데 가장 연대가 확실한 太寧四年명 와당은 太寧四年명은 종래 太寧 연호가 3년까지만 있고, 太寧 3년 윤8월 6일의 간지가 己巳라는 사실에 착안하여 이를 태녕 3년의 오기 곧 325년에 제작된 것으로 파악하였다.[9] 이에 대해 태녕 4년 윤월은 태녕 3년 13월로서 『二十史朔潤表』에 의해 태녕 3년 13월 6일의 간지는 己巳에 해당하므로 태녕 4년 윤월은 오기가 아니라고 하면서 326년으로 보는 견해가 나왔다.[10]

어느 쪽을 취하든지 그 연대 차이는 1년의 차이가 있을 뿐이다. 태녕4년의 연대는 325년이[11] 아니면 326년이 된다. 또한 태녕4년명 권운문와당은 집안에서 출토되는 다른 와당과 비교할 때, 운문부를 4등분하여 양뿔형 권운문 1조를 대칭으로 배치하고, 운문부와 주연부 사이에 連弧가 없다는 점에서 중국 대륙의 권운문와당과 가장 가까운 형태이다.[12] 태녕 2년을 325년으로 설정한 다음

5) 李殿福, 「1962年春季吉林輯安考古調査簡報」 『考古』 1962-11, 1962.

6) 吉林省文物考古研究所 · 集安市博物館, 「洞溝古墓群禹山墓區JYM3319號墓發掘報告」 『東北史地』 2005-6, 2005.

7) 吉林省文物考古研究所 · 集安市博物館, 앞의 논문, 2005.

8) 集安縣文物保管所, 「集安高句麗國內城址的調査與試掘」 『文物』 1984-1, 1984, 49쪽.

9) 林至德 · 耿鐵華, 「集安出土的高句麗瓦當及其年代」 『考古』 1985-7, 1985, 644쪽.

10) 耿鐵華, 「集安出土卷雲文瓦當研究」 『東北地理』 2007-4, 2007, 20쪽.

11) 이 견해가 『二十史朔潤表』에 따르면 타당하다.

12) 여호규, 「집안지역 고구려 초대형적석묘의 전개과정과 피장자 문제」 『한국고대사연

戊戌명 권운명와당을 338년으로, 丁巳명 권운문와당을 357년으로 각각 보았다.[13] 그 뒤에 태녕 2년을 326년으로 설정함 다음 己丑명 권운문와당을 329년으로, 戊戌명 권운명와당을 338년으로, 丁巳명 권운문와당을 357년으로, 禹山下3319호분의 乙卯銘 권운명와당을 355년으로 각각 보았다.[14]

禹山下3319호분에서는 권운문와당에 다음과 같은 명문이 있다.

> 太歲在丁巳五月卄日爲中郎及夫人造盖墓瓦, 又作民四千, 餟盦(禮)用盈時興詣, 得享萬世

이는 '太歲丁巳(357년) 5월 20일에 中郎과 夫人을 위하여 墓를 덮는 기와를 만들었다. 또 백성 4000이 짓고, 餟盦(禮)를 다다른 때에 일으킴을 이르게 썼다. 享樂을 얻음이 萬世토록!'으로 해석된다.

禹山下3319호분은 357년으로 소수림왕릉이나[15] 고국원왕릉으로[16] 비정하기도 하지만 爲中郎及夫人造盖墓瓦라는 명문으로 보아서 중국 망명객의 무덤으로 보고 있다.[17] 355년과 357년에 제작된 와당이 동시에 출토되었다는 점에서 피장자가 355년에 죽어서 357년에 장사가 지내진[18] 고구려의 3년상 모습으로[19] 보기가 쉽다. 광개토태왕비에 광개토태왕이 昊天不弔卅有九宴駕棄國이

구』 41, 2006, 103쪽.

13) 李殿福, 「集安卷雲銘文瓦當考辨」『社會科學戰線』 1984-4, 1984.

14) 여호규, 「1990년대 이후 고구려 문자자료의 출토현황과 연구동향」『한국고대사연구』 57, 2010, 86쪽.

15) 耿鐵華, 앞의 논문, 2007, 22쪽.

16) 李樹林, 「吉林集安高句麗3319號日月神闕考釋及相關重大課題研究」『社會科學戰線』 2002-3, 2002, 192쪽.

17) 여호규, 앞의 논문, 2010, 89쪽.

18) 張福有, 「集安禹山3319號墓卷雲文瓦當銘文識讀」『東北史地』 2004-1, 2004, 44쪽.

19) 공석구, 「집안지역 고구려 왕릉의 조영」『고구려발해연구』 31, 133쪽. 이는 광개토

라고 해서 412년에(『삼국사기』에 따르면 10월임) 사망했고, 甲寅年九月卄九日乙酉遷就山陵이라고 나와서 414년에 장사를 지낸 것으로 되어 있어서 2년상이다. 355년에 죽고 357년에 장사를 지냈다면 만 2년상이지 만 3년상은 아니다.[20]

2000년 이후 초대형적석묘를 발굴 조사한 다음 己丑(329년)명권운문와당이 나오는 서대묘를 미천왕릉으로, 戊戌(338년)명 권운문와당이 나오는 우산하 992호분을 고국원왕릉으로, 이들보다 늦은 형식의 권운명와당이 나오는 마선구2100호분을 소수림왕릉으로, 천추총을 고국양왕릉으로 각각 비정하였다.[21]

중국학자들의 왕릉 비정에는 壽陵制가 전제되어 있다. 수릉제가 100%를 의미하는 것은 아니므로 50% 등의 수릉제도 전제되어야 할 것이다. 초대형적석묘의 수릉제와 관련되는 문자 자료로 태왕릉 출토 銅鈴 명문이 있다. 이 동령은 태왕릉 남쪽 2.9m거리의 SG1트렌치에서 출토되었는데, 높이 5.2cm, 구경 2.5~2.9cm이다. 동령을 주조한 다음 날카로운 도구로 표면을 돌아가면서 명문을 음각했다. 모두 ④행에 3자씩 전부 12자이다. 명문부터 제시하면 다음과 같다.

④	③	②	①	
九	(教)	好	辛	1
十	造	太	卯	2
六	鈴	王	年	3

이 靑銅鈴명문을 391년으로 보기도 하고, 451년으로 보기도 한다. 제③행의 1번째 글자를 巫자로 읽기도 하나 教자로 보인다. 이 글자를 崚자로 읽어서 陵자로 읽기도 한다. 왜 수릉제가 문제가 되느냐 하면 신묘년을 391년으로 보면

태왕과 마찬가지로 2년상이다.

20) 고구려 적석총은 2년상이다. 광개토태왕도 2년상이다.

21) 吉林省文物考古研究所 · 集安市博物館, 『集安高句麗王陵』, 2004.

당연히 태왕릉의 주인공인 광개토태왕의 즉위년이므로 수릉이다. 451년일 때에는 광개토태왕이 죽은지 39년이나 흘렀으므로 수릉과 동령 명문과는 관계가 없다. 好太王은 시호인 國罡上廣開土地好太王이나 國罡上廣開土境好太王의 뒷글자를 따서 부른 것이 틀림없어서 시호로 본다. 그렇다면 신묘년은 391년이 아닌 451년이 옳다.

이 동령 명문은 '辛卯年(451년)에 (長壽王이) 好太王을 위해 教로 만든 96번째 鈴이다.'가 된다. 이렇게 해석하면 태왕릉의 수릉제와 관련이 없다. 광개토태왕은 二九登祚라고[22] 해서 18세에 왕위에 올랐다. 18세인 왕의 무덤을 미리 만드는 것 곧 壽陵은 언뜻 납득이 되지 않는다. 고구려에서도 수릉에는 그 일정한 나이가 있었을 것이다.

2. 평기와 명문

2000년 이후 집안지역 초대형적석묘와 환도산성에서 평기와명문이 다수 출토되었다. 무덤 출토품만을 제시하면 다음과 같다.[23]

<표 2> 집안지역 초대형적석묘 출토 평기와 명문

고분 이름	명문	기와종류	위치	새김 방법
서대묘	了(丁)	회색 암키와	겉면	?
	爵	회색 암키와	안면	새김?
	音	회색 암키와	안면	타날?
	瓦	회색 수키와	겉면	?
우산하992	富(?)	회색 암키와	겉면	새김?
천추총	△浪趙將軍~△未在永樂(총3행)	회색 수키와	겉면	새김?(소성 이전)
	年~胡將軍~△(총3행)	회색 수키와	겉면	새김?(소성 이전)

22) 二九는 구구단이다.

23) 吉林省文物考古研究所 · 集安市博物館, 앞의 책, 2004.

고분 이름	명문	기와종류	위치	새김 방법
	長安(行書體)	회색 수키와	겉면	새김?
	口美口美△	회색 수키와	겉면	새김?(소성 이전)
	△固卒	회색 기와	겉면	새김?(소성 이전)
	王: 2건	회색 수키와	겉면	새김
	一王	회색 수키와	겉면	새김?
	前: 10건	회색 수키와/기와	겉면	새김?(소성 이전)
	後: 2건	회색 기와	겉면	새김?(소성 이전)
	上: 6건	회색 기와	겉면	새김
	上△	회색 수키와	겉면	새김
	下: 10여 건	회색 기와	겉면	새김
태왕릉	五: 3건	암키와		새김(소성 이전)
	四: 3건	암키와		새김(소성 이전)
	三: 2건	암키와	승문상 포흔상	새김(소성 이전)
	十	암키와		새김(소성 이전)
	卅	암키와		새김(소성 이전)
	西人	암키와		새김(소성 이전)
	田	암키와	겉면	타날(소성 이전)
장군총 1호 배총	小	회색 기와	겉면	새김
	魚(?)	회색 기와	겉면	새김
	十	회색 기와	겉면	새김
	申	회색 기와	겉면	새김
	大	회색 기와	겉면	새김

국내성 초대형분묘 출토의 명문은 크게 세 가지로 나눌 수가 있다. 하나는 吉祥語가 있고, 다른 하나는 기와의 사용처를 나타내는 것이고, 마지막으로 將軍 직명이다. 길상어로는 서대묘의 爵, 音, 우산하992호분의 富, 천추총의 長安, 口美口美, △固卒, 一王, 태왕릉의 西人, 장군총 1호 배총의 魚(?) 등이 있다. 기와의 사용처를 나타내는 것으로는 서대묘의 瓦, 천추총의 前, 後, 上, 下, 태왕릉의 十, 卅, 장군총 1호 배총의 十, 申 등이 있다. 천추총의 장군 직명에 대한 것으로

는 △浪趙將軍~△未在永樂(총 3행)이 있는데 이는 △浪趙將軍인 ~△未이 永樂에 있다로 해석된다. 천추총의 장군 직명은 年~胡將軍~△(총 3행)가 있다. 年~胡將軍이 ~△했다로 해석되며, 모두 제와감독자일 가능성이 있다.

III. 전 명문

태왕릉은 중국 길림성 집안시 태왕향 통구 분지의 우산 남쪽 기슭에 위치하고 있으며, 방형 평면을 가진 계단식 돌무지무덤이다. 이 능은 흙 담으로 쌓은 능원 내에 자리한다. 무덤의 동편으로 제대로 불리는 시설이 있고 동북편으로는 건물지 등이 확인되었으며, 남쪽으로 陪塚이 있었다고 하나 확실하지는 않다. 1913년 조사 시 출토된 양각으로 찍어서 만든 "願太王陵安如山固如岳"이라는 명문이 있는 벽돌에 근거하여 태왕릉이라고 불리게 되었으며, 1966년 중국 측에서 우산묘구 제541호묘(JYM 0541)로 편호하였다. 이 능에서 동북쪽으로 300m 거리에 광개토태왕비가 있다.

태왕릉은 잘 다듬은 돌로 축조한 계단식 돌무지무덤으로서 현재 11단이 남아 있다. 잔존하는 무덤의 정상부는 한 변이 24m 정도의 평평한 면을 유지하고 있으며, 여기에 매장주체부가 노출되어 있다. 매장주체부는 돌로 쌓은 石室과 石室 내에 맞배지붕 형태의 石槨이 있고, 石槨 내에는 棺臺가 남북 방향으로 두 개 놓여 있으며, 주검은 木棺에 안치되었을 것이다. 石室은 한 변 길이 3.24m, 2.96m의 장방형에 가까운 방형이고, 서벽 중앙에 길이 5.4m, 폭 1.96m의 羨道가 있다.

분구 위에서는 기와와 연화문 와당, 벽돌이 출토되어서 분구 정상부에 목조 구조물이 있었을 것으로 추정되며, 이러한 구조물이 왕릉의 상징으로 보고 있다.

무덤의 남쪽으로 3m 거리에 石棺형태의 陪塚이 있었다고 하나 확실하지 않다. 또한 중국에서는 무덤의 동쪽을 50~68m 거리에 1.5m 높이로 쌓아 올린 석

단 시설을 제대로 보고 있으나, 그 용도는 확실하지 않다. 무덤의 동북쪽 120m 지점에도 건물지가 있으며, 능원의 동쪽 담장과 9m 정도 간격이 있어 초소시설로 추정된다.

무덤에서는 여러 유물이 출토되었는데, 특히 Y자형으로 부조된 꽃봉오리 모양의 연화문 와당은 태왕릉형 와당이라고 할 만한 특징적인 것이다. 이외에도 금 · 금동품 · 청동 · 철기와 토기 등 1,000여 종의 유물이 출토되었다. 금동제 장막걸이 장식, 상 다리 등과 鐙子, 杏葉, 띠 연결고리 장식 등의 마구와 "辛卯年/好太王/△造鈴/九十六"이라는 명문이 새겨진 청동방울이 출토되어 주목을 끌었다.

천추총은 훼손이 심하여 원상을 잃었지만 원래는 10층 정도의 계단식 돌무지무덤이었을 것으로 추정된다. 무덤 평면은 한변 길이 63m 정도의 네모난 형태이며 높이는 가장 많이 남아 있는 곳이 10.9m, 파괴가 심한 동쪽은 7.9m 정도이다.

무덤은 먼저 지표면을 단단하게 다진 후 커다란 돌로 기단을 만든 후 기단 내부를 돌로 채우고 같은 방식으로 층단을 지면서 쌓아올렸다. 계단을 쌓는데 사용되는 돌은 다듬은 흔적이 보이지 않도록 잘 가공하였으며 둘레에 홈을 만들어서 위쪽에 얹은 돌이 튕겨나가지 않도록 고려하였다.

무덤의 윗부분은 편편하며 정상부에서 太王陵의 집모양 石槨과 같은 석재가 남아 있어서 태왕릉과 같은 石室 내에 家形 石槨이 있고 石槨 내에 부부를 합장하였던 것으로 추정할 수 있다. 무덤 둘레를 돌아가면서 거대한 화강암을 버텨놓았는데 한 변에 5매씩 총 20매가 있었을 것이다.

널방은 기단 상부에 축조되었으며 무덤의 전체 외형은 방추형이다. 무덤의 주변에서 상당수의 銘文塼이 출토되었다. 무덤의 주위에서 격자무늬 · 노끈무늬 · 卷雲文 등의 기와편이 다량 수습된 것으로 보아, 將軍塚이나 太王陵과 함께 묘역에 사당이나 관계시설이 세워졌던 듯하다.

그밖에 2003년도 조사에서 금실과 금제장신구, 금동못과 갑옷편, 청동방울, 철제칼과 고리, 철제갑옷, 꺾쇠 등이 수습되었다.

태왕릉과 천추총에서는 다음과 같은 전명이 출토되었다.

> 願太王陵安如山固如岳 '원컨대 太王陵이여 안전하기는 山과 같고, 굳건하기는 岳과 같으소서'
> 千秋萬歲永固 '千秋萬歲동안 영원히 굳건하기를'
> 保固乾坤相畢 '보호되고 굳건함이 하늘과 땅이 서로 다하도록'
> (무덤이) 千秋 萬歲토록 영구히 튼튼하소서.[24]
> (무덤이) 하늘과 땅처럼 튼튼히 보존되소서.

두 무덤인 태왕릉과 천추총말고는 전명이 출토된 고구려의 왕릉은 없다. 특히 태왕릉은 고구려 제19대 광개토태왕의 무덤으로 보고 있다. 태왕릉은 무덤의 享堂에 유명전을 벽에 붙인 두 고분 가운데 한 무덤이다. 願太王陵安如山固如岳 '원컨대 太王陵이여 안전하기는 山과 같고, 굳건하기는 岳과 같으소서'이다. 이 太王陵을 문헌사학자들은 광개토태왕릉으로 보아 왔다.[25] 고고학자도 처음에는 장군총이 태왕릉에 앞서고, 태왕릉은 광개토태왕릉으로, 장군총은 장수왕릉으로 각각 보았다.[26] 평양에 소재한 傳東明王陵을 장수왕의 壽陵으로 본 견해가 나왔다.[27] 여기에서는 태왕릉과 장군총을 묘실의 방향, 현지 입지 상황에서 볼 때 태왕릉이 오래되었고, 장군총은 고구려 고분의 편년으로 볼 때 광개토태왕릉이고, 태왕릉은 광개토태왕 이전의 고국양왕 또는 소수림왕 또는 고국원왕의 분묘라고 결론지었다.

고고학 쪽에서 태왕릉을 광개토태왕릉으로 보지 않는 학설이 나오면서, 천추총 · 태왕릉 · 장군총에서 출토된 와당의 형식 분류에 근거하여 그 주인공을

24) 국사편찬위원회 한국사데이터베이스의 노태돈의 번역문.

25) 현재까지 한국학계나 일본사학계의 통설이다.

26) 緖方泉, 「高句麗古墳群に關する一試考(下) -中國集安縣における發掘調査を中心として-」『古代文化』 37-3, 1985, 16쪽.

27) 永島暉臣愼, 「高句麗の壁畵古墳」『日韓古代文化文化の流れ』, 1982.

추정한 견해가 나왔다.[28] 여기에서는 와당의 형식 분류에 근거할 때, 그 시대적인 순서는 태왕릉→천추총→장군총으로 보았다. 태왕릉 출토의 연화문 와당는 蓮花文의 蓮弁이 연꽃봉오리 모양으로 되어있는 바, 이와 유사한 예는 안악 3호분, 무용총, 삼실총, 쌍영총 등의 고구려 고분 벽화에도 보인다. 그 연대를 357년에 작성된 안악 3호분의 묵서명에 근거하여 4세기 중엽으로 보았다. 태왕릉의 와당 연대는 4세기 후엽에서 말경,[29] 장군총의 와당 연대는 5세기 초두에서 전엽으로 각각 추정하였다. 따라서 광개토태왕릉은 태왕릉이 아니고 장군총이라고 주장하였다. 그래서 개설서에서도 이러한 가설이 반영되어 있다.[30] 곧 太王陵(371년, 故國原王陵)[31]→千秋塚(392년, 故國壤王陵)→將軍塚(414년, 廣開土太王陵)으로 결론지었다. 千秋塚에서 4세기의 권운문와당이 나온 점과[32] 491년 이후의 집안고구려비에 의할 때[33] 千秋塚(384년, 小獸林王陵)→太王陵(414년, 廣開土太王陵)→將軍塚(491년, 長壽王陵)→平壤의 漢王墓(519년, 文咨王陵)으로 편년된다.

여기에서 고고학의 형식론의 문제점을 하나 짚고 넘어가야 될 것이다. 5각형 매미의 도교 도상은 415년의 풍소불묘의 금동관→402년의 황남대총 남분의 은제관→山자형금동관의 순서이나 357년의 안악 3호분의 호록에서 山자형금구가 그려져 있어서 5각형매미도상의 편년을 믿을 수 없게 만든다. 이 안악 3호분의 山자형금구 그림은 5~6세기의 적석목곽묘 출토의 금동제관의 山자형과 꼭

---

28) 田村晃一, 「高句麗の積石塚の年代と被葬者をめぐる問題について」 『青山史學』 8, 1984.

29) 태왕릉의 묘주는 고국양왕, 고국원왕, 소수림왕 등으로 보았다.

30) 東潮 · 田中俊明編著, 『高句麗の歷史と遺蹟』, 1995, 191쪽.

31) 太王陵을 廣開土太王陵으로 보는 가설은 김창호, 「고구려 太王陵 출토 연화문숫막새의 제작 시기」 『백산학보』 76, 2006 ; 『한국 고대 불교고고학의 연구』, 2007 재수록에서도 주장한 바 있다.

32) 吉林省文物考古研究所 · 集安市博物館, 앞의 책, 2004.

33) 김창호, 「집안고구려비를 통해 본 麗濟 王陵의 비정 문제」 『考古學探究』 17, 2015.

같다. 금속기에 의한 교차연대의 한계를 보여주는 좋은 예이다.

그런데 2004년에 들어와 고구려의 왕릉 발굴 결과가 발표되었다.[34] 여기에서는 천추총에서 연화문수막새뿐만 아니라 권운문와당이 발굴되었다. 그래서 연화문와당이 나오는 무덤의 편년이 천추총→태왕릉→장군총의 순서가 되고, 천추총이 4세기 후반이므로 태왕릉의 연대가 5세기 초로, 장군총이 5세기 말로 보게 되어 태왕릉이 광개토태왕릉으로, 장군총이 장수왕릉으로 각각 보게 되었다.

천추총의 명문전은 태왕릉과 함께 양각되어 있으며, 태왕릉과 달리 유명전이 나오는 것은 2가지이다. 태왕릉은 주지하는 바와 같이 광개토태왕릉이다. 4세기 후반에 광개토태왕과 비견될 수 있는 고구려의 왕으로 누가 있을까? 故國原王(331~371년)은 371년 평양성 전투에서 백제 근초고왕과의 싸움에서 전사했으므로 그 가능성은 없다. 故國壤王(384~391년)과 小獸林王(371~384년)이 있다. 이들 2명의 왕중에서는 그 업적이 뚜렷한 임금은 소수림왕이다. 그의 중요한 업적을 나열하면 다음과 같다.

小獸林王은 체격이 건장했고 머리가 좋았다. 355년에 아버지 고국원왕에 의해 태자로 책봉된 후, 능력을 인정받아 鮮卑族이 세운 나라인 前燕에 사절로 파견되기도 했다. 전연에 인질로 잡혀있다가 370년에 전연이 망한 후 귀국했고 371년 고국원왕이 백제군과의 평양성 전투에서 사망하자 왕위에 올랐다.

소수림왕이 즉위한 4세기 후반은 樂浪郡과 帶方郡을 멸망시킴으로써 백제와 국경을 접했던 고구려가 남하정책을 활발히 전개하여 백제와 첨예한 대립을 하던 시기였다. 고구려가 남진해오자 백제의 근초고왕이 3만 명의 군사를 보내 평양성을 공격하여 고국원왕을 전사시키는 등 오히려 백제의 기세가 상승해 있었기 때문에 고구려로서는 안팎으로 위기를 맞은 시기였다.

소수림왕은 부왕의 전사에 따른 국내외적인 위기를 극복하면서 새롭게 지배

34) 吉林省文物考古硏究所 · 集安市博物館, 앞의 책, 2004.

체제를 정비해야 하는 시기에 즉위하여, 즉각적으로 국가 체제 정비에 나섰다. 372년 前秦에서 승려인 順道가 외교사절과 함께 불상과 경전을 가지고 왔으며, 374년에는 阿道가 들어와 불교를 전래했다. 왕은 肖門寺와[35] 伊弗蘭寺를 창건해 각각 순도와 아도를 머물게 했다. 『삼국사기』에는 이때부터 고구려에 불교가 전래되었다고 기록하고 있다.

그는 372년에 유교 교육기관인 太學을 설치해 귀족자제들에게 유학을 가르쳤고, 다음해에는 율령을 반포했다. 율령의 반포는 이전의 여러 관습법 체계를 재구성하고 성문화했음을 의미한다. 고구려는 이를 통해 왕을 중심으로 하는 중앙집권적인 국가체제를 보다 공고히 정비할 수 있었으며, 이러한 바탕 위에서 광개토왕대에 대외팽창을 활발히 전개하여 최대의 전성기를 맞이할 수 있었다.

소수림왕의 치세 하에, 고구려는 대외적으로 백제에 대한 견제를 계속했다. 375년 7월에 백제의 水谷城(지금의 황북 신계군)을 침공했고, 다음해에는 백제의 북쪽 국경을 공격했으나 3만 명의 백제군에게 평양성을 역습당했지만 역습으로 이를 격퇴하고 백제를 정벌했다. 한편 남쪽의 백제에 전력을 기울이던 틈을 타서 378년에는 거란이 북쪽의 변방을 기습하여 8개 부락을 함락하기도 했다.

대체로 소수림왕의 재위시기에는 북중국의 전진과 우호관계를 유지함으로써 북방의 경비에 따른 국력의 분산을 막을 수 있었기 때문에 고구려는 국가의 지배체제를 정비하는 것이 가능했다

소수림왕의 업적은 율령 공포, 태학 설치, 불교 전래, 전진과 외교 등 왕권 강화로 요약된다. 이러한 소수림왕의 업적은 고국원왕의 평양성 전투에서 사망한 국가적인 위기를 안전한 위치에 올린 것으로 파악된다. 그래서 고구려 최초로 왕릉에 양각한 전명을 무덤의 享堂이 세워서 쌓아 두었다. 그 전명을 다시 한 번 제시하면 다음과 같다.

35) 省門寺라고 부르기도 한다.

千秋萬歲永固 '(무덤이) 千秋萬歲동안 영원히 굳건하기를'
保固乾坤相畢 '(무덤이) 보호되고 굳건함이 하늘과 땅이 서로 다하도록'

이 명문은 태왕릉의 명문과 함께 塼의 모서리 긴 쪽에 양각으로 주조된 예이다. 그렇다면 태왕릉의 전이나 천추총의 전은 바닥에 까는 것은 아니고, 모서리 긴 쪽을 세워서 벽전으로 사용했다. 왜 이런 전돌이 태왕릉과 천추총에만 있고, 다른 초대형적석묘에는 없을까? 지금까지 조사 결과로는 없다. 그렇다면 태왕릉은 고구려 최고의 정복군주인 광개토태왕의 무덤이다. 천추총은 누구의 무덤일까? 아무래도 국가의 크나 큰 위기에서 국가의 안전을 마련한 소수림왕의 무덤으로 보인다.

고구려의 고국천왕, 고국원왕, 고국양왕의 무덤은 전부 우산하고분에 있는 것으로 보인다. 고국원왕의 시호가 모두루묘지명에서 國罡上聖太王이라고 나왔기 때문에 고국천왕과 고국양왕의 무덤도 광개토태왕의 시호인 國罡上廣開土地平安好太王과 관련이 있을 것으로 보인다. 그렇다면 고국천왕과 고국양왕의 무덤도 우산하고분군에 있었을 것으로 보인다. 마선구고분군에 있는 천추총은 왕의 시호가 전혀 다른 소수림왕릉으로 보인다. 소수림왕은 광개토태왕 이전에 전왕인 고국원왕이 평양성 전투에서 죽은 유일하게 국가가 累卵의 위기를 맞은 것을 수습하고 국가의 왕권 강화책을 실시하여 고구려의 고대국가를 완성한 임금이다. 그래서 고구려 최초로 享堂의 전에 명문을 찍어서 만들었다. 소수림왕 때까지의 임금 가운데 고구려인들이 생각한 가장 훌륭한 왕은 소수림왕이다. 광개토태왕이 나와서 그 업적이 대단해서 願太王陵安如山固如岳이란 명문전을 새겨져 享堂이 두었다. 이 두 분의 왕만이 고구려를 빛낸 진정한 임금이라고 고구려인들은 생각하고 존중했다고 판단된다.

연화문수막새가 나오는 고분으로는 그 순서대로 나열하면 태왕릉→천추총→장군총(장수왕릉)의 순서로 그 예가 3예밖에 없다. 천추총에서는 4세기의 권운문와당이 나와서 가장 빠르다. 국내성시대 고구려 임금 가운데 가장 훌륭한 왕은 소수림왕, 광개토태왕, 장수왕을 들 수가 있다. 이들의 왕릉에서는 연화문

수막새가 출토되어 享堂에 이를 지붕에 사용했음을 의미하고, 연화문수막새가 이 3고분 이외에서는 향당에 사용했을 정도의 기와가 나오지 않고 있다. 더구나 천추총(소수림왕릉)과 태왕릉(광개토태왕릉)에서는 유명전이 있어서 보다 더 훌륭한 임금의 무덤이었음은 더 이상 말할 필요가 없다.

IV. 맺음말

먼저 기와 명문 부분에서 수막새 銘文에 대해 조사하였다. 太寧四年太歲△△潤月六日己巳造吉保子宜孫의 太寧四年을 325년 또는 326년으로 보았다. 이에 힘입어 태녕 4년을 325년으로 설정한 다음 禹山下992호분의 戊戌명 권운명와당을 338년으로, 禹山下3319호분의 丁巳명권운문와당을 357년으로 각각 보았다. 그 뒤에 태녕4년을 326년으로 설정함 다음 西大墓와 禹山下992호분의 己丑명권운문와당을 329년으로, 禹山下992호분의 戊戌명 권운명와당을 338년으로, 禹山下3319호분의 丁巳명권운문와당을 357년으로, 禹山下3319호분의 乙卯銘 권운명와당을 355년으로 각각 보았다.

국내성 초대형 분묘 출토의 명문은 크게 세 가지로 나눌 수가 있다. 하나는 吉祥語가 있고, 다른 하나는 기와의 사용처를 나타내는 것이고, 마지막으로 將軍 직명이다. 길상어로는 서대묘의 爵, 音, 우산하992호분의 富, 천추총의 長安, 口美口美, △固卒, 一王, 태왕릉의 西人, 장군총 1호 배총의 魚(?) 등이 있다. 기와의 사용처를 나타내는 것으로는 서대묘의 瓦, 천추총의 前, 後, 上, 下, 태왕릉의 十, 卅, 장군총 1호 배총의 十, 申 등이 있다. 천추총의 장군 직명에 대한 것으로는 △浪趙將軍~△未在永樂(총 3행)이 있는데 이는 △浪趙將軍인 ~△未이 永樂에 있다로 해석된다. 천추총의 장군 직명은 年~胡將軍~△(총 3행)가 있다. 年~胡將軍이 ~△했다로 해석되며, 모두 제와감독자일 가능성이 있다.

국내성 출토 전명은 2개의 무덤밖에 없다. 전 고구려를 통해서도 무덤에서 전명이 나오는 곳은 천추총과 태왕릉의 두 무덤이 있을 뿐이다. 전명을 소개하면 다음과 같다.

> 願太王陵安如山固如岳 '원컨대 太王陵이여 안전하기는 山과 같고, 굳건하기는 岳과 같으소서'(太王陵)
> 千秋萬歲永固 '千秋萬歲동안 영원히 굳건하기를'
> 保固乾坤相畢 '보호되고 굳건함이 하늘과 땅이 서로 다하도록'(千秋塚)

두 무덤의 명문 모두 무덤이 영원히 굳건하기를 빌고 있다. 태왕릉은 대개 광개토태왕으로 보아 왔다. 천추총은 고국원왕, 소수림왕, 고국양왕 등으로 보아 왔다. 이 가운데 고국원왕은 모두루묘지에 國罡上聖太王이라고 나온다. 고국양왕과 고국천왕의 무덤은 우산하 고분군에 있을 것이다. 왜냐하면 國罡上廣開土地平安好太王의 시호를 가진 광개토태왕의 무덤도 태왕릉으로 우산하 고분군에 있기 때문이다. 소수림왕만이 前秦과 외교 관계를 맺고, 불교 전래(성문사, 이불란사 창건), 율령 공포, 태학 설치 등으로 나라를 안정시켜 고대국가를 완성했다. 그래서 광개토태왕과 마찬가지로 무덤의 享堂에 유명전을 장식했으며, 천추총은 소수림왕릉일 수밖에 없다.

제2장
백제

제1절 금산 금령산성 출토 문자 자료
제2절 익산 미륵사 출토 景辰銘 기와에 대하여
제3절 부여 外里 출토 문양전의 연대

제1절

금산 금령산성 출토 문자 자료

Ⅰ. 머리말

충청남도 금산군 남이면 역평리와 건천리 일대 성재산(438m) 정상부에 위치한 백령산성은 둘레 207m의 소규모 테뫼식[1] 석축 산성이다. 백령산성은 그 주변에 해발 700m 정도의 高峰이 둘러싸고 있어서 시야 확보에 제약이 있지만 산성이 입지한 능선 일대를 장악하여 주변부에 대한 제한사항을 극복하고 있다. 또한 산간 사이에 형성된 통로에 소재하여 關門 역할(길목 차단 기능)을 했던 것으로 파악된다.[2] 백령산성이 자리한 능선은 충남 연산 · 논산(황산벌)과 전북 무주를 잇는 교통로 상에 있기 때문에 일찍이 炭峴으로 비정되기도 하였다.[3]

백령산성에 대한 조사는 2003년 정밀 지표조사와 시굴조사를 시작으로 전체적인 현황을 확인하였고, 이후 시행된 2004년의 1차 발굴조사와 2005년의 2차 발굴조사를 통해[4] 그 내부 구조와 부대시설을 파악하게 되면서 구체적인 산성의 형태를 이해할 수 있었다.

이러한 조사 내용을 바탕으로 백령산성은 단일 토층만이 나타나고 층위 내

---

1) 우리나라의 고대 산성은 크게 2종류로 대별된다. 골짜기와 산등성이를 에워싼 포곡식과 하나의 산봉우리만을 8부 능선에서 둘러싼 테뫼식이 있다.

2) 최병화, 「금산 백령산성의 구조와 성격」 『호서고고학』 17, 2007, 178쪽.

3) 성주탁, 「백제 탄현 소고」 『백제논총』 2, 1999.

4) 충청남도역사문화연구원 · 금산군, 『금산 백령산성 1 · 2차 발굴조사 보고서』, 2007.

의 출토 유물 연대가 백제시대의 것으로만 비정됨에 따라 백제 泗沘城시대에 조성되어 사용된 유적으로 파악된다.[5] 발굴된 유물은 다량의 기와류 · 토기류와 소량의 목기류와 철기류로, 조사된 유물들의 양상이 백제시대로 한정된다는 점에서 백제시대 산성의 구조와 축조 방법과 배경, 사용 시기 등을 규명하는데 중요한 의미를 지닌다.[6] 계단식의 북문, 저수용 목곽고, 배수 시설, 보도시설, 온돌 시설 및 주공 등이 확인되었고, 다량의 명문와를 포함한 기와편과 토기류, 묵서 판목 등의 문자 자료 유물이 출토되었다.

여기에서는 명문을 銘文瓦, 印刻瓦, 墨書木板으로 나누어서 살펴보고, 다음으로 이들 명문들의 제작 시기를 年干支명 기와를 토대로 살펴보고자 한다.

II. 명문의 판독과 해석

1. 銘文瓦

(1) 上水瓦作명 음각와

가) 上水瓦作명 음각와(등면)

백령산성 정상부에 조성된 木槨庫 내부에서 출토된 上水瓦作명 음각와는 발견 당시 반파된 상태였지만 수습 이후 접합되었다. 길이 21.3cm, 두께 0.8~2.0cm였다. 고운 점토를 사용해 제작된 음각와는 표면은 회청색, 속심은 흑회색을 띤다. 음각와의 표면에는 물손질한 흔적과 손으로 누른 자국, 도구흔 등이 혼재하고, 모두 ③행으로 총 19자 정도의 명문이 확인되었다.[7]

---

5) 강종원 · 최병화, 『그리운 것들은 땅속에 있다』, 2007, 178쪽.

6) 충청남도역사문화연구원 · 금산군, 앞의 책, 2007.

7) 作人那魯城移文은 지방 출신의 제와장으로 무령왕릉의 와박사와 비교된다. 곧 무

명문은 등면과 측면에 殘存하는데, 등면의 명문은 그 자형이 대체적으로 명확한 반면 측면의 명문으로 추정되는 일련의 자형은 알아보기 어렵다. 음각된 목필이나 철필과 같은 끝이 가늘고 뾰족한 도구를 이용해 刻書했던 것으로 추정된다. 이러한 예는 백제 미륵사지에서 나온 景辰年五月卄(日)法得書란 기와 명문이 있다.

지금까지 제시된 판독 결과를 표로서 도시하면 다음과 같다.

연구자	판독안	
금산 백령산성1 · 2차 발굴조사 보고서(2007)[8]	1차	제①행 上水瓦作土(五)十九
		제②행 一(?)夫瓦九十五
		제③행 作△那魯城移△
	2차	제①행 上水瓦作土十九
		제②행 一夫瓦九十五
		제③행 作△那魯城移△
	3차	제①행 上水瓦作土十九
		제②행 一夫瓦九十五
		제③행 那魯城移遷
손환일(2009)[9]	1차	제①행 上水瓦作五十九
		제②행 夫瓦九十五
		제③행 作(人)那魯城移文
강종원(2009)[10]	1차	제①행 上水瓦作土十九
		제②행 一夫瓦九十五
		제③행 那魯城移遷

령왕릉 출토 (瓦博)士壬辰年作는 만든 사람이 와박사로 512년에 만들었다고 하므로 523년에 조성된 무령왕릉이 壽陵일 가능성을 보여주고 있다.

8) 충청남도역사문화연구원 · 금산군, 앞의 책, 2007.

9) 손환일, 「백제 백령산성 출토 명문기와와 목간의 서체」 『구결연구』 22, 2009.

10) 강종원, 「부여 동남리와 금산 백령산성 출토 목간자료」 『목간과 문자』 3, 2009.

연구자	판독안	
	2차	제①행 上水瓦作五十九
		제②행 一夫瓦九十五
		제③행 作△那魯城移支
	3차	제①행 上水瓦作五十九
		제②행 夫瓦九十五
		제③행 作(人)那魯城移文
문동석(2010)[11]	1차	제①행 上水瓦作五十九
		제②행 夫瓦九十五
		제③행 作(人)那魯城移文
이병호(2013)[12]	1차	제①행 上水瓦作五十九
		제②행 夫瓦九十五
		제③행 作(人)那魯城移文
이재철(2014)[13]	1차	제①행 上水瓦作五十九
		제②행 夫瓦九十五
		제③행 作(人)那魯城移文

이상과 같은 판독을 근거로 음각와를 판독하여 제시하면 다음과 같다.

제①행 上水瓦作五十九
제②행 夫瓦九十五
제③행 作(人)那魯城移文

11) 문동석, 「2000년대 백제의 신발견 문자자료와 연구동향」 『한국고대사연구』 57, 2010.

12) 이병호, 「금산 백령산성 출토 문자기와의 명문에 대하여 -백제 지방통치체제의 한 측면-」 『백제문화』 49, 2013.

13) 이재철, 「금산 백령산성 유적 출토 문자 자료와 현안」 『목간과 문자』 13, 2014.

제②행의 夫瓦의 사전적 의미는 수키와이다.[14] 이에 대칭되는 제①행의 上水瓦는 기와 위로 물이 흘러가는 기와로 암키와를 뜻한다.[15] 이를 토대로 음각와 명문을 해석하면 다음과 같다.

上水瓦(암키와) 59장을 만들었고, 夫瓦(수키와) 95장을 만들었는데 作人(직명)은 那魯城 출신의 移文(인명)이다가 된다.[16] 이는 지금까지 고구려와 백제 금석문에 나오는 지방민의 유일한 인명표기로 중요하다.

나) 上水瓦作명 음각와(측면; 위)

竹內△△△로 판독되나 수결로 이해되고 있을 뿐,[17] 해석은 되지 않는다.

다) 上水瓦作명 음각와(측면; 아래)

글자가 10자 정도가 더 있으나 판독이 어렵다.

(2) 上卩명 음각와

上卩명 음각와는 목곽고가 위치한 지역의 표토층에서 2점(2가지 유형)이 수습되었다. 上卩명 음각와 1점은 길이 7.3cm, 두께 1.1~1.4cm이고, 다른 上卩명 음각와 한점은 길이 8.8cm였다. 명문은 무문의 평기와에 刻字한 것으로 上卩의 2자가 확인된다. 上部란 왕경 5부 가운데 하나이다.

---

14) 이병호, 앞의 논문, 2013, 252쪽.

15) 이병호, 앞의 논문, 2013, 252쪽.

16) 이병호, 앞의 논문, 2013, 252쪽에서 那魯城에서 기와가 제작된 것으로 보고 있으나 이는 인명표기의 일부로 移文의 출신지일 뿐이다. 作人那魯城移文은 직명+출신성명+인명으로 된 인명표기로 지방민도 제와장이 되어 6세기 후반에는 기와의 제작에 관계했다는 중요한 증거이다. 移文 등의 기와 제작은 백제 왕경인(5부인)과는 관계가 없이 지방민이 전담했다고 판단된다. 물론 조와에는 국가의 감독을 받았음을 물론이고, 삼국시대 기와가 지방민에 의해 만들어졌다는 중요한 증거가 된다.

17) 이재철, 앞의 논문, 2014, 192쪽.

(3) 右(?)四(血)명 음각와

무엇을 의미하는지는 알 수가 없다.

2. 印刻瓦

(1) 丙자명 기와

丙자명와는 남문지 내부 매몰토층에서 발견된 2점을 포함해 발굴과정에서 총 3점이 수습되었다. 丙자명와는 그 크기가 길이 24.5cm, 두께 1.0~1.9cm이고, 다른 하나는 12.8cm, 두께 1.0~1.6cm이고, 또 다른 하나는 길이 8.5cm, 너비 4.6cm, 두께 0.93~1.3cm이다. 印章의 지름은 2.1cm 정도이고, 양각된 丙자의 지름은 1.7cm 정도이다. 인장의 크기나 인장 안 字形 등을 감안할 때, 모두 동일한 消印으로 추정된다. 丙자명와의 丙자는 栗峴△ 丙辰 瓦와의 관련성으로 보아 丙辰年을 나타내기 위한 것으로 보인다.[18]

(2) 栗峴△ 丙辰瓦명 기와

栗峴△ 丙辰瓦명 기와는 목곽고 내부와 그 주변에서 총 12점이 출토되었다. 회백색의 무문으로 수키와가 많다. 명문은 양각된 형태로 가로×세로 5cm의 방형 구획을 나누어서 세 글자씩 縱書했으며, 栗峴△ 丙辰瓦로 판독된다.

이는 '율현△가[19] 병진년에 만든 기와이다.'란 뜻이다.

(3) 耳淂辛 丁巳瓦명 기와

耳淂辛 丁巳瓦명 기와는 조사 지역의 북문과 북쪽 성벽 일대에서 출토되었다. 총 18점으로 암키와가 다수를 이룬다. 방형 구획을 나누어서 세로로 3자씩

---

18) 이병호, 앞의 논문, 2013, 68~69쪽.

19) 耳淂辛과 함께 기와를 만든 기술자인지 감독자인지는 후고를 기다린다.

2행의 형태로 모두 6자이다. 이 명문와는 부여 쌍북리에서 출토된 丁巳瓦 葛那城명 기와가 있어서 대비된다. 명문의 내용에서 丁巳瓦는 기와의 제작 시기를, 葛那城(충청남도 논산의 皇華山城으로 비정됨)은 그 소요처를 표기한 것으로 파악되고 있다.

이를 해석하면 '이득신이 정사년에 만든 기와이다.'가 된다.

(4) 戊午瓦 耳淂辛명 기와

戊午瓦 耳淂辛명 기와는 목곽고와 남문 · 북문, 치 등에서 총 23점이 확인되었다. 제작기법은 앞서 살펴본 栗峴△ 丙辰瓦명 기와와 耳淂辛 丁巳瓦명 기와 동일했을 것으로 보인다. 가로×세로 4.5cm 정도의 방형 구획을 기준으로 세 글자씩 縱書되었는데, 耳淂辛 丁巳瓦명 기와는 반대로 干支를 나타내는 부분인 戊午瓦가 먼저 기록된 점이다.

이를 해석하면 '무오년에 만든 기와는 이득신이 했다.'가 된다.

3. 목간

(1) 墨書木板

백령산성 정상부에 조성된 木槨庫 내부에서 기와편, 토기편, 목재, 철기 등과 함께 묵서목판이 출토되었다. 묵서목판은 목곽고의 바닥면에서 수습되었다. 출토 당시 반파되어 둘로 나누어진 상태였지만 원래 한 개체였던 것으로 추정된다. 목판은 두께 0.8cm, 너비 13cm, 길이 23cm로 앞면 우측 상부에 2행의 묵흔이 확인된다. 2행의 묵흔 이외에도 글자로 추정되는 형태가 보이지만 잔존상태가 좋지 않아서 무슨 글자인지 알 수 없다.

판독이 불가능하여 해석도 할 수 없다.

연구자	판독안
금산 백령산성 1·2차 발굴조사 보고서(2007)	앞면; 우측 상단에 세로로 2줄의 흔적이 남아있으나 그 내용은 잔존상태가 좋지 않아 명확하지 않음. 墨書 흔적 발견후 적외선 촬영 결과, ㅆ형태의 字形을 확인했지만 그 외에는 남아있는 흔적이 분명하지 않아 판독이 어려움 뒷면; 墨書의 잔흔이 확인되지 않음(하부에서 11.5cm의 거리에 너비 2.0cm, 깊이 0.2cm의 홈 관찰)
손환일(2009)	1행; (居)行二百 2행; 以傭 그 외 孟, (高)
강종원(2009)	△行二百 以△만을 확인. 내용에 대한 의미 파악은 단편적인 것이라 불가능함
이용현(2009)	1행; △長二百 2행; 以滴
문동석(2010)	△行二百 以△만이 확인되며, 傭, 孟, 高 등이 보임
이재철(2014)	1행; 行, 竹, 長으로 판독되는 글자는 長보다는 行 또는 竹일 가능성이 큼 2행; 傭 또는 滴자로 판독되는 글자는 좌변에 亻 또는 氵 으로 보인다. 우측의 자형은 广+向으로 추정함

III. 기와 제작 시기

금산 백령산성에서 발굴 조사된 여러 문자 자료들은 산성의 축조 시기와 주체, 배경 등을 알 수 있는 중요한 자료이다. 백령산성의 유물들을 두루 고려할 때, 백령산성은 사비성시대에 축조된 것이다. 干支에 대한 비정 문제는 丙辰명, 丁巳명, 戊午명의 간지는 1년의 시차를 두고 3년간에 계속되고 있다. 사비성시대란 점을 염두에 두고 이들 간지의 연대를 살펴보면 丙辰年는 536년(성왕 14년), 596년(위덕왕 43년), 656년(의자왕 16년)이고, 丁巳年은 537년(성왕 15년), 597년(위덕왕 44년), 657년(의자왕 17년)이고, 戊午年은 538년(성왕 16년), 598년(위덕왕 45년), 658년(의자왕 18년)이다.

이들 가운데 戊午年이란 연간지는 538년으로 성왕 16년(538년) 春三月로 웅진성에서 사비성으로 천도할 시기와 맞물려 있어서 백령산성의 축조는 어려웠을 것이다.

남는 것은 병진명의 경우 596년과 656년뿐이다. 과연 이들 가운데 어느 쪽이 백령산성의 축조와 관련이 되는지를 금석문 자료를 통해 검토해 보자. 미륵사 출토 기와 가운데 다음과 같은 명문 기와가 있다.

景辰年五月卄(日)法淂書

7번째 글자인 日자는 파실되고 없으나 전후 관계로 보아서 日자로 복원하였다. 景자는 庚의 音借로 보고 있으나 잘못된 것이고, 景자는 丙자의 피휘이다. 丙자는 唐高祖의 父名이 昞자인 까닭으로 인해 丙자까지도 景자로 바꾸었다고 한다.[20] 그러면 결국은 위의 명문은 丙辰年으로 볼 수가 있고, 동시에 당나라가 618~907년까지 존속했으므로 656년, 716년, 776년, 836년, 896년 등이 그 대상이 된다. 이와 관련되는 금석문 자료를 적기해 제시하면 다음과 같다.

후면㊿五日景辰建 大舍韓訥儒奉
(682년, 문무왕릉비)
① 神龍二年景午二月五日
(706년, 神龍二年銘金銅舍利方函)
① 永泰二年丙午
(766년, 永泰二年銘塔誌)
5면⑥ 永泰△年丙午
(818년, 柏栗寺 石幢記)
① 寶曆二年歲次丙午八月朔六辛丑日~
(827년, 中初寺幢竿支柱)
② 會昌六年丙寅九月移
(846년, 法光寺石塔誌)

20) 葛城末治, 『朝鮮金石攷』, 1935, 72쪽 ; 陳新會, 『史諱擧例』, 1979, 18~19쪽.

㉝ ~秋九月戊午朔旬有九月丙子建~

(884년, 寶林寺 普照禪師彰聖塔碑)

㉛ 丙午十月九日建~

(886년, 禪林院址 弘覺禪師碑)

682년 7월 25일에[21] 건립된 문무왕릉비와[22] 706년에 만들어진 神龍二年銘金銅舍利方函의 자료에서만 각각 丙辰을 景辰으로 丙午를 景午로 피휘하고 있을 뿐이다. 766년에 만들어진 永泰2년명탑지의 丙午, 818년에 만들어진 백률사석당기의 丙午, 846년에 만들어진 법광사 석탑지의 丙寅, 884년에 만들어진 보림사 보조선사창성탑비의 丙子, 886년에 만들어진 선림원지 홍각선사비의 丙午 등에서는 피휘가 시행되지 않고 있다. 기와에 나오는 景辰(丙辰)年이란 연간지는 700년 전후에서 찾아야 될 것이다. 그 대상이 될 수 있는 것으로 656년, 716년, 776년 등이 그 대상이 될 수 있다. 596년은 618년에 당나라 건국되었기 때문에 제외된다. 776년의 경우는 766년의 永泰2년명탑지 丙午에 의해 제외하면 656년과 716년이 남는다.

716년은 미륵사 명문 기와 자료에서 開元四年丙辰명 기와 가운데 元四年丙의 부분이 남아 있어서[23] 716년에는 丙자가 피휘되지 않았음을 알게 되었다. 따라서 景辰年은 656년임을 알게 되었다. 그렇다면 丙辰瓦명 기와는 656년일 수는 없고, 536년일 수도 없고,[24] 596년일 수밖에 없다. 丁巳年은 597년으로, 戊午年은 598년으로 각각 볼 수가 있다.

---

21) 김창호, 「문무왕릉비에 보이는 신라인의 조상 인식」『한국사연구』 53, 1986.

22) 문무왕릉비는 사천왕사에 서 있었고, 산골처는 대왕암이다. 이를 잘못 해석하여 종종 대왕암을 문무왕릉으로 보는 가설이 나오고 있다. 이는 잘못된 것이다.

23) 국립부여문화재연구소, 『彌勒寺遺蹟發掘調査報告書』 II, 1996, 圖版199의 ②.

24) 戊午年명 기와는 538년이라서 538년 春三月의 사비성 천도와 서로 충돌하게 되고, 사비성시대 기와에 있어서 너무 빨리 지방 기와가 등장한다.

IV. 맺음말

上水瓦作명 기와의 上水瓦는 夫瓦(수키와)에 대칭되는 용어로 위로 물이 내려가는 기와란 뜻으로 암키와를 가리킨다. 栗峴△ 丙辰瓦명 기와는 栗峴△이 丙辰年에 만든 기와란 뜻이다. 耳淂辛 丁巳瓦명 기와는 耳淂辛이 丁巳年에 만든 기와란 뜻이다. 戊午瓦 耳淂辛명 기와는 戊午年에 기와를 耳淂辛이 만들었다로 해석된다.

丙辰年, 丁巳年, 戊午年의 연간지가 3년 사이에 나란히 위치하고 있다. 丙辰年은 536년, 596년, 656년이 그 대상이 되나 536년(戊午年은 538년임)은 성왕의 사비성 천도(538년)로 볼 때 성립되기 어렵고, 656년은 丙辰의 丙자가 景자로 피휘가 되지 않아서 성립되기 어려워 596년으로 볼 수밖에 없다. 왜냐하면 618년에 건국된 唐나라 高祖의 父名이 昞이므로 丙자를 景자로 피휘를 했는데, 656년에는 백제에서 피휘를 한 예가 있어서 병진년은 596년으로 볼 수밖에 없다. 따라서 丁巳年은 597년으로, 戊午年은 598년으로 각각 볼 수가 있다.

제2절

익산 미륵사 출토 景辰銘 기와에 대하여

Ⅰ. 머리말

한국 삼국시대 기와는 크게 두 가지 부류로 나눌 수 있다. 고구려와 백제에서 만들었던 통쪽기와(모골기와)와 신라에서 만들었던 원통기와가 그것이다. 전자와 후자의 기와 제작 방법에는 차이가 있다. 전자는 나무로 엮어서 기와의 아래쪽이 좁게 되는데 대해 후자는 오히려 아래쪽이 위쪽보다 넓은 모습이다. 전자의 경우에는 모골흔이 기와의 안쪽에 남고, 후자의 경우에는 삼베흔이 기와 안쪽에 남는다. 신라의 경우 통쪽으로 만든 기와가 발견된 적이 없었으나 최근에 경마장 유적에서 발견된 바가 있다. 익산 미륵사지의 발굴 조사에 의해 알려진 기와 가운데 절대 연대가 있는 원통기와가 발견되어서 신라 기와의 기원이 백제일 가능이 있어서 이를 중심으로 몇 가지 소견 밝혀 보고자 한다.

Ⅱ. 자료의 소개

全北 益山市 金馬面 箕陽里에 소재한 彌勒山의 남쪽 기슭에 위치하고 있으며, 기양리 23번지 일대에 위치한 미륵사는 백제 무왕의 천도 전설과[1] 함께 통

1) 『삼국유사』와 관세음응험기 등에 근거하여 주장되고 있다.

일신라의 報德國과 관련되어 온 곳이다.[2] 미륵사는 백제시대에 창건되어 통일신라시대, 고려시대에까지 계속 번성하였고, 조선시대에는 16세기까지는 절이 있었으나, 17세기에는 이미 폐사되고 동탑과 서탑, 동과 서의 당간지주만이 유존하고 있었다고 한다. 1970년대 들어와 원광대학교 마한 · 백제문화연구소에서 소규모 발굴 조사가 진행되었고, 1980년부터 1994년까지 15년간 국립문화재연구소에 의해 전면적인 발굴 조사가 실시되었는데 유구의 면적은 70,810평, 출토 유물은 18,170점이다. 여기에서는 미륵사의 사역 남쪽 연목지 등의 유구 가운데 북측 구릉와적층에서 출토된 명문와에 대해 간단히 소개하기로 한다.

이 곳에서 출토된 명문와는 모두 221점으로 그 가운데 여러 가지 종류의 인각화가 204점으로 가장 많고, 사찰 이름인 彌勒寺이거나 그 앞에 접두사를 治 또는 大 등을 붙인 명문이 7점 그리고 金馬渚란 지명에 官이란 일반 명사가 합성된 명문 1점이 확인되었다. 또한 기와가 마르기 전에 직접 쓴 명문도 11점이 확인되었다. 우선 명문을 기와가 마르기 전에 음각으로 쓴 명문을 살펴보기 위해 관계 전문을 제시하면 다음과 같다.

庚辰年五月二十△法得書[3]

모두 3조각으로 각각 와적층에서 출토되었는데, 명문이 중심층으로 연결되어 일부 복원이 가능하다.

명문은 암키와 등(背)에 기와가 마르기 전 날카로운 도구를 사용하여 한 줄로 내려 썼다. 내용은 어떤 시기에 누구가 기와를 만들고 이를 썼다로 보인다.

---

2) 王宮里寺址의 王宮과 관련되는 지도 알 수 없다.

3) 卄은 삼국시대, 통일신라시대에는 반드시 卄으로 표기되나 고려시대에는 卄과 二十이 공존되고 있다.

景은 庚을 음차했다고 생각하고,[4] 庚辰이란 간지를 五月二十과 함께 사용해 년, 월, 일을 표기한 것으로 해석했다. 그런데 그 다음의 글자는 기와가 깨어져 결실되어 보이지 않고, 그 아래 法得書라는 명문은 뚜렷하게 보이고 있다.

이 기와의 등문양은 세선으로 아주 가늘며, 내면 역시 0.6×0.3mm 크기이고, 작은 크기의 포목흔이 많이 남아있다. 포목흔으로 보아서 평직으로 직조된 상태인데, 그 상면 일부는 비와 같은 도구로 쓸어낸 흔적도 보여지고 있다. 또한 제작시에 와통은 원통와통을 이용하였으며, 태토는 고운 점토에 굵은 모래와 잔 모래가 많이 들어 있다. 이와 같은 특성을 지닌 기와는 일반적으로 통일신라 기와로 판단할 수 있는데, 지금까지 조사된 기와 가운데 동질의 기와로는 開元四年銘瓦를 들 수가 있다. 따라서 위의 庚辰年銘瓦의 제작 시기는 통일신라 초기로 볼 수가 있으며 開元四年인 716년을 전후로 庚辰의 연간지를 찾을 수 있다. 이 기와 제작에 사용된 와통이 통쪽와통이 아닌 원통와통이므로 716년 이후의 庚辰인 740년으로[5] 볼 수 있겠다.

잔존 기와의 크기는 24.5×16.5cm이고, 두께는 1.8cm이며, 색조는 밝은 갈색이다. 이 밖에 이 와적층에서는 음각으로 직접 쓴 6점이나 있었는데 모두 통일신라시대에 제작된 암 · 수키瓦片이라는 공통점을 지니고 있었다. 하지만 대부분 조그만 파편들이었는데 그 중에 한자씩 남은 ~謝寸~作 ~ 등이 있고, 2자 이상으로 된 명문도 있으나 단편적인 것이어서 해석은 거의 불가능하다.

---

4) 이는 후술한 바와 같이 잘못된 가설이다. 현재 발굴보고서 등에서 이러한 잘못은 당연한 것으로 보인다. 문헌사가들도 사료 비판을 무시한 예가 있으므로 구체적인 전거가 없이 대표적인 것만 제시하기로 한다. 한국고대사연구소에서 편찬한 『역주 한국고대금석문』 III에 보면 景午에 대해 피휘를 모르고서 해석한 예가 있으며, 신라의 太祖星漢을 허구로 단정하고서 자설을 전개한 경우도 종종 있다. 특히 경기도 포천 반월산성 출토의 馬忽受蟹口草를 고구려기와로 보고 있으나, 후고구려인이 만든 기와이다.

5) 이는 잘못된 가설이다.

III. 景辰年명문의 검토

우선 명문을 보고서 사진과 실견에[6] 의해 판독해 전문을 제시하면 다음과 같다.

景辰年五月卄(日)法得書

7번째 글자인 日자는 파실되고 없으나, 전후 관계에 따라 日자로 추독하였다. 景자를 庚자의 音借로 본 가설은 한자문화권 어디에도 없는 새로운 가설이라 따를 수 없고, 景은 丙의 避諱이다. 丙자는 唐高祖의 父名이 昞인 까닭으로 인해 丙자까지도 景자로 바꾸었다한다.[7] 그러면 결국 위의 명문은 丙辰年이므로 656년, 716년, 776년 등이 그 대상이 될 수가 있으므로 이에 대해서 살펴보기 위해 관련 금석문 자료를 제시하면 다음과 같다.

후면㊿五日景辰建碑 大舍臣韓訥儒奉
(682년, 文武王陵碑)
①神龍二年景午二月八日
(706년, 神龍二年銘金銅舍利方函)
①永泰二年丙午
(766년, 永泰二年銘塔誌)
5면⑥永泰△年丙午~
(818년, 柏栗寺石幢記)
①寶曆二年歲次丙午八月朔六辛丑日~
(827년, 中初寺幢竿支柱)
②會昌六年丙寅九月~
(846년, 法光寺石塔誌)

---

6) 1999년 4월 17일 국립부여문화재연구소에서 실견하였다.

7) 葛城末治, 『朝鮮金石攷』, 1935, 72쪽 ; 陳新會, 『史諱擧例』, 1979, 18~19쪽.

㉝ ~中和四年歲次甲辰季秋九月旬有九日丙子建~

(884년, 寶林寺 普照禪師彰聖塔碑)

㉛ 丙午十月九日建

(886년, 禪林院址 弘覺禪師碑)

지금까지 알려진 자료에서 피휘제 실시되고 있는 예는 통일신라에서 2예밖에 없다. 곧 682년에 만들어진 문무왕릉비에서는 景辰이 있고, 706년에 만들어진 신룡2년명금동사리방함의 景午가 그것이다. 766년에 만들어진 영태2년명탑지의 丙午, 818년에 만들어진 백율사석당기의 丙午, 846년에 만들어진 법광사석탑지의 丙寅, 884에 만들어진 보조선사창성탑비의 丙子, 866년에 만들어진 선림원지 홍각선사비의 丙午 등에서는 피휘제가 시행되지 않고 있다. 기와의 庚辰年은 지금까지 丙자인 피휘 예에서 볼 때 700년 전후에서 찾을 수 있다. 그 대상이 될 수 있는 것으로 656년과 716년이 있다. 596년도 대상이 될 수가 있으나 당 건국이 618년이므로 제외시키는 것이 옳다. 716년은 미륵사 자료의 開元四年丙辰명 기와에서 元四年丙의 부분만이 남아 있어서[8] 716년에는 丙자의 피휘가 실시되지 않았음을 알 수 있다. 따라서 景辰年은 656년임이 분명하게 되었다. 656년은 백제 의자왕 16년, 신라 무열왕 3년으로 아직 백제가 멸망되기 이전이므로 이 기와는 백제의 기와가 분명하게 되었고, 백제의 원통기와가 존재함을 분명히 밝혀주는 예이다. 금석문 자료에서는 백제에서 피휘가 최초로 확인함과 동시에 우리 손에 의해 만들어진 한국 최초의 피휘 예로 주목되어야 할 것이다.[9]

---

8) 국립부여문화재연구소, 『미륵사유적발굴조사보고서Ⅱ』, 1996, 圖版199의 ②.

9) 종래 백제 말기의 국제 정세를 보통 돌궐+고구려+백제+왜와 당+신라의 관계로 보고 있으나 656년 기와에서 피휘가 사용되고 있어서 재고가 요망된다.

Ⅳ. 고신라 기와의 원향

주지하는 바와 같이 고구려와 백제 기와는 대개 통쪽으로 만든 통쪽기와(모골기와)이고, 신라 기와는 원통으로 만든 원통기와가 주류를 이루고 있어서 신라의 평기와 가운데 암키와의 기원이 문제이다. 수키와는 고구려, 백제, 신라 모두 원통으로 만든 기와이지만 유독 암키와에 있어서 왜 신라의 기와는 고구려 · 백제와 차이가 있는 지하는 의문이 있어 왔다. 미륵사지 기와에 있어서 암키와(평기와)가 절반 이상이 원통에 의해 만들어졌지만 늘 백제 기와와 통일신라 기와의 구분이 어려웠고, 또 수많은 기와에 대한 조사는 겨우 발굴자에 의해 진행되었고. 체계적인 연구는 연구자의 빈곤 등으로 인하여 단서조차 잡지 못하고 있다. 기와 요지 등의 발굴 성과는 있으나 이에 따르는 연구 성과는 못미치고 있는 듯하다.

경주 지역에 있어서 기와의 등장은 대개 6세기 초로 보아 왔다. 경주 지역에서 출토되고 있는 암막새형 寶器나[10] 고구려계 수막새의 연대 설정 등 많은 어려움이 산적해 있다. 하지만 경주 지역에 있어서 백제계 수막새의 숫자는 고구려계 수막새보다 압도적으로 우세하다. 신라의 수막새 기원도 백제 기와에 찾아야 될 것이다. 신라의 기와에 있어서 수막새가 기와의 유입과 궤를 같이하는지는 알 수 없지만 문제는 암막새의 경우이다.

신라 기와에서 암막새는 통일신라 초에 등장하는 그 문양은 완성된 형태로 그 시기는 7세기로 보고 있다. 지금까지 삼국시대 암막새로는 군수리 폐사지의 예가[11] 있다. 이 암막새의 문양은 손가락으로 눌러서 만들었다. 백제 지역에서 익산 제석사지의 발굴 결과 백제의 완벽한 암막새가 층위에 의해 제시되고 있

10) 이는 기와가 아니다.

11) 조선고적연구회, 「부여군수리폐사발굴조사」『1936년도유적조사보고』, 1937, 도판 62의 3 · 4 · 5.

다.[12] 이 암막새는 위와 아래의 연주문이 없고 턱이 높게 만들어져 있으며, 문양 자체가 경주 금관총의 초두 문양과[13] 비슷하다. 이 암막새가 백제시대의 것일 가능성도 있어서[14] 앞으로 통일신라의 암막새가 갑자기 완성된 단계에서 나타나는 이유가 밝혀지기를 기대한다. 신라의 암키와의 경우에 있어서 그 제작 기술이 어디에서 왔는지 잘 알 수가 없으나 미륵사 출토의 기와에서 656년 백제에서 제작된 원통으로 만든 기와 출토되고 있기 때문에 신라의 기와가 백제에서 왔다고 추정해 두고자 한다.

Ⅴ. 맺음말

첫째로 전북 익산시 미륵사에서 景辰이란 연간지가 새겨진 원통으로 만들어진 암키와가 발견되었다. 景辰의 景을 更의 음차로 보고 그 연대를 740년으로 추정하여 통일신라 기와로 보았다. 景辰의 景은 丙의 피휘로 682년에 작성된 문무왕릉비 등의 예가 있다. 신라에서는 700년 전후의 금석문에서 나오고 있어서 景辰 곧 丙辰은 656년, 716년, 776년 등이 그 대상이 된다. 776년은 766년에 만들어진 영태2년명탑지에 丙午가 있어서 제외되고, 716년의 경우는 미륵사 출토 기와 명문에 716년에 제작된 開元四年丙辰 중 元四年丙의 예가 있어서 성립되기 어렵다. 결국 景辰 곧 丙辰은 656년(백제 의자왕 16년)이 된다. 미륵사에서 출토된 원통기와가 백제시대에 만들어진 확실한 예로 해석되어 신라의 암키

---

12) 원광대학교 박물관, 『개교 50주년기념 박물관도록』, 1986, 208쪽.

13) 이에 대해서는 馬目順一, 「慶州金冠塚 古新羅墓龍華文銅鐎斗覺書」 『古代探叢』 Ⅱ, 1985를 참조.

14) 같은 문양의 기와편이 미륵사에서도 출토된 바 있으나 그 층위는 백제시대의 것이 아니라고 한다.

와가 백제에서 온 것이 된다.

둘째로 신라에서 고식 단판 6세기 전반~7세기 전반, 신식 단판 7세기 후반(의봉사년개토명, 습부명, 한지명 암키와), 중판은 7세기 후반~9 · 10세기로 판단하고 있다. 지방은 중판이 7세기 후반~8세기에, 경주를 제외한 지방에서는 장판이 9세기 전반부터 출토되고 있어서 문제가 된다. 景辰명 기와는 장판타날기와로 그 시기는 656년이기 때문이다.

셋째로 景辰(丙辰)이란 피휘제는 삼국시대의 전무후무한 유일한 예로 고구려와 신라 금석문에도 없고, 백제에서도 단 1밖에 없다.

넷째로 656년 당시의 국제 정세를 돌궐+고구려+신라+왜와 당+신라의 대립관계로 보아 왔으나 景辰명 기와를 볼 때 당과 백제의 관계가 재고되어야 한다.

제3절

부여 外里 출토 문양전의 연대

Ⅰ. 머리말

백제의 절터 등에 대한 발굴조사는 대단히 활발하다. 백제 사원, 궁궐지, 관아, 귀족의 집, 산성 등의 연구에 기초가 되는 와전에 관한 연구는 활발하지 않다.[1] 백제 건축사의 가장 기본은 기와에 대한 연구인 데에도 불구하고 기와에 기초한 건축사 논문은 아직까지 나온 바가 없다.[2] 이는 산성 등의 연구에 있어서도 마찬가지이다.[3] 지금 현재 역사고고학에서 가장 연구가 미진한 부분의 하나로 기와를 중심으로 한 불교고고학, 도성제, 산성, 궁궐지, 관아, 귀족의 저택, 지방 관아 등의 연구를 들 수 있다.[4]

---

1) 수많은 발굴 현장에서 기와가 나오는 데에도 불구하고 그에 대한 연구자는 거의 없다.

2) 석기, 토기, 기와, 자기는 미술사나 고고학 연구에 있어서 가장 기본이다. 가령 일명 사지에서 기와편을 수습하여 그것이 어느 시대인지를 가늠할 수 있다.

3) 백제의 산성 연구는 산성도 많고, 산성의 발굴도 활발하고, 그 연구자도 많아서 대단히 활발하다.

4) 가령 익산 미륵사가 수도였던 부여 정림사의 회랑 안쪽만을 볼 때 5배나 커서 익산 천도설을 주장하고 있다. 익산에는 백제시대의 조방제 흔적이 없다. 그래서 익산 천도설은 성립될 수 없다. 전남 마한의 중심지의 하나이었던 나주 신촌리에 부여 능산리보다 그 규모가 크고 많은 고총고분이 있다. 이 고분군의 후예들에게 백제가 너희는 이런 종교 건물을 가지고 있느냐고 묻는 것으로 볼 수 있다. 전남 지역에는 백제시대의 절이 없다.

고고학 연구에 있어서 기와는 대단히 중요하다. 흙으로 만들었기 때문에 土石考古學에 속하나 금관, 초두, 마구, 철기 등과 같은 금속기고고학에 속하여 정치 체제, 이데올로기 등을 논할 수 있다. 1980년대까지만 해도 기와를 와당을 위주로 해서 미술사에서 다루었다. 이때에는 평기와를 다루는 것은 엄두조차 내지 못했다. 발굴 현장에 견학을 가면 기와는 한쪽 구석에 버려져 있었다.

계족산성을 백제의 성이냐[5] 아니면 신라의 산성이냐 하는[6] 문제도 기와로 해결이[7] 가능하다.[8] 기와는 산성과 사원의 연대를 지표 조사로서 가늠할 수 있는 1급 고고학 자료이다. 꼭 백제 예는 아니지만 통일신라시대 불상의 연대를 기와로서 명쾌히 해결한 예가 있다. 곧 경주 남산 칠불암의 연대에 관한 여러 가설이 있었으나 儀鳳四年皆土명 기와편을 수습해 그 연대를 679년으로 본 것이다.[9]

여기에서는 백제 와전 연구의 일환으로 부여 외리에서 출토된 문양전들에 대해서 간단히 살펴보고자 한다. 먼저 외리 유적의 개요를 살펴보겠다. 다음으로 문양전들을 소개하겠다. 마지막으로 문양전 연대에 대해 살펴보겠다.

II. 유적 개요

이 유적은 충남 부여군 부여읍 외리로 서방 금강의 대안에 위치하고 있다. 한

5) 심정보의 견해이다.

6) 박순발의 견해이다.

7) 백제는 모골기와이고, 신라는 원통기와이기 때문이다.

8) 이른 시기는 백제의 산성이고, 신라가 이 지역을 정복하고 나서는 신라의 산성이 되었기 때문에 두 견해가 모두 설득력이 있다고 생각한다.

9) 박홍국, 「경주 나원리 5층석탑과 남산 칠불암마애불상의 조성 시기 -최근 수습한 명문와편을 중심으로-」『과기고고연구』 4, 1988.

농부에 의해 1936년 3월 9일 나무를 뽑을 때, 방형의 문양전이 발견되었다.[10) 동년 4월 18일에서 5월 3일까지 약 150평을 발굴 조사하였다.[11) 이 유적은 현재 농촌지도소가 들어서면서 완전 삭평되고 없다.

이 때에 문양전 완형은 42점이나 출토되었고, 이 전들은 나지막한 대지와 보리밭 사이의 얕은 지표하에 남북 방향으로 깊이 9m의 열을 지어 일렬로 배열되었고, 그 동쪽에는 平瓦나 瓦當을 진흙을 사용하여 쌓아올린 높이 29cm의 瓦列이 있었다고 한다. 그 문양전들의 문양이나 순서에 아무런 질서가 없었고, 상하가 뒤집어지기도 하여 그 塼列이 본래의 구조가 아닌 후세에 건물을 짓기 위해 개변된 것으로 추측하고 있다. 또 이 문양전의 사용처에 대해 원래는 사찰 같은데 쓰인 벽전이었을[12) 가능성을 제기하였다.

III. 문양전의 소개

1. 蓮花文塼

대형의 자방을 중심으로 10잎의 연판이 있다. 각 연판의 겉면에는 윤곽부로 인동문을 얕은 浮彫로 만들고, 바깥주위에는 연주문을 돌렸다. 4모퉁이에는 화판 모양을 서로 옆에 있는 것과 합쳐지고, 十자형의 화문을 형성하고 있는 것은 얕은 부조로 틀을 만들고 있다. 문양 가운데 자방과 瓣端의 반전이 매우 높고,

---

10) 有光敎一, 「扶餘窺岩面に於ける文樣塼出土の遺蹟と其の遺物」『1937年度古蹟調査報告』, 1937, 65~73쪽.

11) 필자도 2000년에 현지 조사를 한 바 있다.

12) 한국고대에서 벽전은 태왕릉과 천추총의 문양전(명문전)뿐이다. 이는 가장 좁은 면의 긴쪽에 명문을 새기고 있어서 외리의 문양전과는 다르다. 외리 전은 부전일 가능성이 크다.

매우 雄建한 분위기를 나타내고 있다.

2. 渦雲文塼

중앙 원내에 8판의 연화를 두고, 그 주위에 8개의 와운문을 동그랗게 겹쳐서 배치하고 있는 것으로 연화문전과 같이 연주문권 안에 있다. 4모퉁이의 꽃모양도 연화문과 같다. 와문은 流麗하고 다른 부분과 같이 오뚝한 선으로 주위를 틀로 만들고 있다.

3. 鳳凰文塼

머리에서 몸체를 거쳐서 꼬리에 이르는 전체적 자체와 그것에 따른 날개, 다리 등 각각 S자형으로 나타나 있는 점이 매우 아름답다. 모두 문양화된 가운데에 머리 부분만은 鷄冠, 부리 및 그 가운데 보이는 혀 등이 매우 사실적이고 힘있게 그려져 있고, 몸체 역시 풍만한 모습을 나타내서 연주문 안에 잘 들어 있다. 문양 주위를 오뚝한 선으로 둘러싸고 있다. 네 모퉁이의 장식 문양 등은 연화문전, 와문전과 같다.

4. 蟠龍文塼

봉황문전에 있어서 봉황의 얼굴이 완전 옆으로 묘사한 것에 대해 이것은 전면에서 나타나 있다. 똑같이 연주문권 안에 4肢는 뛰고, 발톱을 웅크리고 있고, 마치 날아가는 것 같은 모습을 나타내고, 크게 벌린 입은 치아를 들어내며, 소리를 지르고, 氣를 토하는 분위기가 있다. 조금 닳아버린 다른 좌편에 의하면 몸체에는 비늘의 세부까지 조각되어서 매우 정치하다. 또한 비어 있는 곳들은 비운문으로 채워서 전의 4모퉁이는 연화문전, 와운문전, 봉황문전과 같이 문양으로써 장식화되어 있다.

5. 鬼形文塼(1)

귀형의 문양전은 두 종류가 있다. 그 중 하나는 蓮台 위에 정면 정면 직립하고 있는 것, 다른 하나는 蓮上의 귀신이라고 불리는 것이다. 이것은 눈을 앙시리고 본다. 입을 크게 벌려서 치아를 보이게 하고, 입 주위에는 수염을 휘날리고, 양 어깨는 당당한 모습을 하고 있다. 신체는 알몸이고, 유방, 겨드랑이를 보여주는 것 같이 보이고, 손발은 손발톱을 세우고 있고, 각 과판에는 환상의 수식을 달고, 정면 중앙에 길게 매다는 腰佩를 늘어뜨린 모습을 나타내는 점은 고분 출토품과 관련성을 나타내는 것으로 주의를 야기시킨다. 모퉁이 장식은 하변의 양 모퉁이에만 있는 좌우에 나란히 있는 것과 화합하여 구름 위에 산봉우리를 나타내는 것이지만 이것과의 연좌에는 틀을 만들고 있다.

6. 鬼形文塼(2)

岩座 위에 서 있는 것으로 鬼形은 蓮上의 귀신과 완전히 같은 모양이다. 자세히 관찰해 보면 이것은 전자의 鬼体를 닮고 있다. 座를 다시 조각하여 제작된 것으로 추정된다. 본 예의 귀신 모두가 전자보다 분명함에 있어서 뒤지는 것으로 보인다.

7. 山景文塼(1)

산경문전은 문양으로 볼 때 두 종류가 있다. 그 중 하나에는 전면에 걸쳐서 산악중첩의 모양을 나타내고 있는 것이다. 곧 둥근 맛이나 풍부한 凸形의 여러 산봉우리를 중첩하고 있다. 후방을 전방위에 둘러싸 올린 동양 특유의 원근법을 잘 사용하고, 사이사이 솟아오르는 바위를 배치하고 있다. 그 山頂에 수풀을 배치한 의장은 고구려 고분 벽화 석실 내의 벽화 및 法隆寺 玉蟲廚子 대좌 그림을 방불하게 하고, 바위 사이에 산의 표면에 자라난 풀을 그리는 수법은 그 海

儀鏡 문양과[13] 유사하고, 古意를 느끼게 한다. 그리고 下方에는 매우 예리한 직선적인 바위선을 세워서 풍만한 산봉우리와의 상대는 매우 묘하고, 下邊에 연하여 수평으로 흔들리는 운문을 부조가 높고 매우 웅건한 분위기를 더하고 있다. 밑에 보이는 작은 파편은 문양의 마멸이 얼마 되지 않고 오뚝한 선으로써 풍경화 안에 동물이나 정물을 합쳐서 다루는 대단히 명확한 예이지만 오른쪽 모퉁이 근거에 한 사람이 서 있고, 그의 중앙에는 한 집을 나타냈다. 그 그림은 무리를 이룬 산봉우리 및 암석의 추상화된 도식적 표현에 비해 오히려 사실적인 것으로써 인물상은 얼굴, 衣文 주름에 이르기까지 세밀하게 묘사하고, 건물은 山寺로 보이고, 그 위에 1쌍의 치미를 올린 모양을 나타내고 있다. 상변에 운문을 배치하고, 하변의 좌우에는 서로 인접하여 나란히 있다. 凸자형의 산 모습을 만든 모퉁이의 장식이 있다.

8. 山景文塼(2)

산경문은 밑의 반에 산경을 그리고, 중앙의 산꼭대기에 서 있는 봉황을 중심으로 운문을 배치한 것이다. 山景은 앞의 산경문전과 같이 도식적으로 풍만하게 그린 많은 산봉우리들이 중첩되어 그 좌우 양 허리에 뾰족한 바위산을 솟아 올리고, 하저에는 옆으로 흔들리는 운문을 배치하였다. 이것도 앞의 산경문전과 같이 그 전면에 당간 같은 것을 겹치게 나타내고, 왼쪽에는 2층 기단의 집을 그리고 있지만 배경에 산의 음지에 살펴보는 것 같은 우아한 느낌이 있다. 上段의 봉황은 가릉빈가라고도 생각되지만 중앙 산정상 위에 서서 鷄冠과 같고, 양 날개의 근처에 있는 산경 정싱부의 운문은 渦雲湧出의 분위기가 있고, 조각이 정치하다. 하변 좌우에 산모양의 모퉁이 장식이 있는 점도 앞의 산경문전과 같다.

---

13) 해의경의 해의는 바다 암석을 뜻한다.

IV. 문양전의 연대

외리 출토 문양전은 그 출토량이 150점이나 되며, 그 종류만도 8종이다.[14] 이들 문양전은 네 귀의 측면에 홈이 파여 있어서 이웃 전들과 서로 연결시키고 고정될 수 있도록 제작되고 있기 때문에 건물 내의 바닥에 배설되는 부전용이라기보다는 건물의 벽면을 쌓아 올리는 벽전용으로[15] 간주된다.[16] 실제로 연화문전, 와운문전, 봉황문전, 반룡문전, 귀형문전, 산경문전에서 4모퉁이에 4매 1조가 되어 十자형의 화문을 형성하고 있어서 더욱 그러하다.

8종의 문양전 가운데 연화문전에 10엽의 연꽃무늬를 반부조형으로 크게 배치하고 있는데, 연판 내에 인동자엽이 새겨져 7세기 전반으로 추정하고 있다.[17] 이곳의 인동자엽을 자세히 관찰해 보면, 윤곽부가 있어서 7세기 전반의 다른 기와나 전의 인동문자엽과는 차이가 있음을 알 수 있다.

외리의 문양전에 있어서 윤곽부가 있는 문양으로서 연화문의 인동자엽 이외에도 산경문전(1)의 산경문, 봉황문전의 봉황문, 와운문전의 와운문과 연화문이 있다. 윤곽부가 있는 문양의 다른 예들은 그 유례를 찾기 어려워 여기에서는 와운문전의 연화문에서만 살펴보기로 하자.

와운문전의 8엽연화문은 흔히 기와연구자들 사이에는 호박씨문 기와라고 부르는 것이다.[18] 8엽 연잎 각각에 윤곽부가 있는 마치 호박씨와 같기 때문이

---

14) 有光教一, 앞의 논문, 1937.

15) 고대에 있어서 부전인 문양전은 있으나 벽전인 문양전은 없어서 부전으로 보고자 한다. 통일신라 전에 대해서는 高正龍, 「統一新羅施釉瓦塼考 -施釉敷塼の編年と性格-」『高麗美術舘紀要』 5, 2006 참조.

16) 有光教一, 앞의 논문, 1937, 67쪽.

17) 김성구, 「백제의 와전」『백제의 조각과 미술』, 1991, 338쪽.
박대남, 「부여 규암면 외리 출토 백제 문양전 연구」, 홍익대학교 대학원 미술사학과 석사학위청구논문, 1996, 63쪽에서는 6세기 말에서 7세기 초로 편년하고 있다.

18) 이 호박씨문 기와는 고구려 · 백제 · 고신라의 삼국시대, 고려시대, 조선시대에는 없

다. 이 호박씨문 기와는 고구려, 백제, 고신라에는 그 예가 단 1예도 없다. 후삼국시대로 편년되고 있는 在城명 수막새 등에서 나타나고 있어서[19] 그 연대가 다소 늦을 가능성을 의미하고 있는 듯하다.

참고적으로 유독 통일신라시대에만 존재하고 있는 호박씨문 기와의 예를 제시하면 다음과 같다.

> 경주 월성 출토 연화문 수막새(도판[20] 41 · 45 · 48 · 49), 경주 월지 출토 연화문 수막새(도판 121 · 122 · 123 · 125 · 126 · 127 · 129 · 132 · 139 · 140 · 143 · 156 · 157), 경주 용강동 원지(도판 231), 경주 전랑지(도판 240), 경주 재매정지(도판 261), 경주 삼랑사지(도판 278 · 279), 석장사지(도판 285 · 286), 황룡사지(도판 346 · 347 · 348 · 349 · 351), 흥륜사지(도판 381), 감은사지(도판 399), 굴불사지(도판 447), 보문사지(도판 453), 불국사(도판 459 · 461), 사천왕사지(도판 474), 석굴암(도판 481)[21], 숭복사지(도판 488 · 489 · 490), 천궁동사지(도판 500), 황복사지(도판 505 · 506 · 509), 인용사지(도판 523), 黃龍寺址(도판 539 · 540), 남산신성 장창지(도판 561), 오릉(도판 570 · 572), 금장리 와요지(도판 637 · 638 · 640 · 641 · 642 · 643 · 644 · 645 · 648 · 649 · 650 · 651 · 652 · 653), 在城명 연화문기와(도판 1124 · 1125 · 1126 · 1127 · 1128), 월지 출토 녹유연화문 수막새(도판 1249), 사당곡사지(도판 1354), 피리사지(도판 1368), 하구리사지(도판 1370), 인왕동(도판 1382), 인왕동 910-1번지(도판 1387), 동천동 524-7번지(도판 1390), 성동동(도판 1406)

위의 호박씨문 기와 가운데 在城명 수막새는 후삼국시대로 편년되고 있으며,[22] 그 밖의 호박씨문 기와는 800년 전후가 그 상한이라고 판단된다. 그러나

는 통일신라시대 기와의 한 특징이다.

19) 이에 대해서는 김창호, 「신라 기와 연구에 있어서 몇 가지 문제」 『강좌 미술사』 15, 2000 참조.

20) 도판번호는 국립경주박물관, 『신라와전』, 2000에 실린 것이다.

21) 고려 초의 기와로 보인다.

22) 이에 대해서는 김창호, 「후삼국 시대 기와 자료에 보이는 麗 · 濟 지명」 『한국중세사

고구려 기와에서도 의사호박씨문 수막새(도판 778 · 784)가 있으며, 이웃 일본에서도 白鳳時代의 호박씨문 기와가 山田寺(도판 845), 山村廢寺(도판 851)에서 출토되어 그 시기를 7세기로 보고 있다. 따라서 外里의 호박씨문 연화문도 7세기를 전후한 시기로 보인다.

외리 문양전의 연대 결정에 있어서 중요한 자료로는 두 종류의 귀형문전에 나오는 허리띠가 있다. 허리띠에 관한 연구는 현재까지 고고학 쪽에서 진행되었을 뿐이고, 미술사 쪽에서는 거의 이에 대한 연구 성과를 찾을 수 없다. 지금까지 선학들에 의해 제시된 연구 성과를[23] 발판으로 귀형문전 허리띠의 연대에 대해 검토해 보기로 하자.

백제나 신라의 허리띠는 가죽 등 유기물은 썩어 없어지고[24] 대금구만 남게 되어 주로 이에 대한 연구가 집중적으로 진행되어 왔다. 백제의 대금구 연구는 교구의 변천, 역삼엽형의 과판 변화 등에 의해 대개 3시기로 나누고 있다.[25]

Ⅰ기는 5세기 말에서 6세기 초로 편년되며, 그 출토지에는 무령왕릉, 송산리 1호분, 송산리 3호분, 송산리 수습품, 송산리 4호분, 정읍 운학리 4호분 등이 있다.

회의 제문제』, 2000 참조.

23) 伊藤玄三,「韓國出土の青銅製銙帶金具資料」『法政考古學』9, 1984.
伊藤玄三,「新羅 · 渤海時代の銙帶金具」『法政考古學』40, 1988.
伊藤玄三,「統一新羅の銙帶金具 -日本出土銙帶金具との關聯で-」『伊洞信雄先生追悼 考古學古代史 論攷』, 1989.
이한상,「6세기대 신라의 대금구 -루암리형 대금구의 설정-」『한국고고학보』35, 1996.
이한상,「5~7세기 백제의 대금구」『고대연구』5, 1997.
최맹식,「능산리 백제고분출토 장식구에 관한 일고찰」『백제문화』27, 1998.
이한상,「7세기 전반의 신라 대금구에 관한 인식」『고대연구』7, 1999.

24) 유기물이 없어진 경우에 있어서 그 구조가 복잡한 유물일수록 출토 상황이 복원 문제에 대한 가장 중요한 잣대가 된다.

25) 이한상, 앞의 논문, 1997, 62~65쪽.

Ⅱ기는 6세기 중엽으로 편년되며, 그 출토지에는 능산리 운동장부지 36호분 Ⅰ, 능산리 운동장부지 44호분, 능산리 운동장부지 50호분, 논산 표정리 13호분 등의 예가 있다.

Ⅲ기는 6세기 말에서 7세기 중엽으로 편년되며, 그 출토에는 능산리 운동장 부지 36호Ⅱ, 부여 은산, 장성 학성리 A-6호분, 대전 월평산성94-7호 원형저장혈 등의 예가 있다.

백제나 신라의 Ⅰ기에 대해서는 아직까지 뚜렷한 착장 방법이 아직까지 제기되지 않고 있다. Ⅱ · Ⅲ기의 백제나 신라의 허리띠 착장 방법에 대해서는 누암리형이라고[26] 불리는 시기이다. 이의 착장법에 대해서는 뚜렷한 가설이 제기된 바 있다. 그 하한은 7세기 중엽으로[27] 보인다.

7세기 전반의 대금구로는 황룡사형 대금구가 있다.[28] 이는 앞의 누암리형과는 차이가 많고, 당나라의 대금구 영향으로 보고 있다. 이의 출토예로는 황룡사 심초석 아래, 예안리 49호분, 청리 A-나-2호분 석실, 청리 H-가-11호 석실, 청리 A-가-9호 석실, 청리 A-가-10호 석실, 국은수집품 등이 있다.

신라의 대금구는 648년이 되면 변화되고 있는 듯하다. 이에 대한 관련 사료를 제시하면 다음과 같다.

> 金春秋及其子文王朝唐 …… 春秋又請改其章服 以從軍制於是內出珍服 賜春秋及其從者
>
> (『삼국사기』, 眞德王2년(648년)조)

---

26) 이한상, 앞의 논문, 1996.
구체적인 착장의 모습에 대해서는 김창호, 『한국 고대 불교고고학의 연구』, 2007, 169쪽 참조.

27) 이한상, 앞의 논문, 1996, 159쪽 등에서 7세기로 보고 있으나 필자는 7세기 중엽으로 본다. 보다 정확히 말하면 660년까지이다.

28) 이한상, 앞의 논문, 1999.

진덕여왕 2년(648년)에는 신라에서 당의 복식을 공식적으로 사용했음을 알 수 있다. 648년의 당의 복식 수입은 누암리형 대금구나 황룡사형 대금구와는 별로 관련이 없는 듯하고, 오히려 김해 예안리 49호 횡구식석실분, 공주 웅진동 29호 수혈식 석곽묘 등에서 출토된 대금구와 관련이 있는 듯하다. 이들 대금구는 648년의 기사와 관련된 유물로 당나라식이라는 특징을 가지고 있다. 여기에서 출토된 유적 가운데 대표적인 김해 예안리 49호 횡구식석실분에 근거하여 이를 예안리식이라고 명명하고자 한다. 이들 대금구의 상한은 7세기 중엽이 된다.[29] 이 가운데 공주 웅진동 29호 수혈식 석곽묘의 예는 통일신라 때의 대금구로 알려져 있다.[30] 그러면 이와 같은 대금구의 대체적인 시대 흐름 속에서 귀형문전의 대금구에 대해 살펴보기로 하자. 귀형문전의 대금구는 장방형이고, 가운데가 비어있어서 예안리식 대금구임을 쉽게 알 수 있다. 그 아래에는 원형의 수식이 달려 있다. 원형의 수식 예를 예안리식 대금구에서는 찾을 수 없고, 오히려 이보다 시대가 앞서는 누암리식 대금구의 역심엽형에서 찾을 수 있다. 누암리식 대금구는 대개 백제에서는 660년 멸망 때까지 지속되는 것으로 알려져 있다.[31] 그렇다면 귀형문전의 대금구는 660년 이후로 예안리식 대금구의 요소를 가지고 있으면서 동시에 누암리식 대금구의 요소를 가지고 있어서 660년 이후 멀지 않는 시기로 보인다.

문양전이 출토된 외리 유적은 문양전의 조사 당시에 바닥에 깔린 상태로 발견되었는데, 문양의 위와 아래가 엇갈린 채 놓여 있어서 후대의 다른 용도로 사용하기 위하여 전돌을 다시 배치한 유구로 보기로 한 점과 문양전의 네 모퉁이

29) 이렇게 볼 때에 김해 예안리 49호 횡구식석실분의 경우, 6세기 후반에서 7세기 전반으로 본 견해(伊藤玄三, 앞의 논문, 1998, 18쪽)가 있고, 7세기 전 · 중엽으로 본 견해(이한상, 앞의 논문, 1996, 70쪽)도 있다. 김해 예안리 49호 횡구식석실분에서 출토된 황룡사형 대금구는 7세기 전반에, 예안리형 대금구는 7세기 중엽으로 각각 편년되어 추가장이 있었던 것으로 판단된다.

30) 伊藤玄三, 앞의 논문, 1988, 25쪽.

31) 이한상, 앞의 논문, 1997, 159쪽.

에 홈이 파져 있어서 벽전으로 간주되기도 한 점 등에서 절터인지 또 다른 성격의 건물지인지 잘 모르고 있다. 벽전을 부전으로 사용한 점이나 바닥에 깐 전의 무늬가 위아래로 뒤바뀌어 있거나 깨진 무늬의 전돌이 뒤집힌 채로 놓여 있어서 그 당시의 정치적 상황이 대단히 급박했음을 암시해 주고 있다. 이 유적의 성격을 대담한 추측이 허용한다면 660년에서 676년 사이에 금강변에서 올린 제사유구와 같은 것으로 일시적으로 급조한 유구가 아닐까 하고 의문을 던져 놓고자 한다.[32)]

Ⅴ. 맺음말

먼저 유적의 소개에서는 외리 유적에서 150여 점의 문양전이 출토되었으나 전부 부전으로 사용되는 특이한 예이다.

다음으로 문양전의 소개에서는 8종의 문양전을 연화문전, 와운문전, 봉황문전, 반룡문전, 귀형문전, 산경문전 등으로 나누어서 설명하였다.

마지막으로 문양전의 연대에 대해서는 우선 와운문전의 안쪽에 있는 호박씨문을 통일신라의 호박씨문 기와와 비교 검토하였으며, 고구려의 유사한 의사호박씨문 기와, 일본 白鳳時代의 호박씨문 기와와의 비교로 그 시기를 7세기로 보았다. 또 귀형문전에 나오는 대금구에 대해 살펴보았다. 백제에서는 누암리형 대금구가 6세기 중엽에서 7세기의 백제 멸망 시(660년)까지 사용되었고, 귀형문전에 나오는 대금구는 648년 이후에 사 용된 중국 당나라식의 대금구인 예안리식 대금구로 아직 역삼엽식 장식이 잔존하는 것으로 보아서 그 시기를 660년에서 676년 사이로 보았다.

32) 이에 대한 상세한 것은 후고를 기다리기로 한다.

제3장

통일신라

제1절 儀鳳四年皆土명 기와의 皆土 해석
제2절 三川卄方銘 보상화문전의 검토
제3절 신라 기와 연구에 있어서 몇 가지 문제
제4절 경주 신라 횡혈식석실분 기와 출토 묘주의 골품
제5절 동궁 · 월지의 와전 명문과 녹유와전
제6절 광주 무진고성 명문와의 재검토

제1절

儀鳳四年皆土명 기와의 皆土 해석

Ⅰ. 머리말

고고학에는 토기, 석기 등을 주로 하는 土石考古學과 冠, 환두대도, 신발의 금속기 등을 위주로 하는 金屬器考古學이 있다. 전자는 지표 조사 등을 통한 개인적인 연구가 가능하고, 후자는 박물관 등 국가기관에 있지 않으면 불가능하다. 기와는 전자에 속하면서 후자와 마찬가지로 왕권, 중앙 귀족, 중앙 관아, 지방 관아 등의 연구가 가능하다.

40년 전만 하더라도 기와는 와당 위주로[1] 미술사에서 다루었다.[2] 그래서 평기와는 발굴 현장 한쪽에 쌓아놓았다가 버리기가 일쑤였다.[3] 기와와[4] 방어가 중요한 줄은 고구려 수도였던 집안을 답사하고 나서였다. 광개토태왕비, 태왕릉, 장군총, 산성하고분군 등을 답사하고 느낀 점은 바로 앞에서 서술한 바 대로였다. 집안은 한마디로 해서 골짜기 가운데 골짜기라는 느낌이 들었고, 그 뒤에 어느 민족도 집안에 도읍으로 하지 않았다.

---

1) 막새와를 가리킨다.

2) 지금은 한국기와학회가 설립되어 전문잡지까지 나오고 있다.

3) 직접 현장에서 목격한 자료는 창원 등에서 7세기 고신라 평기와였다.

4) 일본의 경우 노가미 죠스께선생님의 후의로 일본 고고학회의 추계 및 춘계학회를 몇 번 참가한 적이 있었다. 거기에서 본 것은 고고학자의 절반이 기와 전공자였다는 사실이다.

세부적인 편년으로 들어가 보자. 한국 신라에서 평기와를 고식 단판 6세기 전반~7세기 전반, 신식 단판 7세기 후반(의봉사년개토명, 습부명, 한지명 암키와), 중판은 7세기 후반~9 · 10세기로 판단하고 있다. 지방은 중판이 7세기 후반 ~8세기에, 경주를 제외한 지방에서는 장판이 9세기 전반부터 출토되고 있다고 한다. 이는 문자 자료인 연호나 연간지에 의한 편년이다. 그런데 미륵사지에서 656년인 景辰年명 기와가 기와가 나와서 문제가 된다.

또 부소산성 기와 명문으로 大△△午年末城이 있다.[5] 이는 大曆庚午年末城(766년), 大曆戊午年末城(778년), 大中庚午年末城(850년) 등으로 복원된다. 어느 것으로 복원되던 末城의 의미이다. 아무래도 인명으로 보아야 될 것이다. 그러면 末城은 제와의 감독자나 기와를 만드는 기술자로 볼 수가 있다. 大曆庚午年末城(766년)에서 大中庚午年末城(850년)까지인 약 100년간을 기와로는 일본인 학자들도 구별하지 못하고 있다. 이는 기와 편년의 어려움을 이야기해주고 있다.

여기에서는 먼저 儀鳳四年皆土명 기와의 지금까지 연구 성과를 일별해 보겠다. 다음으로 儀鳳四年皆土의 皆土를 백제, 통일신라, 고려 초의 기와 명문과 비교해 살펴보겠다. 마지막으로 儀鳳四年皆土명 기와에 대해 문자와의 탄생이란 측면에서 검토해 보고자 한다.

II. 지금까지의 연구

儀鳳四年皆土명 기와는 1969년 최초로 일본인에 의해 주목되었다.[6] 여기에

5) 이 기와를 포함하여 부소산성의 會昌七年명 기와, 광주 선리 기와 등을 일본인이 처음으로 연구해서 논문을 썼다.

6) 大坂金太郎, 「儀鳳四年皆土在銘新羅古瓦」『朝鮮學報』 53, 1969.

서는 일제시대에 일본의 한국학을 전공하는 학자가[7] 1919년 6월에 월지 동남쪽 밭에서 습득한 것으로 기와의 탁본을 인수 받아서 공포하였다. 儀鳳四年皆土의 皆土를 佛典에 보이는 全土 혹은 國土와 같은 말에 해당된다고 전제하고 나서 率土皆我國家의 의미로 해석할 수 있다고 주장하였다.

이를 경주에 사는 향토사학자들은 적극적으로 지지를 하면서 皆土를 삼국 통일 그 자체로 보았다.[8] 이러한 가설은 확실한 증거가 있는 것은 아니지만 문무왕대에 삼국 통일이 이루어졌다는 역사적 사실이 크게 작용한 것 같다.

원로 한국사학자도 皆土를 率土皆我國家의 약어로 본 견해를 수용하여[9] 儀鳳四年을 전후한 시기에 한반도의 모든 토지는 신라의 것이라는 통일 의식의 소산으로 보았다.[10] 이러한 시각은 이보다 앞서서 나온 가설도 있다.[11] 곧 皆土를 백제와 고구려의 토지를 합친 삼국 통일의 의미로 추정된다고 보았다. 나아가서 皆土는 광개토태왕비에 나오는 시호 중에 開土와[12] 비교된다고 하였다.

儀鳳四年皆土만을 다룬 논문이 나왔다.[13] 여기에서는 一統三韓의 해가 676년이 아니라 儀鳳四年인 679년이라고 보았다. 이 679년이야말로 삼국을 통일한 해이자 통일기년이라는 것이다. 나아가서 皆土의 의미를 만족 통일의 의미인 삼국 통일이 아니라 一統三韓, 영토적으로 삼한을 통합한 것으로 보았다.

---

7) 今西 龍이다.

8) 권오찬, 『신라의 빛』, 1980.
윤경렬, 『경주고적이야기』, 1984.

9) 大坂金太郎, 앞의 논문, 1969.

10) 이기동, 「신라 중대 서설 -槿花鄕의 진실과 허망-」 『신라문화』 25, 2005.

11) 고경희, 「신라 월지 출토 재명유물에 대한 명문 연구」, 동아대학교 석사학위논문, 1993.

12) 이는 착각으로 開土와 皆土는 그 의미가 다르다. 곧 광개토태왕의 시호인 廣開土地好太王에서 廣開와 土地로 끊어져서 문제가 된다.

13) 최민희, 「儀鳳四年皆土글씨 기와를 통해 본 신라의 통일의식과 통일기년」 『경주사학』 21, 2002.

儀鳳四年皆土를 삼국 통일과 관련짓는 동안에 納音 五行으로 이를 풀려는 전혀 다른 각도에서의 가설이 나왔다.[14] 여기에서는 儀鳳四年皆土를 대규모 토목 공사와 관련지어서 풀었다. 그래서 중국 도교의 銅鐘인 景雲鍾과(711년 주조) 연관이 있다고 보았다. 경운종에서는 太歲辛亥今/九月癸酉金朔/一十五日丁亥土로 표현하고 있다. 그래서 儀鳳四年皆土의 皆土를 연간지, 월간지, 일간지가 다 土인 때를 가리키는 것으로 해석하고, 그 구체적인 날짜를 3월 7 · 20 · 29일과 4월 8 · 21 · 30일로 보았다. 대토목공사의 예로는 동궁 건설과 사천왕사 낙성을 들었다.

경운종에서 신해년은 금, 계유삭도 금, 15일 정해는 토로 모두가 금이 아니라는 사실을 지적하면서 신라에서는 의봉사년 연간지 己卯가 土이므로, 3월 戊申이나 4월 己酉가 역시 토이고, 날짜 역시 토가 되는 날로 택하였다고 보았다.[15] 하지만 제시된 3월 무신과 4월 기유라는 간지는 삭간지도 아니고 월건도 아니어서 문제라고 힘주어 말하고 나서 개토를 백제 땅을 완전히 정복한 해를 기념하여 皆土로 하였다고 주장하였다. 儀鳳四年皆土의 어디에도 백제나 보덕국과 탐라국에 관한 이야기는 나오지 않는다. 皆土에는 어려운 이야기는 나오지 않고 다만 皆土일 뿐이다. 따라서 개토의 백제 등의 고토를 차지하는 의미로는 사용하지 않았다.

會昌七年(847년)末印명 기와도 末과 未가 혼용된다는 전제아래 이를 847년 6월로 해석하고 있다. 그래서 거듭해서 儀鳳四年皆土의 皆土는 구체적인 대토목 공사의 구체적인 제작 시점을 가리키는 것으로 보아서 정확하게 679년 5월 7 · 8 · 29일로 보았다.[16] 679년 5월 7 · 8 · 29일 가운데 어느 날짜인지도 모르는 대토목 공사의 시점이 문제가 되고, 儀鳳四年皆土명 기와가 크게는 2가지 종류

---

14) 이동주, 「신라 儀鳳四年皆土명기와와 납음 오행」 『역사학보』 220, 2013.

15) 최민희, 「儀鳳四年皆土 글씨기와와 皆土 재론 -납음 오행론 비판-」 『한국고대사탐구』 30, 2018.

16) 이동주, 『신라 왕경 형성과정 연구』, 2019.

의 타날 방법이 있고, 작게는 5종류의 타날 방법이 있다. 이는 획일적으로 679년 5월 7일 등으로 결론지을 수 없음을 나타내준다. 바꾸어 말하면 5종류의 타날 기법은 같은 해, 같은 달, 같은 날에 시작한 것이기보다는 제와 과정에서 나온 것으로 해석된다는 것이다. 그래서 나정 등의 左書로 된 타날도 나오는 것이고, 5종류의 타날 기와는 제작 과정에서 편의성 때문에 타날 방법을 바꾸는 것으로 해석할 수가 있다.

2019년 儀鳳四年皆土명에 나오는 皆土를 다른 기와 명문과 비교하여 연호(연간지) 뒤에 오는 글자는 모두 인명이나 건물명이라는 점에 주목하여 인명으로 본 견해도 나왔다.[17)]

또 망성리와요지에서 나오는 기와 명문으로는 儀鳳四年皆土, 井井習部, 井井習府, 井井, 井 등이 있다는 전제아래 井마크가 도교의 벽사 마크라는 가설에 힘입어 皆土를 道人, 道士 등의 초월적인 능력을 가진 의미의 보통명사로 보았다.[18)]

III. 儀鳳四年皆土의 皆土

儀鳳四年皆土의 皆土는 최초의 보고자가 率土皆我國家로 풀이하고 나서,[19)] 큰 의미가 있는 것으로 착각해 왔다. 그래서 삼국 통일이 676년이 아니고 679년이라고까지 주장해 왔다.[20)] 또 納音 五行으로 年月日이 모두 土인 해로 추정한

17) 김창호, 「廣州 船里遺蹟에서 出土된 蟹口기와의 生産과 流通」 『문화사학』 52, 2019.
18) 조성윤, 「新羅 儀鳳四年皆土명 瓦의 皆土 의미」 『한국기와학보』 1, 2020.
19) 大坂金太郎, 앞의 논문, 1969.
20) 최민희, 앞의 논문, 2002.

견해가 나오기도 하였다.[21] 그러나 학계에서 의견의 일치는 보지 못하고 있다.

여기에서는 儀鳳四年皆土의 皆土가 어떤 의미가 있는지를 살펴보고자 한다. 보통 연호나 연간지 다음에 오는 말은 인명이 포함되는 경우가 많았다. 이들에 대해 하나씩 조사해 보기로 하자.

백제 기와 가운데 원통 기와로 景辰年五月卄日法得書란 암키와가 있다. 이는 景辰은 丙辰으로 피휘에 의해 656년에 만들어졌다는 것에 의해 절대 연대로 볼 수가 있다. 이는 삼국시대에 있어서 유일한 피휘제의 예이고, 평기와의 장판 타날이 656년에도 있었다는 자료이고, 백제가 656년에 당과 적대 관계가 아니라는 증거로 보인다. 年月日 다음의 法得은 누가 보아도 인명이다.

儀鳳四年皆土명 기와도 679년의 皆土란 뜻을 푸는데 많은 가설이 나와 있다. 이 기와의 皆土를 率土皆我國家나 납음 오행 등으로 푸는 것은 문제가 있는 듯하다. 儀鳳四年皆土를 해석하는 다른 방법은 儀鳳四年(679년)에 皆土를 제와총감독으로 보아서 皆土를 인명으로 보는 방법이다.[22] 이렇게 인명으로 보는 해석 방법이 보다 타당성이 있는 듯하다. 왜냐하면 삼국시대나 통일신라시대에 있어서 연간지나 연호 뒤에 오는 단어에 인명이 포함되지 않는 예가 없기 때문이다. 곧 儀鳳四年皆土의 皆土가 어떤 방법으로 해도 해석이 되지 않아서 인명으로 보면 완벽하게 해석이 가능하다. 儀鳳四年皆土은 제와총감독의 인명을[23]

21) 이동주, 앞의 논문, 2013.

22) 금산 백령산성 출토 기와 명문에서 栗峴△ 丙辰瓦명 기와는 栗峴△이 丙辰年(596년)에 만든 기와란 뜻이다. 耳淂辛 丁巳瓦명 기와는 耳淂辛이 丁巳年(597년)에 만든 기와란 뜻이다. 戊午瓦 耳淂辛명 기와는 戊午年(598년)에 기와를 耳淂辛이 만들었다로 해석된다. 연간지+인명 또는 인명+연간지의 예로 중요하다. 이에 대해서는 작성 연대를 포함해서 김창호, 「금산 백령산성의 문자 자료」 『신라 금석문』, 2020 참조.

23) 고대 기와에서 파실된 것을 제외하고, 거듭 이야기하지만 연호나 연간지 뒤에 무엇을 기록했다고 하면 인명을 기록하지 않는 기와는 없다. 儀鳳/四年/皆土(이하 동일)는 그 발견 초부터 儀鳳四年皆土의 皆土란 의미 추정에 너무 매달려 왔다. 그래서 누구나 皆土의 의미를 찾는데 온힘을 다했다. 모두 皆土의 의미 추정에 다양한 견해

기록하여 제와의 책임을 지게[24] 한 기와이다. 망성리기와요에서 井井習部명 ·

가 있어 왔으나 그 어느 가설도 정곡을 찌르지 못했다. 儀鳳四年皆土의 皆土는 인명으로 679년에 획을 그은 신라 기와의 제와총감독자로 보인다. 儀鳳四年皆土명 기와를 혹자는 문무대왕 기와로도 부르는 점에서 기와 가운데 그 출토지의 수가 많고, 기와의 기술 수준에서 최고의 것이다. 삼국 통일의 영주인 문무대왕이 마음을 먹고 만든 기와로 어떤 기와보다도 완벽한 기와로 삼국 통일의 웅지가 기와에 나타나 있다. 儀鳳四年皆土의 기와편으로 남산 칠불암의 연대 설정과 나원리 5층석탑의 연대 설정은 유명하다(박홍국, 「경주 나원리5층석탑과 남산 칠불암마애불상의 조성시기 -최근 수습한 명문와편을 중심으로-」『과기고고연구』 4, 1988, 88쪽). 앞으로 儀鳳四年皆土는 679년이란 절대연대를 가지는 기와이므로 유적지의 편년이나 불상의 연대 설정 등에 활용될 수가 있다. 또 儀鳳四年皆土명 기와는 내남면 망성리 기와 가마터, 사천왕사지, 인왕동절터, 국립경주박물관 부지, 월지, 월성 및 해자, 첨성대, 나원리 절터, 칠불암, 성덕여고 부지, 동천동 택지 유적, 나정, 발천 등 경주 분지 전역에서 출토되고 있어서 679년에만 儀鳳四年皆土명 기와를 만들었다고 볼 수가 없다. 다소 연대의 폭이 있을 것이고, 기와도 망성리기와요지만이 아닌 다른 요지에서도 儀鳳四年皆土명 기와를 만들었을 가능성도 있다. 이 儀鳳四年皆土명 기와의 제와에는 왕족인 탁부를 비롯하여 왕비족인 사탁부도 참가했을 것으로 추측된다. 왜냐하면 기와가 중요하고, 그 중요성을 왕족인 탁부와 왕비족인 사탁부는 알고 있었을 것이기 때문이다. 방곽의 곽안에 사선문, 직선문, 사격자문의 문양이 儀鳳四年皆土명 기와와 井井習部, 井井習府, 井마크 등의 기와와 유사한 점으로 儀鳳四年皆土명 기와를 習比部의 기와로 보기도 하나, 이 시기의 기와가 관수관급제의 관요이므로 얼마든지 비슷한 문양을 儀鳳四年皆土명 기와에 사용할 수가 있다. 문양의 디자인 권한은 官에 있지 습비부에 있는 것이 아니다. 또 習部와 習府가 동일한지 여부는 알 수가 없다. 6부명을 府로 표기한 예가 전무하기 때문이다.

24) 신라 기와에서 기와 공정에 책임을 지게 한 것과 함께 유명한 것으로 남산신성비에서 쌓은 성이 3년 안에 무너지면 책임을 지겠다는 맹서를 하고 있어서 저명하다. 儀鳳/四年/皆土명 기와도 제와의 책임을 모두 皆土가 졌다는 것을 의미하고 있다. 景辰年五月卄日法得書(656년)의 法得, 調露二年漢只伐部君若小舍~三月三日作康(?)~(개행: 680년)의 君若과 作康(?), 大曆更午年末城(766년) · 大曆戊午年末城(778년) · 大中更午年末城(850년)의 末城, 會昌七年丁卯年末印(847년)의 末印, 백제의 戊午瓦 耳淂辛명 기와는 戊午年(598년)에 만들었다고 나오는 耳淂辛, 栗峴△ 丙辰瓦명 기와는 栗峴△이 丙辰年(596년)에 만들었다는 뜻의 栗峴△, 耳淂辛 丁巳瓦명 기와는 耳淂辛이 丁巳年(597년)에 만들었다는 뜻에 나오는 耳淂辛 등도 모두 제와장 또는 감독자가 책임을 지는 뜻으로 인명을 年干支나 年號 뒤에나 앞에 인명을

井井習府명[25] · 習명 · 井마크[26] 등의 기와와 儀鳳四年皆土명 기와가 함께 나오는 것으로 알려졌는데 그 기와의 생산량이 너무 많아서 망성리기와요 이외에 儀鳳四年皆土명 기와를 생산하는 다른 窯가 있었지 않나 추측하는 바이다. 그래서 左書를 포함하여 5가지의 拍子가 있는 것으로 보인다. 기와의 중요성을 알고 있을 왕족인 탁부나 왕비족인 사탁부의 기와 요지가 없다는 점은 납득이 안 된다. 儀鳳四年皆土명 기와에는 習명, 井井習部명, 井井習府명, 井마크 등이 없어서 습비부의 기와로 볼 수가 없다. 아마도 儀鳳四年皆土명 기와는 왕족인 탁부나 왕비족인 사탁부의 기와로 보인다. 왜냐하면 기와의 중요성을 알고 있는 탁부와 사탁부에서 기와를 만들지 않았다는 것은 이해가 되지 않고, 탁부와 사탁부에서도 기와의 중요성을 어느 부보다도 잘 알고 있었기 때문이다.

月池에서 나온 雙鹿寶相華文塼片에 다음과 같은 銘文이 있다. 調露二年/漢只伐部君若小舍~/三月三日作康(?)~이를 해석하면 다음과 같다. 調露2年(680년)에 漢只伐部의 君若 小舍가 (監督)했고, 3月 3日에 作康(?)이 (만들었다)가 된다. 君若 小舍는 監督者이고, 作(康?)~는 製瓦匠의 人名이 된다.[27] 이는 전명문이지만 연호 다음에 인명이 나오는 예로 중요하다. 儀鳳四年皆土(680년)과는 1년밖에 차이가 없어서 儀鳳四年皆土가 연호+인명일 수가 있음을 말해주고 있다.

적은 것으로 보인다. 고신라나 통일신라시대에 있어서 年干支나 年號 앞에 인명이 온 예는 없다. 백제에서는 戊午瓦 耳淂辛명 기와와 耳淂辛 丁巳瓦명 기와가 있어서 耳淂辛이 인명임은 분명하다.

25) 習府가 과연 習部인지는 현재까지 자료로는 알 수가 없다. 신라에서 부명은 반드시 部로 표기하고, 府로 표기한 예가 없기 때문이다. 習府라 해도 官廳名이 되어서 말이 통하기에 충분하다.

26) 도교 벽사 마크라는 것은 일본의 지방 목간 전문연구자 平川 南의 가설이 유명하다.

27) 이를 종래에는 調露二年漢只伐部君若小舍~三月三日作康(?)~(개행)를 調露二年(680년)에 한지벌부의 군약소사가 三月三日에 지었다로 해석하고 있으나 이는 잘못된 해석이다. 年號+인명표기로 구성됨은 분명한 해석 방법이다.

부소산성 기와 명문으로 大△△午年末城이 있다. 이는 大曆庚午年末城(766년), 大曆戊午年末城(778년), 大中庚午年末城(850년) 등으로 복원된다.[28] 어느 것으로 복원되던[29] 末城의 의미이다. 아무래도 인명으로 보아야 될 것이다. 그러면 末城은[30] 제와의 감독자나 기와를 만드는 기술자로 볼 수가 있다.

會昌七/年丁卯/年末印(이하 동일: 847년, 부여 扶蘇山城 彌勒寺 출토)명 기와는[31] 새김판의 흔적이 없이 명문을 새긴 것으로 유명하다. 이는 會昌七年丁卯年(개행: 847년)에 末印이 만들었다. 또는 감독했다로[32] 해석된다. 末印을 상

---

28) 吉井秀夫, 「扶蘇山城出土會昌七年銘文字瓦をめぐって」『古代文化』 56-11, 2004, 606쪽.
高正龍, 「軒瓦に現れた文字-朝鮮時代銘文瓦の系譜-」『古代文化』 56-11, 2004, 617쪽.

29) 大曆庚午年末城(766년)과 大中庚午年末城(850년) 사이에 84년의 연대 차이가 있어도 어느 시기인지 구분할 수가 없다. 이는 기와의 제작 기법이나 문양 곧 다날 방법으로 100년의 차이가 있어도 기와의 구분이 어렵다는 이야기가 된다. 그래서 평기와의 편년을 경주에서는 고식 단판 6세기 전반~7세기 전반, 신식 단판 7세기 후반(의봉사년개토명, 습부명, 한지명 암키와), 중판은 7세기 후반~9 · 10세기로 판단하고 있다. 지방은 중판이 7세기 후반~8세기에, 경주를 제외한 지방에서는 장판이 9세기 전반부터 출토되고 있다. 이것도 金科玉條는 아니니다. 왜냐하면 656년의 景辰年五月卄日法得書에 장판 타날 기와가 있기 때문이다. 하루빨리 평기와 편년이 나오기를 희망한다. 물론 평기와 편년에 절대적으로 중요한 자료는 문자 기와에 대한 연구이다. 會昌七/年丁卯/年末印라고 하면 누구도 847년임을 의심할 수가 없고, 평기와 편년 설정에 한 기준이 된다.

30) 세트를 이루는 수막새의 城은 末城이란 인명에서 뒷자인 城을 따온 것이다. 이렇게 뒷자를 따온 예로는 458년경에 작성된 충주고구려비의 寐錦忌가 있다. 이는 訥祇麻立干의 祇(祗)를 따온 것이다.

31) 이에 대해서는 吉井秀夫, 앞의 논문, 2004라는 전론이 있다. 吉井秀夫, 앞의 논문, 2004, 609~610쪽에서는 會昌七年丁卯年末印을 會昌七年(年號)+丁卯年(干支)+末印으로 나누고 나서 그 해석은 유보하였다.

32) 최민희, 앞의 논문, 2018, 339쪽에서는 會昌七年丁卯年末印에서 會昌七年丁卯의 年末에라고 해석하고, 印은 해석치 않았다. 최민희, 앞의 논문, 2018, 342쪽의 <그림 6>에서 會昌七年丁印年末印으로 판독문을 제시하고 있다. 또 (保寧)元年己巳年(969년)의 예나 太平興國七年壬午年(982년)三月三日의 예와 같이 연호와 연간

황판단이 아닐 경우 인명으로 보아야지 다른 방법은 없다. 末印을 儀鳳四年皆土(개행)의 皆土와 함께 인명으로 보게 된 바, 금석문을 인명표기에서 시작해 인명표기로 끝내는 것으로 보아야 한다.[33] 會昌七年丁卯年末印(개행)기와는 내부에 구획선을 넣어서 만들었을 뿐, 9세기에 반드시 장판으로 타날하지 않음을[34] 알려주는 중요한 자료이다. 바꾸어 말하면 會昌七年丁卯年末印(개행)기와의 會昌七年丁卯年末印(개행)만은[35] 3자씩 3줄로 되어 있어서 중판 기와일

지 모두에 年자가 오는 예도 있어서 年末로 끊어 읽는 것은 문제가 있다. 삼국시대~통일신라 금석문까지 年干支나 年號 뒤에 인명은 나왔으나 다른 것은 오지 않는다. 통일신라 말이 되면, 甲辰城年末村主敏亮이라고 해서 甲辰(年干支; 884년으로 추정)+城年(지명)+末村主(관직명)+敏亮(인명)의 순서로도 적힌다. 540년경의 2016-W150번 목간에 眞乃滅村主憹怖白가 나오는데, 憹怖白가 인명표기일 가능성도 있다. 촌주는 냉수리비(443년)에 村主 臾支 干支로 처음 등장하고, 창녕비(561년)에 村主 奀聰智 述干와 村主 麻叱智 述干으로 나온다. 그 다음에 남산신성비(591년) 제1비에 村上村主 阿良村 今知 撰干과 郡上村主 柒吐村 △知尒利 上干이 나오고, 파실되어 일부가 없어진 제5비에 向村主 2명이 나올 뿐이다. 이들 6세기 村主에서는 인명이 공반하고 있다. 따라서 2016-W150. 목간에서 촌주도 眞乃滅村主憹怖白까지 끊어서 眞乃滅(지명)+村主(직명)+憹怖白(인명)으로 보아야 할 것이다. 왜냐하면 2016-W150.목간에서 眞乃滅村主憹怖白의 연대는 540년경을 하한으로 하고, 고신라 금석문에서 (지명)+촌주+(출신촌명)+인명+외위명이 나오기 때문이다. 眞乃滅村主를 지명+촌주로 보면 그러한 예는 고신라 금석문에서는 없다. 9세기의 자료로는 清州 雙清里 출토 명문와의 易吾加茀村主가 있다. 이 자료도 易吾加茀(지명)+村主로 되어 있다. 또 황룡사 남쪽 담장 밖의 우물에서 나온 9세기로 보이는 청동접시의 達溫心村主이란 명문도 인명+관직명이 아닌 지명+관직명이다.

33) 평기와에 있어서 연호나 연간지 다음에 글자가 몇 자가 올 때 인명이 아닌 예는 없다.

34) 會昌七年丁卯年末印의 명문 기와는 3자씩 3줄로 쓰지 않고, 한 줄로 내려 쓴 종류도 있다고 하는 바, 이는 장판으로 짐작된다. 吉井秀夫, 앞의 논문, 2004, 15쪽에서 3자씩 3줄로 쓴 것이 먼저이고, 한 줄로 내려 쓴 것을 나중에 제작된 것으로 보았다. 3자씩 3줄로 쓴 명문만은 적어도 중판이다. 곧 무수한 장판 속에서도 중판이 있다는 이야기가 된다.

35) 황수영, 「고려 청동은입사 향완의 연구」 『불교학보』 1, 1963, 431쪽에 나오는 대정 17년(1177년)명표충사향완의 印자를 종결을 뜻하는 이두로 보고 있으나 고대에는 없는 이두이다.

가능성이 크다. 물론 기와 전체는 장판 타날로 만들어졌다.

發令/戊午年瓦草作伯士必山毛의 戊午年은 958년으로 추정된다.[36] 이 명문은 發令을 내린다. 戊午年(958년)에 瓦草를 伯士인 必山毛이 만들었다로 해석된다. 伯士인 必山毛도 제와장일 가능성이 크다.

太平興國七年壬午年三月日/竹州瓦草近水△水(吳)(矣)(安城 奉業寺) 太平興國七年壬午年는 982년이다.[37] 이는 해석이 대단히 어려우나 대체로 太平興國七年壬午年三月日에 竹州의 瓦草를 近水△水(吳)가 만들었다로 해석된다.

辛卯四月九日造安興寺瓦草(利川 安興寺址)는 931年이나 991年으로 추정된다. 그 연대는 전자인 931년은 후삼국시대라 성립되기 어렵고, 후자인 991년으로 판단된다. 이는 辛卯四月九日에 安興寺瓦草를 만들었다로 해석된다.

永興寺送造瓦草重創(保寧 千防寺址)은[38] 永興寺의 위치를 알기 어렵지만,[39] 이를 慶州 地域의 寺院으로 본다면 成典寺院이었던 永興寺의 활동을 살필 수 있는 좋은 자료라고 히면서 永興寺에서 보낸 기와로 寺院을 重創했으므로, 이로써 永興寺의 경제력을 짐작할 수 있다고 하였다. 文聖王(839~856년)이

大定十七年銘香琓의 전체 명문은 大定十七年丁酉六月八日 法界生亡共增菩提之願以鑄成青銅含銀香垸一劃重八斤印 棟梁道人孝 初通康柱等謹發至誠特造隨喜者躰之에서 印자가 重八斤印으로 끊어서 종결 이두로 사용되게 되어있지만 會昌七年丁卯年末印의 印자는 그렇지 않다. 印자를 종결의 이두로 보면 末자만 남아서 말이 되지 않는다. 가령 삼국시대의 부자가 部자의 약체이지만 고려시대에는 주격조사 隱자의 약체이다. 그리고 한국 고대의 이두는 그 글자수가 많지 않고, 고려시대 후기에 와서 비약적으로 발전한다.

36) 金昌鎬, 「나말여초의 기와 명문」 『신라 금석문』, 2020.

37) 金昌鎬, 앞의 논문, 2020.

38) 韓國水資源公社 · 公州大學校博物館, 『千防遺蹟』, 1996, 146쪽.

39) 『東國輿地勝覽』 刋20, 忠淸道 藍浦縣 佛宇條에 崇巖寺, 聖住寺, 永興寺, 玉溪寺가 登場한다. 永興寺를 이 지역의 통일신라시대의 사찰로 비정하기도 하지만(韓國水資源公社 · 公州大學校博物館, 앞의 책, 1996, 453쪽) 경주 지역의 永興寺와 같은 이름을 지방에서 사용하기 어려웠다고 판단하고 있다(李泳鎬, 「新羅의 新發見 文字資料와 硏究動向」 『한국고대사연구』 57, 2010, 199쪽).

朗慧和尙 無染이 머물던 이곳 인근(保寧)의 절을 聖住寺로 바꾸고, 大興輪寺에[40] 編錄시켰다는[41] 사실을 감안하면, 銘文 기와의 연대는 9世紀 中葉으로 추정할 수 있겠다라고 했으나,[42] 瓦草에서 絶代 年代가 나오는 10世紀 中葉(정확히는 958년)이 上限이므로 永興寺送造瓦草重創명 기와를 10世紀 중엽 이후로 보아야 한다. 그렇다면 永興寺는 保寧에 있던 永興寺로 보아야 할 것이다. 이는 永興寺가 만들어 보낸 瓦草로 (保寧 千防寺를) 重創을 했다로 해석이 된다.

~元年己巳年北舍瓦草(月南寺) 969年으로 ~부분은 遼 景宗의 연호인 保寧으로 復元할 수 있다. 이는 (保寧)元年己巳年에 이은 北舍의 瓦草이다가 된다.

太平興國五年庚辰六月日彌勒藪龍泉房瓦草(益山 彌勒寺) 太平興國五年庚申으로 되어 있으나 976~984년의 太平興國 범위 밖에 있어서 庚辰(980년)이[43] 타당하다. 太平興國五年庚辰六月日에 彌勒藪의 龍泉房의 瓦草이다가 된다. 日에 구체적인 날짜가 없는 것도 고려적인 요소이다.

三年乙酉八月日竹凡草伯士能達毛은[44] 乙酉란 연간지는 985년이다. 年月

---

40) 흥륜사는 실제로는 영묘사이고 영묘사가 흥륜사로 서로 바뀌어 있고, 9~10세기 기와 명문인 令妙寺명 기와를 국사편찬위원회 한국사데이터베이스에서는 삼국시대로 보고 있다. 기와를 모르는 문헌사학자의 잘못으로 보인다. 고신라시대에 있어서 사명 등 문자 기와가 출토된 예는 전무하다. 경주에서는 기와에 사찰명이 나오는 예가 많은데 대개 9~10세기의 나말여초로 보인다. 岬(甲)山寺명 와편, 昌林寺명 와편, 味呑寺명 와편 등은 9~10세기의 것이다. 因井之寺명 수막새, 正万之寺명 수막새(高正龍, 앞의 논문, 2004, 618쪽에서는 万正之寺로 잘못 읽고 있다)도 통일신라 말로 보이나 9~10세기로 보아 둔다. 四祭寺명 암막새는 확실히 통일신라 말의 것이다.

41) 韓國古代社會硏究所 編, 『譯註 韓國古代金石文』 III, 1992, <聖住寺朗慧和尙碑> '文聖大王 聆其運爲 莫非裨王化 甚之 飛手敎優勞 且多大師答山相之四言 易寺牓爲聖住 仍編錄大興輪寺'

42) 李泳鎬, 앞의 논문, 2010, 199쪽.

43) 이렇게 금석문에서 연간지가 틀리는 예는 드물다.

44) 경기문화재단부설 기전문화재연구원 · 하남시, 『하남교산동건물지 발굴조사 종합보고서』, 2004, 185쪽. 凡草의 예는 1점뿐이다. 凡자가 瓦자일 가능성도 있다. 이 시기 瓦자는 凡와와 구별이 어렵다. 伯士能達毛의 伯士는 寺匠의 뜻으로 能達毛이

日에서 日의 날짜를 정확히 밝히지 않는 것도 고려적인 요소이다. (通和)三年[45] 乙酉八月日에 竹의[46] 凡草를 伯士인 能達毛가 만들었다로 해석된다. 伯士인 能達毛은 제와장일 가능성이 크다.

太平八年戊辰定林寺大藏堂草(扶餘 定林寺)은 1028년이다. 이 명문은 堂草·瓦草·官草·凡草가 나오는 명문 가운데 가장 늦은 11세기 전반의 명문이다. 이는 太平八年戊辰에 定林寺의 大藏(堂)의 堂草이다로 해석된다.

이상에서 儀鳳四年皆土명 기와와 관련되는 자료를 검토하였다. 많은 기와에서 연호나 연간지 다음에 몇 자의 글자가 올 때에는 모두가 인명이었다. 특히 大△△午年末城명 암막새와 수막새의 城자는 末城이란 인명에서 뒷글자인 城을 따 온 것이다. 따라서 會昌七/年丁卯/年末印명 기와에서 末을 未의 잘못으로 보아서 6월로 보거나 年末로 끊어서 그 시기를 年末로 보는 것은 무리가 있다. 거듭 이야기하지만 末印으로 끊어서 인명이다. 따라서 儀鳳四年皆土명 기와에서 皆土도 인명이다.

IV. 문자와의 탄생

儀鳳四年皆土명평기와는 통일신라 최초의 본격적인 문자와이다. 儀鳳四年皆土명평기와 이전의 신라 기와 명문은 없다. 원통으로 만들어진 신라 기와가 백제 미륵사지에서 나온 景辰年五月廿日法得書(656년)에 백제에서 왔음이 밝혀졌다.[47] 그래서 儀鳳四年皆土기와의 글씨를 기와에 새김이 景辰명 기와에서

寺匠 가운데 하나인 製瓦匠일 가능성이 있다.

45) 三年은 遼聖宗의 通和三年(985년)이다.

46) 竹은 지명이나 건물명으로 보인다. 후자일 가능성이 크다.

47) 김창호, 「益山 彌勒寺 景辰銘 기와로 본 고신라 기와의 원향」『한국학연구』 10,

왔다고 볼 수가 있다. 儀鳳四年皆土명 기와는 박자로 두들려서 새긴 것이고, 景辰명 기와의 글씨는 날카로운 것으로 글씨를 굽기 전에 직접 새긴 것이다.

儀鳳四年皆土명 암키와는 신식 단판이고, 景辰명 암키와는 장판이다. 신식 단판과 장판의 차이 때문에 고신라 기와의 기원을 백제에서 찾지 않을 수도 있다. 양자의 암키와가 모두 원통형 와통에서 만들어졌기 때문에 신라 기와의 기원을 백제에서 찾을 수밖에 없다. 景辰명 기와를 庚辰명 기와로 보고 통일신라시대기와로 인식하는 수준이었기 때문에 단판, 신식 단판, 중판의 원통형기와가 나오는지 여부는 아예 논의의 대상 조차될 수 없는 발굴이었다.

신라에서 신라 원통형 와통에서 출토되는 암키와는 그 시기가 5세기 4/4분기까지 올라간다.[48] 이 시기 백제 기와 자료에서 단판 기와가 출토한 예는 없다. 고구려와 백제 기와는 통쪽 기와(모골기와)로 나무 막대를 줄로 엮어서 손을 안으로 넣어서 빼기 때문에 모골흔이 기와의 안쪽에 남고, 신라 기와는 원통 기와로 삼베를 원통에 대기 때문에 기와의 안쪽에 삼베흔이 남는다. 이러한 차이점은 신라 기와를 구분 짓는 한 기준이 된다. 5세기 4/4분기까지 올라가는 원통 기와가 백제 지역에서 발견된 예가 없다. 656년에 신라에서 단판으로 기와를 만들 때, 백제에서는 장판으로 기와를 만들었다. 이는 신라 암키와 편년에 혼란만을 초래하고 있다. 곧 신라에서 고식 단판 6세기 전반~7세기 전반, 신식 단판 7세기 후반(의봉사년개토명, 습부명, 한지명 암키와), 중판은 7세기 후반~9 · 10세기로 판단하고 있다. 지방은 중판이 7세기 후반~8세기에, 경주를 제외한 지방에서는 장판이 9세기 전반부터 출토되고 있어서 문제가 된다.

경주를 제외한 지방에서 7세기 전반에 단판이, 7세기 후반~8세기에 중반이, 9~10세기에 장판이 유행했다는 결론이 변하지 않는 통설이고, 백제 지방에서

1999.

48) 조성윤, 「新羅 瓦의 始原 問題」『新羅文化』 56, 2021에서 6세기 1/4분기에 단판 기와가 나타난다고 보았으나 금관총의 尒斯智王의 출현으로 30년 정도 고배 편년을 올려야 되므로 5세기 4/4분기로 보았다.

단판, 신식 단판, 중판 암키와가 나온 예가 없어서 신라 암키와의 기원을 백제로 보기도 어렵다. 백제의 원통 기와를 보고 힌트를 얻어서 독자적으로 단판 암키와를 만든 것으로 해석할 수밖에 없다.

儀鳳四年皆土명 암키와는 신라 최고의 문자 기와이다.[49] 그 분포 유적이나 수, 양으로 볼 때, 본격적인 대량 생산으로 판단된다. 그래서 문무대왕기와라고 부르고 있다. 儀鳳四年皆土명 암키와의 儀鳳四年은 679년이고, 皆土는 제와기술자로 평민이나 노예로 보인다. 박자로 글씨를 새긴 예는 그 뒤에도 會昌七年丁卯年末引명 암키와 등이 간혹 나온다. 儀鳳四年皆土명 암키와 명문은 삼국통일을 완성한 문무왕이 죽기 2년 전에 만든 위대한 업적이다. 기와는 권위 건물인 왕궁, 관아, 귀족 저택, 절 등에서 사용하는 것이다. 儀鳳四年皆土명 암키와가 대량으로 생산되었다는 것은 필요한 곳이 있고, 이를 뒷받침할 수 있는 경제력이 있었음을 말해 준다.

679년 儀鳳四年皆土명 기와가 나오기 이전에 신라에 있어서 문자와는 현재까지 자료에서는 발견되지 않고 있다. 곧 5세기 4/4분기에서 676년까지 문자와는 전무하다. 앞으로도 발견될 가능성은 있을 것이다. 679년 儀鳳四年皆土명 기와가 최고의 문자와임은 움직일 수 없는 통설일 것이다.

또 망성리 와요지에서 어떤 요에서는 儀鳳四年皆土명 기와가 나오고, 어떤 요에서는 井井習部, 井井習府,[50] 井井, 井 등이 있어서 儀鳳四年皆土명 기와를 습비부에서 생산한 것으로 보았다.[51] 습비부는 고신라 금석문에서는 나오지 않는 부명이라서 대량의 儀鳳四年皆土명 기와를 생산할 수 없을 것이다. 망성리 와요지에서 儀鳳四年皆土명 기와와 井井習部, 井井習府, 井井, 井 등의 문자

49) 儀鳳二年명 기와가 부여 부소산성에서 출토되었으나 단 1점밖에 없다.

50) 이는 습비부가 아니라 관청명이다.

51) 조성윤, 「고고자료로 본 신라육부(新羅六部)의 범위와 성격」 『신라문화유산』 2, 2018.

기와가 같은 요에서 출토될 수 없고, 儀鳳四年皆土명 기와는 왕족인 喙部나 왕비족인 沙喙部에서 생산했을 것이다.

Ⅴ. 맺음말

儀鳳四年皆土의 皆土는 최초의 보고자가 率土皆我國家로 풀이하고 나서, 큰 의미가 있는 것으로 착각해 왔다. 그래서 실질적인 삼국 통일은 676년이 아니고 679년이라고까지 주장해 왔다. 또 納音 五行으로 年月日이 모두 土인 해로 추정한 견해가 나오기도 하였다. 그러나 皆土를 해석하는데 학계에서 의견의 일치는 보지 못하고 있다.

여기에서는 통일신라와 고려 초의 기와 금석문에서 연호나 연간지 뒤에 인명과 건물명이 옴을 근거로 儀鳳四年皆土의 皆土를 인명으로 보았다. 경주 시내 전체에서 궁궐, 국가시설, 사찰, 생산 유적, 왕경 유적 등에서 출토되는 儀鳳四年皆土명 기와는 그 수나 양에서 기와 중에서 가장 많아서 문무대왕 기와라고도 불린다.

신라의 문자와는 儀鳳四年皆土명 기와가 679년으로 최고의 예이다. 경주를 제외한 지방에서 7세기 전반에 단판이, 7세기 후반~8세기에 중반이, 9~10세기에 장판이 유행했다는 결론이 변하지 않는 통설이고, 백제 지방에서 단판, 신식단판, 중판 암키와가 나온 예가 없어서 신라 암키와의 기원을 백제로 보기도 어렵다. 백제의 원통 기와를 보고 힌트를 얻어서 독자적으로 단판 암키와를 만든 것으로 해석할 수밖에 없다. 앞으로 고신라에서는 문자와가 출토될 가능성도 있을 것이다.

제2절

三川卄方銘 보상화문전의 검토

Ⅰ. 머리말

고신라사에 있어서 6부는 중요하다. 고신라 금석문에서 6부인은 대개 喙部, 沙喙部 등 부명을 적고 있다. 문헌사와 금석문을 접목시켜서 실성왕과 눌지왕은 탁부, 지증왕은 사탁부, 법흥왕은 탁부, 그의 동생인 입종갈문왕은 사탁부로 해석해 오고 있다. 금석문 자체만으로 해석할 때, 왕족은 탁부이고, 왕비족은 사탁부이다. 곧 지증왕과 입종갈문왕이 사탁부 소속일 가능성은 없고, 모두 탁부 소속이다.

6부의 위치도 여러 가지 가설이 있어 왔으나 明活山高耶村이 習比部의 위치에 6부 가운데에서 유일하게 아는 명활산이 있어서 6부의 위치를 북천, 서천, 남천이 둘러싼 경주 분지의 지역으로 보아 왔다. 그런데 이와는 반대가 되는 자료가 나왔다.

종래 辛亥로 읽어서 711년으로 보아온 보상화문전이 三川卄方이라고 새로 판독되어서 신라 6부 비정을 보다 넓게 보아야 할 것이다. 이는 북천, 서천, 남천에 기와 가마가 20기란 뜻으로 기와 가마는 전부 3천 밖에서 멀리 떨어진 점이 주목된다.

여기에서는 먼저 명문을 소개하고 나서, 다음으로 신라 6부에 대한 지금까지의 가설을 살펴보고, 그 다음으로 三川(六部)과 금석문에 대해 살펴보고, 마지막으로 최근 금석문 자료와 고고학 자료에 대해 살펴보고자 한다.

Ⅱ. 명문의 소개

이 자료는 발견 당시 辛亥로[1] 보아서 711년으로 보았다.[2] 명문이 신해라면 調露二年(680년)명 보상화문전의 문양에 근접해 711년으로 볼 수밖에 없다. 그러나 정밀사진을[3] 자세히 관찰한 결과 신해가 아니라는 결론에 도달하였다. 그래서 이리저리 고심 끝에 두 글자가 아니라 4글자임을 알게 되었다. 결국 4글자를 다음과 같이 읽었다.

三川卄方(삼천입방)[4]

먼저 이 명문은 三川으로 끊을 수 있다. 삼천은 경주 분지에 있는 3개의 내이다. 알천, 동천 등으로도 불리는 북천, 서천, 문천으로도 불리는 남천이 그것이다. 삼천은 경주 분지의 다른 이름으로 신라의 6부를 지칭한다.

그 다음의 卄方의 해석이 문제이다. 고신라 금석문에서 숫자 다음에 方자가 오는 예로는 다음과 같은 2예가 있다.

영천청제비 병진명(536년)

⑩	⑨	⑧	⑦	⑥	⑤	④	③	②	①	
衆	使	△	尺	尺	使	七	廣	塢	丙	1
礼	伊	人	支	次	人	千	卄	△	辰	2
利	△	次	小	鄒	喙	人	二	六	年	3

1) 국립경주박물관, 『문자로 본 신라』, 2002, 94쪽의 도 161.
2) 차순철, 「경주지역의 명문자료에 대한 소고」 『목간과 문자』 3.
3) 국립경주박물관, 앞의 책, 2002, 94쪽의 도 161.
4) 卄은 二十으로 혹자는 삼국시대와 통일신라시대뿐만 아니라 고려시대에도 사용되었다고 보고 있으나 고려시대에는 卄과 二十이 같이 사용되었고, 卄은 삼국시대와 통일신라시대에만 사용되었다.

只	只	弥	烏	小	△	△	淂	十	二	4
尸	尒	尒	未	舍	尺	二	高	一	月	5
△	巴	利	苐	苐	利	百	八	淂	八	6
利	伊	乃	小	述	智	八	淂	鄧	日	7
干	卽	利	烏	利	大	十	上	九	△	8
支	刀	丙	一	大	舍	方	三	十	△	9
徙		兮	支	烏	苐		淂	二	△	10
尒		丁		苐			作	淂	大	11
利							人			12

창녕비(561년)

	職名	部名	人名	官等名
四方軍主	比子伐軍主	沙喙	登△△智	沙尺干
	漢城軍主	喙	竹夫智	沙尺干
	碑利城軍主	喙	福登智	沙尺干
	甘文軍主	沙喙	心麥夫智	及尺干

영천청제비 병진명에서는 作人七千人△二百八十方이 관계 구절이다. 이는 作人 7000인이고, 이를 280방향으로 나누어서 일했다로 해석된다.

창녕비의 四方軍主는 比子伐州를 下州라고 부르고, 甘文을 上州라고 부르고 있어서, 4방군주가 동서남북의 4방향을 가리키는 것은 아니라고 판단된다. 그냥 4방향을 가리키는 것으로 보인다.

이제 20방을 해석할 차례가 되었다. 20방은 당시 680년경에 있던 다경요, 망성리요 등 기와요의 숫자가 20개라고[5] 본다.

5) 아니면 680년 당시의 와요지가 680년경 와요지는 천북면(손곡동 일원 포함) 일대, 현곡면 금장리(다경와요지 등) 일대, 내남면(망성리와요지, 화곡리 요지 등) 일대로 기와요의 숫자인지도 알 수 없다.

III. 三川(신라 六部)[6]

신라 6부에 대해서는 많은 연구 성과가 나와 있다.[7] 그 가운데에서 위치 비정에 대해서는 다양한 가설이 나와 있다.[8]

먼저 신라 6부는 씨족 사회의 사로 6촌이 변천하여 행정구역상으로 6부로 된 것이며, 6부제의 실현은 경주의 坊里名을 정한 자비왕 12년(469년)의 일이[9] 아닌가하고, 6부6촌의 위치를 다음과 같이 비정하였다.[10]

1) 閼川陽山村(及梁部)

경주 남산(양산) 서북 일대를 포함한 남천이남 지구로 박씨 시조 탄생지라는 蘿井과 시조릉인 5릉이 있으며, 박씨의 본거지이다.

2) 突山高墟村(沙梁部)

시조 부인인 閼英의 탄생지이 있는 사정동을 중심으로 북천, 알천, 서천, 남

---

6) 調露二年/漢只伐部君若小舍~/三月三日作康(?)~(개행)명쌍록보상화문전이 동궁에서 출토되었다. 추정 다경와요지에서 漢只, 漢명 암키와가 출토되어 한지부와 관련이 있는 것으로 보고 있고, 망성리와요지에서는 習部井井, 習府井井, 井井, 井명 암키와가 출토되어 습비부와 관련이 있는 것으로 보고 있다. 441년 중성리비에서 沙喙部 牟旦伐에게 宮을 빼앗아 주는 것이 그 요체이므로 사탁부의 위치를 포항 중성리까지로 볼 수가 있다.

7) 1980년대까지의 연구 성과에 대해서는 이문기, 「울진봉평신라비와 중고기 6부 문제」『한국고대사연구』 2, 1981 참조.
최근의 연구 성과에 대해서는 주보돈, 「신라의 부와 부체제」『부대사학』 30, 2006 참조.

8) 많은 연구 성과가 나와 있으며, 여기에서는 필요한 부분에서 그 연구 성과를 소개하기로 한다.

9) 신라의 부제는 중성리비가 441년, 냉수리비가 443년이므로 469년을 6부제 실현의 시작으로 본 것은 잘못이다.

10) 이병도편, 『한국사』-고대편-, 1959.

천의 ㄷ자형으로 포위한 지역이며, 김씨의 본거지이다.[11]

3) 觜山珍支村(本彼部)

석탈해의 주거가 월성에 있었고, 월성은 본피부의 소속지인 듯하기 때문에 석씨의 본거지로서 월성을 포함한 인왕동 일대.

4) 茂山大樹村(牟梁部 또는 漸梁部)

서천의 지류인 모량천 유역으로 현재 충효리 일대가 대수촌의 중심지.

5) 金山加利村(漢祇部)

『삼국유사』 기록대로 금강산의[12] 백률사 부근이 그 중심지.

6) 明活山高耶村(習比部)

명활산 서남록의 보문리 및 낭산 부근.

이러한 6부 경주설에 대해 전혀 다른 가설이 제기되었다.[13] 6부는 각각 두 개의 촌으로 구성되고, 그 위치도 경주뿐만 아니라 경북 일원에 흩어져 있는 것으로 보았다. 그 개요를 소개하면 다음과 같다.

---

11) 김씨족은 금석문 자료에 근거할 때 及梁部소속이다. 『삼국사기』 권44, 열전4, 이사부전에 異斯夫 或云 奈勿王四世孫이라고 했는데, 적성비에 大衆等喙部伊史夫智伊干支라고 나오고 있고, 『삼국사기』 권44, 열전4, 거칠부전에 居柒夫 或云 荒宗奈勿王五世孫이라고 했는데, 마운령비에 太等喙部居朼夫智伊干으로 나와서 신라 중고 왕실의 성은 문헌의 통설대로 김씨이고, 그 소속부는 탁부임을 알 수 있다.

12) 원문에는 소금강산이라고 되어 있으나 금강산으로 바꾸었다. 왜냐하면 금강산은 『삼국사기』 지리지에 따르면 霜雪이라고 했고, 이를 고려 중기에 金剛이라고 바꾸었기 때문이다.

13) 김철준, 「신라 상대사회의 Dual Organization(상)」 『역사학보』 1, 1952. 이와 많이 유사한 학설로 천관우, 「삼한의 국가형성(상)」 『한국학보』 2가 있음으로 참조 요망.

1) 閼川陽山村

알천은 김씨 부족의 부락이고, 양산촌은 박씨 부족의 주거지로서, 알천은 북천 지역, 양산촌은 남산일 서북 일대, 김과 박의 두 부족이 경주의 토착민 또는 선주민이 된다.

2) 突山高墟村

돌산은 『동국여지승람』 권16의 靑山縣조에 本新羅屈山縣(一云 堗山) 屬尙州라고 되어 있는 상주 굴산현(청산)이고, 고허촌은 그 촌장이 蘇伐都利인 바, 이 소벌은 상주의 다른 명칭인 沙伐州와 연결되어 역시 상주 부근이다.

3) 觜山珍支村

『삼국사기』 지리지에 星山郡新安縣 本新羅本彼縣 今京山府라고 하였고, 『동국여지승람』 권28에 星州 本新羅本彼縣이라고 하여서 이것이 본피부의 본거지이며, 위치는 성주 동남방쯤 된다.

4) 茂山大樹村

무산은 『삼국사기』, 진덕왕 1년조에 百濟兵 圍茂山甘勿桐岑三城의 무산일 것이고, 『동국여지승람』에 淸風郡(충북 제천)에 있는 茂巖山이 무산으로 추정되며, 대수촌은 『삼국유사』, 기이2, 지철노왕조에 나오는 牟梁部冬老樹下의 동노수일 것이고, 이 동노는 『동국여지승람』, 예천군 성씨조에 나오는 冬老라는 지명과 통한다. 대수촌은 예천이 되며, 제천 부근의 一村과 예천 부근의 一村이 2부체제의 2촌을 형성.

5) 金山加利村

금산은 김천의 옛지명이고, 가리촌은 『삼국사기』에 星山郡本一利郡 景德王改名 今加利縣에 나오는 가리로서, 그 위치는 『동국여지승람』 권28에 加利縣在州南五十九里라고 되어 있어서 성주와 고령의 중간 지점쯤이 될 것이다.

6) 明活山高耶村

명활산은 경주의 명활산이고, 고야산은 『고려사』, 지리지에 永川一云高鬱이라고 되어 있고, 고울은 骨火高耶의 다른 이름으로 볼 수 있을 뿐만 아니라 고려시대에 고야촌이 임천군으로 개정되었는데, 그것은 영천의 임천현과 관계있는 것이다. 그래서 고야를 영천으로 비정한다.

이상의 두 가설에 대해 후자보다[14] 전자가[15] 더 타당성이 있다고 하면서[16] 그 근거로 다음과 같은 5가지를 들고 있다.

첫째로 6촌의 이름을 2촌의 연기라고 볼 때, 왜 첫 촌은 반드시 산명으로 되어 있을까하는 것이다. 곧 그들이 모두 촌명이기 보다는 산명으로 보는 쪽이 타당하며, 이것은 2촌의 연기가 아니라 一村의 이름이고, 산명은 그 촌이 기대고 있는 산의 표시로서 '무슨 산 밑 무슨 촌' 또는 '무슨 산의 邊 무슨 촌'이라는 뜻이 아닐까?

둘째로 6부를 영남 일원으로 보는 쪽에서의 지명 고정에는 수긍되는 점이 많으나 지명이나 고유 지명에는 같은 이름이 많기 때문에 같은 이름 곧 동일 지명이라고 단정하기 어렵다. 예를 들면 突山, 堗山은 모두 돌이 많은 산이라는 뜻으로 武珍州(전남 광산군)에도 突山縣이 있다.

셋째로 사로 6촌이 경북의 예천, 김천, 상주, 성주 등을 포함한 광범위한 지역으로 퍼진다고 할 때, 인접지를 뛰어넘어 원격지와 연결되는 이유는 무엇이고, 또 그렇게 사로가 큰 영역을 차지한다면 진한12국 가운데 나머지 11국은 북에서는 안동-의성, 남에서는 창원-양산 정도의 좁은 지역에 모여 들어야 할 것이다. 『삼국지』, 위서, 동이전 시대의 一國인 사로국이 과연 그렇게 큰 지역을

---

14) 김철준, 앞의 논문, 1952.

15) 이병도 편, 앞의 책, 1956.

16) 김원룡, 「사로 6촌과 경주고분」『역사학보』70, 1976.

차지하고 있었을까? 말하자면 경주 평야가 『삼국지』, 위서, 동이전 시대의 일국(4~5천호)의 근거지로서는 충분하고도 남음이 있는 자연 환경이 아닐까하는 점이다.

넷째로 적석목곽묘는 신라 영역 내에서는 경주 평야에만 집중하고 있으며, 이것을 사로나 신라의 왕족과 귀족 무덤으로 볼 때, 그것이 경주 이외의 땅에는 없다는 것은[17] 신라 귀족으로서 歸葬할 고향이 경주 이외에는 없다는 것이란 점이다.

다섯째로 경주의 고분은 검토한 결과 6촌에 해당되는 6군으로 나뉘어지며,[18] 고분군은 촌별 곧 피장자들이 출신 촌별로 모여 있는 경향이 있다.[19]

1) 전기(0~3세기 말경)

이른바 원삼국기 또는 사로국시대이며, 경주 미추왕릉지구에서 발굴된 소형 석곽묘들이 이 시기에 들어가며, 옹관이 심심치 않게 혼용되는 것이 한 특색이다.

2) 중기(4세기 초~6세기 말)

적석목곽묘 시대이며, 미추왕릉(284년)이 가장 초기의 적석목곽묘가 될 것이다. 그것은 『삼국사기』에 이 미추왕에 와서 立大陵이라고 하고 있는 것으로도 짐작된다. 그리고 미추왕의 즉위 곧 김씨왕의 출현이 이 실질적인 왕국으로서의 단계에 도달을 반영하는 것으로 생각한다. 이 적석목곽묘 시기는 다시 전기와 후기로 나누어지며, 전기는 다곽묘 시기, 후기는 단곽묘 시기이다.

---

17) 경주 이외로는 창녕교동12호분이 있을 뿐이다. 이는 梅原考古資料 카드에 있고, 有光敎一, 『朝鮮磨製石劍の研究』, 1959, 74쪽에 인용되고 있다. 이는 原註이다. 지금은 경산, 울산 중산리 등 많은 곳에서 적석목곽묘가 발굴되고 있다.

18) 경주의 적석목곽묘의 분포를 6개군으로 나눌 수 없다.

19) 이하는 김원룡, 앞의 논문, 1976에 나오는 가설이다.

3) 후기(6세기 말경~7세기 말경)[20]

고분이 경주 평야의 주변 산록으로 흩어지기 시작하며, 고구려나 백제의 횡혈식석실분이 차용되고, 차츰 적석목곽묘를 소멸시킨다.[21]

가) 알천양산촌(급량부)

알천은 현재의 북천이고, 양산은 남산이기 때문에 해석이 어렵지만, 알천은 원래 북천이 아니라 서천 또는 남천으로 추측되며, 알천양산촌은 '알천변에 있는 양산촌'이라는 뜻일 것이다. 결국 여기에서는 남천 또는 서천 일대를 그 대상으로 하고, 이곳이 박씨족 무덤 등을 중요시하고 있다.

나) 돌산고허촌(사량부)

돌산고허촌은 선도산 경사면에는 서악 일대로 추정하였다. 이곳은 이상적인 주거지 조건을 갖추고 있은 뿐만 아니라 고허촌장의 초강지가 『삼국유사』 권1에 突山高墟村長曰蘇伐都利 初降于兄山라고 하므로, 바로 형산이어서 선도산과 고허촌이 연관을 가졌을 것으로 추측된다. 그렇게 되면 김씨 발상지인 계림이나 알영정과는 떨어지는 것 같지만 촌장 소벌도리는 정씨의 시조라고 『삼국유사』에 기록되어 있듯이 고허촌 역시 복수 씨족으로써 구성되었고, 그 가운데 김씨 족만이 따로 알천변의 月城臺地에 살고 있었던 것이 아닌가 생각된다.[22]

---

20) 지금까지 신라 고고학의 편년을 필자는 다음과 같이 편년하고 있다. 0~150년 주머니호, 세모고리손잡이호 등이 출토되는 목관묘 시대, 150~300년 목곽묘 시대, 300~520년 적석목곽묘 시대, 520~700년 횡혈식석실분 시대, 700~800년 골장기 시대, 800~935년 무고분 시대로 보고 있다.

21) 지금까지 적석목곽묘에서 인화문토기 출토된 예는 없어서 적석목곽묘와 횡혈식석실분의 교체는 그 시기는 짧았다.

22) 월성은 왕궁이었으므로 왕이나 왕족이 살았을 것이다.

다) 자산진지촌(본피부)

본피부로서 『삼국유사』에는 경주 동남부, 황룡사 남쪽 일대라고 하였고, 진지촌장 智伯虎는 본피부 최씨의 시조이고, 최치원의 고택이 바로 여기에 있다고 하였다. 『삼국유사』에 근거해 원래의 본피부는 금성 내지 반월성까지도 포함한 것 같고, 이 월성이 석탈해의 주거지로 되어 있기 때문에 본피부는 석씨의 출신지라고 보았다. 결국 진지촌은 현재의 인왕동 일대가 되는데, 이것은 석탈해 왕릉이 인왕동 북경인 소금강산 기슭에 있는 것으로 수긍이 가며, 탈해왕릉이 진지촌 영역의 북경을 표시하는 것으로 보인다.

라) 무산대수촌(점량부 또는 모량부)[23]

경주 서쪽 건천 毛良里, 金尺里가 바로 그 이름으로 보나, 금척리 평지에 고분군이 모여 있는 것으로 보나, 바로 이곳이 대수촌의 위치라고 믿어지는 것이다. 1962년 금척리고분2기를 발굴한 결과에 의하면 2기가 모두 적석목곽묘로서 내부에서 세환식귀걸이, 곡옥, 호박옥, 철제등자, 철도 등이 발견되었다.[24] 또 1976년경에 경주사적관리사무소에 의해 금척리 고분의 소형 석곽묘가 발견되었고, 그 속에서 고식의 신라토기가 나왔다고 한다.

금척리 고분군은 경주 부근에서는 유일한 평지 적석목곽묘 군집묘이며, 여기에서도 산쪽의 모량리를 대수촌이라고 볼 때, 그들은 산기슭에 살면서 주거지 앞의 평지에 분묘를 만들었으며, 그 상황은 경주시내에서와 마찬가지이다. 말하자면 그러한 입지 선정이 경주의 사로 귀족들의 묘지선정 관습이었던 것이다.

마) 금산가리촌(한지부)

이것은 『삼국유사』설대로 경주 소금산강이라는 위치가 분명하다. 지금 소금

23) 필자는 금척리 고분군은 본피부라고 본다.

24) 김원룡, 「경주 금척리 고분 발굴 조사 약보」 『미술자료』 1, 1960.

강산 일대에서 이 기록을 뒷받침할 만한 유적이 발견된 것은 없으나 소금강산 앞(서쪽)의 평지 곧 현재의 황성동 '갓뒤'라는 부락에는 김후직묘라는 큰 봉토분이 1기 있다. 이 일대는 현재 과수원으로 되어 있고, 따로 고분 잔구는 남아있는 것이 없으나 전김후직묘의 존재는 본래 더 많은 고분군이 존재하였을 가능성을 말해 주고 있다.

바) 명활산고야촌(습비부)

앞에서 양산을 진지촌이라고 보았기 때문에 고야촌은 원래 명활산 기슭에 있던 보문리 부근이었다고 생각된다. 이 보문리는 좌우와 배후가 구릉으로 되어 있는 명당지로서 주거지로 적당하며, 여기 평지와 경사면에는 큰 봉분들이 모여 있고, 유명한 보문리 부부총이 바로 여기에 있다. 역시 독립 지구로 간주되는 지역이라 하겠다.

결국 경주의 고분군은 ①오릉-남산 서북 일대, ②황남동-노서동 일대(김씨족), ③인왕동 일대(석씨족), ④보문리 일대(고야촌 주민), ⑤황성동 일대(가리촌 주민), ⑥금척리 일대(대수촌 주민)의 6군 또는 지역으로 나누어져[25] 씨족 또는 촌별로 갈라지는 경향을 보여 사로 6촌설을 믿고 있는 듯하다.

6촌 가운데 양산, 고허, 진지, 대수, 고야의 5촌은 유적면으로도 경주 평야 토착촌인 것 같으나 가리촌만은 뚜렷한 고분군이 없어서 혹시 후참자가 아닌가도 생각되나 단언하기 힘들다. 『삼국사기』 권1에 先時朝鮮遺民 分居山谷之間 爲六村이라고 한 것이나 적석목곽묘가 북방의 전통적인 목곽묘와 연결되는 것이라 생각되는 것이나, 또 신라의 왕호, 금관 등에서 보이는 북방적 성격으로 보아 사로의 건국자들이 북쪽에서 내려왔을 것임은 거의 틀림없을 것이다. 결국 사로 건국 당시에는 일단 경주평야에 집합 정착하고 있었다고 보아야 할 것이다.

---

25) 이러한 고분과 6부의 관계에서 고분은 동일한 시기로 끊을 때, 적석목곽묘와 횡혈식석실분으로 서로 대비되어 6부 비정을 할 수가 없다.

Ⅳ. 三川(六部)과 금석문

6부 비정은 대단히 어려운 과제로 쉽게 접근하기 어렵다. 보통 문헌사학에서는 반월성을 중심으로 안압지(월지), 월성 일대가 급량부, 그 왼쪽에서 남으로 남산, 서로 서천까지를 사량부, 서천을 넘어서 금척리 일대가 모량부, 급량부 동쪽 일대가 본피부, 낭산에서 명활산 사이가 습비부, 북천을 건너 금강산 일대가 한지부로 각각 비정하고 있다.[26]

이러한 가설은 상당히 오래전의 가설과 비슷하다.[27] 문헌사학에서는 6부 문제는 그의 모두가 『삼국사기』와 『삼국유사』에 근거해 달출구가 없다. 최근에 많은 자료가 나온 금석문 자료에 의해 6부에 대한 것을 살펴보기로 하자. 441년의 중성리비에서는 탁부와 사탁부가 가장 많이 나오고 본피부도 나온다. 443년의 냉수리비에서는[28] 탁부와 사탁부가 가장 많이 나오고 본피부도 나온다. 우선 관계 자료를 알기 쉽게 표로 만들어 제시하면 다음의 <표 1>과[29] 같다.

고신라 중고 금석문에서 탁부 66명, 사탁부 40명, 본피부 4명이고,[30] 불명 14명 총 인명 수 124명이다. 고신라 금석문에서 탁부, 사탁부, 본피부를 제외하면

---

26) 문경현, 「신라 왕경고」 『신라문화제학술논문집』 16, 1995.

27) 이병도 편, 앞의 책, 1959.

28) 냉수리비의 주인공인 節居利가 30세로 실성왕 때에 교를 402년에 처음으로 받았다면 503년에는 131세가 된다. 아무리 늦게 잡아도 절거리의 나이는 116살이 된다. 당시에 131살까지 사는 것은 무리한 가설이다.

29) 중성리비의 건비 연대는 441년, 냉수리비의 건비 연대는 443년이다. 이들은 중고 시대를 벗어나고 있다. 일설에 따라 중성리비의 건비 연대를 501년, 냉수리비의 건비 연대를 503년으로 보아도 <표 1>의 결론은 변함이 없다. 중성리비의 경우 탁부 9명(喙部折盧智王=訥祇王을 포함), 사탁부 9명, 본피부 3명, 불명 5명이고, 냉수리비의 경우 탁부 7명, 사탁부 7명, 본피부 2명이다.

30) 고시라 금석문에 있어서 본피부 출신은 황초령비에 2명이 파실되었을 가능성이 있어서 11명 전후일 것이다.

국가차원의 금석문에서 모탁부, 습부, 한지부가 나온 예가 없다. 고신라 8기의 금석문에서 탁부가 가장 많고, 그 다음이 사탁부이고, 그 뒤가 본피부가 4예가 나올 뿐이다. 이러한 현상은 중고 왕비족을 모량부로 보아온 문헌적인 통설과 위배된다. 바꾸어 말하면 524년에 작성된 봉평비에 新羅六部가 나와서 5~6세기 신라에서 6부의 존재는 틀림없는 사실이지만, 중고 시대의 왕비족이 모량부란 가설은 성립될 수 없다.

<표 1> 중고 금석문에 나타난 각 부명별 인명의 수

부명	탁부	사탁부	본피부	불명	계
봉평비	11	10	1	3	25
적성비	7	3		2	12
창녕비	21	14	1	3	39
북한산비	5	3			8
마운령비	11	6	2	1	20
황초령비	11	4		5	20
계	66	40	4	14	124

더구나 모량부의 위치가 현재 건천읍 금척리에 있다면 경주 시내에 있는 황남동, 황오동, 노서동, 노동동, 인왕동 일대가 급량부인 왕족의 무덤으로 보아야 되고, 모량리, 금척리 일대가 왕비족인 모량부의 무덤이 되어야 한다. 이 경우 왕족인 급량부 지역과 왕비족인 모량부 지역의 사이가 신라시대에 개발되지 않고 그냥 둔 것이 이상하다. 서천에서 금척리까지가 왕비족의 영역인 까닭으로 방리제가 실시되고, 절터나 관청이 들어오는 등으로 신라시대에 이미 개발되어야 할 것이다. 그러나 실제로는 이 지역은 개발되지 않은 후진적인 곳이다. 그렇다면 금척리 고분군과 모량부의 연결은 불가능하다. 왜냐하면 5~6세기 금석문 자료에서도 탁부와 사탁부에 뒤이어서 본피부가 나올 뿐이고, 모량부는 나오지 않기 때문이다.

이렇게 금척리 고분군이 모량부와 관련이 없을 때, 새로운 시점에서 신라 6

부의 위치 문제를 검토하지 않으면 안된다. 5~6세기 신라 금석문에서 탁부와 사탁부 출신자가 85%가량 된다. 그 뒤를 이어서 본피부가 나올 뿐이고, 습비부, 한지부, 모량부는 나오지 않고 있다. 금척리 고분군을 신라 6부에서 제외시키면, 탁부와 사탁부 출신의 왕족이나 귀족들의 무덤들은 당연히 경주 시내에 있는 황남동, 황오동, 노서동, 노동동, 인왕동에 걸쳐서 있는 이른바 읍남고분군은 탁부와 사탁부의 무덤으로 볼 수밖에 없다. 탁부는 왕족이므로 왕비족은 당연히 모량부가 아닌 사탁부가 되어야 할 것이다. 금척리 고분군은 당연히 모량부가 아닌 본피부의 무덤으로 보인다.

명활산 고야촌이 습비부이므로 명활산 근처가 습비부이다. 그러나 명활산 근처에서는 적석목곽묘가 발견된 바 없다. 본피부의 무덤인 금척리 고분군이 경주 분지에서 떨어져 있는 점에서 보면 6부의 위치를 경주 분지인 북천, 남천, 서천으로 둘러싸인 ㄷ자형으로 생긴 지역으로만 한정할 수도 없다. ㄷ자형으로 생긴 지역만의 안으로 한정할 수 없고, 그 근처에 있었을 것이다. 곧 ㄷ자형의 밖에도 6부가 있었을 것이다. 습비부가 있었던 것으로 추정되는 명활산에 아무런 고총고분의 증거가 없는 점에서 보면, 탁부, 사탁부, 본피부를 제외한 습비부, 한지부, 모량부는 고총고분을 남기지 않았다고 본다. 그렇기 때문에 중성리비 등의 8기의 금석문에도 탁부, 사탁부, 본피부만 나오고 습비부, 한지부, 모량부는 나오지 않고 있다.[31] 결론적으로 신라 6부는 김씨 왕족인 탁부와 왕비족인 사탁부는 읍남고분군에 있고, 그 주된 주거지는 월성과 그 근처이다. 제3등 세력인 본피부는 금척리 고분군에 있고, 명활산에는 습비부가 있었다. 한지부와 모량부는 그 위치를 알 수 없다.

---

31) 사라리130호 목관묘, 내남면 덕천리 목관묘와 목곽묘를 신라 건국과 관련시키기도 하나 직접 신라의 건국과는 관련이 없고, 신라의 건국을 엿볼 수 있는 간접적인 영향을 그릴 수 있을 것이다.

V. 최근 금석문 자료와 고고학 자료

금석문 자료 가운데 6부의 위치 추정에 도움이 되는 자료로 441년의 포항중성리신라비가 있다. 비문 자체에만 매몰되어 있어서 6부의 범위 추정과 관련되는 줄은 몰랐다. 비문의 주된 내용은 沙喙部牟旦伐에게 豆智沙干支의 宮(居館)과 日夫智의 宮(居館)을 빼앗아 주라는 것이다. 사탁부의 위치가 현재의 포항 중성리에까지 미치게 된다. 신라 6부의 위치를 경주의 북천, 서천, 남천의 안쪽이라는 것과는 차이가 있다.

경주의 분지 내에서는 고총고분의 출토품을 제외하고 5세기의 2단투창고배가 발견되지 않는다.[32] 5세기에는 부장품인 2단투창고배말고 생활용품인 그릇은 없었다. 그렇다면 5세기에는 경주 분지에 사람이 살지 않고, 무덤만을 축조한 것이 된다. 읍남고분군, 북천, 서천, 남천의 농업 용수, 방어용으로서 반월성이란 토성의 3박자를 이루는 것을 버리고 어디에 살았다는 말인가? 이는 마치 월지와 반월성 근처에서 통일신라의 정궁을 찾지 못하면서 전랑지를 정궁으로 보지 않고 그 근처에 정궁이 있는 것으로 해석하는 것이나 마찬가지이다. 월성 해자에서 나온 목간은 고신라시대의 것이고, 통일신라의 것은 발견되지 않았다. 팔거산성 14호 목간에서 本彼部△△村△△△△(앞면) 米一石私(뒷면)이 나와서 ㄷ자형의 경주 분지에는 방리제가, 그 바깥에도 城村가 실시된 것을 고신라시대에는 알게 되었다.

VI. 맺음말

調露二年/漢只伐部君若小舍~/三月三日作康(?)~(개행)명쌍록보상화문전이

32) 조성윤 박사의 교시.

동궁에서 출토되었다. 추정 다경와요지에서 漢只, 漢명 암키와가 출토되어 한지부와 관련이 있는 것으로 보고 있고, 망성리와요지에서는 習部井井, 習府井井, 井井, 井명 암키와가 출토되어 습비부와 관련이 있는 것으로 보고 있다. 441년 중성리비에서 沙喙部 牟旦伐에게 宮을 빼앗아 주는 것이 그 요체이므로 사탁부의 위치를 포항 중성리까지로 볼 수가 있다. 三川卄方명 보상화문전에서 三川(북천, 서천, 남천) 밖에 20기의 기와 가마가 있다고 했으므로 망성리와요지처럼 三川에서 멀리 떨어져 있어서 신라 6부의 위치를 종래보다 넓게 보고자 한다.

고신라는 북천, 서천, 남천을 연결하는 사각형 지대에는 방리제가 실시되었고, 이곳을 벗어난 지역에서 성촌제가 실시되었다. 6부의 위치는 모량리에 본피부가 있고, 읍남 고분군의 근처에 탁부(왕족), 사탁부(왕비족)의 중실부가 있었다.

제3절

신라 기와 연구에 있어서 몇 가지 문제

Ⅰ. 머리말

신라 기와는 그 모양이나 기술이 세계에서 가장 우수한 예술품이다. 이에 대한 많은 성과가 나왔으나[1] 아직까지 상당한 부분에서 해명되지 못한 과제를 안고 있기도 하다. 기와의 중요성은 아무리 강조해도 지나치지 않을 것이며, 도성제, 중앙 귀족의 주거지, 사원, 산성, 지방 관아, 지방 사찰 등의 연구에 있어서 기본적인 자료가 되고 있다. 아직까지 기와와 도성제 등을 관련시켜서 제시된 연구는 거의 없다. 기와는 기와대로 연구되고, 도성제는 도성제대로 연구되고 있는 실정이다.

특히 고대 건축사에 있어서도 기와의 중요성은 말할 필요가 없지만, 기와 편년을 바탕으로 한 한국고대건축사에 대한 연구는 거의 나오지 않고 있는 실정이다. 이러한 사정들은 현재 학계에서의 기와 연구 수준을 반영한 것으로 고고학에서는 화려한 금관 등에 밀리고, 미술사에서는 불상 등에 밀려서 기와에 대한 연구가 거의 없는 실정이다.

여기에서는 신라 기와 연구에 문제시되어 온 초기 기와, 용면와, 문자 기와 등에 대한 평소의 소견을 밝혀 보고자 한다.

---

1) 國立慶州博物館,『新羅瓦塼』, 2000, 449~455쪽.

Ⅱ. 초기 기와

신라의 초기 기와에 대해서는 최근에 제시된 가설부터 살펴보기 위해 관계 부분부터 적기하면 다음과 같다.

'경주에서 언제부터 기와가 유입되어 사용되었는지 잘 파악되지 않고 있다. 그런데 5세기경에 제작된 것으로 추정되는 圓 · 平瓦가 경주의 半月城과 明活山城 그리고 勿川里窯址 등지에서 출토되고 있어서 불교가 공인되기 이전에 이미 기와가 유입되어 사용되고 있었음을 알 수 있다.'고[2] 하였다. 圓瓦와 平瓦라는 기와 용어의 사용은[3] 일찍부터 사용되었으며,[4] 더 이상의 적절한 용어가 없는 듯하다. 초기의 기와 가운데 반월성, 물천리요지에서는 瓦形土器,[5] 토기구연암막새,[6] 끝기와[7] 등으로 불리는 기와가 출토되고 있다.[8]

초기 기와 가운데 토기구연암막새가 출토된 경주 월성에서는 6세기 중엽 이전이라는 연대관이 제시된 바 있다.[9] 이 초기 기와들은 대개 6세기 중엽에서 7세기 중엽까지 제작되었을 것으로 본 견해도 있다.[10] 일본 九州 지역에서도 초기기와가 출토되고 있는데 그 시기를 6세기 말에서 7세기 초로 보고 있다.[11] 위

2) 김성구, 「신라 기와의 성립과 그 변천」 『신라와전』, 2000, 432쪽.

3) 김성구, 앞의 논문, 2000, 430~431쪽.

4) 浜田耕作 · 梅原末治, 『新羅古瓦の硏究』, 1934, 23쪽.

5) 김성구, 앞의 논문, 2000, 430~431쪽.

6) 국립경주박물관, 앞의 책, 32쪽, 33쪽, 182쪽.

7) 박홍국 교수의 사견.

8) 와형토기 등으로 불리는 것은 세트를 이루는 수막새와 평기와가 없어서 기와가 아닌 寶器의 역할을 한 것으로 판단된다.

9) 신창수, 「황룡사지 출토 신라기와의 편년」, 단국대학교 석사학위논문, 1986, 53쪽.

10) 조성윤, 「경주출토 신라평기와의 편년시안」, 경주대학교 석사학위논문, 2000, 28쪽.

11) 舟山良一, 「牛頸の月浦窯蹟群」 『牛頸土地區劃整理事業地內 埋葬 文化財開發調査報告書Ⅴ』, 1993, 37쪽, 39쪽, 51쪽.

의 견해들을 종합하면 초기 기와는 6세기 중엽 이전부터 7세기 초로 편년되고 있다.[12]

명활산성에서 5세기의 기와가 나왔다는 가설은 475년 고구려가 백제 수도였던 한성을 함락한 결과 신라의 왕궁을 일시적으로 명활산성으로 옮긴 적이 있는 바, 이에 따라서 명활산성 출토의 기와를 475년으로 보는 듯하나 현재로서는 그 뚜렷한 근거가 없다.[13]

대가야의 무문전이 존재했다는 이야기가 있으나 신라의 경우도 고신라시대의 전이 존재하는지는 알 수가 없어서 믿기 어렵다. 『가야문화도록』에 대가야의 기와나 전이 소개되어 있다.[14] 이는 잘못된 것으로 지금까지 대가야의 기와나 전은 없다. 국립대구박물관에서 조사한 『주산성지표조사보고서』에[15] 따르면 누구나 인정할 수 있는 기와나 전에 관한 이야기는 없다. 현재 남아있는 고령 지산동 주산성도 대가야의 석성이라는 적극적인 증거가 없는 것으로 사료되는 바,[16] 현재 학계에서는 너무 쉽게 가야 문제를 해석하고 있는 듯하다.

최근에 다시 대가야의 5세기 기와에 대한 새로운 가설이 제기되었다.[17] 여기에서는 대가야에는 가야 왕궁지가 존재하며, 이 왕궁지는 고령읍 서쪽의 高臺에 위치하며, 뒤로는 주산성의 대가야 산성에 의해 앞으로는 망산산성에 의해 방어되고 있다. 그 쪽 산에는 지산동의 왕묘가 배치되어 있다. 이 전은 대가야 왕궁지에서 몇 점의 기와가 채집되었는데 6세기 전기 전반으로 비정되고 있다. 최근에 채집된 전 가운데 몇 점이 대가야시대의 것으로 판단하고 있어서 주

12) 박홍국, 「경주 모량리 절터의 전탑지 -잊혀져버린 초기 전탑-」 『경주문화』 6, 2000.

13) 신라에서 평기와는 5세기 4/4분기에 출현했다고 본다.

14) 경상북도, 『가야문화도록』, 1998.

15) 김성구 등, 『주산성지표조사보고서』, 1996.

16) 김창호, 「가야의 석성의 존부에 대하여」 『가야문화』 13, 2000.

17) 박천수, 「정치체의 상호관계로 본 대가야왕권」 『가야제국의 왕권』, 1997, 208쪽.

목된다. 그 근거는 전의 단면색층에 보이는 외면과 심의 색층 차이인데 외면은 회청색, 심은 암자색을 띤다는 것이다. 이 전의 소성 기법이 5세기 대에서 6세기 전엽 가야토기의 제작 기법과 일치한다는 점과 함께 출토하고 있는 토기의 연대가 5세기 후엽~6세기 전엽인 점을 고려하면 이 전은 토기와 같은 시기로 비정될 수 있다. 이와 같은 전이 왕궁지 뿐만 아니라 주산성 건물지에서도 여러 점이 출토되었다고 한다. 주산성에서 체계적으로 지표 조사를 한 대구박물관에서는 대가야의 기와가 없었다고 한다.[18]

위의 가설에는 신라의 기와도 가장 빠른 것이 5세기 4/4분기이며, 지표 채집품을 일괄 유물로 본 점, 의욕적으로 대가야를 고대국가로[19] 보려는 욕심이 작용했을 뿐 설득력이 있는 고고학적인 증거는 제기하지 못하고 있는 점이 문제이다.

III. 용면와 문제

신라의 원와와 평와 이외의 특수 기와의 하나로 귀면와를 들 수가 있다. 내림마루와 귀마루(추녀마루)에 쓰이는 밑이 오목하게 들어간 귀면와와 추녀 밑에 붙은 밑이 직선인 사래귀면와를 들 수 있다. 이들 귀면에 대해 용면와로 부르는 새로운 가설이 제기되었다.[20] 이의 중요한 근거는 다음과 같다.

18) 김성구 등, 앞의 책, 1996.

19) 대가야를 고대국가로 고고학적으로 보려고 하면 기와의 사용, 고비용의 후장인 수혈식석곽묘 대신에 저비용의 박장인 횡혈식석실분의 사용 등을 들 수가 있다. 신라는 5세기 4/4분기부터 기와를 사용했고, 고비용의 적석목곽묘에서 520년에 저비용의 횡혈식석실분으로 전환했다.

20) 강우방, 「한국와당예술론서설」 『신라와전』, 2000.

첫째로 지금까지 중국의 사래기와, 마루기와에 귀면와가 없을 뿐만 아니라 와당 이외의 다른 용도로서도 통일신라의 귀면와와 똑같은 도상은 없다.

둘째로 1997년 국립경주박물관에 소장되어 있는 성덕대왕신종의 용두를 자세히 조사한 적이 있었다. 세계적으로 우수한 조각품인 신종 용두의 모습을 자세히 관찰한 후, 월지, 사천왕사지, 흥륜사지 등에서 나온 귀면와를 보니, 그것들이 바로 용면와로 보이지 않는가? 귀면와는 이제 막연한 귀면이 아니라 확실한 도상의 용의 表現 곧 용면의 정면관임을 확신하게 되었다.

셋째로 귀면와 두 뿔 사이의 공간에 배치한 여러 가지 형태의 寶珠이다. 화염으로 둘러싸인 보주형도 있고, 하트(♡) 모양의 보주형도 있고, 보상화 무늬를 감싼 보주형도 있다. 신종의 보주는 용의 목덜미 위에 있는 연화좌상의 보주이다. 이 보주의 윗부분은 둘로 갈라져서 ♡形을 취하고 있다. 이는 용의 등에 있는 보주 같은 것을 尺木이라고 한다는 기왕의 견해가 있다.[21] 중국 唐代에 이르러서는 尺木이 博山의 형태를 취하게 된다.

넷째로 귀면와의 이마에 王자를 돋을 새김한 예가 셋이 있는 점이다. 王이란 자는 아무데나 새기는 것이 아니다. 반드시 있는 것은 아니나 통일신라시대의 귀부의 귀갑문에 王자들을 새긴 것이 있다. 흔히 귀부와 이수를 갖춘 입비는 왕릉에서 이루어지는데, 황복사지에 있는 귀부의 귀갑문에는 王자가 새겨져 있다. 고려시대의 거돈사의 원공국사나 법천사의 법흥국사 탑비에도 王자가 새겨져 있다. 용은 알려져 있다시피 왕의 상징이다. 그 만큼 왕의 격은 높다. 그러나 만일 귀면이라면 어떻게 王자를 새겨지겠는가?

다섯째로 귀면의 입에서 두 갈래로 나오는 雲氣文이다.

여섯째로 울산시 농소면에서 발견된 전탑을 이루었던 문양전들을 들 수가 있다. 모서리에 배치되었던 것인데, 한 면에 새겨진 무늬를 보면, 용도상의 모든 요소를 갖춘 용문의 측면임이 분명하다. 그러나 모서리에 모아진 두 용면을 합

21) 小杉一雄, 「龍の尺木について」 『美術史學研究』 6, 1968.

치면, 흔히 귀면이라고 부르게 된다. 이상과 같은 6가지의 이유에 근거하여 지금까지 귀면와로 불려 왔던 기와들을 용면와라고 불러야 한다고 주장한 가설이 제기되었다.

위의 근거 가운데 첫째로 중국의 사래기와 · 마루기와에 귀면이 없을 뿐만 아니라 와당 이외의 다른 용도로서도 통일신라의 귀면와에 똑같은 도상이 없다는 점은 신라와 중국의 와당의 차이에서 나온 것으로 귀면와를 용면와로 부르는 것과 아무런 상관이 없는 듯하다. 가령 중국에서 가령 중국에서 와당을 붙인 본격적인 처마끝 암막새는(중국에서는 滴水瓦라고 부른다) 明代 초기에 등장하고 있으며, 아마도 元代 무렵부터 시작된 듯하다.[22]

적어도 현재의 상황에서는 와당이 붙는 본격적인 처마끝 암막새의 등장은 신라가 唐보다 빨랐을 것으로 사료되고 있다. 중국에서 남북조시대나 수 · 당시대에 암막새가 없는 점을 근거로 신라의 암막새를 다른 이름으로 부르는 증거는 되지 못하기 때문이다.

둘째로 성덕대왕신종의 용모습을 자세히 조사하고 나서 보니 월지, 사천왕사지, 흥륜사지 등에서 나온 귀면와가 용으로 보인다는 점이다. 이러한 방법을 흔히 상황판단이라고 부르거니와 이는 고고학에서나 미술사에서 모두 주의해야 할 방법론으로 사료된다.

셋째로 귀면와의 이마에 王자를 돋을새김을 한 것이 셋이 있다는 점이다. 황복사지의 귀부, 거돈사 원공국사비의 귀부, 법천사 법흥국사 탑비의 귀부는 모두가 왕릉과는 직접 관련이 없다. 王자 문양은 고구려 벽화 고분인 장천 2호분 등에서도 나타나고 있으나,[23] 이들 벽화 고분은 모두 왕릉으로는 거론조차 안 되는 무덤이다.

넷째로 귀면의 입에서 두 갈래로 나오는 雲氣文이다. 운기문은 흔히 고구려

---

22) 국립경주박물관, 앞의 논문, 2000, 222쪽.

23) 東 潮, 「集安の壁畫墳とその變遷」『好太王碑と集安の壁畵古墳』, 1988, 103쪽 참조.

의 벽화 고분에 많은 예가 있지만 이 경우에는 거의 왕릉으로 보지 않고 있다. 원 간섭시대부터 시작된 기와인 日暉文 기와에도[24] 운기문이 있지만[25] 이들은 용과는 전혀 상관이 없다. 고구려 안악궁 출토의 암막새에서도 중앙에 정면관의 용이 있고, 양쪽으로 운기문이 전개된다. 그러나 용면와는 고구려에서 창안되고 통일신라에 이르러 확립되었다고[26] 강조하고 있으나 안악궁 출토의 귀면 암막새는 고구려시대에 제작된 것이 아니라 고려시대에 제작된 것이므로[27] 위의 가설은 성립되기 어렵다.

울산시 농소면에서 발견된 전탑전을 이루었던 문양전은 한 쪽 모서리를 볼 때에도 용면이고, 두 쪽 모서리를 합쳐서 볼 때에도 귀면으로 보일 수가 있으나 용면임이 분명하다.

그렇다면 용면와의 주장에서 남은 근거는 하나가 살아남게 된다. 귀면와에 있어서 보주형이거나 尺木이 있거나 博山의 형태를 취하는 경우에만 한하여 용면와로 불러도 좋을 것 같으며, 이를 제외한 기와는 여전히 귀면와로 부르는 쪽이 좋을 듯하다.

---

24) 暉眼文 기와라고도 부른다.

25) 松井忠春, 「韓國慶州地域寺院用瓦の研究 -岬山寺所用瓦の考察-」『青丘學術論叢』 4, 1994, 60쪽.
龜田修一, 「百濟寺院のその後 -扶餘地域中心として-」『三佛金元龍教授停年退任紀念論叢』(考古學篇), 1987, 888쪽에서는 慶州 皇龍寺에 관한 문헌에 근거해 1105년의 황룡사 대수리시에 사용했다고 주장하고, 박은경, 「고려 와당 문양의 편년연구」『고고역사학지』 4, 1988, 160쪽에서는 11세기 말~12세기 초부터 본격적인 조와가 이루어졌으며, 그 성격은 밀교의 영향으로 조형화된 문양이라고 주장하였다.

26) 강우방, 앞의 논문, 2000, 427쪽.

27) 안악궁 출토 귀면암막새와 비슷한 것이 浜田耕作 · 梅原末治, 앞의 책, 1934, 第六圖에 개성 근처 출토이며, 고려시대로 명기되어 있다.
千田剛道, 「高句麗 · 高麗の瓦 -平壤地域を中として心-」『朝鮮の古瓦を考える』, 1996, 16~17쪽에서도 안악궁 출토의 귀면암막새를 고려시대로 보고 있다.

Ⅳ. 문자 기와

먼저 在城명 수막새에 대해 검토해 보기로 하자. 이 在城명 수막새는 月城쪽을 정궁으로 보는 근거가 되어 왔다.[28] 在城명 수막새가 왕궁을 가리키려고 하면, 在城보다는 王宮 · 王城 등의 명문이 좋을 것이나 在城으로 되어 있다. 이는 호박씨문이고,[29] 문양 자체도 힘이 없어서 후삼국시대로 보인다. 고신라시대와 후삼국시대의 정궁은 월성임에는 누구나 동의한다. 통일신라시대의 정궁은 월성과 월지 주변에서 찾아왔으나 그 어느 누구도 어느 건물지가 통일신라의 정궁임을 알 수가 없었다. 월지 주변에는 동궁터가 있고, 정궁터는 찾지 못했다. 그렇다면 눈을 돌려서 경주 분지에서 단일 건물지로서 가장 크고, 전랑지의 한 가운데로 주작대로가 연결되는 전랑지가 통일신라시대의 정궁일 가능성은 없을까?

단국대학교 사학과에서 발굴조사된 경기도 포천군 반월성에서 馬忽受蟹口草란 기와 명문이 나왔고,[30] 충남대학교 박물관에서 조사한 대전시 鷄足山城에서 雨述명 기와가 나왔고,[31] 순천대학교 박물관에서 조사한 전남 광양시의 마노산성에 馬奴명 기와가 나왔고,[32] 충남 예산군 봉수산성에서 任存명 기와가 나왔고,[33] 서울대학교 박물관에서 조사한 서울시 구로구 호암산성에서 仍伐乃명 기와가 나왔다.[34]

이들 기와에 나오는 지명을 『삼국사기』, 지리지에서 찾으면 한결같이 고구

28) 김창호, 「고신라 도성제 문제」 『신라왕경연구』, 1995, 91쪽 참조.

29) 호박씨문 기와는 통일신라시대 기와의 한 특징이다. 고구려, 백제, 고신라의 삼국시대, 고려시대, 조선시대의 수막새에서 그 유례를 찾을 수가 없다.

30) 단국대학교 사학과, 『포천반월성1차발굴조사보고서』, 1996.

31) 충남대학교 박물관, 『계족산성조사약보고』, 1998.

32) 순천대학교 박물관, 『광양시의 산성』, 1998.

33) 이남석, 「예산 봉수산성(임존성)의 현황과 특징」 『백제문화』 28, 1999.

34) 서울대학교 박물관, 『한우물 -호암산성 및 연지발굴보고서-』, 1990.

려, 백제의 옛지명으로 모두 후삼국시대에 만들어진 기와일 가능성이 있다.

全州城명 암막새, 全州城명 수막새가 후백제의 기와로 밝혀진 바 있다.[35] 溟州城명 수막새는 후고구려의 기와로 판단된다. 全州城명 수막새에 대응될 수 있는 신라의 기와로 在城명 수막새가 있다. 在城명 기와는 후삼국시대의 기와로 이때에는 신라의 정궁이 在城명 기와가 나오는 월성으로 판단된다.

다음으로 東窯 · 官瓦명 기와에 대해 살펴보기로 하자. 이에 대해서는 삼국시대에서 통일신라시대 말기까지 신라 와요지로는 물천용, 동산요, 육통요, 망성리요, 다경요, 금장요 등 이외에 낭산의 북쪽에서 와요지가 발견되었다. 이 곳은 사천왕사지와 인접해 있으며, 신라 와요지 가운데 월성과 가장 가까운 거리에 있는 가마터가 될 것이다. 이 와요지는 현재로선 東窯일 가능성이 매우 높을 것으로 사료된다는 전제 아래 東窯 · 官瓦명 기와 등이 이곳에서 출토되었고, 그 시기는 8세기경의 기와로 보았다.[36]

사실 경주에 있어서 東窯 · 官瓦명 기와명 평기와는 보문사지의 동쪽으로 300m 근처에서 집중적으로 채집되고 있다.[37] 여기에는 많은 기와 가마터가 있으며, 기와편들은 조선 초기에 만들어진 기와이다.[38] 東窯 · 官瓦명 기와가 상당한 거리를 두고서 두 곳의 가마에서 구어졌을까하는 의문이 생긴다. 곧 사천왕사 서북코너의 東窯 · 官瓦명 기와는 그곳 가마에서 구어졌다기 보다는 후대의 건물지에 공급되었을 가능성이 높지 않을까? 사천왕사 서북모서리에서는 가

35) 전영래, 「후백제와 전주」『후백제 견훤 정권과 전주』, 2000, 31쪽에서 전주 동고산성은 그 건물지의 규모로 보나 출토된 연화문 막새기와의 형식으로 보아 9세기 말~10세기 초의 궁궐지로서의 충분한 고고학적 증거가 된다. 이는 후백제 견훤 왕이 서기 900년부터 936년 멸망 시까지 왕궁이었음을 추정할 수 있고, 이는 견훤이 완산에 입도하였다는 여러 기록과도 일치한다고 하였다.

36) 김유식, 「7~8세기 신라 기와의 수급」『기와를 통해 본 고대 동아시아 삼국의 대외교섭』, 2000, 232쪽.

37) 국립경주박물관, 앞의 책, 2000, 359쪽의 도판 1161의 설명문에서 보문사지 동편 와요지라고 나오고 있다. 이는 후술하겠지만 조선 초의 기와이다.

38) 김창호, 「경주 출토 조선초 명문와에 대하여」『민족문화논총』 23, 2001.

마 벽편이 보이는 등 가마가 있었다는 점은 인정된다. 이 가마를 운영했던 시기는 통일신라시대의 것으로 본다. 왜냐하면 이 가마는 규모도 크지 않았을 뿐만 아니라 전용 가마로 판단되기 때문이다. 만약 사천왕사 전용 가마가 아니었다면 당시의 도심에서 조업하기는 힘들었을 것으로 판단된다. 이 기와가 사천왕사 가마에서 구어졌다기 보다는 후대의 이 부근의 건물에 공급되었을 가능성이 높지 않을까? 따라서 東窯 · 官瓦명 기와는 모두 조선 초기의 기와로 판단되며, 보문사 동편 와요지에서 구어졌다고 판단된다.

Ⅴ. 맺음말

먼저 초기 기와 부분에서는 명활산성 등의 기와를 5세기로 보기는 어려우며, 월성과 물천리 요지 등에서 출토되고 있는 토기구연암막새는 6세기 중엽 이전~7세기 초로 편년되며, 이 기와는 세트를 이루는 수막새, 암키와, 수키와가 없어서 기와가 아닌 寶器로 보았다. 아울러 대가야의 5세기의 기와는 없고, 6세기에도 기와는 만들어졌다는 근거는 없다고 보았다.

용면와 문제에 대해서는 종래의 귀면와를 모두 용면와로 바꾸어 불러야 된다는 주장과 함께 그 근거로 6가지를 제시하고 있다. 6가지의 근거 가운데 5가지 근거는 성립될 수가 없다. 1가지의 경우만 인정되므로 귀면와 가운데 寶珠, 尺木, 博山이 있는 것에 한하여 용면와로 불러도 좋다고 해석하였다.

문자 기와 부분에서는 在城명 수막새와 東窯명 평와에 대해 간단히 살펴보았다. 在城명 수막새는 고구려 · 백제의 옛 지명이 붙는 다른 예들과 비교 검토로 후삼국시대에 있어서 신라의 수도였던 경주에서 만들어진 기와일 가능성도 있는 듯하다. 東窯명 평와는 사천왕사지 서북 모서리 요지설을 근거로 8세기의 통일신라설이 있어 왔으나 보문사 동편 와요지의 지표 조사 등에 근거하여 조선시대 초기의 기와로 보았다.

제4절

경주 신라 횡혈식석실분 기와 출토 묘주의 골품

Ⅰ. 머리말

횡혈식석실분에서는 가끔 기와가 나온다. 그 기와는 물을 밖으로 내는 배수로 역할을 할 때도 있고, 머리 밑에 까는 베개의 역할을 할 때도 있고, 그냥 부장품과 함께 매장되었을 때도 있다. 이러한 다양한 역할을 하지만 기와가 중요할 때라 寶器의 역할을 하는 것은 분명한 것이다. 그렇다고 기와가 모든 횡혈식석실분에서 출토되는 것도 아니고, 극히 일부에서 출토되고 있어서 기와와 함께 묻힌 피장자의 신분이 궁금하다.

횡혈식석실분에서 기와가 나오는 고분은 경주가 가장 많다. 경주 이외의 지방에서 나오지 않는 것도 아니다. 그러나 지방에서 출토되는 기와의 양은 무시해도 좋을 만큼 적다. 기와가 횡혈식석실분에서 출토되는 것은 골품제 가운데 진골, 6두품, 5두품, 4두품, 평민, 노예 가운데 어느 계층까지를 가리키는 법이 있었을 것이다. 그렇지 않고서는 아무나 기와를 무덤에 넣는 것은 골품체제 아래서는 상상도 못할 일이다.

같은 횡혈식석실분이면서 어떤 고분에는 기와가 나오고, 어떤 고분에서는 나오지 않는다. 그것도 기와가 나오는 고분을 따로 구획해서 기와 출토 고분 지역으로 나누어놓은 것도 아니다. 곧 기와가 나오는 고분은 불규칙하게 분포하고 있다. 그래서 그 신분 계층을 찾는데 어려움이 있다. 이렇게 불규칙한 분포를 지닌 기와 출토 횡혈식석실분을 연구하는 것은 대단히 어렵다.

횡혈식석실분의 주인공 신분을 규명하는 것은 고고학적인 검토만으로는 불가능하고, 문헌이나 금석문의 연구 결과를 원용하지 않으면 안 된다. 특히 최근에 들어와 발견예가 늘고 있는 금석문의 연구 성과는 대단히 중요하다. 금석문에서는 왕비족으로 모량부 대신에 사탁부를 주목하는 등으로 새로운 학설을 내고 있다. 금석문에서의 새로운 결론은 횡혈식석실분의 주인공 신분을 규명하는데 중요하다.

여기에서는 먼저 기와가 출토하는 경주의 횡혈식석실분의 유적 개요를 소개하겠다. 다음으로 횡혈식석실분 출토의 기와를 검토하겠다. 마지막으로 기와가 출토되는 횡혈식석실분의 신분을 검토해보기로 하겠다.[1)]

II. 유적 개요

1. 서악리 고분군

서악리 고분군은 현재 경주시내 서쪽, 선도산 기슭에 크고 작은 고분군들이 조성되어 있으며, 세 개의 그룹으로 나누어진다. 그 가운데에서 가장 중심이 되는 고분군은 태종무열왕릉이 위치한 서악동고분군이라 할 수 있다. 이 고분군은 태종무열왕릉을 필두로 해서 모두 5기가 나란히 일정한 거리를 두고 위치하고 있다.[2)] 이 중심 고분군을 중심으로 기준으로 해서 남쪽에 위치하는 고분군을 1군, 북쪽 고분군을 2군, 나머지 서라벌대학 뒤편에 위치한 3군으로 구분해 볼 수 있다.

---

1) 이 논문은 조성윤, 「경주 신라 횡혈식석실분 출토 기와의 주인공 문제」『경주문화』 19, 2013에 힘입은 바 크다.

2) 태종무열왕릉의 뒤에 4왕릉이 있는데, 위에서부터 아래로 각각 제1호에서 제4호까지로 부르고 있다. 1호묘가 법흥왕 부부무덤, 2호묘가 立宗葛文王과 只召太后의 부부무덤, 3호묘가 진흥왕 부부무덤, 4호묘가 진지왕 부무덤으로 판단된다.

1군의 고분군은 경주에서 건천으로 가는 국도에 의해 선도산 자락이 절토되어 있는 곳의 주변 전체이다. 이곳에는 잘 알려진 獐山 土偶塚이 있고,[3] 그 주변에 산의 지형을 변화시킨 대형 횡혈식석실분으로 추정되는 신라시대 고분군이 위치한다. 2군의 고분군은 무열왕릉 북쪽에 위치하고 있으나 정식으로 학술조사를 한 적이 없다. 3군의 고분군은 선도산의 북쪽 산기슭인 현 서라벌대학의 뒤쪽에 있다. 여기에는 크고 작은 봉분의 신라시대 횡혈식석실분이 있다.

2. 충효리 고분군

충효리 고분군은 선도산 맞은편, 경주 시내 서쪽에 있는 옥녀봉 동쪽 기슭으로 대형 고분들이 줄을 지어 분포하고 있다. 그 중에서 김유신장군묘로 알려진 12지신상 호석이 돌아가는 고분은 입지적으로 우월하다. 대체로 이 고분의 아래쪽인 동남쪽에 고분들이 밀집하여 분포하고 있다. 여기에서 소개하는 자료는 1932년에 발굴 조사된 경주 충효리 횡혈식석실분 10기 가운데 기와가 출토되는 2 · 3 · 7호만을[4] 간단히 소개하기로 한다.

2호분은 시상대 위에 암키와와 수키와가 어지럽게 깔려서 노출되어 있다. 이 평기와들은 뼈와 함께 출토되는 것을 참조하면 주검의 바닥에 깔아서 석침과 족좌 등의 기능을 했을 것으로 추정된다.

3호분은 현실 동쪽에는 6매의 전이 확인되었고, 연도 남쪽 부분에 수키와가 노출되었다.

7호분은 현실에서는 수키와가 석침과 함께 어지럽게 깔려서 노출되었다.

---

3) 장산 토우총이란 명칭은 잘못된 이름이다.

4) 조선총독부, 『1932년도고적조사보고』 제2책, 1932.

3. 용강동 고분군

현 경주 시내 북쪽, 남북으로 길게 뻗은 소금강산 기슭에는 주로 신라시대 고분들이 위치하고 있다. 대개 5개의 군으로 나눌 수가 있다. 남쪽으로부터 차례로 설명하면 다음과 같다.

1군은 석탈해왕릉이라고 불리는 곳 주변으로 1987년 국립경주박물관에 의해 횡혈식석실분 1기와 화장묘가 수습 발굴된 바 있다.[5] 2010년에 (재)계림문화재연구원에 의해 도로 확장으로 인한 구제 발굴 조사가 이루어졌는데, 횡혈식석실분을 조사했다.

2군은 백율사의 북쪽으로 2006년 (재)신라문화유산조사단에 의해 석실묘 5기가 조사되어 보고되었다.[6]

3군은 2군과 아래에서 소개할 4군의 가운데쯤에 위치한다. 1968년 문화재관리국에 의해 수습 발굴되었고, 최근 국립경주문화재연구소에 의해 보고되었다.[7]

4군은 대구가톨릭대학교 박물관에 의해 1994년 근화여자고등학교를 건립하기 위해서 구제 발굴된 유적이다.[8] 이들 유적은 지형을 중심으로 1구간과 2구간으로 나누어 총 105기의 분묘가 발굴 조사되었으며, 봉분의 유무와 크기에 따라 대형분 3기, 중형분 15기, 소형분 87기로 구분하여 보고했다. 이 가운데에서 기와가 출토되는 것으로는 대형분 3기(1구간 1 · 4 · 6호분), 중형분 2기(1구간 2 · 9호), 소형분 4기(1구간 5 · 7호와 2구간 29 · 31호)이다.[9] 이 기와들은 대부

5) 국립경주박물관, 「경주동천동 수습조사 보고」『1994년도 국립경주박물관연보』, 1994.

6) (재)신라문화유산조사단, 『경주 용강동 고분군-229 · 225 · 224번지 유적-』, 2008.

7) 국립경주문화재연구소, 『경주시 용강동 82번지 석실분 발굴조사보고』, 2009.

8) 대구가톨릭대학교 박물관, 『경주 근화여중고 신축부지내 경주 용강동 고분군 Ⅰ(제1구간) · Ⅱ(제2구간)』, 2009.

9) 이들 기와는 강유신선생의 후의로 실견하였다. 대개 7세기의 기와였다.

분 평기와이고, 수막새도 포함되어 있다. 수막새는 드림부는 없고, 와당 부분만 남아 있는 것으로 못 구멍이 있는 것이다. 평기와 대부분은 단판타날기와이다.

5군은 최근 (재)성림문화재연구원에 의해 2010~2011년에 걸쳐서 용강동 승삼마을 진입로 확 · 포장 공사에 따른 구제 발굴 유적이다.[10] 이 유적에서는 석실묘 21기, 석곽묘 22기, 옹관묘 3기, 적석목곽묘 1기, 토광묘 1기 등이 조사되었다. 이 가운데 기와가 나온 고분은 7기로 평기와가 나왔으며, 모두 단판타날이다.

4. 방내리 고분군

경주 시내를 중심으로 그 서쪽에 건천읍이 자리 잡고 있으며, 이 건천읍의 동남쪽에 방내리 고분군이 위치하고 있다. 방내리 고분군은 단석산(해발 827m) 북사면 자락에서부터 말암산으로 이어지는 구릉에서 평지에 이르기까지 분포하며, 현재까지 5차례에 걸쳐서 발굴 조사가 실시되었다.

첫 번째는 1968년 경부고속도로 건설과정에서 도로에 포함되는 발굴이다.[11] 이 발굴에서는 적석목곽묘 19기, 횡혈식석실분 30기, 석곽묘 18기가 조사되었다. 이 가운데에서 횡혈식석실분 36호, 40호, 42호에서는 기와가 출토되었다.

두 번째는 1994년 경부고속도로 건천간이휴게소 건설 부지에 대한 발굴 조사이다.[12] 이 발굴 조사에서는 횡혈식석실분 37기, 횡구식석실분 7기, 수혈식석곽묘 11기 총 55기와 6기의 지석묘가 조사되었다. 이 가운데에서 횡혈식석실분 36호와 소형석곽묘 55호에서 기와가 나왔다.

---

10) (재)성림문화재연구원, 『동주 동천동 산13-2번지 유적 -승삼마을 진입로 확 · 포장공사구간-』, 2013.

11) 국립경주문화재연구소, 『경주 방내리고분군(출토유물)』, 1996.
국립경주문화재연구소, 『경주 방내리고분군(본문)』, 1997.

12) 국립경주문화재연구소, 『건천휴게소신축부지』, 1995.

세 번째는 1966년 모량-신평간 농어촌도로 확 · 포장 공사로 인한 수습 발굴이었다.[13] 여기에서는 횡혈식석실분 8기, 횡구식석실분 3기가 조사되었다.

네 번째는 경부고속철도 건설공사구간 부지 내의 발굴조사이다.[14] 여기에서는 청동기시대 주거지 8동, 신라시대 석곽묘 34기, 석실분 23기, 고려시대 석곽묘 1기, 조선시대 토광묘 1기, 수혈 등이 조사되었다. 횡혈식석실분 8호에서 기와가 나왔다. 기와들은 선문중판타날이었다.

다섯 번째로 (재)신라문화유산연구원에서 발굴한 것이다.[15] 이 유적에서는 기와는 나오지 않았다.

5. 월산리 고분군

경주 시내를 중심으로 남쪽에 내남면이 자리 잡고 있으며, 그 곳에 월산리가 있다. 월산리 고분군은 그 곳의 남북으로 연결되어 있는 峻珠峰(해발 354m)의 동쪽 사면에 위치한다. 여기에서는 청동기시대 주거지 48동, 신라시대 분묘 유적 186기, 고려시대의 기와 가마 등이 발굴되었다.[16]

III. 기와의 편년

신라의 기와는 지금까지 많은 연구 성과가 있어 왔다.[17] 그 가운데 주연부에

---

13) 국립경주문화재연구소, 『문화유적발굴조사보고(긴급발굴조사보고서)』, 2009.

14) 영남문화재연구원, 『경부고속철도 건설공사내 경주 방내리 고분군』, 2009.

15) 신라문화유산연구원, 『경주의 문화유적 XIII -경주 방내리 174-2번지 단독주택 건립부지내 유적-』, 2011.

16) 국립경주문화재연구소, 『경주월산리유적』, 2003.

17) 김성구의 와당을 중심으로 한 일연의 연구이다.

연주문이 있으면 통일신라의 기와이고, 연주문이 없으면 고신라의 기와라고 보았다. 그러나 5세기 3/4분기로 편년되는 飾履塚에서 출토된 신발의 바닥면에서 연화문과 연주문이 나온다.[18] 연주문을 근거로 하는 고신라와 통일신라의 구별은 그 근거가 없다.

경주에서는 儀鳳四年皆土명 기와와 세트를 이루는 기와로 중판연화문수막새, 무악인동문암막새, 귀면와 등에 의해 신식단판기와와 중판기와를 구분하는 기준으로 보고 있으나 나정, 발천 석교(右書)에서 나온 Ⅱ유형의 儀鳳四年皆土명 기와는 左書이고 동시에 중판이다. 월지 · 동궁 등의 유적에서 나온 Ⅰ유형의[19] 儀鳳四年皆土명 기와는 단판으로 신식단판이라고도 한다. 679년의 기와인 儀鳳四年皆土명 기와는 중판과 신식단판의 이중인 기와 곧 중판과 신식단판의 과도기로 보인다.

신라에서 고식 단판 6세기 전반~7세기 전반, 신식 단판 7세기 후반(의봉사년개토명, 습부명, 한지명 암키와), 중판은 7세기 후반~9 · 10세기로 판단하고 있다. 지방은 중판이 7세기 후반~8세기에, 경주를 제외한 지방에서는 장판이 9세기 전반부터 출토되고 있다고 한다. 그런데 익산 미륵사지에서 출토된 기와 중에는 景辰年명 기와가 나오는데[20] 이는 피휘 때문에 656년이라는 절대 연대를 가지게 되고, 656년에도 장판타날기와가 있었음을 웅변해 주고 있다. 바꾸어 말하면 장판타날기와를 9세기로 보는 것은 문제가 있다는 이야기이다.

경주 지역 횡혈식석실분에서 출토되고 있는 기와는 대개 6세기 전반에서 7세기 후반까지 나온다는 점이 주목된다. 8세기에는 경주 지역에서 횡혈식석실분이 없고, 화장묘인 골장기가 유행한다.[21] 경주 지역에서 적석목곽묘와 횡혈식

---

18) 馬目順一, 「慶州飾履塚古新羅墓の研究 -非新羅系の系統と年代-」『古代探叢』Ⅰ, 1980.

19) 이 기와는 그 수나 양이 많아서 문무대왕기와라고도 부른다.

20) 김창호, 「益山 彌勒寺 景辰銘 기와로 본 고신라 기와의 원향」『韓國學研究』 1, 1988.

21) 경주에서는 300~520년 적석목곽묘시대, 520~700년 횡혈식석실분시대, 700~800년

석실분의 교체는 520년이다. 520년 이전의 기와는 출토될 수가 없다. 경주 지역에서 가장 빠른 기와는 5세기 4/4분기이다.[22] 신라의 횡혈식석실분에서는 500~520년 사이의 기와는 없다. 왜냐하면 횡혈식석실분은 520년경에 등장하기 때문이다.

Ⅳ. 횡혈식석실분 묘주의 골품

경주에 있어서 횡혈식석실분 묘주의 신분 문제는 금석문에 나오는 부명과 직결된다. 문헌으로 하면 모량부가 왕비족으로 보는 식이 되어버린다. 신라 중고의 왕비족은 사탁부이다. 신라의 금석문 자료는 그 수가 많아서 연구하기에 좋다. 신라 6부가 신라 중고 금석문에서 어떤 양태로 나오는지를 조사하기 위해 먼저 신라 중고 금석문 자료를 통해 검토해 보기로 하자. 우선 중고 금석문에 나타난 각 부명별 인명의 수를 제시하면 다음의 <표 1>과[23] 같다.

<표 1>에 있어서 524년에 건립된 봉평비에서는 탁부 11명, 사탁부 10명, 본피부 1명, 불명 3명으로 총 25명이다. 545년이나 그 직전에 세워진 적성비에서는 탁부 7명, 사탁부 3명, 불명 2명으로 총 12명이다. 561년에 세워진 창녕비에서는 탁부 25명, 사탁부 14명, 본피부 1명, 불명 3명으로 총 39명이다. 567년에

골장기시대, 800~935년 무고분시대이다.

22) 조성윤, 「新羅 瓦의 始原 問題」 『신라문화』 58, 2021.

23) 중성리비의 건립 연대는 441년이고, 냉수리비의 건립 연대는 443년이다. 이들은 중고 시대를 벗어나고 있다. 일설에 따라서 중성리비의 건립 연대를 501년으로, 냉수리비의 건립 연대를 503년으로 각각 보더라도 <표 1>의 결론에는 변함이 없다. 중성리비의 경우 탁부 9명, 사탁부 9명, 본피부 3명, 불명 5명이고, 냉수리비의 경우 탁부 7명, 사탁부 7명, 본피부 2명이다.

세워진 북한산비에서는 탁부 5명, 사탁부 3명으로 총 8명이다. 568년에 세워진 마운령비에서는 탁부 11명, 사탁부 6명, 본피부 2명, 불명 1명으로 총 20명이다. 568년에 세워진 황초령비에서는 탁부 11명, 사탁부 4명, 불명 5명으로 총 20명이다. 각 부별 인원수는 탁부 66명, 사탁부 40명, 본피부 4명, 불명 14명으로 총 124명이다.

<표 1> 중고 금석문에 나타난 각 부명별 인명의 수

비명	탁부	사탁부	본피부	불명	계
봉평비	11	10	1	3	25
적성비	7	3		2	12
창녕비	25	14	1	3	39
북한산비	5	3			8
마운령비	11	6	2	1	20
황초령비	11	4		5	20
계	66	40	4	14	124

탁부와 사탁부는 관등이 진골에 해당되는 것이 있어서 이들 부에는 성골, 진골, 6두품(득난), 5두품, 4두품, 평민, 노예가 있었음을 알 수 있다. 본피부는 창녕비에 大等의 관직을 가진 자가 있고, 그의 관등이 及尺干(9관등)으로 6두품에 해당된다. 따라서 본피부에는 6두품, 5두품, 4두품, 평민, 노예가 있었다. 모탁부, 습비부, 한지부는 중고 시대에는 모탁부가 남산신성비 제2비에 모탁으로 나오는데 그의 관등은 大烏로 추정된다. 월성 해자 목간에 모탁이 나오는데 그 정확한 시기는 알 수가 없으나 고신라시대인 6~7세기의 것이다. 가장 확실한 예는 월지에서 나온 塼 명문이 있다. 그 명문을 제시하면 다음과 같다.

① 調露二年
② 漢只伐部君若小舍 ……
③ 三月三日作康(?) ……

이는 '조로2년(680년)에 한지벌부의 군약 소사(14관등)가 (감독했고), 3월 3일에 作康(?)~이 만들었다.'로 해석된다. 이 자료는 금석문에서 부명이 통일신라에서 나오는 드문 예이고, 小舍(=舍知, 17관등 중 13관등)가 4두품이다. 5두품인 大奈麻(10관등)와 奈麻(11관등)는 출신부와 함께는 나오지 않는다. 그래서 모탁부, 한지부, 습비부를 다스리는 부족장의 관등을 알 수가 없다. 그러면 신라 골품제의 기본적인 자료인 낭혜화상비의 관련 구절을 조사해 보기 위해 관계 구절을 제시하면 다음과 같다.

> 父範淸, 族降眞骨一等 曰得難. 國有五品 曰聖而 曰眞骨, 曰得難, 言貴姓之難得. 文賦云 或求易而得難 從言, 六頭品數多, 爲貴 猶一命至九 其四五品不足言.

낭혜화상의 아버지인 범청이 진골에서 족강 1등하여 득난(6두품)이 되었다.[24] 나라에 5품이[25] 있었다. 성이(성골)라고 하고, 진골이라고 하고, 득난이라고 한다. (聖而 · 眞骨 · 得難의) 귀성은 어렵게 얻음을 말한다. 『文賦』에[26] 이르기를 혹 쉬운 것을 찾되 어려운 것은 얻는다. 종래 말하기를 6두품의 數가 많아서 貴하게 되는 것은 一命(伊伐干)에서 九命(級伐干)까지이고,[27] 그 4 · 5두품은 足히 말할 바가 못 된다.

골품제가 성골, 진골, 6두품, 5두품, 4두품까지만 있고, 1~3두품은 없다. 그래서 골품제의 형성 초기에는 3두품, 2두품, 1두품도 있다고 보았다. 그런데 중성리비(441년)와 냉수리비(443년)에서는 진골과 4두품에 해당되는 관등도 없어서

24) 김두진, 「낭혜와 그의 선사상」『역사학보』 57, 1973에서는 김범청이 김헌창의 난에 연루되어 족강 1등했다고 보고 있다.

25) 聖而, 眞骨, 六頭品(得難), 五頭品, 四頭品을 가리킨다.

26) 중국 西晋때 陸機가 글짓기에 대해 읊은 賦. 文은 古文을 가리킨다.

27) 이에 대해서는 김창호, 「신라 무염화상비의 득난조 해석과 건비 연대」『신라문화』 22, 2003 참조.

문제가 된다.[28] 바꾸어 말하면 5세기 중엽까지는 3두품, 2두품, 1두품이 없었다는 이야기가 된다. 더구나 낭혜화상비 득난조에는 國有五品이라고 해서 五品을 성이, 진골, 득난(6두품), 5두품, 4두품만 언급하고 있을 뿐, 3두품 · 2두품 · 1두품에 대해서는 언급이 없다. 따라서 1두품 · 2두품 · 3두품은 본래부터 있다가 없어진 것이 아니고 본래부터 없었다고 사료된다.

골품제와 관등제와의 관계는 성골은 왕족으로 17관등을 초월하여 어느 관등에도 오르는 것이 가능하지만 아직까지 성골이 관등에 진출했다는 증거는 없다. 진골만이 할 수 있는 관등은 이벌찬(1관등), 이찬(2관등), 잡찬(3관등), 파진찬(4관등), 대아찬(5관등)까지이고, 진골과 6두품이 할 수 있는 관등은 아찬(6관등), 일길찬(7관등), 사찬(8관등), 급벌찬(9관등)까지이고, 진골과 6두품과 5두품이 할 수 있는 관등은 대나마(10관등), 나마(11관등)이고, 진골과 6두품과 5두품과 4두품이 할 수 있는 관등은 대사(12관등), 사지(13관등), 길사(14관등), 대오(15관등), 소오(16관등), 조위(17관등)이다.

聖骨에 대해서는 실재설 보다는 추존설이 유력하였다.[29] 聖骨은 성골이라고 표기하지 않고, 聖而라고 표기하고 있다. 그 뒤에 알려진 535년에 작성된 울주 천전리서석 을묘명에 乙卯年八月四日聖法興太王節이란 구절이 나온다. 이 聖을 聖而와 같은 것으로 본 가설이 있다.[30] 그렇다면 성골의 실존설을 무시할 수 없게 되었다. 이러한 聖자는 7세기 전반에[31] 조성된 선도산아미타삼존불상의

28) 중성리비(441년), 냉수리비(443년)에는 軍主가 등장하지 않고, 봉평비(524년), 적성비(545년이나 그 직전), 창녕비(561년), 북한산비(561~568년), 마운령비(568년), 황초령비(568년)의 6세기 비에는 반드시 군주가 등장하고 있다. 그래서 냉수리비를 503년으로 보면, 군주의 유무가 21년밖에 차이가 없어서 문제가 된다.

29) 武田幸男,「新羅の骨品體制社會」『歷史學硏究』 299, 1965.

30) 이종욱,「신라 중고 시대의 성골」『진단학보』 59, 1980.

31) 국립경주박물관, 『신라와전』, 2000, 117쪽의 연화문수막새 참조. 연판의 가운데에 줄을 넣어서 2분한 연화문수막새의 편년은 7세기 전반이다.

관세음보살상의[32] 등에도 있다.[33] 따라서 聖=聖而일 가능성이 있어서 성골이 실재했던 것으로 보아야 할 것이다. 성골은[34] 『삼국유사』, 왕력에 따르면, 법흥왕, 진흥왕, 진지왕, 진평왕, 선덕여왕, 진덕여왕의 6왕이다.

중성리비(441년)와 냉수리비(443년)에서는 一伐干(1), 伊干(2), 迊干(3), 波珍干(3), 大阿干(4)에 해당되는 진골 관등과 大舍(12), 舍知(=소사, 13), 吉士(14), 大烏(15), 小烏(16), 造位(17)에 해당되는 4두품 관등이 나오지 않고 있다. 진골과 4두품에 해당되는 관등명이 없어서인지 아니면 관등명은 있었는데 임용할만한 사람이 없어서인지 잘 알 수가 없다. 6두품과 5두품에 해당되는 관등명이 중성리비와 냉수리비에서는 모두 나오고 있는 것으로 보아서 전자를 취해 중성리비와 냉수리비 단계에서는 아직까지 진골이나 4두품에 해당되는 관등은 없었다고 본다.

신라 6부에는 왕족인 탁부, 왕비족인 사탁부, 제3세력인 본피부가[35] 있고, 그보다 세력이 약한 부로 모탁부, 한지부,[36] 습비부가[37] 있었다. 종래 학계에서는

---

32) 관세음보살상의 聖자가 성골을 가리킨다면 신라에서 성골 왕이 끝나는 654년이 선도산마애아미타삼존불상의 하한이다. 따라서 선도산삼존불상의 편년은 聖자에 의해 7세기 전반으로 볼 수가 있다.

33) 김창호, 「경주 불상 2예에 대한 이설」『한국 고대 불교고고학의 연구』, 2007, 333쪽.

34) 성골에는 탁부와 사탁부의 지배자가 모두 성골이었는데, 탁부인 왕족 쪽에서 먼저 대가 끊어져 성골이 없어진 것으로 본다.

35) 본피부의 위치는 새로 설정해야 된다. 고신라 금석문에서 인명표기가 10여 명이 나와서 탁부와 사탁부의 다음을 차지하고 있다. 그래서 탁부와 사탁부의 무덤이 있던 곳은 황오리, 황남동, 로서리, 로동리 등의 읍남고분군이고, 본피부의 무덤은 건천 모량리에 있는 적석목곽묘라고 생각된다. 종래에는 모량리라는 지명과 모량부가 왕비족으로 보아서 모량부의 무덤으로 보아 왔다. 모량부는 왕비족도 아니라서 모량리 무덤의 주인공이 될 수가 없고 본피부의 무덤으로 판단된다.

36) 다경기와요에서는 漢只명 또는 漢명 기와가 나온 것으로 추정되고 있다. 망성리기와요지에서 나온 習部명 등의 기와 명문과 함께 월지와 동궁의 기와로 사용되었는데 그 숫자는 각 부의 전체 기와가 1/100 정도밖에 되지 못한다. 그래서 그 사용처가 100장 또는 200장의 기와를 나타내는데 사용했을 것이다.

37) 습비부는 망성리 가와 요지에서 680년경에 습부명 등 기와를 생산했고, 679년에

는 儀鳳四年皆土란 기와를 생산했다. 儀鳳四年皆土명 기와는 儀鳳四年皆土(679년)명 기와의 皆土의 土를 全土나 國土의 의미로 보아서 率土皆我國家로 의미로 해석하거나, 679년을 실질적인 신라의 통일 연대로 보거나, 年月日이 모두 음양오행의 土인 때를 가리키는 것으로 보거나, 儀鳳四年皆土를 納音五行(年土·月土·日土인 때)으로 보거나, 모두 아울렀으니 우리 땅이 되었다로 皆土를 해석하고 나서 儀鳳四年皆土는 백제를 포함하는 땅을 모두 아울렀다는 의식의 표현이라고 보고 있으나, 儀鳳四年皆土는 679년에는 다 (기와의) 흙이다로도 해석된다. 그래서 다경 와요지 등에서 출토된 기와의 중요성을 통일신라에서는 부각시키고 있다. 다경 와요지(한지부)와 망성리 요지(습부)야말로 신라의 대규모 본격적인 기와 생산에 획을 그었다. 그러한 자신감을 儀鳳四年皆土라고 기와에 박자로 찍어서 생산한 것으로 판단된다. 儀鳳四年皆土은 기와에 있어서 신라인의 자긍심을 나타내는 것이다. 이를 率土皆我國家 등의 정치적으로나 納音五行 등으로 풀이하는 것은 문제가 있는 듯하다. 기와 명문은 기와 내에서 풀어야 되기 때문이다. 이 기와는 신식단판으로 된 확실한 기와로 유명하다. 儀鳳四年皆土를 해석하는 다른 방법은 儀鳳四年(679년)에 皆土를 제와총감독으로 보아서 皆土를 인명으로 보는 방법이다. 이렇게 인명으로 보는 해석 방법이 보다 타당성이 있는 듯하다. 왜냐하면 삼국시대나 통일신라시대에 있어서 연간지나 연호 뒤에 오는 기와 명문에서 단어에 인명이 포함되지 않는 예가 없기 때문이다. 곧 儀鳳四年皆土의 皆土가 어떤 방법으로 해도 해석이 되지 않아서 인명으로 보면 완벽하게 해석이 가능하다. 儀鳳四年皆土은 제와총감독의 인명을 기록하여 제와의 책임을 지게 한 기와이다. 망성리기와요에서 習部명 기와와 儀鳳四年皆土명 기와가 나오는 것으로 알려졌는데 그 기와의 생산량이 너무 많아서 망성리기와요 이외에 儀鳳四年皆土명 기와를 생산하는 다른 窯가 있었지 않나 추측하는 바이다. 그래서 나정에서 나온 左書를 포함하여 5가지의 拍子가 있는 것으로 보아 더욱 그러하다. 또 습비부의 기와 요지는 망성리이므로 전 신라에서 가장 유명한 와요지이다. 월지와 동궁에 납부한 습부 기와도 있다. 탁부, 사탁부, 본피부, 모탁부의 기와 요지가 없는 것은 이상하다. 이들 4부의 기와 요지도 발견될 것이다. 망성리와요지에서 習명, 習部井井명, 習府井井명, 井마크가 儀鳳四年皆土명 기와와는 공반하지 않았다. 곧 儀鳳四年皆土명 기와에는 習명, 習部井井명, 習府井井명, 井마크가 함께 새기지 않고 있다. 儀鳳四年皆土명 기와는 탁부나 사탁부가 감당할 수 있고, 습비부만으로는 감당할 수도 없을 것이다. 儀鳳四年皆土명 기와는 왕족인 탁부나 왕비족인 사탁부가 생산한 것으로 해석해야 될 것이다. 신라 기와는 도입 초에 암막새처럼 생긴 기와가 瓦形寶器나 瓦形儀器로 나온다. 이는 기와의 중요성을 탁부나 사탁부에서도 충분히 감지하고 있었다. 그렇게 중요하고 통치의 수단으로 지방이나 중앙귀족 등에 기와의 분여를 할 수 있는 탁부와 사탁부가 기와를 만들지 않았다는 것은 이해할 수가 없다. 기와집은 왕궁, 궁궐, 사원, 귀족집, 지방 관아 등 권위를 나타내는 건물에 사용된다. 이러한 권위를 나타내는 건물의 축조야말로 왕족과 왕비족의 중고 왕실하면 탁부를 왕족, 모탁부를 왕비족으로 보아 왔다. 이는 잘못된 것으로 고신라 국가 차원의 금석문에 나오는 인명표기의 숫자에 모탁부는 단 1명도 없다. 따라서 고신라의 중고시대 왕비족은 모탁부가 아닌 사탁부이다. 최근에는 왕족을 탁부와 사탁부로 보기도 하나 이는 잘못된 것으로 왕족은 탁부밖에 없고, 왕비족도 사탁부밖에 없다.

골품제에서 보아도 모탁부, 한지부, 습비부의 부족장이 어느 골품인지 알 수가 없다. 그렇다고 조로2년명 보상화문전에 의해 부족장을 4두품으로 보기도 어렵다. 왜냐하면 잔골과 6두품(득난)은 신분의 차이가 하나밖에 없다. 4두품으로 보면 6두품과 신분이 2개의 신분적인 간격이 생긴다. 그래서 모탁부, 한지부, 습비부의 부족의 최고지배자는 5두품으로 본다. 지금까지 신라 6부에서 공통적인 지배자는 5두품이다.

횡혈식석실분의 기와를 부장할 수 있는 6부의 공통 지배자는 5두품이다. 이 5두품이 횡혈식석실분에서 기와를 부장할 수 있는 최저의 신분으로 판단된다.

전유물이다. 따라서 탁부와 사탁부도 기와를 만들었다고 판단된다. 특히 儀鳳四年皆土명 기와는 습비부의 전유물이 아니라고 판단된다. 습비부를 儀鳳四年皆土명 기와를 생산한 것으로 본 것은 잘못이고, 탁부와 사탁부에서 만들었을 것이다. 儀鳳四年皆土명 기와에는 습비부를 나타내주는 習部井井명이나 習府井井명이나 井의 마크가 없다. 문무대왕이 죽기 2년 전에 만들어진 儀鳳四年皆土명 기와는 당대 최고의 기와로 내남면 망성리 기와 가마터, 사천왕사지, 인왕동절터, 국립경주박물관 부지, 월지, 월성 및 해자, 첨성대, 나원리 절터, 칠불암, 선덕여고 부지, 동천동 택지 유적, 나정, 발천 등 경주 분지 전역에서 출토되고 있어서 679년에만 儀鳳四年皆土명 기와를 만들었다고 볼 수가 없다. 기와는 와범만 있으면 후대에도 얼마든지 조와가 가능하다. 景辰年五月卄日法得書에서 연월일 다음에 인명(法得)이 옴을 밝혀주는 자료이다. 法得은 製瓦 제작자나 감독자로 판단된다. 이 기와는 신라 기와의 원통 기와의 원향이 백제임을 밝혀주는 자료이다. 이 자료에 따르면 656년(景辰年=丙辰年)에 확실한 장판 기와가 있어서 신라에서 고식 단판은 6세기 전반에서 7세기 전반, 신식 단판은 7세기 후반, 경주 이외의 지방에서 중판은 7세기 후반~8세기, 9~10세기 장판이다. 왜냐하면 656년은 경주에서 완벽한 고식단판 기와의 시대이고, 656년은 경주 이외의 지역에서는 중판 기와의 시기이기 때문이다.

진골이나 6두품이 그들의 무덤인 횡혈식석실분에 반드시 기와를 묻는 것은 아니다. 왜냐하면 진골이나 6두품 무덤에서는 금동관이 출토해야하지만 그러한 출토 예는 없기 때문이다. 기와는 520년에서부터 7세기 후반에 걸쳐서 횡혈식석실분의 5두품을 주축으로 매장되었고, 진골과 6두품은 매장이 가능했지만 매장하지 않는 사람이 많았다고 판단된다. 왜냐하면 도굴로 인해서 인지는 몰라도 횡혈식석실분에서 기와가 나오면서 동시에 금동관이나 금관이 출토한 예는 전무하기 때문이다.

Ⅴ. 맺음말

먼저 신라시대에 있어서 기와가 출토된 횡혈식석실분을 서악리 고분군, 충효리 고분군, 용강동 고분군, 방내리 고분군, 월산리 고분군으로 나누어서 그 개요를 소개하였다.

다음으로 신라에서 고식 단판 6세기 전반~7세기 전반, 신식 단판 7세기 후반(의봉사년개토명, 습부명, 한지명 암키와), 중판은 7세기 후반~9 · 10세기로 판단하고 있다. 지방은 중판이 7세기 후반~8세기에, 경주를 제외한 지방에서는 장판이 9세기 전반부터 출토되고 있다고 한다. 그런데 익산 미륵사지에서 출토된 기와중에는 景辰年명 기와가 나오는데, 이는 피휘 때문에 656년이라는 절대 연대를 가지게 되고, 656년에도 장판타날기와가 있었음을 웅변해 주고 있다. 바꾸어 말하면 장판타날기와를 9세기로 보는 것은 문제가 있다는 이야기이다.

마지막으로 횡혈식석실분에서 기와가 출토되는 골품을 5두품으로 보았다. 기와의 매장에는 진골과 6두품(득난)은 매납이 가능하지만 실제로 매납에는 참가하지 않는 사람이 많았다고 보았다. 이 진골과 6두품의 무덤에서는 금동관이 출토되어야하기 때문이다. 경주 횡혈식석실분에서는 도굴 때문인지는 몰라도 기와와 함께 금동관이나 금관이 발견된 예는 전무하다.

제5절

동궁 · 월지의 와전 명문과 녹유와전

Ⅰ. 머리말

고고학에서 기와가 차지하는 비중은 대단히 크다. 고고학은 크게 토기와 석기(선사시대)를 위주로 하는 것과 칼, 무기, 귀걸이, 관, 대금구, 갑주 등을 금속기 위주로 하는 것으로 나눌 수가 있다. 전자는 개인의 힘으로 지표 조사를 통해 연구가 가능하나 후자는 공적인 기관에 들어가야 연구할 수 있으며, 당시의 정치 체제를 논할 수 있다. 흙으로 만든 기와는 중앙 정치, 지방 정치, 사원, 왕, 왕족, 귀족 등과 관련되는 것으로 당시의 정치 체제를 논할 수 있는 역사고고학에 있어서 帝王之學이다. 기와를 고고학적으로 연구한다는 것은 대단히 중요하다.

이렇게 기와가 중요함에도 불구하고, 고고학에서는 금관 등에 밀리고, 미술사에서는 불상 등이 밀려서 연구자가 없었다. 다행히 최근에 들어와 기와 전공자가 느는 것은 고무적인 일이다. 가까운 일본을 보아도 고고학자의 반이 기와 전공자이다. 일본에서는 기와를 25년 단위로 끊어서 해석하고 있다. 우리 나라에서는 고식 단판 6세기 전반~7세기 전반, 신식 단판 7세기 후반(의봉사년개토, 습부명, 한지명 암키와), 중판은 7세기 후반~9 · 10세기로 판단하고 있다. 지방은 중판이 7세기 후반~8세기에, 경주를 제외한 지방에서는 장판이 9세기 전반부터 출토되고 있는 것으로 볼 뿐이다.

여기에서는 먼저 동궁과 월지에서 나온 수막새 1점의 명문과 암키와 22점의 명문을 소개하여 이를 토대로 동궁과 월지에서 출토된 명문을 개별적으로 또는 집단적으로 검토하겠고, 전명에 나오는 명문도 검토하겠고, 마지막으로 녹유와 전을 출토지를 중심으로 그 사용 계층을 검토하겠다.

II. 명문의 검토

1. 기와 명문[1)]

(1) 在城명 수막새

반파된 수막새는 주연은 굵은 연주문대로 되어 있고, 그 안에는 11엽의 연판은 호박씨문으로 되어 있고 원이 在城이란 글자밖을 둘러싸고 있다. 후삼국시대 기와이다. 지름 16.7cm, 두께 1.5cm.

(2) 漢명 암키와 문자

완형이며, 한쪽은 넓고 다른 한쪽은 약간 좁은 사다리꼴의 모습이다. 너비가 넓은 상단부에는 방사선 모양의 선문 3개가 직사각형 타날판으로 타날하고 있다. 문자는 방사선 형태의 문양 보다 아래쪽 양측면에 2개 있는데 문양판과 다른 별도의 문자가 새겨진 판으로 타날한 것으로 보인다. 길이 38.5cm, 너비 27.3cm, 두께 1.5cm.

(3) 漢명 암키와 문자

완형이며, 너비가 한쪽은 넓고, 다른 한쪽은 좁은 암키와의 전형적인 사다리꼴의 모습이다. 너비가 넓은 상단부에 횡방향의 선문을 3개가 직사각형 형태로

1) 이 부분은 노기환, 「경주 동궁과 월지의 문자 기와」『동궁과 월지 출토 기와 연구』 -제13회 한국기와학회 정기학술대회-, 2016에서 발췌하였다.

찍혀 있다. 그 밖의 공간에는 타날하지 않았다. 문자는 중앙에 있는 선문과 붙어 1개가 있는데 문양판과 다른 별도의 문자가 새겨진 판으로 보인다. 漢자는 앞의 것과 동일한 판으로 찍은 것이다. 길이 39.3cm, 너비 30.4cm, 두께 1.6cm.

(4) 漢명 암키와 문자

1/3 정도 파손되었으나 원형을 추정할 수 있다. 너비는 한쪽은 넓고, 다른 한쪽은 좁은 사다리꼴 형태이다. 너비가 넓은 상단부에 횡방향의 선문 3개가 직사각형 모양의 문양 형태로 찍혀 있다.[2] 그 밖의 공간에는 문양을 타날하지 않았다. 문자는 중앙에 있는 선문과 붙어서 1개가 있는데 문양판과 별도의 문자가 새겨진 판으로 타날한 것으로 판단된다. 漢자는 앞의 찍힌 문자와 동일한 판으로 찍은 것이다. 길이 39.3cm, 너비 30.4cm, 두께 1.6cm.

(5) 漢명 암키와 문자

완형의 암키와로 너비가 한쪽은 넓고 다른 한쪽은 좁은 사다리꼴 형태이다. 너비가 넓은 장단부에 휘어진 선문과 격자문으로 복합된 문양이 두 줄로 각각 4개씩 찍혀 있다. 그 밖의 공간에는 문양을 타날 하지 않았다. 문자는 상단부 문양 첫째 줄과 둘째 줄 사이에 1개가 있는데 선문 타날보다 늦게 찍었다. 문자는 문양판과 다른 별도의 문자가 새겨진 판으로 찍은 것으로 보인다. 漢자는 앞의 문자와 동일한 판으로 찍은 것이다. 길이 38.9cm, 너비 28.8cm, 두께 1.5cm.

(6) 漢명 암키와 문자

완형의 암키와이다. 너비가 한쪽은 좁고, 다른 한쪽은 넓은 사다리꼴 형태이다. 너비가 넓은 상단부에 휘어진 선문과 격자문의 복합된 문양이 2줄로 4개씩 찍혀 있다. 그 밖의 공간에는 문양을 타날하지 않았다. 문자는 상단부에서 두 번

---

2) 신라의 수도였던 경주에서는 나라가 망할 때까지 장판 타날 기와는 없었다. 조성윤 「신라 장판 타날문양 평기와의 경주 제작여부에 대하여」『이화사학연구』 30, 2003.

째 줄 아래에 1개가 있는데 선문타날보다 늦게 찍었다. 문자는 문양판과 다른 별도의 문자가 새겨진 판으로 찍은 것으로 보인다. 漢자는 앞의 문자와 동일한 판으로 새긴 것이다. 길이 41.1cm, 너비 28.2cm, 두께 1.8cm.

(7) 漢명 암키와 문자

와편의 크기가 작아 전체적인 형태와 타날한 문양을 알 수 없다. 漢자는 선이 굵은 양각으로 되어 있다. 태토는 다른 漢자명 암키와 문자들보다 거칠다. 남은 길이 9cm, 남은 너비 7.9cm, 두께 2.4cm.

(8) 漢只명 암키와 문자[3)]

상단부와 하단부의 모서리가 일부 없으나 원형을 추정할 수 있고, 너비는 한쪽은 좁고 다른 한쪽은 넓은 사다리꼴 형태이다. 너비가 넓은 상단부에 엇갈리게 사선문이 새겨진 선문 3개가 직사각형 형태로 찍혀 있다. 문자는 엇갈린 사선 형태 문양보다 아래쪽 가운데에 1개가 있는데, 문양판과 별도로 문자가 새겨진 판으로 찍힌 것으로 보인다. 길이 41cm, 너비 33cm, 두께 1.7cm.

(9) 井마크 암키와

암키와는 하단이 없는 반파된 상태이나 한쪽은 넓고 다른 한쪽은 좁은 사다리꼴로 추정된다. 문양은 상단에 2줄로 타날되었다. 정사각형 형태의 타날판은 두 줄의 구획선에 의해 4칸으로 구분되었고, 문양은 격자문 1개, 사격자문 1개, 조정문 2개이다. 문자는 조정문 중 하나의 중앙에 井자 마크가[4)] 찍혀 있는데 문양과 함께 새긴 것이다. 현재 길이 28.3cm, 너비 31cm, 두께 1.7cm.

---

3) 조성윤, 「신라 동궁창건와전 연구」, 경주대학교 박사학위논문, 2013, 34쪽의 <그림 11>의 ③(漢只)과 ③-1(漢只)의 세부라 했으나 동일한 글자의 확대는 아니다. 왜냐하면 ③(漢只)는 左書로 양각이나 ③-1의 (漢只)는 음각이다.

4) 이를 우물 井자로 읽기도 하나 이는 잘못이다. 원래는 九의 뜻으로 가로와 세로를 세 줄씩 그은 도교 벽사 마크로 井마크의 왼쪽 아래로 끄는 줄로 똑바로 되어 있다.

(10) 井마크 암키와

암키와는 완형으로 한쪽은 넓고 다른 한쪽은 좁은 사다리꼴 형태이다. 문양은 사격자문 1개, 조정문 1개가 한조로 상단부에 2줄로 타날되어 있다. 문자는 조정문 중앙에 井마크가 양각으로 타날되어 있다. 타날판은 직사각형처럼 보이지만 조정문 대각선 방향으로 보이는 것으로 보아 정사각 형태로 추정된다. 길이 37.6cm, 너비 27.8cm, 두께 1.7cm.

(11) 習(府)井井명 암키와

상단부로 추정되는 곳에 사선 방향으로 문양이 3줄로 타날되어 있다. 문자는 조정문 중앙에 習자와 井마크가, 격자문 중앙에 井마크가 양각되어 있다. 문자가 習자와 井마크만 찍혀 있으나 조정문 내부의 井마크와 習이 같은 타날판으로 보여 이 문자 기와도 習府井井으로 볼 수가 있다. 현재cm 길이 15.6cm, 현재 너비 20cm, 두께 1.3cm.

(12) 習府井井명 암키와

상단부가 반파된 상태이나 남아 있는 상태로 보아 위가 넓고 아래가 좁은 다른 암키와와 같은 형태이다. 타날판은 사각형으로 4개로 구획되고, 4개의 각기 다른 문양과 문자가 음각된 것이다. 문양은 상단부에 횡방향으로 2줄로 타날되어 있는데, 조정문 중앙에 習자와 井마크가, 격자문에 井마크가, 선문에 府자가 양각되어 있다. 이를 習府井井으로 읽는다.

(13) 習部井井명 암키와

암키와는 완형으로 한쪽은 넓고 다른 한쪽은 좁은 사다리꼴 형태이다. 타날판은 사각형으로 4개로 구획되고 4개의 각기 다른 문양과 문자가 함께 음각된 것이다. 문양은 격자문과 조정문을 두 개가 한조로 1줄이 횡으로 찍혀 있다. 조정문 두 개 가운데 하나에는 習자를 다른 하나에는 井마크를, 격자문 두 개 중

하나에는 部자를, 다른 하나에는 井마크를 양각하고 있다. 이를 習部井井으로 읽어야 된다. 길이 41cm, 너비 29.3cm, 두께 1.7cm.

(14) 儀鳳四年皆土명 암키와

내면에 삼베의 흔적이 있다. 평면 형태는 한쪽이 넓고 다른 한쪽은 좁은 사다리꼴 형태이다. 문양은 문자를 타날판에 새길 때는 좌측에서 우측으로 읽도록 하였으나, 찍힌 상태는 좌에서 우로 읽히는 3행의 문자 儀鳳/四年/皆土(개행) 명문과 명문 외곽으로 사격자문이 한 판으로 되어 있다. 외면의 타날은 길이 12cm의 타날판을 이용하여 2/3만 2단으로 횡방향으로 타날하였고, 1/3은 물손질을 횡방향으로 하였다. 상단면과 상단면 내면 0.8cm는 여러 차례 깍기로 조정하였다. 하단면과 하단 내면 25.1cm는 종방향으로 마연한 것처럼 깍기 조정을 하였는데, 하단 내면 1.3cm는 약간 경사지게 조정하였다.

와도질은 내측에서 하였다. 측면은 내 · 외연을 여러 차례 깍기 · 쪼는 문지르기로 조정하였다. 내면의 상단 한쪽 측면에는 지름 1cm 정도의 분할 계선이 있다.[5] 월지의 儀鳳/四年/皆土명 문자와는[6] 문자가 사방 5cm 크기의 타날판으로 만든 것이다. 타날판은 5종류가 있다. 길이 39.4cm, 너비 28.6(상)~25.8(하)cm, 두께 1.6~2.3cm.

(15) 石명 암키와

사각형의 도장 구획 내부에 石자가 양각되어 있다. 사각의 인장 테두리는 가로 6cm, 세로 5.5cm로 양각되어 있다. 현재 길이 16cm, 현재 너비 10.1cm, 두께 1.4cm.

---

5) 이인숙, 「통일 신라~조선 전기 평기와 제작 기술의 변천」, 경북대학교 석사학위논문, 2004, 33쪽.

6) 문화재관리국, 『안압지 발굴보고서』, 도판 30 · 552, 1978.

(16) 日月造명 암키와[7]

선문에 日月造가 양각으로 찍혀 있다. 현재 길이 16.3cm, 너비 8.2cm, 두께 1.1cm. 고려시대 기와일 가능성이 크다.

(17) 井柞명 암키와

사각형의 도장 구획 내부에 井柞마크가[8] 음각으로 찍혀 있다. 이를 제작소를 나타내는 것으로 보아 왔다.[9] 뒤의 글자는 다그칠 柞이므로 井마크와 함께 벽사 마크로 보인다. 사각의 인장 테두리는 가로 5.8cm, 세로 6.1cm로 음각되어 있다. 현재 길이 10cm, 현재 너비 10.3cm, 두께 2cm.

(18) 井桃명 암키와

사각형의 도장 구획 내부에 井마크와 도교를 상징하는 과일인 복숭아 桃자가 음각되어 있다. 井桃는 도교 벽사 마크이다. 사각의 인장 테두리는 가로 5cm, 세로 5.8cm이다. 현재 길이 18.5cm, 현재 너비 14.3cm, 두께 2cm.

(19) 玉看窯명 암막새

세로로 玉看窯라는 문자가 양각으로 3줄로 적혀 있다. 日暉文기와 공반한 13세기 고려시대의 기와이다. 현재 길이 10.8cm, 현재 너비 9.9cm, 두께 3cm.

(20) 卍명 암막새

사선문의 타날판에 卍자도 동시에 새긴 것으로 양각되어 있다. 다른 기와에 비해 태토에 사립 함유량이 많다. 고려시대의 것으로 보인다. 현재 길이 9.8cm,

---

7) 이를 製造日로 보는 가설도 있으나 따르기 어렵다. 日月이 만들었다로 해석된다.

8) 600년 전후로 편년되는 예안리49호분의 瓶形土器의 조각에서 井勿명의 명문이 나왔다. 이 井勿를 우물물로 해석하기도 하나 합쳐서 도교의 벽사 마크로 판단된다. 井桃명 암키와와 함께 8세기에 제작된 것이 도교의 벽사와 관련된 것으로 보인다.

9) 문화재관리국, 앞의 책, 1978.

현재 너비 7cm, 두께 1.4cm.

(21) 朱명 암막새

상단부 양측 모서리가 파실되었으나 완형을 추정할 수 있다. 상단부에 굵은 선문이 타날되어 있으며, 朱자도 선문을 새긴 타날판에 동시에 새긴 것으로 보이며 양각으로 찍혀 있다. 타날은 기와의 상단 절반 이상에만 찍혀 있으며 문자도 상단부에 4자가 남아 있다. 길이 39.8cm, 너비 30.5cm, 두께 1.5cm.

(22) △山명 암막새[10)]

선문을 타날한 후 2자의 명문을 새겨진 판으로 찍었으며, 문자는 양각으로 찍혀 있다. 명문 가운데 앞 글자는 큰 입구(口)에 上人의 합자를 넣은 글자로 보이나 무슨 자인지는 알 수 없다. 뒷글자는 山이다. 경도는 와질이다. 현재 길이 16.5cm, 현재 너비 11.8cm, 두께 2cm.[11)]

2. 塼銘

調露二年/漢只伐部君若小舍~/三月三日作康(?)~(개행)명쌍록보상화문전이 동궁에서 출토되었다. 이 전은 종래 雙鹿寶相華文塼을 750년으로 추정했는데 그 시기를 調露二年이 680년이므로 70년을 올려다 잡게 되었다.

위의 명문을 검토해 보자. 日月造는 장판 타날로 고려시대로 보인다.[12)] 玉看窯명 암막새는 13세기의 고려 기와이다.[13)] 卍자명 암막새도 통일신라 에는 없

---

10) 이를 조성윤, 앞의 논문, 2013, 39쪽에서는 山井으로 판독하고 있는 듯하다.

11) 이외에도 茎昻之印명이 나왔다하나 이는 茎昻의 印으로 해석되며, 인명으로 보인다.

12) 최태선 · 조성윤, 「경주 동궁과 월지 출토 암키와 현황과 제원」 『경주 동궁과 월지 와전 고증연구』, 2016, 135쪽.

13) 日暉文기와와 공반한다. 또 皇龍寺 西回廊址 출토토기명 月三十日造林家入口를

어서 고려시대로 보인다. 井作명 암키와는 도교의 벽사 마크로 보인다. 井桃명 암키와는 도교의 벽사 마크이다. 在城명 수막새는 후삼국시대로 보인다.[14]

기와 명문에서 가장 주목되는 儀鳳四年皆土(개행)명이다.[15] 이 有銘기와는 내남면 망성리 기와 가마터,[16] 사천왕사지, 인왕동절터, 국립경주박물관 부지, 월지, 월성 및 해자, 첨성대, 나원리절터,[17] 칠불암,[18] 성덕여고 부지, 동천동 택지 유적, 나정, 발천 등 경주 분지 전역에서 출토되고 있다. 5가지의 박자를 사용하고

국사편찬위원회 한국사데이터베이스에서는 三國시대로 추정하고 있으나 고려시대로 추정된다. 왜냐하면 삼국시대와 통일신라에는 二十을 廿로, 三十을 卅로, 四十을 卌으로 적고 있다. 고려시대에는 이들이 혼용된다. 곧 二十, 三十, 四十이 나오면 무조건 고려시대 이후의 금석문 자료이고, 廿, 卅, 卌이 나오면 삼국시대, 통일신라시대의 자료이다.

14) 김창호, 『한국 고대 불교고고학의 연구』, 2007, 155쪽.

15) 이를 全土나 國土의 의미로 보아서 率土皆我國家로 의미로 해석하거나, 679년을 실질적인 신라의 통일 연대로 보거나, 年月日이 모두 음양오행의 土인 때를 가리키는 것으로 보는 것이나, 儀鳳四年皆土를 納音五行으로 보거나, 모두 신라가 아울러는 우리 땅으로 보고 백제 땅을 아울렀다고 하고 있으나, 儀鳳四年皆土는 679년에는 다 (기와의) 흙이다로 해석된다. 그래서 다경 요지 등에서 출토된 기와의 중요성을 통일신라에서는 부각시키고 있다. 다경 요지(한지부)와 망성리 요지(습부)야말로 신라의 대규모 본격적인 기와 생산에 획을 그었다. 그러한 자신감을 儀鳳四年皆土라고 기와에 박자로 찍어서 생산한 것으로 판단된다. 儀鳳四年皆土는 기와에 있어서 신라인의 자긍심을 나타내는 것이다. 이를 率土皆我國家 등의 정치적으로나 納音五行 등으로 풀이하는 것은 문제가 있는 듯하다. 기와 명문은 기와내에서 풀어야 되기 때문이다. 또 儀鳳四年皆土의 皆土는 인명으로 보아서 儀鳳四年의 기와 제작의 총감독은 皆土이다로 볼 수가 있다. 인명으로 보는 것이 연호나 연간지 뒤에 오는 두 개 이상의 글자가 오면 무조건 인명으로 보아야 된다. 847년의 會昌七年丁卯年末印도 會昌七年丁卯年의 末印이 (조와를) 감독했다(또는 만들었다)로 해석된다.

16) 박홍국, 「삼국말~통일초기 신라와전에 대한 일고찰」, 동국대학교 석사학위논문, 1986.

17) 박홍국, 「경주 나원리5층석탑과 남산 칠불암마애불상의 조성 시기 -최근 수습한 명문와편을 중심으로-」 『과기고고연구』 4, 1988, 88쪽.

18) 박홍국, 앞의 논문, 1988, 98쪽.

있다고 한다.[19] 이 많은 지역의 기와를 679년에 만들어서 소비지에 공급했다고는 볼 수가 없다. 아무래도 시간 폭을 고려해야 될 것 같다. 기와는 와범만 있으면 동일한 기와를 만들 수가 있다. 5개의 박자를 사용하는 방법이 있는 것을 보면 679년에 경주 분지에 기와를 모두 공급했다고는 볼 수가 없다. 특히 기와를 修葺할 때도 같은 拍子로 사용했을 가능이 있다. 특히 蘿井에서 출토된 儀鳳四年皆土명 기와는 右書가 아니고 左書이다. 望星里瓦窯址에서는 儀鳳四年皆土명인 기와가 習部에서 제작하였고,[20] 多慶瓦窯址에서는 漢只部명 기와가 제작되었다.[21] 망성리와요지는 습비부의 기와 제작지이고, 다경와요지는[22] 한지부의 기와 제작지이다. 이는 작업장일 뿐, 습비부와 한지부의 위치와는 관계가 없다.

習部井井, 習府井井,[23] 井井, 井을 습비부로 보아서 습비부에서 제작된 기와로 보는 것이다.[24] 문자 자료를 중요시할 때, 당연한 결론이다. 문자가 있는 기와의 숫자는 1% 미만이다. 이 수치로 습비부 제작이라고 단정할 수가 없다. 문자가 적히지 않는 기와가 너무도 많다. 習部井井, 習府井井, 井井, 井은 타날판이 세련되어 있고, 기와도 양질의 기와이므로 공적인 입장에서 국가의 허가 하에 만들어진 타날이다. 국가의 허가 아래에 만들어졌다면 기와의 전부에 習部井井, 習府井井, 井井, 井이라고 타날하지 않고, 극히 일부에서 習部井井, 習府

19) 인터넷의 儀鳳四年皆土 항목의 4가지와 나정의 左書에 근거하였다. 儀鳳四年皆土명 기와의 박자를 망성리 요지에 아직 다 찾지 못해서 다른 요지에서 생산된 기와도 있는 듯하다.

20) 儀鳳四年皆土명 기와에는 井마크, 習部 井井 등의 문자가 없어서 습비부라고 보기가 어렵다.

21) 추정이다.

22) 이는 발굴조사 등으로 확인된 것이 아니고 추정한 것이다.

23) 習府가 習部한 것임에는 신라 금석문의 인명, 사찰명, 지명, 시호명을 통할 때, 동일함은 분명하지만 단정할 수는 없다. 왜냐하면 習府의 府에는 곳집, 官衙의 뜻이 있기 때문이다.

24) 조성윤, 「신라 동궁 창건와전 제작집단 소속부 문제」 『동궁과 월지 출토 기와연구』 -제13회 한국기와학회 정기학술대회-, 2016.

井井, 井井, 井이라고 타날하는지 그 이유가 궁금하다. 혹시 해당 공관에 기와를 납부할 때 100장 또는 200장 등의 묶음표로 명문기와를 사용한 것으로 본다. 망성리와요지는[25] 습비부의 기와 제작지이다.

漢, 漢只명 기와에도 習部井井, 習府井井, 井井, 井마크와 마찬가지로 기와를 납부할 때 100장 또는 200자의 묶음표로 문자 기와를 사용했다고 본다.

이제 신라에서 기와 역역을 신라 두 부인 습비부와 한지부만 담당했다고 보기 어려울 것이다. 남산신성비는 제1 · 2 · 4 · 5 · 9비는 지방민이고, 제3비는 탁부에서 담당했다. 그렇다면 지방민도 역역을 부담했을 가능성이 있다. 7세기 후반인 680년경에는 지방에서도 기와를 만들기도 했을 것이다. 여기에서는 習部井井, 習府井井, 井井, 井, 漢, 漢只의 명문을 주목하여 習部와 漢只部에서만 기와를 전담했다고 보기는 어려울 것이다. 왕족인 喙部, 왕비족인 沙喙部, 本彼部, 牟喙部도 東宮의 건설에 기와를 대고, 직접 기술자들을 파견했을 것이다. 習部井井, 習府井井, 井井, 井과 漢, 漢只 명문에 의해 동궁의 건설에 2부만이 기와를 냈다는 것은 위험한 생각이다. 적어도 9세기경의 沙喙部屬長池馹升達에서 사탁부에 속한 장지역 승달이므로 이 때에도 驛이 있어서 680년경의 기와도 최고의 기술자는 탁부와 사탁부 소속으로 보인다. 따라서 탁부와 사탁부가 동궁과 같은 대규모 건설에 참가하지 않을 수 없다.

문자 자료에 매몰되어서 문자 자료가 그 당시의 모든 기와의 공급과 수납을 나타내주지는 않는다. 王世子의 저택인 東宮의 건설에 왕세자가 소속된 탁부 출신의 瓦匠이 참가하지 않을 수는 없다. 습부와 한지부 이외에 탁부, 사탁부, 본피부, 모탁부도 동궁의 건설의 축조에 참가했고, 기와를 만들어서 공납했을 것이다.

儀鳳四年皆土명 기와는 679년 신라 기와사에서 획을 긋는 기와의 완성기인데 習部와 漢只(部)명문 기와도 儀鳳四年皆土 못하지 않은 기와이지만 명문

25) 망성리와요지에서는 習部井井명 기와와 儀鳳四年皆土명 기와를 조와되었다고 해석하고 있으나 儀鳳四年皆土명 기와를 생산하기도 벅찰 것이다.

은 서로 공반하지 않고 있다. 바꾸어 말하면 儀鳳四年皆土명 기와와 習部 · 漢只명 기와는 같은 기와속에서 명문은 서로 동반하지 않는다. 이 儀鳳四年皆土명 기와는 습부와 한지부 소속 기와가 아니라는 강력한 증거가 된다. 儀鳳四年皆土란 기와는 습부와 한지(부) 기와가 아니므로 당시 신라 기와 가운데 최고의 기와이므로 신라 왕실 소속부인 탁부[26] 기와로 판단된다.

調露二年漢只伐部君若小舍~三月三日作康(?)~(개행)명쌍록보상화문전의 명문에 대해 조사할 차례가 되었다. 調露二年은 680년이다. 이를 해석하면 이를 調露二年 한지벌부의 군약소사가 三月三日에 지었다로 해석하고 있으나,[27] 680년에 한지벌부의 군약소사가 ~했고(감독했고), 3월 3일에 作康(?)이~했다(만들었다: 製瓦匠)가 된다. 여기의 한지벌부는 661년 이후인 태종무열왕릉비의 중국식 인명표기를 따르지 않고 신라식 인명표기이다. 군약소사도 중국식으로 小舍君若이 아니고 신라식으로 군약소사이다.[28]

調露二年漢只伐部君若小舍~三月三日作康(?)~(개행)명쌍록보상화문전의 명문은 牟喙部의 설정에 이용되었다. 남산신성비 제5비 제③행의 ~道使幢主喙部吉文知大舍를[29] 道使△△涿部△文△라고 잘못 읽은 것을 보고[30] △△涿部란 것을 牟梁部가 漸涿 · 牟涿으로 쓰이기도 했다는 점을 근거로 △△涿部가

26) 신라의 6부족 가운데 그 세력의 크기는 탁부, 사탁부, 본피부의 순서이고, 한지부, 모탁부, 습부의 그 순서를 정할 수 없다. 고신라 금석문 자료에 따르면 왕족인 탁부와 왕비족인 사탁부가 월등히 세력이 강하다. 儀鳳四年皆土명에 기와에 버금가는 기와가 따로 없고, 경주 시내 전체에 있어서 儀鳳四年皆土명 기와가 여러 곳에 나오고 있다. 박자도 5가지가 있어서 의봉사년명 기와를 전부 망성리와요지의 습부 출토로 보기 어렵다. 의봉사년개토명 기와는 탁부의 기와일 가능성도 있다.

27) 조성윤, 앞의 논문, 2013, 126쪽.

28) 태종무열왕릉비의 명문은 파실되고 없고, 문무왕릉비에 大舍臣韓訥儒 등이 나와서 무열왕릉비의 인명표기를 짐작할 수 있다.

29) 진홍섭, 「남산신성비의 종합적 고찰」 『역사학보』 36, 1965 ; 『삼국시대의 미술문화』 재수록, 1976, 143쪽.

30) 이종욱, 「남산신성비를 통하여 본 신라의 지방통치체제」 『역사학보』 64, 1974, 2쪽.

모량부라고 주장하였다.[31] 그러나 모량부가 점탁 · 모탁으로 쓰였으나 점모탁 또는 모점탁으로 불리지 않아서 △△탁부와 연결이 어렵다. '다만 △△탁부를 모량부로 비정할 때는 涿은 梁과 통하나 앞의 未詳인 2자가 牟(또는 漸)와의 연결이 문제가 된다. 그러나 이것도 漢祇部가 漢只伐部로 기록되는 점을 참고한다면 △△탁부를 모량부로 지정하는 것은 별 무리가 없다고 믿어진다'고 했으나 漢祇部가 漢只伐部로 표현된 점에 따라서 牟梁部에 적용시키면 牟梁伐部가 되고, 나아가서 △△涿部는 △△涿伐部가 되어 모량부와 남산신성비는 연결이 안 된다.

중성리비에 있어서 牟旦伐를[32] 끊어서 牟梁部로 보는 것도 漢只伐部의 영향이다.[33] 牟梁部는 고신라 금석문에서 남산신성비 제2비에 나오는 牟喙이 있다. 牟자는 △ 밑에 十로 되어 있다.[34] 梁部가 喙部, 沙梁部가 沙喙部가 된 점에서 보면 牟梁部는 牟喙部가 될 것이다. 앞으로 모량부의 명칭은 금석문이나 목간에서 牟喙部로[35] 나올 것이다.

추정 다경요지는 한(지벌부)에서 기와를 생산했고, 망성리와요지는 습부에서 기와를 생산했다. 이들이 신라에서 좋은 흙을 찾아서 옮겨 다니는 기와 생산집단일 것이다. 왕족인 탁부, 왕비족인 사탁부, 제3의 세력인 본피부, 모량부 등도 월지와 동궁의 축조에 동원되었을 것이다. 그런데 이들 4부의 부명이 기와에는 없다. 습부와 한(지부)의 기와만으로 월지와 동궁을 지을 수는 없을 것이다. 탁부, 사탁부, 본피부, 모탁부, 습비부, 한지부가 힘을 합쳐서 기와를 만들었을 것이다.

---

31) 이문기, 「금석문 자료를 통하여 본 신라의 6부」『역사교육논집』 2, 1981, 101쪽.

32) 이는 인명으로 보인다.

33) 牟旦伐喙이 모량부가 될려고 하면, 牟旦喙伐이 되어야 한다.

34) 牟자는 △ 밑에 옆으로(가로로) 두 줄로 되고 밑으로(세로로) 1줄로 된 것의 합자이다.

35) 실제로 월성해자 목간에서는 牟喙部라고 적힌 것이 나왔다.

III. 綠釉瓦塼

녹유와전은 지금까지 궁궐 유적과 절터 가운데 주로 성전사원과 원당에서 출토되고 있다.[36] 그 출토 내역을 도시하면 다음과 같다.

유적지	수막새	암막새	鬼面瓦	塼	鴟尾	附椽瓦
月城 垓字			1			
東宮과 月池	11	1	66			
皇龍寺址				27		
靈廟寺址				2		
四天王寺址			1	2		
感恩寺址				1		
皇福寺址					1	
佛國寺				1		
法光寺址				65		
菊隱寄贈品						1
未詳		1(飛天)				

황룡사는 상대와 하대에 신라에서 寺格이 가장 높은 사찰이다. 중대에 있어서 사격이 가장 높았던 四天王寺를 비롯한 奉聖寺, 感恩寺, 奉德寺, 奉恩寺, 靈廟寺, 永興寺 등 모두 7개의 사찰만이 성전사원이다.[37] 황복사는 성전사원이 아니고, 皇福寺石塔金銅舍利函銘이 나와 원찰이 분명하다. 법광사도 綠釉塼

36) 통일신라의 녹유와전에 대해서는 高正龍, 「統一新羅施釉瓦塼考 -施釉敷塼の編年と性格-」『高麗美術舘紀要』 5, 2006 참조.

37) 7세기에 있어서 지방 사원의 존재도 그 상정이 어렵지만, 성전사원의 상정하기도 하나 신라 全時期에 걸쳐서 성전 사원의 지방에 존재하지 않는다는 견해가 있다. 이영호, 「신라 중대 왕실사원의 관사적 기능」『한국사연구』 43, 1983 및 채상식, 「신라 통일기의 성전사원의 구조와 기능」『부산사학』 8, 1984 참조.

이 가장 많이 나왔으나 法光寺石塔記에 따르면 원찰일 뿐, 성전사원은 아니다. 성전사원은 모두 원당으로[38] 雜密에 속하며 초기 밀교(神印宗) 사찰로 관사적 성격이 강하다.[39]

이 綠釉瓦塼을 『삼국사기』, 옥사조에 나오는 唐瓦와 관련지어서 신라의 최고 신분 계층인 聖骨만이 사용하였던 제한 물품이므로 중국의 기와 수입 혹은 유약의 수입에서 관련성을 찾아야 할 것이다고 하였다.[40] 녹유와전은 푸른 유약을 입히는 와전이다. 유약은 硅酸, 鉛丹 그리고 發酸劑로 구리 또는 철을 섞은 것이다. 이 가운데 연단은 용융점을 낮추는 역할을 한다. 또한 산소가 부족하거나 철분이 많으면 색이 변한다. 녹유는 약 700~800℃에서 용융됨으로 온도 조절이 필수적이다. 이 가운데 가장 중요한 것은 유약 재료의 확보와 유약 성분 비율이다. 연단의 원료의 확보에 일정한 한계를 지닌다.

당와를 『삼국사기』, 옥사조에 의해 성골의 것으로 보고 있다.[41] 『삼국유사』, 왕력에 따르면 법흥왕(514~540년), 진흥왕(540~576년), 진지왕(576~579년), 진평왕(579~632년), 선덕여왕(632~647년), 진덕여왕(647~654년)의 6왕만이 성골로서[42] 왕위에 올랐고, 그 다음의 제29대 태종무열왕(654~661년)부터 제56대 경순왕까지는 진골로서 왕위에 올랐다. 성골 왕의 마지막으로 왕위에 있던 654년에는 기와가 아직까지 본격적으로 보급되지 못했고, 신라 기와의 기술 변화

---

38) 중대에 사격이 가장 높았던 사천왕사 원찰의 주인공은 아무래도 문무왕릉비가 서 있던 문무왕일 가능성이 크다.

39) 이영호, 앞의 논문, 1983.
채상식, 앞의 논문, 1984.

40) 김유식, 「동궁과 월지 출토 녹유와의 검토」 『동궁과 월지 출토 기와연구』 -제13회 한국기와학회 정기학술대회-, 2016, 138쪽.

41) 김유식, 2016, 앞의 논문, 2016, 138쪽.

42) 울주 천전리서석 을묘명에 聖法興太王節이란 구절이 나오고, 낭혜화상비에서 聖骨을 聖而라고 표기하고 있어서 을묘명의 聖자가 성골을 가리키는 것으로 본다.

의 획기는 679년의 儀鳳四年皆土명 기와가 나온 때부터이다.[43] 이 679년에 비로소 녹유전이나 綠釉瓦가 만들어졌을 것이다. 따라서 654년 당시에 녹유와전도 있었다는 확증이 없다. 왜냐하면 월지와 동궁에서 나온 녹유귀면전 가운데 수작은 良志의 작으로 보인다. 양지의 활동 시기는 선덕여왕대(632~647년)부터 문무왕대(661~681년)까지로,[44] 문무왕대부터 신문왕대(681~692년)까지로[45] 각각 보고 있다. 『삼국유사』, 의해, 양지사적조의 唯現迹於善德王朝란 구절에 따를 때, 전자가 타당하다.

『삼국사기』, 옥사조에 다음과 같은 기록이 나온다.

> 眞骨 室長廣不得過二十四尺 不履唐瓦~
> 六頭品 室長廣不過二十一尺 不履唐瓦~
> 五頭品 室長廣不過十八尺 不用山楡木 不履唐瓦 不置獸頭~[46]
> 四頭品至百姓 室長不過十五尺 不用山楡木 不施澡井 不履唐瓦 不置獸頭~

진골, 육두품, 오두품, 4두품, 백성이 모두 당와를 덮을 수 없다고 되어 있다. 이 당와는 녹유와전으로 보는 것이 타당하다.[47] 암막새가 수막새에 비해 출토 수가 적어서 암막새를 당와로 보기도 하나[48] 암막새의 숫자가 너무 많아서 진골까지 제한된 것으로 볼 수가 없다.

---

43) 조성윤, 앞의 논문, 2013.

44) 문명대, 「신라 조각장 양지론」 『원음과 적조미』 -통일신라시대 불교조각사 연구(하)-, 2003, 13~48쪽.

45) 강우방, 「신양지론」 『미술자료』 47, 1993, 1~26쪽.
김지현, 「삼국유사 의해 양지사석조를 통해 본 양지의 작품과 활동 시기」 『신라문화제학술발표회논문집』 33, 2012, 125~184쪽.

46) 獸頭는 鬼面瓦로 판단된다. 이에 대해서는 강봉원, 「신라 골품제도와 屋舍에 관한 연구 -唐瓦와 獸頭를 중심으로-」 『신라사학보』 29, 2013 참조.

47) 강봉원, 앞의 논문, 2013.

48) 박홍국, 「삼국사기 옥사조의 당와란 무엇인가?」 『불교고고학』 3, 2003.

IV. 맺음말

먼저 동궁과 월지에서 나온 23개의 기와 명문과 1개의 전명문을 소개하였다. 주로 習部井井, 習府井井, 井井, 井과 漢, 漢只를 중심으로 살펴보았다. 추정 다경요지는 한(지벌부)에서 기와를 생산했고, 망성리와요지는 습부에서 기와를 생산했다. 日月造명 암키와, 玉看窯명 암키와, 卍명 암키와는 고려시대로 보았다. 在城명 수막새는 후삼국시대 기와로 보았다. 儀鳳四年皆土(개행)은 경주 분지 전역에서 나오고, 그 숫자가 많아서 679년에 생산된 것이 아니라 시대의 폭이 있는 것으로 보았다. 井井, 漢, 漢只명 기와는 그 양이 전체 기와에서 1% 미만인 점에서 기와를 납부할 때 100장 또는 200장 등 단위의 표시에 사용되었던 것으로 보았다. 習部와 漢(只部) 이외에도 탁부, 사탁부, 본피부, 모탁부도 기와 제작에 참가했다고 보았다. 調露二年漢只伐部君若小舍~三月三日作康(?)~(개행)명쌍록보상화문전의 명문에 대해 검토하였다. 調露二年은 680년이다. 이를 해석하면 680년에 한지벌부의 군약소사가 ~했고(감독했고), 3월 3일에 作康(?)이~했다(만들었다)가 된다. 여기의 한지벌부는 661년 이후의 태종무열왕릉비의 중국식 인명표기를 따르지 않고 신라식 인명표기이다. 군약소사도 중국식으로 小舍君若이 아니고 신라식으로 군약소사이다.

綠釉瓦를 당와로 보고 이를 신라 기와의 획기를 이룬 679년 당시에는 聖骨이 존재하지 않은 점에 의해 주로 眞骨과 관련되는 왕경 유적(동궁과 월지, 월성 해자)과 사원지(사천왕사지, 황룡사지, 영묘사지, 감은사지, 황복사지, 불국사, 법광사지)에 사용된 것으로 보았다. 사원지는 중대에 있어서 황룡사지, 황복사지, 불국사, 법광사를 제외하면 성전 사원(원찰)이다. 당와라고 불린 것은 녹유 유약을 중국에서 수입한 점에서 기인된 것으로 본다. 황룡사의 경우 사격이 가장 높았을 때인 상대의 끝왕인 진덕여왕대(647~654년)에는 녹유와전이 만들어지지 않았고, 사격이 사천왕사에 뒤졌던 중대에는 녹유전을 쓸 수가 없고, 사격이 가장 높을 때인 하대의 선덕왕(780~785년)에서 경순왕(927~935년)까지에 녹유전을 만들어서 사용하였을 가능성이 있다.

제6절

광주 무진고성 명문와의 재검토

Ⅰ. 머리말

고고학은 석기와 토기를 대상으로 하는 토석고고학과 금관, 대금구, 금귀걸이 등 금속기를 대상으로 하는 금속기고고학으로 대별된다. 전자는 개인적인 연구로 분포, 계통 등의 연구가 가능하나 후자는 관적인 기관에 소속되지 않으면 연구할 수가 없는 정치적인 성과 등의 복원을 낼 수 있다. 토석고고학에 속하는 기와는 흙으로 만들었으나 금속기고고학과 마찬가지로 정치적인 것을 연구할 수가 있다.

신라에서 고식 단판 6세기 전반~7세기 전반, 신식 단판 7세기 후반(의봉사년개토명, 습부명, 한지명 암키와), 중판은 7세기 후반~9 · 10세기로 판단하고 있다. 지방은 중판 7세기 후반~8세기에, 경주를 제외한 지방에서는 장판이 9세기 전반부터 출토되고 있다고 하나 미륵사 출토 평기와에 있어서 景辰年五月卄日法得書명 기와의 景辰年(丙辰年)이 656년이고, 이 평기와는 장판 타날이어서 평기와 편년에 있어서 근본적인 문제가 있음이 분명하게 되었다.

광주 선리 기와의 연대도 9세기,[1] 8세기 중후반에서 10세기 중후반으로 보

1) 요시이 히데오, 「광주 선리 명문기와의 고고학적 재검토」『정인스님 정년퇴임 기념논총 -佛智光照-』, 2017, 1138쪽에서는 선리 기와를 9세기 전후 한주 기와 공급 체계로 파악한다고 했다.

고 있으나[2] 명문의 이두 해석으로 보면 918~935년 사이의 어느 5년간으로 보인다.[3] 같은 자료를 두고도 그 연대가 100년 이상의 차이가 생긴다. 기와나 문자자료로 된 고고학 자료는 관계전문가의 조언을 구하는 것이 좋을 듯하다. 武珍古城의 명문와의 연대도 통일신라에서 고려시대까지로 보고 있어서[4] 이를 집중적으로 검토하고자 한다.

여기에서는 먼저 명문와의 연구 소사를 살펴보고, 다음으로 명문와의 자료제시를 하겠으며, 그 다음으로 명문와의 작성 시기를 살펴보겠으며, 마지막으로 역제와 관련을 살펴보겠다.

Ⅱ. 명문와의 연구소사

무진고성은 광주광역시 시가지에서 동북쪽으로 약 3km 정도 떨어진 壯元峰을 중심으로 축조되어 있는 남북 약 1km, 동서 약 0.5km, 전체 길이 약 3.5km의 포곡식산성이다.[5] 일제침략기에는 光山城이라고 불린 이 성의 여기저기에서 기와가 나왔고, 이들 가운데 '城', '官'명을 비롯한 몇 가지 명문이 광주에 거주하는 골동품수집가에게는 널리 알려져 있었다. 이 시기에는 鳳凰文 수막새기와,[6] 鬼面文 암막새기와와 함께 '城', '官', '沙', '果' 등의 명문기와가 출토되었다고 보고 했다.[7] 여기에서는 이러한 기와들이 통일신라 내지 고려시대 초기에 제작

2) 김규동 · 성재현, 「선리 명문와의 고찰」『고고학지』 17, 2011, 577쪽.

3) 김창호, 「廣州 船里遺蹟에서 出土된 蟹口기와의 生産과 流通」『문화사학』 52, 2019.

4) 요시이 히데오, 앞의 논문, 2017.

5) 산등성이와 계곡을 둘러싼 비교적 큰 규모의 산성이다. 이에 대비되는 산성으로 퇴뫼식산성이 있다. 이는 하나의 산봉우리 대략 8부능선을 둘러싸고 있다.

6) 瑞鳥文 수막새기와라고도 불린다. 그 유례가 없는 기와이다.

7) 大曲美太郎, 「光山城跡に就て」『光州日報』, 1926. 4月8日記事.

된 것으로 생각하고 성의 존속기간을 통일신라시대에서 고려시대, 조선시대에 걸쳤을 것으로 추정했다.

8 · 15 광복후 武珍古城은 武珍州治와의 관계로 주목을 받게 되었다. 통일신라시대의 지방제도를 연구하면서 무진고성을 무진주의 主城으로 추정하였다.[8] 1988년에 들어와 무진고성이 소속되어 있는 無等山의 지표조사가 실시된 결과가 나왔다.[9] 여기에서는 이 성이 『세종실록』, 지리지 등에 보이는 武珍都督古城이라고 추정했고, 그 성벽의 범위와 건물지 및 문지의 위치를 밝혔다. 광주시에서는 이 지표조사를 바탕으로 하여 성의 복원정비계획을 세웠고, 복원정비에 필요한 자료를 얻기 위해 전남대학교 박물관이 1988년과 1989년에 발굴조사를 실시하였다.[10] 옛날부터 알려진 명문기와는 그때 발굴된 2군데의 平坦地 가운데 B지구 상층 건물지 주변에서 집중적으로 출토되었다. 그래서 함께 나온 토기를 근거로 명문기와의 연대를 9세기 후반으로 추정하고 그 입지 특징으로 보아, 이 성이 무진도독성의 배후 산성이었다고 추정하였다.[11]

지금까지 무진고성의 문자와를 중심으로 정력적으로 한 사람이 4편이나 논문을 쓴 연구자가 있다.[12] 이 가운데 세 번째 논문에서 무진고성의 22가지 문

大曲美太郎, 「全南光州より出土せし各種の土瓦に就て」 『考古學雜誌』 第20卷 第6號, 1930.

8) 박태우, 「통일신라시대의 지방도시에 관한 연구」 『백제연구』 18, 1987, 70쪽.

9) 光州直轄市 · 社團法人鄕土文化開發協議會, 『無等山』, 1988.

10) 임영진, 『무진고성 I』, 1989.
임영진, 『무진고성II』, 1990.

11) 임영진, 앞의 책, 1989.
임영진, 앞의 책, 1990.
임영진, 「광주의 고대도시 -무진도독의 위치문제를 중심으로-」 『광주 · 전남의 도시 발달과 그 문화적 맥락』(역사문화학회 2003년도 전국학술대회), 2003.

12) 吉井秀夫, 「新羅の文字瓦」 『帝塚山考古學談話會 第555回 記念 朝鮮の古瓦を考える』, 1996.
吉井秀夫, 「文字瓦からみた高麗時代における瓦生産體制 -武珍古城出土瓦を中

자 명문 가운데 먼저 城자의 명문이 많고, 다음으로 沙·栗의 예가 많다. 사탁도 사탁성일 가능성이 크고, 탁성도 원래는 사탁성이라고 보았다. 이에 대해 사탁·탁성의 두 종류 명문이 沙栗部·栗部이고, 이들 두 部가 무진고성에 사용된 기와의 생산·공급했다고 보았다.[13] 沙栗部·栗部가 무진고성의 기와를 만들었다고 보는 것은 무리이다. 명문 중에 栗部가 나오지 않고 있어서 더욱 그러하다.

城명을 포함하는 유례에 대해서는 통일신라시대의 왕경지역의 수막새와 암키와의 在城銘, 강릉시 출토의 溟州城銘, 全州 東固山城 출토의 암막새와 수막새의 全州城銘, 扶蘇山城 출토의 大△△午年末城이 있다고 하였다.[14] 가장 뒤의 것은 大曆庚午年末城(766년), 大曆戊午年末城(778년), 大中庚午年末城(850년) 등으로 복원된다.[15] 그래서 末城을 城名으로 보았다.[16] 在城, 溟州城, 全州城은 모두 후삼국시대의 명문이다. 大曆庚午年末城(766년), 大曆戊午年末城(778년), 大中庚午年末城(850년) 등으로 복원되는 명문은 통일신라시

心に-」『朝鮮史硏究會會報』128, 1997.
吉井秀夫, 「武珍古城出土文字瓦の再檢討」『吾吾の考古學』, 2008(5월).
吉井秀夫, 「무진고성 출토 명문기와의 재검토 -신라 하대 호남지방 명문기와의 종합 연구를 위하여-」『7~10세기 동아시아 문물교류의 제상 -일본편-』, 2008(12월).

13) 구문회, 「무진고성 출토 명문자료와 신라통일기 무주」『하현강교수정년기념논총 -한국사의 구조와 전개-』, 2000.

14) 在城銘, 溟州城銘, 全州城銘은 후삼국시대 성명이다. 이에 대해서는 김창호, 「신라 기와 연구에 있어서 몇 가지 문제」『강좌 미술사』15, 2000 ; 『한국 고대 불교고고학의 연구』, 2007, 155쪽. 그런데 末城은 후삼국이 아니고 통일신라시대의 것이므로 문제가 된다.

15) 吉井秀夫, 「扶蘇山城出土會昌七年銘文字瓦をめぐって」『古代文化』56-11, 古代學協會, 2004, 606쪽.
高正龍, 「軒瓦に現れた文字 -朝鮮時代銘文瓦の系譜-」『古代文化』56-11, 古代學協會, 2004, 617쪽.

16) 高正龍, 앞의 논문, 2004, 617쪽. 그러나 신라시대 암막새와 수막새에 있어서 지명이 연호 뒤에 오는 예는 없다. 인명으로 보인다.

대 명문이고, 末城은 儀鳳四年皆土의 皆土를 인명으로 보아야 하듯이 인명이다.[17] 또 會昌七/年丁卯/年末印(847년, 부여 扶蘇山城 출토)명 기와는[18] 새김판의 흔적이 없이 명문을 새긴 것으로 유명하다. 이는 會昌七年丁卯年(개행: 847년)에 末印이 만들었다. 또는 감독했다로[19] 해석된다. 따라서 大△△午年末城의 末城도 인명일 가능이 있다. 沙梁城과 梁城명을 통일신라로 보기 위해 사용한 在城, 溟州城, 全州城은 모두 후삼국시대 명문이라서 후삼국시대 후백제에서 신라의 왕비족과 왕족의 부명인 사탁성과 탁성을 사용할 수 있었을까하는

17) 한국 고대 기와에 지명이 연호와 함께 나온 예는 없다.

18) 이에 대해서는 吉井秀夫, 앞의 논문, 2004라는 전론이 있다. 吉井秀夫, 앞의 논문, 2004, 609~610쪽에서는 會昌七年丁卯年末印을 會昌七年(年號)+丁卯年(干支)+末印으로 나누고 나서 그 해석은 유보하였다.

19) 최민희, 「'儀鳳四年皆土' 글씨기와의 개토 재론」 『한국고대사탐구』 30, 2018, 339쪽에서는 會昌七年丁卯年末印에서 印은 해석치 않았다. 최민희, 앞의 논문, 2018, 342쪽 <그림 6>에서 會昌七年丁未年末印으로 판독문을 제시하고 있다. 또 (保寧)元年己巳年(969년)의 예나 太平興國七年壬午年(982년)三月三日의 예와 같이 연호와 연간지 모두에 年자가 오는 예도 있어서 年末로 끊어 읽는 것은 문제가 있다. 삼국시대~통일신라 금석문까지 年干支나 年號 뒤에 인명은 나왔으나 다른 것은 오지 않는다. 통일신라 말이 되면, 甲辰城年末村主敏亮이라고 해서 甲辰(年干支 ; 884년으로 추정)+城年(지명)+末村主(관직명)+敏亮(인명)의 순서로도 적힌다. 540년경의 2016-W150번 목간에 眞乃滅村主憹怖白가 나오는데, 憹怖白가 인명표기일 가능성도 있다. 촌주는 냉수리비(443년)에 村主 臾支 干支로 처음 등장하고, 창녕비(561년)에 村主 奀聰智 述干와 村主 麻叱智 述干으로 나온다. 그 다음에 남산신성비(591년) 제1비에 村上村主 阿良村 今知 撰干과 郡上村主 柒吐村 △知尒利 上干이 나오고, 파실되어 일부가 없어진 제5비에 向村主 2명이 나올 뿐이다. 이들 6세기 村主에서는 인명이 공반하고 있다. 따라서 2016-W150. 목간에서 촌주도 眞乃滅村主憹怖白까지 끊어서 眞乃滅(지명)+村主(직명)+憹怖白(인명)으로 보아야 할 것이다. 왜냐하면 2016-W150.목간에서 眞乃滅村主憹怖白의 연대는 540년경을 하한으로 하고, 고신라 금석문에서 (지명)+촌주+(출신촌명)+인명+외위명이 나오기 때문이다. 眞乃滅村主를 지명+촌주로 보면 그러한 예는 고신라 금석문에서는 없다. 9세기의 자료로는 淸州 雙淸里 출토 명문와의 易吾加茀村主가 있다. 이 자료도 易吾加茀(지명)+村主로 되어 있다. 황룡사 남쪽 담장 밖의 우물에서 나온 9세기로 보이는 청동접시의 達溫心村主도 인명+관직명이 아닌 지명+관직명이다.

의문이 생긴다. 곧 사탁성과 탁성 등은 통일신라시대의 城名으로 판단된다. 따라서 在城, 溟州城, 全州城과 사탁성 · 탁성의 비교는 무리이다. 그럼에도 불구하고 ~城명 문자와를 통일신라시대에서 고려시대의 어느 시기에 걸쳐서 있는 것으로 보았다.[20]

III. 명문와 자료의 제시[21]

무진고성에서는 통일신라시대부터 고려시대까지의 다양한 기와가 출토되었다. 무진고성 보고서에서는[22] 기와의 출토 상황에 따라 크게 3가지로 나누었다. 제1군은 A지구 및 B지구 하층 건물지와 관련된 기와들이다. 이들 기와는 조선문이나 격자문이 새겨진 단판타날기와이다. 제2군은 B지구 상층 건물지와 관련된 기와들이다. 이들 기와 중판타날과 장판타날로 성형되었으며 ~城 등의 명문이 남아있는 예가 많다. 봉황문 수막새와 귀면문 암막새가[23] 반출되고 있다. 제3군은 A지구 상층 건물지와 관련된 기와들이다. 이들 기와는 어골문이나 거치문을 중심으로 장판타날에 의해 만들어졌다. 日暉文 암막새와 日暉文 수막새도[24] 함께 나온다. 여기에서 검토대상으로 한 것은 제2군의 문자명 기와들이다.

이들 기와 전남대학교 박물관 보고서인『무진고성II』등을[25] 참조할 때 복원

---

20) 吉井秀夫, 앞의 논문, 2008(5월), 594쪽.

21) 이 부분은 吉井秀夫, 앞의 논문, 2008(5월)과 吉井秀夫, 앞의 논문, 2008(12월)에서 발췌하였고, <그림 1>과 <그림 2>는 전제하였다.

22) 임영진, 앞의 책, 1989.
임영진, 앞의 책, 1990.

23) 후백제시대 기와로 보인다.

24) 13세기 고려시대 기와로 판단된다.

25) 이 외에 중요한 자료로 大曲美太郎의 채집품이 있으며 현재 帝塚山考古學研究所

이 가능한 문자 기와가 많다. 그러면 무진고성 문자자료의 복원된 것을 소개하기로 한다. 주로 제2군에서 출토된 문자 기와가 그 대상이 된다.

타날판1 ('官城'명 타날판1, 그림 1-1)
보고서 도면 54-3[26] 기와가 上端에서부터 下端에까지 남아 있는 예이기 때문에, 타날판 전체를 복원을 할 수 있다. 타날판의 상하에 배치된 2개의 방형구획에 正字로 '官', '城'자가 들어 있다. (보고서 도면 10-1, 49-6, 52-3)

타날판2 ('官城'명 타날판2, 그림 1-2, 2')
보고서에서는 '官'와 '城'자가 따로 소개되어 있다. 그런데 '官'은 기와의 상당쪽, '城'은 기와의 하단 쪽에 있으며, 補刻이 확인되기 때문에 타날판1과 같이 타날판 상하로 '官城'명이 正字로 새겨진 것으로 판단된다. (보고서 도면49-1, 51-4, 53-1, 2, 4)

타날판3 ('官城椋'명 타날판)(그림 1-3)
魚鱗文 사이에 '官'와 '城'자 및 '椋'자가 들어있는 방획구획이 있는 기와로 보고된 자료이다. (보고서 도면56-2, 4, 5)

타날판4 ('官秀△城' 타날판)(그림 1-4)
3條를 1단위로 하는 사격자문 속에 위에서부터 正字로 '官', '秀', '△',[27] '城'자가 배치되어 있다. (보고서 도면10-5, 46-4, 52-2)

타날판5 ('△王△△', '十', '大', '官')(그림 1-5)
글자는 官자만이 左書가 아니고, 전부 左書이다. (보고서 도면54-5, 6, 57-5, 6)

타날판6 ('官'명 타날판)(그림 1-6)
간격이 좁은 어골문 내에 배치된 두겹의 방형구획 속에 타날판의 주축과 직교하여 '官'자가 正字자로 들어 있다. (보고서 도면53-3)

에 소장되어 있다.

26) 이하의 도면 표시는 임영진, 『무진고성II』, 1990에서 보고된 기와 도면의 표시이다.

27) 國자로 읽고 있으나 따르지 않고 모르는 글자로 보았다.

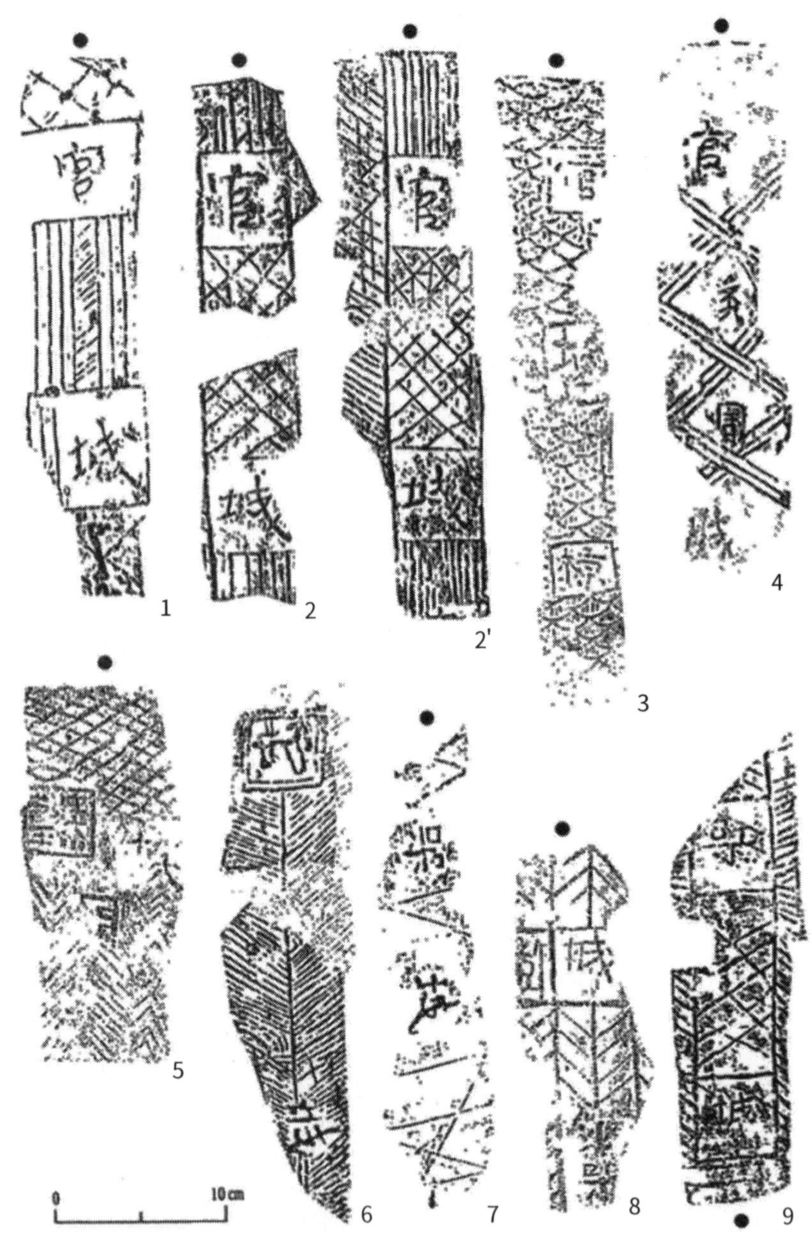

<그림 1> 무진고성 명문와의 탁본 黑丸은 기와 상단 표시

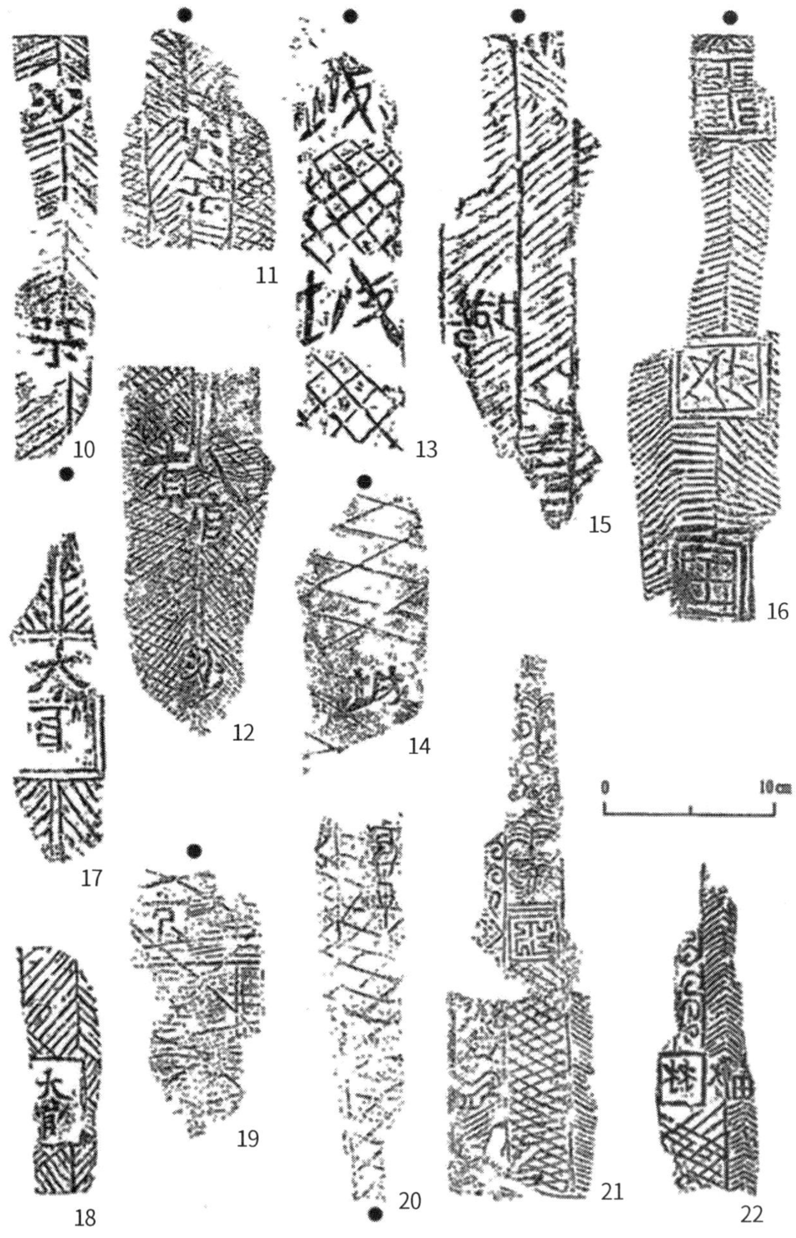

<그림 2> 무진고성 명문와 탁본 黑丸은 기와 상단 표시

타날판7 ('栗城'명 타날판)(그림 1-7)
거의 완형에 가까운 암키와(보고서 도면52-1)를 이용하여 타날판을 복원하였다. 간격이 넓은 사격자문 속에 타날판의 주축과 직교하여 위에서부터 '栗', '城'자가 正字로 배치되어 있다.

타날판8 ('間城', '沙栗'명 타날판)(그림 1-8)
가로로 연속되는 2개의 방형구획 내에 '間', '城'자가 위치하고, 이 명문대를 중심으로 어골문이 배치된다. 아래쪽 어골문 사이에 正字로 '沙栗'이[28] 있다. (보고서 도면52-1)

타날판9 ('栗城'명 타날판)(그림 1-9)
2개의 방형구획 내에 위에서부터 '栗', '城'자가 正字로 들어가 있고, 그 사이에는 사격문이 있다. (보고서 도면49-2, 56-6)

타날판10 ('沙栗'명 타날판)(그림 2-10)
보고서에서는 '沙'자와 '栗'자가 따로 보고되었는데, 같은 타날판으로 판단된다. 아래쪽으로 향한 어골문 내에 위에서부터 正字자로 沙'자와 '栗'자가[29] 배치되어 있다. (보고서 도면56-1, 5)

타날판11 ('沙栗'명 타날판)(그림 2-11)
어골문 내에 左書로 '沙栗'자가 들어 있다. 하부에 다른 글자가 있었을 가능성은 전혀 없다. (보고서 도면56-4)

타날판12 ('入眞官', '沙'명 타날판)(그림 2-12)
보고서에서는 '入, 眞, 官'자와 '沙'자를 따로 보고하고 있는데, 같은 타날판으로 판단된다. '沙'자의 다음에는 '栗'자가[30] 올 가능성이 크다. (보고서 도면54-2, 56-3)

---

28) 沙栗으로 끝나서 沙栗(部)로 보인다. 沙栗城은 아니다.
29) 沙栗으로 끝나서 沙栗(部)로 보인다. 沙栗城은 아니다.
30) 沙栗으로 끝나서 沙栗(部)로 보인다. 沙栗城은 아니다.

타날판13 ('城', '城'명 타날판)(그림 2-13)
보고서에서는 별개의 '城'명 기와로 각각 보고되어 있는데, 자료 조사의 결과 같은 타날판으로 보였다. (보고서 도면50-6, 8)

타날판14 ('城'명 타날판)(그림 2-14)
사격자문 내에 正字로 '城'자가 배치되어 있다. 보고된 자료는 기와의 상반부이며, '城'자 아래쪽으로도 사격자문은 계속될 것 같다. (보고서 도면49-3)

타날판15 ('城'명 타날판)(그림 2-15)
타날판 중앙에 있는 세로 방향의 직선을 주축으로 해서, 그 좌우에 사선문이 있으며, 그 왼쪽에 左書로 '城'자를 배치하고 있다. (보고서 도면49-3)

타날판16 ('城'명 타날판)(그림 2-16)
기본적으로 아래쪽을 향한 어골문이 배치되어 있다. 중간의 방형의 구획 내에 左書로 '城'자가 있고, 아래쪽 끝에 左書로 '國'자가 있고, 윗부분에 방형구획 내에 다시 4개로 구획을 만들어 左書로 글자를 새기고 있으나 '王'자 1자 밖에 읽을 수 없다. (보고서 도면56-3, 57-2, 4)

타날판17 ('大官'명 타날판1)(그림 2-17)
두 겹의 장방형 구획 내에 左書로 '大官'자가 있다. 그 아래위로는 중심축이 2줄의 직선인 어골문이 있다. (보고서 도면33-4, 54-3, 4)

타날판18 ('大官'명 타날판2)(그림 2-18)
장방형 구획 내에 正字로 '大官'자가 배치되어 있다. 그 상하에 변형 어골문이 있다. (보고서 도면54-1)

타날판19 ('京'명 타날판)(그림 2-19)
가로 방향의 직선과 斜線이 조합된 문양 내에 正字로 '京'자가[31] 배치되어 있다. (보고서 도면45-1)

---

31) 고상 가옥인 창고는 통일신라시대에는 椋이고, 고려시대에는 椋이나 京이 사용되지 않는다고 한다. 京이 후백제에서 사용된 고상 창고인지도 알 수 없다. 왜냐하면 후백제의 수도는 全州城으로 무진고성을 京(서울)으로 부를 수는 없기 때문이다.

타날판20 ('官草'명 타날판)(그림 2-20)
사격자문의 위쪽에 '官草'명이 배치되어 있다. 기와의 상하와 문자의 상하는 서로 반대이다. (보고서 도면44-2)

타날판21 ('卍'명 타날판)(그림 2-21)
방형의 구획 내에 陰刻된 '卍'자가 있고, 그 상하에 사격자문, 고사리문, 새문 등의 문양이 복합된 타날로 복원되었다. (보고서 도면57-1, 58-1)

타날판22 ('林', '大', '田'명 타날판)(그림 2-22)
사격자문, 고사리문 등의 복합된 문양 가운데, 左書로 '林', '大', '田'의 문자가 배치되어 있다. (보고서 도면48-5)

IV. 명문와의 작성 시기

명문와의 작성 시기에 대해서는 22개의 문자와에 대해 조사해야 된다. 문자와 22개의 타날이 같은 것은 없다. 다만 타날 1-2, 1-2'는 비슷하나 차이가 있다. 官城명 4개의 타날도 전부 다르다. 이렇게 같은 와요지에서 기와가 나왔으면서도 5가지의 타날이 있는 예로는 儀鳳四年皆土명 암키와가 있다. 文字名 기와는 官城 4점, 官城椋 1점, 官秀△城 1점, ~城 立卅 1점, �童城 1점, 栗城 1점, 間城 1점, 沙栗 1점, 栗城 1점, 沙栗 1점, 沙栗(左書) 1점, 入眞官 1점, 城城 1점, 城 1점, 城(左書) 1점, △△/△△ 城 國(左書) 1점, 大官 1점, 京 1점, 官草 1점, 卍 1점, 林太田 1점 등이다.

이 가운데 官城 4점, 官城椋 1점, 官秀△城 1점, ~城 立卅 1점, 栗城 1점, 架城 1점, 間城 沙栗 1점, 栗城 1점, 城城 1점, 城 1점, 城(左書) 1점, △△/△△ 城 國(左書) 1점은 동일한 시기로 보인다. 그 정확한 시기는 뒤에서 언급하기로 한

다. 官城椋 1점은 통일신라시대로[32] 보인다. 官草 1점은[33] 官의 기와란 뜻으로 고려시대의 것이다.[34] 卍자 1점은 나말여초가 상한으로 보인다. 入眞官 1점과 大官 1점은[35] 주로 나말여초에 많이 나온다. 가령 廣州 船里 명문와의 경우 8세기 중후반에서 10세기 중후반으로 보거나[36] 9세기로 보거나[37] 하지만 그 실 연대는 918~935년 사이의 어느 5년 사이이다.[38] 장판 타날 기와의 연대는 무조건 9세기부터로 보고 있으나 백제 미륵사지에서 景辰年五月卄日法得書란 명문이 있는 656년의 암키와가 장판 타날이다.[39] ~城 立卅 1점은 ~城 삼십 줄에 들어서로 해석되는 卅이 나온다. 이 卅자는 고려시대에는 卅과 三十으로 모두 나오나 통일신라시대 말기로 보인다. <그림 2-11>의 沙喙(左書)의 다음에 한 자 정도 들어갈 공간이 있다. 이는 沙喙城이 아니라는 결정적인 증거이고, 곧 沙喙(部)라고 판단된다. 沙喙(部)는 892년 후백제 건국 이전으로 볼 수가 있다. 그러면 ~城명 문자와의 연대는 통일신라시대에서 고려시대가 아닌 9세기 후반으로 본 발굴자의 견해를[40] 존중하고 그 시기가 넓지 않은 것으로 보여서 이에 따르고자 한다.

---

32) 통일신라시대의 예로는 椋司(토기 묵서명), 椋食(목간), 仲椋(목간), 下椋(목간) 등이 있다.

33) 官草는 堂草, 瓦草, 凡草와 함께 현재까지의 절대 연대로는 969~1028년 사이의 기와이다. 그 뜻은 官用기와이다.

34) 이밖에 大官草/向玉丁(左書)도 무진고성 가운데에 있는데 10세기 중엽에서 11세기 전반의 기와로 그 시기는 고려시대이다.

35) 차순철, 「官자명 명문와의 사용처 검토」 『경주문화연구』 5, 2002.

36) 김규동 · 성재현, 「선리 명문와의 고찰」 『고고학지』 17, 2011, 577쪽.

37) 吉井秀夫, 앞의 논문, 2008(5월), 594쪽.

38) 김창호, 앞의 논문, 2019.

39) 김창호, 「익산 미륵사 景辰銘 기와로 본 고신라 기와의 원향」 『한국학연구』 10, 1999.

40) 임영진, 앞의 책, 1990.

Ⅴ. 명문와의 城名과 沙喙(部)과의 관계

광주 선리에 나오는 지명을 제시하면 다음과 같다. 이 지명들의 연대는 넓게 잡아도 918~935년의 어느 5년간이다.[41] 이 시기의 기와는 그 문양으로 그 연대를 풀기는 어렵다. 명문와가 많으므로 문자이므로 금석문의 입장에서 풀어야 된다. 그래야 실수를 하지 않는다. ~城명 기와가 沙喙(部)와 어떤 관계가 있는지 조사해 보기로 하자.

<표 1> 선리 명문와에 나오는 지명

명문	삼국사기 지명 비정	현재 지명 비정
北漢(山)	漢陽郡의 고구려 지명[42]	북한산을 중심으로 한 서울시 일대
高烽	交河郡의 한 縣인 高烽縣의 통일신라 지명[43]	경기도 고양시 벽제 일대
荒壤	漢陽郡의 한 縣인 荒壤縣의 통일신라 지명[44]	경기도 양주군 주안면 일대
買召忽	栗津郡의 한 縣인 邵城縣의 고구려 지명[45]	경기도 인천 지역
夫如	富平郡의 고구려 지명[46]	강원도 철원군 김화읍 일대

---

41) 김창호, 앞의 논문, 2019.

42) 漢陽郡 本高句麗北漢山郡 一云平壤(『삼국사기』 권35, 잡지4, 지리조)

43) 交河郡 本高句麗泉井口縣 景德王改名 今因之 領縣二 峯城縣 本高句麗述尒忽縣 景德王改名 今因之 峯城縣 本高句麗達乙省縣 景德王改名 今因之(『삼국사기』 권35, 잡지4, 지리조)

44) 漢陽郡 本高句麗北漢山郡 一云平壤 眞興王爲州 置軍主 景德王改名 今楊州舊墟 領縣二 荒壤縣 本高句麗骨衣奴縣 景德王改名 今豊壤縣 遇王縣 本高句麗皆伯縣 景德王改名 今幸州(『삼국사기』 권35, 잡지4, 지리조)

45) 栗津郡 本高句麗栗木縣 今菓州 領縣三 穀壤縣 本高句麗仍伐奴縣 景德王改名 今黔州 孔巖縣 本高句麗濟次巴衣縣 景德王改名 今因之 邵城縣 本高句麗買召忽縣 景德王改名 今仁州(『삼국사기』 권35, 잡지4, 지리조)

46) 富平郡 本高句麗夫如郡 景德王改名 今金化縣(『삼국사기』 권35, 잡지4, 지리조)

명문	삼국사기 지명 비정	현재 지명 비정
泉口郡	交河郡의 고구려 지명47)	경기도 파주군 교하면 일대
王逢	고구려 지명48)	경기도 고양시 幸州 內洞 일대
水城	水城郡의 통일신라 지명49)	경기도 수원 지역
栗木	栗津郡의 고구려 지명50)	경기도 과천 지역
買省	來蘇郡의 고구려 지명51)	경기도 양주군 주내면 일대
屈押	松岳郡의 한 縣인 江陰縣의 고구려 지명52)	황해북도 금천군 서북면 일대
開城	開城의 통일신라 지명53)	황해북도 개풍 지역
皆山	皆次山郡의 고구려 지명54)	경기도 안성군 죽산 일대
今万奴	黑壤郡의 고구려 지명55)	충청북도 진천 일대
松岳	松岳郡의 통일신라 지명56)	황해북도 개성 지역

47) 交河郡 本高句麗泉井口縣 景德王改名 今因之(『삼국사기』 권35, 잡지4, 지리조) 명문은 泉井口가 아니고 泉口郡으로 되어 있어서 泉井口縣이 아니고 명문대로 泉口郡이 옳다.

48) 王逢縣 一云皆伯 漢氏美女 迎安藏王之地 故名王逢(『삼국사기』 권37, 잡지6, 지리조)

49) 水城郡 本高句麗買忽郡 景德王改名 今水州(『삼국사기』 권35, 잡지4, 지리조)

50) 栗津郡 本高句麗栗木郡 景德王改名 今菓州(『삼국사기』 권35, 잡지4, 지리조)

51) 來蘇郡 本高句麗買城縣 景德王改名 今見州(『삼국사기』 권35, 잡지4, 지리조)

52) 松岳郡 本高句麗扶蘇岬 孝成王三年築城 景德王因之 我太祖開國爲王畿 領縣二 如熊縣 本高句麗若豆恥縣 景德王改名 今松林縣 第四葉光宗創置佛日寺於其地 移其縣於東北 江陰縣 本高句麗屈押縣 景德王改名 今因之(『삼국사기』 권35, 잡지4, 지리조)

53) 開城郡 本高句麗冬比忽 景德王改名 今開城府(『삼국사기』 권35, 잡지4, 지리조)

54) 介山郡 本高句麗皆次山郡 景德王改名 今竹州(『삼국사기』 권35, 잡지4, 지리조)

55) 黑壤郡 一云黃壤郡 本高句麗今勿奴郡 景德王改名 今鎭州(『삼국사기』 권35, 잡지4, 지리조)

56) 松岳郡 本高句麗扶蘇岬 孝成王三年築城 景德王因之 我太祖開國爲王畿(『삼국사기』 권35, 잡지4, 지리조)

명문	삼국사기 지명 비정	현재 지명 비정
梁骨	堅城郡의 한 縣인 고구려 지명[57]	경기도 포천군 영중면 일대
白城	安城郡의 통일신라 지명[58]	경기도 안성군
童子	長堤郡의 한 縣인 童城縣의 고구려 지명[59]	경기도 김포시 통진읍 일대
楊根	嘋(一作 泝)川郡의 한 縣인 濱陽縣의 고구려 지명[60]	경기도 양평군 양평읍 일대

선리에서는 337점의 문자 기와가 출토되었다. 이들 명문은 조금씩 다른 문자로 되어 있으나 가장 길고 완전한 문장은 北漢受國蟹口船家草이다.[61] 가운데 船家는 荒壤受船宇草에서와 같이 船宇로 표기되기도 하나 서로 같지 않는 것이며, 이들은 생략되어 (泉)口郡受蟹口草로 명문이 새겨지기도 한다. 이외에도 △△蟹口만 새기거나[62] 그냥 단독으로 馬城, 皆山만을[63] 새기기도 한다. 이 가운데 앞의 △△에는 北漢(山), 楊根, 水城, 買忽, 栗木, 買召忽, 童子, 荒壤, 買省, 高烽, 泉口郡, 梁骨, 夫如, 松岳, 屈押 등이 새겨져 있다. 이들 지명은 『삼국

57) 堅城郡 本高句麗馬忽郡 景德王改名 今抱州 領縣二 沙川縣 本高句麗內乙買縣 景德王改名 今因之 洞陰縣 本高句麗梁骨縣 景德王改名 今因之(『삼국사기』 권35, 잡지4, 지리조)

58) 白城郡 本高句麗奈兮忽 景德王改名 今安城郡(『삼국사기』 권35, 잡지4, 지리조)

59) 長堤郡 本高句麗主夫吐郡 景德王改名 今樹州 領縣四 守城縣 本高句麗首尒忽 景德王改名 今守安縣 金浦縣 本高句麗黔浦縣 景德王改名 今因之 童城縣 本高句麗童子忽(一云幢山)縣 景德王改名 今因之 分津縣 本高句麗平唯押縣 景德王改名 今通津縣(『삼국사기』 권35, 잡지4, 지리조)

60) 嘋(一作 泝)川郡 本高句麗述川郡 景德王改名 今川寧郡 領縣二 黃驍縣 本高句麗骨乃斤縣 景德王改名 今黃驍縣 濱陽縣 本高句麗楊根縣 景德王改名 今復古(『삼국사기』 권35, 잡지4, 지리조)

61) 이는 이두로 해석하여 北漢이 받은 國이 만든 蟹口의 船家의 草이다가 되어야 한다.

62) △△가 받은 蟹口의 기와로 해석된다. 곧 △△受蟹口를 생략하여 △△蟹口가 된 것으로 볼 수가 있다.

63) 馬城, 皆山도 기와의 소비처를 나타내는 것으로 보인다.

사기』에 나오는 고구려(北漢, 買召忽, 夫如, 泉口郡, 王逢, 栗木, 買省, 屈押, 皆山, 今万奴, 梁骨, 童子, 陽根)와[64] 통일신라(高峰, 荒壤, 水城, 開城, 松岳, 白城)의 것이다.

在城명 수막새의 在城은 통일신라 왕궁을 가리키고, 全州城명 수막새와 암막새는 후백제의 수도를 가리킨다. 溟州城 수막새는 후고구려의 현재의 강릉을 가리키며, 모두 후삼국시대의 기와이다.[65]

후삼국시대 평기와로 雨述명 기와(大田 鷄足山城),[66] 馬老명 기와(光陽 馬老山城),[67] 任存명 기와(豫山 任存城),[68] 仍大(火)內(서울 虎岩山城)[69] 등이 있다.[70] 고구려와 백제의 옛땅에서 나오고 있어서 후삼국시대 명문기와로 보인다. 상주, 양주, 강주에서는 景德王 때에 아화되기 이전의 지명의 기와는 나오지 않고 있다.[71] 그렇다고 기와에 지명이 쓰인 것도 출토되지 않는다.

지금까지 살펴 본 기와 명문의 지명은 모두 그 확실한 지명의 위치를 알 수가 있다. 이에 비해 武珍古城은 성명으로 된 지명인 官城 4점, 官城椋[72] 1점, 官秀△城 1점, ~城 立卄 1점, 栞城 1점, 栞城 1점, 間城 1점, 沙栞 1점, 栞城 1점, 城

---

64) 이외에 경기도 포천 반월산성에서 발굴된 고구려 지명으로 馬忽受蟹口草의 馬忽 등이 있다.

65) 김창호, 앞의 책, 2007, 155쪽.

66) 『삼국사기』 권36, 지리지에 北豊郡 本百濟雨述郡 景德王改名 今懷德郡

67) 『삼국사기』 권36, 지리지에 晞陽縣 本百濟馬老縣 景德王改名 今光陽縣

68) 『삼국사기』 권36, 지리지에 任存城 本百濟任存城 景德王改名 今大興郡

69) 『삼국사기』 권35, 지리지에 穀壤縣 本高句麗仍伐奴縣 景德王改名 今龍城縣

70) 김창호, 「후삼국 기와 자료에 보이는 여 · 제 지명」 『한국 중세사회의 제문제』, 2001: 『한국 고대 불교고고학의 연구』, 2007 재수록, 186~190쪽.

71) 그 유일한 예가 尙州 伏龍洞 유적에서 출토된 沙伐州姬銘蠟石製錘가 있다. 이는 반출되는 점열문인화문토기와 중판 타날의 기와로 볼 때 7세기 후반에서 8세기로 볼 수가 있다.

72) 9세기 신라 기와로 판단된다.

城 1점, 城 1점, 城(左書) 1점, △△/△△ 城 國(左書) 1점은 그 위치를 알 수가 없다. 성명이 아니더라도 무진고성에서 나온 명문이 지명인지 조차 알 수 없고, 지명이라고 해도 지명의 위치를 모르는 것은 무진고성의 ~城명 기와이다.

VI. 역제와 관련

지금까지 9세기 신라 포곡식산성에서 부명이 나온 예는 광주 무진고성의 沙喙(左書), 안성 비봉산성의 本彼(左書), 청주 상당산성의 沙喙部의 3예가 있다. 비봉산성에서는 本彼(左書), 官, 大(官)十~란 명문이 나왔고,[73] 상당산성에서는 沙喙部屬長池馹升達(여러 점), 一尺,[74] 主란 명문이 나왔다.[75] 이 명문 가운데 중요한 것은 상당산성의 沙喙部屬長池馹升達이란 명문이다. 沙喙部에 屬한 長池馹(驛)의 升達이란 뜻이다. 이는 무슨 뜻인지 쉽게 알 수가 없다. 인명표기라면 長池馹~, 沙喙部, 升達로 표기되어야 한다. 沙喙部屬長池馹升達는 이두식으로 표기된 예로 沙喙部에 屬한 長池馹의 升達로 해석되며, 驛제가[76] 부별로 담당했다는 증거가 아닐까? 沙喙部의 역과 本彼部의 역이 있었고, 喙部의 역도 나올 것이다. 그 외에 모탁부, 한지부, 습비부는 소속 역이 없었을 것이다. 왜냐하면 고신라 금석문에서 탁부는 왕족, 사탁부는 왕비족, 본피부는 제3세력

73) 차순철, 앞의 논문, 2002.

74) 외위가 아니고, 인명으로 보인다.

75) 朴省炫, 「新羅 城址 出土 文字 資料의 現況과 分類」『木簡과 文字』 2, 2008.

76) 신라 역에 대해서는 『삼국사기』, 신라본기, 소지마립간 9년(487년)조에 3월에 사방으로 郵驛을 설치하고 유사에 명하여 도로를 수리했다고 하였고, 京驛典 · 京都驛 등의 기관을 두었다고 하고, 668년 문무왕 10년조에는 褥突驛 이름이 나온다. 『삼국사기』, 지리지, 고구려조에 압록이북에서 이미 항복한 城은 11개인데, 그 하나는 국내성으로서 평양으로부터 17개의 驛을 지나 여기에 이른다고 한 사실에서 삼국시대에 광범위하게 驛이 설치 운영되고 있었음을 알 수 있다.

이고, 모탁부, 한지부, 습비부는 그 세력이 미약하기 때문이다.

무진고성에서 城名으로 된 지명인 官城 4점, 官城椋 1점, 官秀△城 1점, ~城立卅 1점, 䒼城 1점, 䒼城 1점, 間城 1점, 沙䒼 1점, 䒼城 1점, 城城 1점, 城 1점, 城(左書) 1점, △△/△△ 城 國(左書) 1점은 그 위치를 알 수가 없다. 이들 城名은 『삼국사기』, 지리지에 나오는 郡이나 縣으로는 나오지 않고, 驛도 설치되지 않은 조그마한 성으로 보인다. 그래서 성명이 문헌에는 나오지 않고 있다. 이들이 작은 성으로 武珍古城의 造瓦의 役을 담당했다고 보인다. 앞으로 主城인 역의 이름이 나오지 않고, 이름이 사서에 나오지 않는 小城이 나오는 예가 나올 것이다. 신라의 部名(탁부, 사탁부, 본피부)이 나오는 통일신라의 역제 관련 자료도 늘어날 것이다.

VII. 맺음말

기와는 고고학에서 다루어야 하지만 문자와는 금석문의 전공자가 다루어야 한다. 그럼에도 불구하고 나말여초의 명문 기와를 고고학 쪽에서 다루어 왔다. 9~10세기 기와는 200년 가까이 변화가 없다. 그래서 광주 무진고성 기와도 통일신라에서 고려시대의 어느 시기로 보아 왔다.

광주 무진고성에서는 沙䒼만으로 끝나고, 官城椋으로 볼 때 통일신라시대로 보이는 것으로 보면, 무진고성의 ~城명 기와의 하한은 후백제 건국 시기인 892년이다. 발굴자가 무진고성의 연대를 9세기 후반으로 본 점을 참조하고 ~城자명 기와의 시기 폭이 넓지 않은 점을 근거로 이에 따랐다. 官草로 보면 고려초까지 사용되었다.

또 상당산성의 沙喙部長池馹升達, 비봉산성의 本彼(左書)를 참조할 때, 무진고성의 沙䒼(左書)은 신라의 부명이 나와서 驛制와 관련될 가능성도 있다. 위의 3성은 모두 9세기로 포곡식산성인 점도 닮았다.

제4장

나말여초

제1절 후삼국 기와에 보이는 麗 · 濟 지명

제2절 廣州船里遺蹟에서 출토된 蟹口기와의 生産과 流通

제3절 羅末麗初 기와 銘文

제4절 남한산성 출토 나말여초 기와 명문

제1절

후삼국 기와에 보이는 麗 · 濟 지명

Ⅰ. 머리말

한국의 옛기와 연구는 주로 막새기와(와당) 일변도로 진행되어 왔다. 최근에 들어와 사지나 산성 등의 지표 조사나 발굴 등을 통해 평기와에 대한 관심이 높아지게 되었다. 그 결과 다음과 같은 결론에 도달하였다. 신라에서 고식 단판 6세기 전반~7세기 전반, 신식 단판 7세기 후반(의봉사년개토명, 습부명, 한지명 암키와), 중판은 7세기 후반~9 · 10세기로 판단하고 있다. 지방은 중판이 7세기 후반~8세기에, 경주를 제외한 지방에서는 장판이[1] 9세기 전반부터 출토되고 있어서 935년까지 계속되는 것으로 보았다.

종래의 기와 연구는 금관 등 화려한 고분 유물에 밀리고, 불상 등의 미술사적인 유물에도 밀려서 전공자가 없었다. 최근에 들어와 한국기와학회가 창립되고 체계적인 연구를 하는 것은 고무적인 일이다. 종래에 큰 사찰의 보고서 등에서 평기와를 완형 5점 이내로 도판을 실어 왔다. 『성주사』 등에서는 평기와에 대한 연구 결과와 많은 도판과 도면을 실고 있어서 앞으로 평기와 연구에 이정표가 될 것이다.

이와 같은 분위기와 연구 성과에 힘입어서 여기에서는 평기와 가운데 산성에

---

1) 656년 景辰명 기와가 미륵사에서 출토되었는데 장판타날이다. 이 자료에 의하면 장판타날평기와는 7세기에 등장하고 있다.

서 출토되고, 동시에 표면에 지명이 찍혀 있는 기와를 검토하여 평기와 편년에 조그만 디딤돌을 만들고자 한다.

II. 기와 자료의 소개

1. 馬忽명 기와

단국대학교 사학과에서는 1995년 7월 1일부터 10월 3일까지 95일간에 걸쳐서 경기도 포천군 군내면 구읍리 산5-1번지의 청성산 정상에 있는 반월산성을 발굴 조사하였다.[2)] 반월산성은 포천 시가지에서 2km 떨어진 청성산 정상부에 위치한 테뫼식 산성이다.[3)] 산정의 형태는 성이름처럼 동서를 장축으로 하는 반월형에 가까운 모습을 하고 있다. 그 둘레는 1,080m, 동서너비 490m, 남북너비 150m로 동서가 길쭉한 반월 형태이다. 발굴 조사 결과 남문지, 북문지, 雉城 4개소, 건물지 6개 지역, 우물지와 수구 각 2개소, 장대지 등을 확인하였다.

반월산성이 축조된 청성산 정상에 올라서면, 그 동쪽과 서쪽은 험준한 산맥으로 차단되었고, 남쪽으로는 祝石嶺에서 시작된 교교천이 흘러나가고 있음이 눈에 띈다. 평야 가운데 우뚝 솟아있는 산지에 축조된 반월산성은 사방을 조망하기에 매우 유리한 지형적인 조건을 갖추고 있다. 반월산성이 소재한 포천은 조선시대에 있어서 서울에서 함흥으로 이어지는 關北路가 통과하는 길이어서 교통의 요지에 있음을 알 수 있으며, 함흥에서 한양으로 통하는 인마와 물자를 통제할 수 있는 교통의 요충지였다.

---

2) 단국대학교 사학과, 『포천반월산성1차발굴조사보고서』, 1996.

3) 이는 산봉우리 정상부 8부 능선만을 둘러싸고 있어서 비교적 규모가 작다. 이에 비해 산골자기와 산등성이를 함께 둘러싼 포곡식 산성이 있었는데 비교적 규모가 크다.

여기에서 다루고자 하는 명문 기와는 장대지에 구축된 예비군 참호의 단면을 정리하던 과정에서 출토되었다. 명문 기와가 발견된 장소는 반월산성에서 가장 높은 곳으로 발굴 조사 결과 여러 시대에 걸쳐서 여러 차례의 건물이 조성되었음이 확인되었다. 인근 주민들의 전언에 의하면 6·25 동란을 전후하여 미군들이 이곳에 주둔하면서 군사 시설 축조를 위해 장대지 일부를 불도저로 밀어냈다고 한다. 이때 밀어낸 흙을 장대지 서쪽의 경사면에 복토하는데 사용하였고, 후일에 다시금 예비군 참호가 구축되었다. 따라서 이 명문 기와는 원래 건물이 조성되었던 장대지 중심부에 있었던 것으로 생각되며, 예비군 참호를 구축하면서 장대지 서쪽으로 밀려난 것으로 판단된다. 이 명문 기와는 크기가 35×21×3.5cm이며, 굵은 모래가 섞인 점토를 태토로 사용한 연질로 된 기와의 밑에 장방형으로 된 구획을 세로로 만든 후에 글자를 양각이 되게 찍은 것이다. 기와 명문은 馬忽受解空口單 또는 馬忽受蟹口草로[4] 읽고 있다. 여기에서는 여러 가설들을 참조하여 다음과 같이 읽는다.

馬忽受蟹口草

2. 雨述명 기와

대전광역시 대덕구 장동산 85번지의 계족산에 위치하고 있으며, 그 정상부에 계족산성이 있다.[5] 이 계족산성은 종래에 백제가 축성한 것으로 알려져 왔으나[6] 1998년도 충남대학교 박물관의 발굴 조사 결과로 6세기 중엽경에 신라에

---

4) 『삼국사기』 권35, 잡지4, 지리지2에 堅城郡 本高句麗馬忽郡 景德王改名 今抱州라고 하였다.

5) 충남대학교 박물관, 『계족산성발굴조사약보고』, 1998.

6) 심정보, 「대전 계족산성의 고고학적 검토」 『고고역사학지』 16, 2000.

의해 초축된 것이라는 가설이 제기되고 있다.[7] 1997년 11월 13일부터 1998년 7월에 걸쳐서 계족산성 제1차 발굴 조사가 실시되었다. 계족산성의 내부에는 석축 성벽을 비롯하여 건물지, 문지, 봉수대, 저수지, 우물지 등의 시설물들이 양호한 상태로 남아 있는데, 제1차 발굴 조사에서는 건물지, 저수지, 봉수대의 3개 지점에 대해서 조사하였다. 계족산성 내부의 평탄면 곳곳에는 대략 10개소 이상의 건물지가 존재했던 것으로 판단되는데, 제1차 조사 지역은 북벽 부근의 약 1,200평에 달하는 고지대이다. 발굴 조사 결과 이곳은 삼국시대부터 통일신라, 고려시대에 이르기까지의 여러 건물지가 밝혀졌다. 현재 가장 잘 남아있는 건물지는 고려시대에 축조된 제1건물지와 제2건물지이다.

(1) 제1건물지

고려시대 건물지는 표토를 제거하자마자 흑색부식토면에서 바로 노출되었다. 이 건물지는 담장과 건물 기단을 비롯하여 문지와 계단, 敷石을 깐 步道 등의 시설이 비교적 양호한 상태로 잘 남아 있었다. 초축 후에 기단 네 면을 모두 확장 개축한 최후의 건물지 규모는 15.8×6.8cm의 크기에 정면 2~3칸, 측면 1칸의 구조로 되어 있다. 내부에서는 12~13세기로 볼 수 있는 청자편, 토기편들과 함께 다수의 銘文瓦도 출토되었다.

(2) 제2건물지

제1건물지의 선편에 나란하게 연결하여 축조된 것으로 단벽이 되는 북쪽 기단이 제1건물지 북쪽 기단보다 남쪽으로 약 2m가량 들였으나 제1건물지와 ㄱ형을 이루도록 배치되어 있다. 제2건물지 역시 여러 차례에 걸쳐서 개축되었는데, 최후의 건물지는 제1건물지의 최후 건물지보다 축조가 늦은 것으로 확인되었다. 그러나 출토 유물상으로 보면 시기 차이는 크지 않아 제1건물지와 시종 공존한 것으로 보아도 좋다. 건물의 자세한 구조는 중복이 심하여 파악이 어려우

7) 박순발, 「계족산성에 대한 신지견」 『대전문화』 7, 1998.

나 최종 건물지를 기준으로 하면 기단 규모 14×7.1m에 정면 5칸, 측면 1칸가량 되며, 북쪽 부분에는 온돌 구조가 정연하게 남아 있다. 최후 건물 축조 시기는 제1건물지와 비슷한 12~13세기로 판단된다. 출토 유물로는 토기, 자기, 철기, 銅鏡 등도 출토되었으나 여기에서는 기와류에 대해서만 서술하고자 한다. 출토된 기와는 주로 線條文, 格子文, 魚骨文 계통으로 구분될 수 있는데, 어골문 기와에서는 많은 양의 銘文이 확인되었다. 층위 및 시기에 따라 대략적인 3단계로 분류될 수 있다.

1단계; 고려시대 건물지 축조면 아래에서 축조된 것들로 선조문이 주종을 이룬다. 명문이 있는 기와는 확인되지 않았다. 1단계 기와는 단각고배 등과 공반되고 있어서 6세기 중엽 이후의 고신라 말에서 통일신라시대로 편년된다.

2단계; 1단계의 기와와 마찬가지로 고려시대 건물지 아래의 황갈색 사질점토층에서 출토된 것들로 전형적인 어골문과는 달리 集線文을 서로 엇갈리게 시문한 것과 격자 간격이 3~5cm로 넓은 사격자문에 종방향의 직선이 결합된 기와들이 대부분이다. 이들 가운데 전장에 해당되는 기와는 거의 대부분이 雨述이[8] 찍혀 있는 명문와들이다. 2단계 기와는 다음 3단계에 해당되는 고려시대 기와들이 거의 대부분 환원소성으로 두께가 두꺼운 편인데 반해서 산화소성품이 절반 정도 차지하고 있으며, 외벽이 상대적으로 얇은 특징을 가지고 있다.

3단계; 전형적인 어골문 기와로 구성되어 있는데, 형태상의 특징 및 공반된 청자 등을 통해 11~13세기로 편년되는 것들이다. 이들은 제1 · 2건물지를 비롯하여 여러 곳에서 출토되었는데, 雨述, 雨述天國, 棟梁道人六廻(?) 등의 명문 기와가 포함되어 있다.

---

8) 『삼국사기』 권36, 잡지5, 지리지3에 比豐郡 本百濟雨述郡 景德王改名 今懷德郡라고 하였다.

3. 馬老명 기와

馬老山城은 전남 광양시 사곡리와 용강리와 죽림리의 3개 里의 경계를 이루고 있는 해발 208.9m의 馬老山 정상부에 자리잡고 있다.[9] 용강리 와룡 마을에서 산성을 오르면 마을 뒤편에 나 있는 小路를 따라 가파른 등산로를 20분 정도 올라가면 마노산의 정상부가 나오는데, 마노산성은 산 정상부에 위치하고 있다. 마노산성의 정상부는 평탄한 편이나 정상부에서 아래쪽으로는 가파른 자연 경사면을 이루고 있다. 산성은 마노산의 정상부와 능선에 걸쳐서 형성되어 있으며, 남쪽으로는 광양면과 신성리 왜성이, 북쪽으로는 광양읍이, 남동쪽으로는 광양-진주간 남해고속도로가 한눈에 보인다. 남서쪽 약 6.7km 지점에는 백제시대 석성으로 알려진 순천 검단산성이 자리하고 있다.

총 길이가 550m 정도인 마노산성은 면적이 약 18,945m이다. 남북방향에서 서쪽으로 약 30° 정도 치우쳐 長方形의 형상을 띠고 있는데, 남쪽과 북쪽 모서리가 높고, 성의 중심부는 비교적 평탄한 지형을 이루고 있다.

산성에서는 기와편과 토기편이 수습되었다. 그 가운데 평기와에 보이는 기와명문은 12점이다. 馬老명과[10] 官명이 각각 5점씩 수습되었고, 馬老官명과 軍易官명이[11] 각각 1점씩 수습되었다.

4. 任存명 기와

충남 예산군 대흥면 상중리와 광시면 동산리 사이에 鳳首山이 있다.[12] 표고

---

9) 순천대학교 박물관, 『광양시의 산성』, 1998.

10) 『삼국사기』 권36, 잡지5, 지리지3에 晞陽縣 本百濟馬老縣 景德王改名 今光陽縣라고 하였다.

11) 吉井秀夫, 「新羅文字瓦」 『朝鮮古瓦考』, 1996, 52쪽에 의하면 官자를 官窯의 존재로 官衙와 관련짓고 있으나 官窯와 관련된 官자는 나온 바가 없다. 이는 후삼국시대 문자와로 보인다.

12) 이남석, 「예산 봉수산성(임존성)의 현황과 특징」 『백제문화』 28, 1999.

484m의 봉수산 정상부에 쌓은 석성을 봉수산성이라고 부른다. 이 봉수산성을 백제 부흥군과 관련된 임존성이란 학설이 제기된 바 있다. 이 성에서는 성문지, 건물지, 雉城, 女墻, 우물 등이 있다. 이 성 안의 곳곳에 건물지가 남아 있다. 대부분의 건물지는 성의 남쪽에 남아 있다. 건물지 주변에는 토기편과 와편이 수습되었다. 와편은 동쪽에 線條文, 魚骨文, 複合文 등의 문양이 시문되어 있고, 그 가운데에는 任存, 任存官 등의 명문이[13] 새겨진 것도 있다.

5. 仍大乃명 기와

서울시 구로구 시흥2동 산 93번지 일대에 虎岩山城이 있다.[14] 이 성은 해발 347m의 조그만 봉우리를 최고봉으로 하여 산정상의 내부는 비교적 평탄하다. 이 일대는 일반인에게는 주로 관악산으로 알려져 있는데, 유적의 동쪽으로 직선거리 약 2km 지점에 해발 629m의 관악산 정상이 위치하고, 동남방 1km 지점에 460m의 삼성산 정상이 위치하고 있다. 이 성은 동북방에 인접하여 호랑이가 엎드린 모양을 한 호암산이 보이며, 마을에선 이를 범뫼라고 부른다. 성의 중앙에 위치한 제2우물지 북벽 트렌치 최하층에서는 청동제 숟가락이 2점 출토되었다. 완형의 숟가락은 길이가 25cm가량 되고, 입술부분은 너비가 3.5cm가량 되고, 손잡이 부분과 입술부의 주변은 조금 도드라져 있고, 손잡이의 단면은 저변이 옮은 사다리꼴이다. 이 숟가락의 손잡이 뒷면에 仍伐內力只乃末△△△의 명문이[15] 음각되어 있다.

건물지에서 출토된 기와는 평기와로 막새기와는 단 1점도 없었다. 기와의 등

---

13) 『삼국사기』 권36, 잡지5, 지리지3에 任城郡 本百濟任存城 景德王改名 今大興郡라고 하였다.

14) 서울대학교 박물관, 『한우물 -호암산성 및 연지발굴조사보고서-』, 1990.

15) 『삼국사기』 권35, 잡지4, 지리지2에 穀壤縣 本高句麗仍代奴縣 景德王改名 今黔州라고 되어 있다.

무늬는 無文, 線條文, 格子文, 繩文, 菱形集線文, 斜線文, 魚骨文 등으로 다양하고, 문자와도 927점이나 출토되었다. 이는 전체 기와의 약 14.1%를 차지한다. 仍大乃명은 736점으로 가장 많고, 仍大乃△ 및 仍大乃官명이 있는 기와는 186점이다. 그밖에 春(?), 支(?)寺 등이 찍혀 있는 기와도 각각 1점씩 나왔다.[16)]

III. 몇 가지 검토

앞에서 살펴본 기와 명문에는 한결같이 지명이 나오고, 그 출토지는 산성이고, 그 산성은 돌로 쌓은 石城이고, 지명은 석성이 있던 시대의 것이 아니라 고구려나 백제의 옛것이다. 이들 지명에는 어떤 역사적 사실이 내포되어 있는지를 검토해 보기로 하자. 먼저 호암산성의 제2우물에서 출토된 숟가락 명문부터 검토해 보기로 하자. 이 숟가락의 명문은 仍伐乃力只乃末△△△이다.

이 명문의 지명인 仍伐乃를 『삼국사기』 권35, 잡지4, 지리지2에 漢州……領縣三 栗津郡 穀壤縣 本高句麗仍代奴縣 景德王改名 今黔州란 기록의 仍代奴와 연결시켰다. 仍代內가 언제 개칭된 것인가는 정확히 그 시기를 알려주는 자료가 없다고 전제하고 경덕왕 16년(757년)에 본현에 속해 있던 漢山州가 漢州로 개칭되고 그 아래에 1小京과 27郡 46縣의 군현 정비 작업이 이루어졌으므로 그 시기는 경덕왕 16년(757년)으로 보았다.[17)] 이 仍伐乃명 청동숟가락에는 인명표기가 적혀 있다. 仍伐內力只乃末△△△에[18)] 있어서 仍伐內는 출신지명,

16) 이 밖에도 熊川官, 公州官 등의 명문이 기록된 암키와가 있는 바, 이것들도 정확한 증거는 없으나 모두 후삼국시대로 추정된다.

17) 서울대학교 박물관, 앞의 책, 1990, 83~84쪽.

18) 仍伐內力只乃末△△△의 마지막 부분인 △△△에서 마지막 글자는 源자로 보이는 바, 그렇다면 △△(源)은 우물명이 된다.

力只는 인명, 乃末는 관등명, △△△는 우물명이다.

이 인명표기의 연대를 알아보기 위해 통일신라 금석문의 인명표기를 잠깐 살펴보기로 하자. 다 아는 바와 같이 신라 금석문의 인명표기는 통일신라 전에는 3가지의 방식이 있다.[19] 그 가운데에서 적성비식 인명표기가 주류를 이루고 있다. 적성비에서는 직명, 출신지명, 인명, 관등명의 순서로 기재되며, 직명은 동일한 경우에 생략되고, 출신지명은 동일한 직명 내에서만 같을 때 생략된다. 이러한 인명표기는 7세기 중엽에 세워진 태종무열왕릉비에서는 중국의 영향을 받아서 출신지명이 적히지 않고, 인명과 관등명의 순서도 뒤바뀌어 관등명이 인명의 앞에 가게 된다.[20] 이와 같은 커다란 변화 속에서도 직명, 출신지명, 인명, 관등명의 순서로 기재하는 인명표기 방식도 잔존하게 된다. 그 가운데에서 신라화엄사경의 예를 제시하면 다음의 <표 1>과 같다.

<표 1> 경덕왕대 화엄경사경의 인명표기

職名	出身地名	人名	官等名
紙作人	仇叱珎兮縣	黃珎知	奈麻
經筆師	武珎伊州	阿干	奈麻
위와 같음	위와 같음	異純	韓舍
위와 같음	위와 같음	今毛	大舍
위와 같음	위와 같음	義七	大舍
위와 같음	위와 같음	孝赤	沙弥
위와 같음	南原京	文英	沙弥
위와 같음	위와 같음	即曉	舎
위와 같음	高沙夫里郡	陽純	奈麻
위와 같음	위와 같음	仁年	大舍
위와 같음	위와 같음	屎烏	大舍

19) 김창호,「신라중고 금석문의 인명 표기(1)」『대구사학』22, 1983.

20) 太宗武烈王王陵碑는 현재 파실되고 없으나 그 인명표기는 文武王陵碑와 같은 것으로 판단된다.

職名	出身地名	人名	官等名
위와 같음	위와 같음	仁節	奢
經心匠	大京	能吉	奈麻
위와 같음	위와 같음	亐古	奈
佛菩薩像筆師	同京	義本	韓奈麻
위와 같음	위와 같음	丁得	奈麻
위와 같음	위와 같음	夫得	舍知
위와 같음	위와 같음	豆烏	舍
經題筆師	同京	同智	大舍

이 신라 경덕왕대 화엄경사경은 文頭의 天寶十三載甲午八月一日初乙未載二月十四日이란 구절로 보면, 경덕왕 13년(754년)~14년(755년) 사이에 만들어진 것임을 알 수 있다. 이 화엄경사경의 인명표기는 직명, 출신지명, 인명, 관등명의 순서로 기재되고, 직명과 출신지명의 생략도 적성비와 꼭 같다. 이 신라 화엄경사경의 작성 연대는 757년[21]보다 앞서므로 청동숟가락 명문의 해결에는 도움이 되지 못한다. 그런데 804년에 작성된 선림원종명에는 古尸山郡仁近大乃末이란 인명표기가 나온다.[22] 이 인명표기는 古尸山郡은 출신지명, 仁近은 인명, 大乃末은 관등명이다. 이 古尸山郡의 예로 보면 仍伐內力只乃末△△△를 757년으로 그 하한을 한정할 수 없게 된다.

이와 같이 757년의 경덕왕대 지명 개정과는 상관없이 그 이전의 지명이 사용된 예로는 고려 惠宗 元年(944년)에 세워진 강원도 영월군에 소재한 興寧寺 澄曉大師寶印塔碑의 음기에 奈生郡이 있다.[23]

다음으로 馬忽受蟹口草에 대해 살펴보기로 하자. 이 기와에 대해 고구려시

21) 경덕왕이 신라 지명을 아화한 해이다.

22) 이홍직, 「정원20년재명 신라범종 -양양설산출토품-」 『백낙준박사환갑기념국학논총』, 1955.

23) 허흥식 편저, 『한국금석전문』-중세 상-, 1984, 345쪽.

대설과[24] 통일신라시대설이[25] 있다. 기와 명문에서 ~草로 끝나는 예로는 충남 부여 정림사지의 定林寺大藏堂草, 충북 청원 김생사지의 金生寺講堂草 등이 있다.[26] 이 예들은 모두가 10~11세기에 유행한 것이다.[27] 馬忽이 고구려시대에 사용된 지명인 점에 근거한 고구려 기와설은 앞의 古尸山郡과 奈生郡의 예로 볼 때, 재고의 여지가 있는 듯하다. 이 기와의 명문은 장판으로 타날한 점에서 보면 후삼국시대의 것으로 판단된다. 馬忽명 기와는 정확하게는 918~935년 사이의 넉넉잡아서 어느 5년간이다.

봉수산성에서 채집된 任存명 또는 任存官명 기와는 백제부흥운동 당시의 임존성과 관계가 있는 백제 말기의 것이 출토되지 않고, 어골문 등 장판타날된 기와가 출토하고 있어서 그 시기가 후삼국시대임을 암시하고 있다.[28]

雨述명 기와에서는 그 연대 서열이 밝혀져 있어서 연대 결정에 도움이 되고 있다. 곧 1단계는 6세기 중엽이후의 고신라 말에서 통일신라까지이고, 그 관계는 1단계 기와와 마찬가지로 고려시대 건물지 아래의 황갈색 사질점토층에서 출토된 것으로 전형적인 어골문과는 달리 集線文이 서로 엇물리게 시문한 것과 격자 간격이 3~5cm로 넓은 사격자문이 종방향의 직선이 결합된 기와들로 거의 대부분이 雨述명이란 명문이 찍힌 기와들이다. 3단계는 고려시대로 雨述, 雨述天國, 棟梁道人六廻(?) 등의 명문 기와가 포함되어 있다. 雨述명 기와가 집중적으로 나오는 2단계는 후삼국시대로 추정할 수 있다.

그렇다면 후삼국시대의 고구려나 백제 옛 강역에서는 지방호족들이 고구려나 백제의 옛지명을 사용하면서 석성을 새로 쌓거나 종래의 석성을 수리하여

---

24) 단국대학교 사학과, 앞의 책, 1996, 44쪽.
서영일, 「포천 반월산성 출토 馬忽受解空口單명 기와의 고찰」『사학지』 21, 1996.

25) 심정보, 앞의 논문, 2000, 333쪽.

26) 서오선, 「한국평와 문양의 시대적 변천에 대한 연구」, 충남대학교 석사학위논문.

27) 松井忠春 등, 「韓國 慶州地域寺院所用瓦の硏究」『靑丘學術論叢』 4, 1994, 41쪽.

28) 봉수산성은 백제 말기의 산성이 아니라고 이남석 교수의 교시를 받았다.

반신라적인 모습을 나타내는 편린을 당시 고구려나 백제 강역의 산성 출토 기와 지명에서 엿볼 수 있다. 앞으로 이러한 계통의 기와들의 출토하는 예는 더 늘어날 것으로 보인다.

IV. 맺음말

통일신라 말기의 고구려와 백제의 옛 고구려와 백제시대에 사용되었던 지명이 평기와의 등면에 나타나고 있다. 이들 자료를 검토하여 후삼국시대 지방호족들의 반신라적 분위기 속에서 만들진 것이다. 이들 기와는 후삼국시대에 만들어진 것이다.

추기; 후삼국시대 고려의 기와인 광주 선리의 국립중앙박물관 소장의 고구려 지명은 14곳, 통일신라 지명은 5곳이었다. 논리상으로 문제가 있으나 9세기 말에서 후삼국시대에 이르기까지 상주, 양주, 강주의 신라 옛 땅에서는 지명이 있는 문자명 기와가 한 점도 출토되지 않고 있고, 상주 복룡동에서 출토된 沙伐州姬명 납석제추명의 沙伐州가 전부라서 좀 더 시간을 두고 신출토 자료를 기다리기로 한다. 沙伐州姬명 납석제추명의 연대는 757년 12월과 776년 1월 사이의 시기를 제외한 7세기 후반에서 8세기로 보인다. 왜냐하면 沙伐州姬명 납석제추명에서 반출되는 기와가 중판이라서 7세기 후반에서 8세기이고, 757~776년 사이라면 尙州姬명이 되어야 하기 때문이다. 이를 9세기나 10세기로 보는 것은 기와 편년으로 볼 때에 불가능하다.

제2절

廣州船里遺蹟에서 출토된 蟹口기와의 生産과 流通

Ⅰ. 머리말

1925년 대홍수(乙丑大洪水) 때 광주 선리 유적이 알려져서 국립중앙박물관,[1] 서울대학교 박물관,[2] 이화여자대학교 박물관[3] 등에서 선리 문자 기와를 소장하고 있다. 이 가운데 서울대학교 박물관 자료가 가장 먼저 본격적으로 공개되었다.[4] 국립중앙박물관의 기와와 그 명문이 일부 겹치고 있어서 그 뒤의 연구에 영향을 주었다. 그 뒤에 국립중앙박물관 소장 기와 명문들이 외국인학자에 의해 소개되었다.[5] 여기에서는 30여 점에 가까운 문자와의 소개와 함께 그 시기를

1) 田中俊明, 「廣州船里出土文字瓦銘文の解釋と意義」『古代文化』 56-11, 2004.
김규동 · 성재현, 「선리 명문와 고찰」『고고학지』 17-2, 2011.

2) 전덕재, 「서울대학교박물관소장 명문기와 고찰」『서울대학교박물관 소장 명문기와』, 2002.

3) 이화여자대학교박물관, 『이화여자대학교박물관창립100주년기념박물관소장품목록』, 1987에서 가장 먼저 사진으로 공개하였다.

4) 전덕재, 앞의 논문, 2002. 여기에서는 경덕왕 16년(757년) 전후의 지명이 개정된 것과 복고된 것에 근거해 선리 문자와의 연대를 8~9세기로 보았다. 문헌만으로 기와 명문을 다루어서 문제가 있다. 고고학 자료인 문자 자료를 문헌만으로 조사하면 얼마나 위험한지를 알려주는 예이다. 곧 기와 편년만으로도 8세기로는 볼 수가 없다. 9~10세기 초의 후삼국시대의 기와로 보아야 할 것이다. 후술하겠지만 해구 기와는 918~935년 사이의 어느 해인 후삼국시대 고려 기와이다.

5) 田中俊明, 앞의 논문, 2004.

지명에서 『삼국사기』, 지리지에 의해 景德王 16년(757년) 개칭 이전의 표기도 있고, 그 이후의 표기도 있음을 주목하고서 고구려와 통일신라의 옛 지명이 나옴을 근거로[6] 기와 편년에 힘입어서 9~10세기 초로 보고 있다.[7] 다시 국립중앙박물관의 학예연구사들에 의해 기와의 실측도와 함께 기와 명문에 대한 상세한 연구가 발표되었다.[8] 여기에서는 38점의 문자 기와를 6부류로 나누어서 船里 기와의 시기를 8세기 중후반경부터 10세기 중후반까지로[9] 보았다.[10] 또 선리의 근처인 고덕천이 게내천를 가리키는 것으로 보고 이를 蟹口라고 보았다. 결국 蟹口를 선리 근처의 고덕천으로 보았다.[11] 바꾸어 말하면 蟹口를 선리 가까이에 있던 기와 공급지인 기와 요지로 보고 있다.

광주 선리 기와는 기와 중에서 지명이 가장 많이 나온다는 특징을 지내고 있

6) 여기에 근거하면 선리의 문자와는 당연히 8~9세기로 보아야 한다. 기와 편년으로는 9세기에서 10세기 초로 보아야 된다.

7) 田中俊明, 앞의 논문, 2004, 638쪽. 이 조사에는 기와 전문가 高正龍 교수와 吉井秀夫 교수가 동행해서 연대가 경덕왕 6년(757년)에서 고려 태조 2년(919년)으로 설정하고 나서, 기와 연구자의 도움으로 9세기에서 10세기 초로 보았다. 이는 기와 편년에 의한 것으로 보인다. 그래서 기와 사용 기간 중에 8세기 설은 무시되어 나오지 않고 있다.

8) 김규동 · 성재현, 앞의 논문, 2011.

9) 김규동 · 성재현, 앞의 논문, 2011, 577쪽.

10) 이 외에 요시이 히데오, 「광주 선리 명문기와의 고고학적 재검토」 『정인스님 정년퇴임 기념 논총 -佛智光照-』, 2017, 1138쪽에서는 선리 기와를 9세기 전후 한주 기와 공급 체계로 파악한다고 했다.
高正龍 · 熊谷舞子 · 安原葵, 「關西大學博物館所藏朝鮮瓦 -文字瓦を中心として-」 『關西大學博物館紀要』 20, 2014에도 있으나 연대 문제에 대해서는 기왕의 견해인 고구려시대 설, 10세기 설, 고려시대 설을 소개하고 있다.

11) 그래서 선리를 이 명문 기와들을 굽던 기와 요지로 본 듯하다. 다루는 기와의 명문에서 고구려계 14곳, 통일신라계 5곳의 기와를 이 선리인 蟹口의 요지에서 19개 지명의 각 소비지로 보냈다가 어떤 이유로 선리에 배가 멈춘 것으로 보았다. 선리에 해구 기와 요지가 있었다면 지금도 발견될 수가 있을 것이다. 그러나 해구인 선리에서 기와 요지가 발견된 예는 없다. 이는 중요한 것을 암시하고 있는 듯하다.

다. 그것도 공급지와 수요지를 나타내주는 명문도 있다. 지명에 한하여 말하면 신라 등 고대국가 전시기의 기와 명문보다 훨씬 많게 선리 출토의 기와에서 지명이 나오고 있다. 이는 선리 기와가 고신라나 통일신라의 명문이 아님을 암시하고 있는 것으로 보인다. 그 후보자로 당연히 蟹口의 공급지가 나오는 후삼국시대의 고려가 그 대상이 되나 속단할 수는 없다. 침착하게 자료를 살펴보면 의외의 사실이 나타날 수가 있다. 기와는 기본적인 기와에 대한 기초 지식을 가지고, 금석문에 대한 연구의 상식인 吏讀인지 여부에 유의해 가지고[12] 이 명문을 풀어야 한다. 그렇지 않고서는 실수를 할 수가 있다. 문자 자료라는 특성과 기와라는 특징을 동시에 참작하여 그 명문을 조사해 보고자 한다.

여기에서는 먼저 기왕의 견해 가운데 가장 설득력이 있는 기와 전공자의 견해를[13] 중시하여 명문을 제시하겠고, 다음으로 38점의 명문에 나오는 19개의 지명을 검토하겠고, 그 다음으로 蟹口의 위치를 기왕의 성과를 중심으로 살펴보고, 그 다음으로 선리 명문와의 제작 시기를 고고학적인 방법과 금석문에서 나온 결론을 중심으로 살펴보고, 마지막으로 蟹口기와를 통해 기와의 생산과 유통에 대해 살펴보고자 한다.

II. 명문의 제시

지금까지 알려진 국립중앙박물관 소장의 평기와의 명문은 다음과 같다. 수

12) 지금까지 이 기와 명문들을 이두로 풀이한 연구 성과는 없었다. 가령 695년의 신라 둔전문서에는 烟受有畓(田)이 있는데 이를 丁田, 均田, 職田 등으로 해석하고 있으나 이는 잘못이다. 烟受有畓(田)은 烟이 받을 수 있는 畓(田)이란 명사가 되어 통일신라에만 있는 토지제도가 되기 때문이다. 한문으로 해석하면 烟이 畓(田)을 받을 수 있다가 된다.

13) 김규동 · 성재현, 앞의 논문, 2011, 564~567쪽.

막새와 암막새가 한 점도 없는 점이 특이하다. 명문은 글자의 흔적도 비교적 뚜렷하여 읽기가 쉽다. 명문은 3차례에 걸쳐서 판독문이[14] 제시되고 있다. 그러면 여기에서는 먼저 판독문부터 제시하기로 한다.[15]

1. 北漢受國蟹口船[16]
2. 受國蟹口船家草
3. ~家草
4. 高烽縣受國蟹~
5. △△[17]縣受
6. 北漢受蟹~
7. △忽受蟹口
8. 買召忽
9. 夫如受
10. (泉)口郡受蟹口草[18]
11. 松岳蟹
12. 栗木蟹~
13. △木蟹口[19]
14. 王逢受蟹~
15. 買省蟹口
16. 屈押~
17. ~押蟹~
18. 豆射所馬

---

14) 田中俊明, 앞의 논문, 2004.
김규동 · 성재현, 앞의 논문, 2011.
국사편찬위원회 한국사데이터베이스(홍승우 판독).

15) 국립중앙박물관소장의 명문와는 337점에 달하나 여기에서는 겹치지 않는 38가지의 자료만을 소개하기로 한다. 주로 김규동 · 성재현, 앞의 논문, 2011에 따랐다.

16) 北漢受國蟹口船家草: 홍승우

17) △△△: 홍승우

18) △口郡受蟹口草: 홍승우

19) 木蟹口: 홍승우

19. 蟹口開城
20. 皆山
21. 水城蟹口
22. 今万(勿)奴
23. 馬城
24. 黃壤受船宇草
25. 荒壤~
26. ~受船宇草
27. 梁骨蟹口
28. 梁骨蟹口
29. 唐白
30. 白城(?)口
31. 童子~
32. 所口仍
33. 所日
34. 所口(?)[20]
35. 高
36. 楊根△
37. 蟹
38. 口

III. 지명의 검토

광주 선리 기와의 가장 큰 특징은 매 자료마다 한 개나 두 개의 지명이[21] 나오고 있는 점이다. 이 지명들은 『삼국사기』, 지리지에도 나오고 있어서 지리지

---

20) 日口: 홍승우

21) 문자 기와에 두 개의 지명이 있는 경우에는 공급지와 소비지를 나타내고, 한 개의 지명만 있는 경우에는 기와의 소비지를 나타낸다.

의 정확성을 말해주고 있다. 이들은 현재 경기도, 인천광역시, 황해도, 충청도, 강원도 일대에 광범위하게 분포하고 있다. 크게 볼 때 통일신라 9주 가운데 漢州의 영역을 크게 벗어나지 않고 있다. 이들 지명은 모두 기와의 수요지라고 보고 있다. 기와는 기본적으로 공급지인 기와요지와 소비지인 수요지와 운송로가 중요하다. 기와에 나오는 지명이 한 가지만 나올 경우에는 사용처인 소비지의 지명으로 보는 것이 일반적이다. 그러면 선리 기와에 나오는 지명을 살펴보기로 하자.

<표 1> 선리 명문와에 나오는 지명

명문	삼국사기 지명 비정	현재 지명 비정
北漢(山)	漢陽郡의 고구려 지명[22]	북한산을 중심으로 한 서울시 일대
高烽	交河郡의 한 縣인 高烽縣의 통일신라 지명[23]	경기도 고양시 벽제 일대
荒壤	漢陽郡의 한 縣인 荒壤縣의 통일신라 지명[24]	경기도 양주군 주안면 일대
買召忽	栗津君의 한 縣인 邵城縣의 고구려 지명[25]	경기도 인천 지역
夫如	富平郡의 고구려 지명[26]	강원도 철원군 김화읍 일대
泉口郡	交河郡의 고구려 지명[27]	경기도 파주군 교하면 일대

22) 漢陽郡 本高句麗北漢山郡 一云平壤(『삼국사기』 권35, 잡지4, 지리조)

23) 交河郡 本高句麗泉井口縣 景德王改名 今因之 領縣二 峯城縣 本高句麗述尒忽縣 景德王改名 今因之 峯城縣 本高句麗達乙省縣 景德王改名 今因之(『삼국사기』 권35, 잡지4, 지리조)

24) 漢陽郡 本高句麗北漢山郡 一云平壤 眞興王爲州 置軍主 景德王改名 今楊州舊墟 領縣二 荒壤縣 本高句麗骨衣奴縣 景德王改名 今豊壤縣 遇王縣 本高句麗皆伯縣 景德王改名 今幸州(『삼국사기』 권35, 잡지4, 지리조)

25) 栗津郡 本高句麗栗木縣 今菓州 領縣三 穀壤縣 本高句麗仍伐奴縣 景德王改名 今黔州 孔巖縣 本高句麗濟次巴衣縣 景德王改名 今因之 邵城縣 本高句麗買召忽縣 景德王改名 今仁州(『삼국사기』 권35, 잡지4, 지리조)

26) 富平郡 本高句麗夫如郡 景德王改名 今金化縣(『삼국사기』 권35, 잡지4, 지리조)

27) 交河郡 本高句麗泉井口縣 景德王改名 今因之(『삼국사기』 권35, 잡지4, 지리조) 명문은 泉井口가 아니고 泉口郡으로 되어 있어서 泉井口縣이 아니고 명문대로 泉口郡이 옳다.

명문	삼국사기 지명 비정	현재 지명 비정
王逢	고구려 지명[28]	경기도 고양시 幸州 內洞 일대
水城	水城郡의 통일신라 지명[29]	경기도 수원 지역
栗木	栗津郡의 고구려 지명[30]	경기도 과천 지역
買省	來蘇郡의 고구려 지명[31]	경기도 양주군 주내면 일대
屈押	松岳郡의 한 縣인 江陰縣의 고구려 지명[32]	황해북도 금천군 서북면 일대
開城	開城의 통일신라 지명[33]	황해북도 개풍 지역
皆山	皆次山郡의 고구려 지명[34]	경기도 안성군 죽산 일대
今万奴	黑壤郡의 고구려 지명[35]	충청북도 진천 일대
松岳	松岳郡의 통일신라 지명[36]	황해북도 개성 지역
梁骨	堅城郡의 한 縣인 고구려 지명[37]	경기도 포천군 영중면 일대
白城	安城郡의 통일신라 지명[38]	경기도 안성군

28) 王逢縣 一云皆伯 漢氏美女 迎安藏王之地 故名王逢(『삼국사기』 권37, 잡지6, 지리조)

29) 水城郡 本高句麗買忽郡 景德王改名 今水州(『삼국사기』 권35, 잡지4, 지리조)

30) 栗津郡 本高句麗栗木郡 景德王改名 今菓州(『삼국사기』 권35, 잡지4, 지리조)

31) 來蘇郡 本高句麗買城縣 景德王改名 今見州 領縣二(『삼국사기』 권35, 잡지4, 지리조)

32) 松岳郡 本高句麗扶蘇岬 孝成王三年築城 景德王因之 我太祖開國爲王畿 領縣二 如熊縣 本高句麗若豆恥縣 景德王改名 今松林縣 第四葉光宗創置佛日寺於其地 移其縣於東北 江陰縣 本高句麗屈押縣 景德王改名 今因之(『삼국사기』 권35, 잡지4, 지리조)

33) 開城郡 本高句麗冬比忽 景德王改名 今開城府(『삼국사기』 권35, 잡지4, 지리조)

34) 介山郡 本高句麗皆次山郡 景德王改名 今竹州(『삼국사기』 권35, 잡지4, 지리조)

35) 黑壤郡 一云黃壤郡 本高句麗今勿奴郡 景德王改名 今鎭州(『삼국사기』 권35, 잡지4, 지리조)

36) 松岳郡 本高句麗扶蘇岬 孝成王三年築城 景德王因之 我太祖開國爲王畿(『삼국사기』 권35, 잡지4, 지리조)

37) 堅城郡 本高句麗馬忽郡 景德王改名 今抱州 領縣二 沙川縣 本高句麗內乙買縣 景德王改名 今因之 洞陰縣 本高句麗梁骨縣 景德王改名 今因之(『삼국사기』 권35, 잡지4, 지리조)

38) 白城郡 本高句麗奈兮忽 景德王改名 今安城郡(『삼국사기』 권35, 잡지4, 지리조)

명문	삼국사기 지명 비정	현재 지명 비정
童子	長堤郡의 한 縣인 童城縣의 고구려 지명[39]	경기도 김포시 통진읍 일대
楊根	暾(一作 沂)川郡의 한 縣인 濱陽縣의 고구려 지명[40]	경기도 양평군 양평읍 일대

이외에도 『삼국사기』에 확인되지 않는 지명으로 豆射所馬와 馬城, 唐白, 高, 所口(日)仍 등이 있다. 所口(日)은 하남 교산동 건물지에서 발견된 바 있어 하남 지역과 관련된 것으로 추정되며,[41] 高는 고양시 성석동에 위치한 고봉산성에서 채집된 바 있어 고양과 관련이 있는 것으로 보인다.[42] 또 포천 반월산성에서는 선리와[43] 같은 馬忽受蟹口草명 기와가[44] 출토되었고,[45] 선리와 같은 명문인 北

39) 長堤郡 本高句麗主夫吐郡 景德王改名 今樹州 領縣四 守城縣 本高句麗首尒忽 景德王改名 今守安縣 金浦縣 本高句麗黔浦縣 景德王改名 今因之 童城縣 本高句麗童子忽(一云幢山)縣 景德王改名 今因之 分津縣 本高句麗平唯押縣 景德王改名 今通津縣(『삼국사기』 권35, 잡지4, 지리조)

40) 暾(一作 沂)川郡 本高句麗述川郡 景德王改名 今川寧郡 領縣二 黃驍縣 本高句麗骨乃斤縣 景德王改名 今黃驍縣 濱陽縣 本高句麗楊根縣 景德王改名 今復古(『삼국사기』 권35, 잡지4, 지리조)

41) 경기문화재단부설 기전문화재연구원 · 하남시, 『하남 교산동 건물지 발굴조사 종합보고서』, 2004, 505쪽의 사진 136-④.

42) 고양시 · 한국토지공사토지박물관, 『고양시의 역사와 문화유적』, 1999, 454~461쪽.

43) 경기문화재단부설 기전문화재연구원 · 하남시, 앞의 책, 2004, 503쪽의 사진134의 ⑤ · ⑥에는 蟹口명 기와가 나와서 선리에서 공급된 것으로 해석하고 있다.

44) 김창호, 「후삼국 기와에 보이는 여 · 제 지명」 『한국 중세사회의 제문제』, 2001 등에서 馬忽受蟹口草를 馬忽受解空口草로 잘못 판독하였다. 馬忽受蟹口草로 바로 잡는다.

45) 서영일, 「포천 반월산성 출토 馬忽受解空口單명 기와의 고찰」 『사학지』 29, 1996.
단국대학교 사학과 · 포천군, 『포천 반월산성 1차발굴조사 보고서』, 1996.
이도학, 「포천 반월산성 출토 고구려기와 명문의 재검토」 『고구려연구』 3, 1997.
손보기 · 박경식 · 박정상 · 김병희 · 황정옥, 『포천 반월산성 3차 발굴조사 보고서』, 1988.

漢受國蟹口명 기와가 아차산성과[46] 서울 암사동에서[47] 출토되었다. 그래서 蟹口 와요지에서 만들어진 기와가 이들 지역에 공급되었음을 알 수 있다.

따라서 기와에 새겨진 명문의 현재 지명을 종합해 보면, 蟹口 등에서 제작된 기와의 공급 지역은 서울의 북한산 지역, 경기도의 양평 · 안성 · 수원 · 과천 · 김포 · 양주 · 고양 · 파주 · 포천 · 하남과 인천광역시, 강원도 철원, 황해도 개성 지방, 충청북도 진천 지방으로 매우 넓은 지역에 해당된다. 선리 기와에서 지명이 확인된 것 중 『삼국사기』, 지명 비정에서 고구려 지명은 14곳이고, 통일신라의 지명은 5곳이다. 이를 郡 · 縣으로 구분해 보면, 군의 지명이 11곳, 현의 지명이 8곳이다. 고구려의 옛 지명과 통일신라의 지명이 혼재해 있는 점이 주목된다.

IV. 蟹口의 위치[48]

선리에서는 337점의 문자 기와가 출토되었다. 이들 명문은 조금씩 다른 문자로 되어 있으나 가장 길고 완전한 문장은 北漢受國蟹口船家草이다. 가운데 船

김창호, 앞의 논문, 2001.
馬忽受蟹口草명 기와를 서영일과 이도학은 고구려의 기와로 보았으나 이는 잘못된 것이고, 김창호는 후삼국시대 기와로 보았다. 그 뒤의 田中俊明은 9세기에서 10세기 초까지로, 김규동 · 성재현은 8세기 중 · 후반경부터 10세기 중후반까지로 보았다. 馬忽受蟹口草명 기와가 고구려제가 아님은 분명하다. 김창호는 지금 현재에 와서는 918~935년의 어느 해로 보고 있으면서, 馬忽受蟹口草명 기와는 후삼국의 고려 기와로 해석하고 있다. 문자 기와가 나오면 기와 전공자가 그 연대를 대충 추정한 다음 금석문 전공자와의 협력이 필요하다. 그렇지 않으면 연대를 설정하는 데에 무리수를 둘 수가 있다.

46) 임효재 · 최종택 · 윤상덕 · 장은정, 『아차산성 -시굴조사보고서-』, 2000.

47) 이병도, 『한국고대사연구』, 1976, 460쪽.

48) 이 장은 김규동 · 성재현, 앞의 논문, 2011, 569~570쪽에서 발췌하였고, 蟹口가 開城에 있는 점만 새로이 구성하여 제시하였다.

家는 荒壤受船宇草에서와 같이 船宇로 표기되기도 하나 서로 같지 않은 것이며, 이들은 생략되어 (泉)口郡受蟹口草로 명문이 새겨지기도 한다. 이외에도 △△蟹口만 새기거나[49] 그냥 단독으로 馬城, 皆山만을[50] 새기기도 한다. 이 가운데 앞의 △△에는 北漢(山), 楊根, 水城, 買忽, 栗木, 買召忽, 童子, 荒壤, 買省, 高烽, 泉口郡, 梁骨, 夫如, 松岳, 屈押 등이 새겨져 있다. 이들 지명은 『삼국사기』에 나오는 고구려와 통일신라의 것이다.

선리 기와 명문에 나오는 蟹口는 어디인지가 궁금하다. 蟹口를 게의 입구로[51] 풀이하고, 蟹口란 명문은 기와 발견지에서 남서쪽으로 약 2km 떨어진 곳에서 한강으로 합류하는 고덕천과 관련이 깊다고 보았다.[52] 경기도 하남시에 위치한 이성산을 분수령으로 광암동에서 발원하여 서북 방향으로 흐르다가 강동구의 상일동, 하일동, 고덕동을 거쳐 한강으로 합류하는 하천으로 옛날부터 蟹川 또는 게내, 게천이라고 불려 왔다. 곧 蟹口는 蟹川의 입구를 뜻하는 것으로 선리 기와는 蟹川과 관련이 클 가능성이 있다. 北漢受國蟹口船家草에 있어서 앞의 北漢은 공급지를 蟹口의 船家는 기와의 생산지를 가리킬 가능성이 크다. 蟹口의 후보지로는 선리 기와의 발견지 주변이 한강의 曲流 지점이고, 고덕천과 왕숙천의 한강 합류 지점인 점, 당정미사하중도에[53] 의해 나누어진 강줄기가 흐르는 점 등으로 보아 선리 기와 발견지를 포함한 일대가 게의 서식지였을 가능성이 높다. 그 영향으로 고덕천도 후대에 게천(蟹川)으로 불리게 되었다는

49) △△가 받은 蟹口의 기와로 해석된다. 곧 △△受蟹口를 생략하여 △△蟹口가 된 것으로 볼 수가 있다.

50) 馬城, 皆山도 기와의 소비처를 나타내는 것으로 보인다.

51) 蟹口를 게 입구로만 풀 수 없고, 蟹口를 게입 모양으로 해석해서 지형 모양으로 풀이할 수도 있다. 그러면 蟹口는 蟹口기와요지의 게입 모양이 되어 게 입구와는 지명 비정이 달라지게 된다. 게입 모양의 지형은 3방향은 막혀있고, 한 쪽으로만 길이 뚫린 지명으로 홈실[楡谷] 등이 있다.

52) 김규동 · 성재현, 앞의 논문, 2011, 569쪽.

53) 김규동 · 성재현, 앞의 논문, 2011, 570쪽.

것이다. 기와 발견지 부근이 유적의 형성 당시에는 蟹口였던 것으로 보인다. 기와 발견지 부근의 얕은 구릉 남쪽에 폭이 좁은 하천이 한강 본류와 합류하는 입구인 사실을 통해서도 확인할 수 있다. 蟹口는 게내천 혹은 게와 관련된 명칭의 蟹口 입구로 해석된다.

위와 같은 해석은 한강 지류에서 게가 살지 않는 곳은 거의 없을 것이다. 명칭만으로 蟹口를 정하는 것은 조심해야 된다. 蟹口는 게내천 또는 게와 관련된 명칭의 하구 입구로 해석해도 그렇다. 이를 결정적으로 알 수 있는 자료로 선리 기와 명문의 蟹口開城이 있다. 이 기와가 너비로는 파실되었으나 명문이 있는 길이로는 완벽하게 남아있다. 이를 吏讀로 해석하면 蟹口는 開城이다가 된다.[54] 이를 의역하면 蟹口는 開城에 있다가 된다. 곧 開城에 蟹口의 기와요가 있다가 된다. 만약에 開城蟹口로 적었다면 開城이 받은 蟹口의 기와란 뜻이 된다. 그래서 蟹口開城라고 적어서 開城에 있는 蟹口 기와란 뜻으로 사용했다. 蟹

54) 北漢受國蟹口船家草는 이두로 풀이하면, 北漢이 받은 國家의 蟹口의 船家의 기와(草)가 되고, 한문으로 보면 北漢이 國家의 蟹口의 船家의 기와(草)를 받았다가 된다. 荒壤受船宇草도 이두로 해석하면, 荒壤이 받은 船宇의 기와(草)가 되고, 한문으로 해석하면, 荒壤이 船宇의 기와(草)를 받았다가 된다. (泉)口郡受蟹口草도 이두로 풀이하면 (泉)口郡이 받은 蟹口의 기와(草)가 되고, 한문으로 해석하면 (泉)口郡이 蟹口의 기와(草)를 받았다가 된다. 蟹口開城도 이두로 해석할 때, 蟹口는 開城이다. 곧 蟹口는 開城에 있다가 된다. 결국 開城에 있는 蟹口기와요지란 뜻이 된다. 가령 梁骨蟹口는 梁骨이 받은 蟹口의 기와란 뜻으로 蟹口開城과는 해석에서 차이가 있다. 38점의 명문에는 전부가 草자가 생략되어 있어도 포함되어 있는 것으로 보인다. 명문와 337점에는 모두 이두인 草자가 생략되었으나 있었을 것이고, 중복된 것을 제외할 때, 그 숫자는 줄어들겠지만 草자가 포함되어 있다. 草자가 기와로 보는 예가 한문에는 없어서 蟹口의 기와 명문이 이두인 결정적인 증거가 된다. 이 草의 예로는 10세기 중엽에서 11세기 전반에 걸쳐서 70년 동안 유행하면서 나오는 官草, 堂草, 瓦草, 凡草가 있다. 이 官草, 堂草, 瓦草, 凡草 등도 이두로 판단된다. 이렇게 蟹口 등의 기와에서 나온 한자를 이두인지 한문인지 구별하지 않고 해석해 왔다. 그래서 모두가 蟹口를 船里(고덕천) 일대나 광주 선리로 보아 왔다. 이는 잘못된 것이다.

口開城의[55] 본래 의미는 한문으로는 게 입 모양의 開城 또는 蟹口(큰 것)의 開城(작은 것)이란[56] 뜻이다. 이들의 뜻은 吏讀로 蟹口開城이 開城에 있는 蟹口 기와 窯址란 뜻으로 해석되어 그 의미를 잃게 되었다. 또 船家나 船宇도 배가 정박하는 시설 또는 배를 만드는 시설로 보거나[57] 배가 정박하는 시설 즉 나루터로 보기도 하나[58] 여기에서는 지명으로 보기로 한다.[59] 왜냐하면 荒壤受船宇草에서 荒壤에서 받은 船宇의 기와로 해석되기[60] 때문이고, 北漢受國蟹口船家草에서는 北漢이 받은 국가의 蟹口의 船家의 기와로 해석되기 때문이다.[61] 또 蟹口開城은 買省蟹口나 梁骨蟹口와는 차이가 있다. 이는 그 순서가 서로 반대이고, 蟹口開城은 開城에 蟹口가 있다로 해석되는 대신에 買省蟹口은 買省이 받은 해구 기와와 梁骨蟹口은 梁骨이 받은 해구 기와로 해석되기 때문이다.

Ⅴ. 선리 명문와의 제작 시기

선리 명문 기와는 蟹口의 위치를 선리나 그 가까운 곳으로 보았다. 그러면 선

55) 한문으로는 조그만 게 입이 큰 성을 연다는 뜻도 있다. 이는 四字成語이다.

56) 이는 실제로 있을 수 없다. 한문에서 지명은 대개 큰 것을 앞에 두고, 작은 것을 뒤에 둔다. 지명에서 큰 것과 작은 것의 선후 관계는 한문에서는 별다른 의미가 없다.

57) 田中俊明, 앞의 논문, 2004, 635쪽.

58) 김규동 · 성재현, 앞의 논문, 2011, 570쪽. 그러나 나루터는 船埠, 津口, 津岸, 津驛, 津河, 渡船場, 鄍, 津 등으로 표현되기 때문에 성립되기 어렵다.

59) 船家나 船宇는 일반적으로 배위의 집이라는 뜻이다. 이렇게 해서는 荒城受船宇草와 北漢受國蟹口船家草의 명문 전체를 해석할 수가 없다.

60) 이렇게 荒壤受船宇草를 荒壤이 받은 船宇(지명)의 草(기와)로 해석하지 않고, 나루터 등으로 해석하면 막연한 뜻의 나루터를 공급지로 명문에 새기지 않았을 것이다. 船宇는 기와 요지일 가능성이 있다.

61) 개성의 蟹口 기와요는 蟹口, 船家, 船宇 등으로 다시 나누어진다.

리나 선리 근처가 기와를 생산하는 요지라는 이야기가 된다. 그래서 유물을 6가지 부류로 나누어서 그 연대를 추정하였다.[62)]

Ⅰ류: 세로 명문 한 줄 양각

受(國)蟹口船家草라는 명문이 공통적으로 있으며, 이 명문의 앞에는 北漢, 高烽, 荒壤 등 다른 명문들이 확인된다. 명문 중에 船家는 船宇로 표기되기도 하며, 船家가 생략되어 △△受國蟹口草라는 명문이 새겨지기도 한다. 이는 다시 △△受國蟹口船家草가 새겨지고, 장방형 명문 타날판의 윤곽이 남아 있는 것(ⅠA)과 명문 타날판 테두리의 윤곽이 없는 것(ⅠB), ⅠA에서 國蟹口가 생략되고, △△受船家草만 새겨져 있는 것(ⅠC)로 나눌 수 있다.

Ⅱ류: 세로로 동일한 명문을 여러 줄 양각

(受)口草가 공통적으로 있으며, 이 명문의 앞에는 Ⅰ류와 마찬가지로 서로 다른 지명이 확인된다. △△受蟹口가 새겨진 것(ⅡA)과 受없이 △△蟹口만 새긴 것(ⅡB)과 蟹口△△가 새겨져 있는데 蟹口와 △△ 사이에 3줄의 선으로 분리된 것(ⅡC)으로[63)] 나눌 수 있다.

Ⅲ류: 세로로 동일한 명문이 여러 줄 양각

Ⅰ류와 Ⅱ류처럼 공통된 명문이 확인되지 않고, 서로 다른 명문들만 확인된다. 완형이 없어서 상세한 것은 알 수가 없다.

Ⅳ류: 方郭內에 명문이 새겨진 것

장방형에 가까운 방형판으로 명문을 새겼다. 완형이 있지 않아 등 간격으로 새긴 것으로 추정되나 몇 개가 새긴 것인지는 알 수 없다. 명문은 기와의 오른쪽

62) 김규동 · 성재현, 앞의 논문, 2011, 568~569쪽.

63) 여기에 속하는 ⅡC류는 38점의 공개된 것에서는 蟹口開城의 1점밖에 없다.

이나 왼쪽 방향에서 보았을 때, 正字가 되게 가로 방향으로 뉘어져 있다. 외면은 주로 집선문이 타날 되었으며, 唐자와 비슷한 문양도 확인되며, 모두 문양을 타날 후 글자 문양을 새겼다.

Ⅴ류: 집선문을 이용한 복합문 타날 후 명문을 새긴 것

수평으로 집선문을 등간격으로 배치하고 그 사이에 사선의 집선문을 새겨 전체적으로 복합문이 되도록 한 후 △△口를 새겼다. △△에는 童子, 白城 등이 새겨져 있고, △△口 중 口는 정확히 알 수 없으나 남아 있는 상태로 보아 蟹口는 아닌 것으로 보인다. 타날 후 명문을 새겼다.

Ⅵ류: 어골문이 타날된 것 및 기타

ⅥA는 高자가 등간격으로 새겨진 것으로 집선문과 동심원문을 배치하여 전체적으로 기하학적 문양이 되게 하였고, ⅥB는 所日, 所口, 所口仍 등이 새겨진 것으로 무문 또는 집선문, 어골문 등이 타날 한 후 명문을 새겼고, 명문은 음각된 것도 있다. ⅥC는 전면에 무문 또는 집선문, 어골문 등으로 타날 한 후 명문을 새긴 것으로 명문은 등 간격으로 여러 줄이 새겨져 있다. 편만 잔존하여 완전한 명문의 알 수 없지만 蟹口가 보이는 것으로 보아 △△蟹口가 새겨진 것으로 추정된다.

이를 평기와의 형식 분류와[64] 대비로 8세기 중엽경에서 통일신라 말 또는 고려 초로 그 시기를 잡고 있다. 그 발전 순서도 Ⅰ류→Ⅱ류→Ⅲ류→Ⅳ류→Ⅴ류

64) 서오선, 「한국평와문양의 시대적 변천에 대한 연구」, 충남대학교 석사학위논문, 1985.
최태선, 「평와제작법의 변천에 대한 연구」, 경북대학교 대학원 석사학위논문, 1993.
조성윤, 「경주출토신라 평기와의 편년시안」, 경주대학교 석사학위청구논문, 2000.
최맹식, 「통일신라 평기와 연구」 『호서고고학』 6 · 7, 2002.
이인숙, 「통일신라~조선전기 평기와 제작기법의 변천」 『한국고고학보』 54, 2004.

→VI류로 보고 있다.[65] 이렇게 되면 Ⅰ류가 가장 화려하고 발전한 형태가 된다. 고고학에서 일반적으로 문화는 고졸→발전→절정→퇴화→소멸의 과정을 거치는 점과 차이가 있다.

길이로 글자가 완전히 남아 있는 蟹口開城이란 명문에 따르면 그토록 애타게 찾아왔던 蟹口는 선리가 아닌 開城에 위치하고 있다. 그러면 선리는 기착지로 판단되나 충청북도 진천이나 강원도 철원이나 황해도 송악이나 황해도 개성도 포함되어 있어서 그 의미를 어렵게 하고 있다. 이 선리 기와는 최종 도착지도 아니면서 가마 요지가 있던 개성의 기와까지 머나먼 선리에 오고 있다. 그 이유가 무엇인지가 궁금하다.[66] 앞에서와 같이 Ⅰ류에서 VI류로 나누어서 그 기와의 연대를 8세기 중엽경에서 935년까지로 볼 수는 없다. 비상식적인 항해인 개성의 蟹口에서 선리행은 단 한두 번쯤으로 족할 것이다. 그렇게 되면 선리에서 나온 기와는 유사 일괄유물로[67] 볼 수가 있다. 그러면 기와의 연대를 9세기 전후나[68] 9~10세기 초나[69] 8세기 중후반에서 10세기 중후반에 걸친 것으로[70] 볼

65) 평기와의 형식 분류는 100년을 단위로 끊어서 편년하기도 어려워서 따르기 어렵다. 38점의 문자 기와를 6부류로 나누어서 船里 기와의 시기를 8세기 중후반경에서부터 10세기 중후반까지로 보면, 200년을 6부류(작게는 12부류로 나눔)로 나누어서 약 33년을 단위로 편년한 것이 되어 따르기 어렵다. 고고학에서 형식 분류나 부류의 구분은 간단명료해야 되지 복잡하면서 간단하지 않는 것은 믿을 수가 없다.

66) 앞에서 포천 반월산성의 馬忽受蟹口草나 아차산성과 암사동에서 北漢受國蟹口란 명문이 출토되어 개성의 교역품으로서 기와를 들 수가 있을 것이다. 개성의 蟹口 기와는 관의 주도하에 이루어진 주문 생산에 의한 관요로 보인다.

67) 年月日이 동일한 유물은 아니고, 기와의 지명이 서로 달라서 제조 시기의 폭이 다소 있음을 의미한다. 또 蟹口에서 船里까지를 단 1번만 왔다갔다는 확정이 없어서 그 시기의 폭은 1~2번 전후 동안이면 충분하므로 반출된 일괄유물이나 마찬가지이나 반출 유무가 불확실하다. 그래서 유사 일괄유물이라고 불렀다. 그 유형이 다른 것은 기와요는 蟹口, 船家, 船宇 등으로 나누어져 있기 때문으로 판단된다.

68) 吉井秀夫, 앞의 논문, 2004, 1138쪽.

69) 田中俊明, 앞의 논문, 2004, 638쪽.

70) 김규동 · 성재현, 앞의 논문, 2011, 577쪽.

수는 없다.

선리 기와가 유사 일괄유물일 때 그 시기 궁금하다. 이를 확실히 하기 위해 절대 연대로 年干支나 年號 등과 인명이 합쳐져 나오는 예를 차례대로 제시하면 다음과 같다.

景辰年五月卄日法得書(656년, 미륵사)명 암키와에서 景辰年五月卄日法得書은 景辰年五月卄日에 法得이 썼다로 해석된다. 景辰의 景자는 피휘한 것으로 연대 설정에 주요하다. 景辰年은 丙辰年으로 그 시기는 656년이 틀림없고,[71] 이 기와 자체가 장판으로 되어 있어서 평기와 편년에 문제를 던지고 있다. 곧 이 기와는 통일신라 이전인 백제에서 장판 타날 기와가 원통으로 만들어지고 있었음을 알 수가 있다.[72] 이러한 사실을 평기와 연구자들은 간과해 왔다. 656년에 장판타날이 존재한 사실은 평기와 연구에 중요한 근거가 될 수가 있다. 7세기 중반은 신라 수도에서는 단판이 유행하였다.[73] 또 景辰年五月卄日法得書에서 年月日 다음에 인명(法得)이 옴을 밝혀주는 자료이다. 法得은 製瓦 제와기술자나 감독자로 판단된다. 이 자료에 따르면 656년에 확실한 장판 기와가 있어서 신라에서 고식 단판 6세기 전반~7세기 전반, 신식 단판 7세기 후반(의봉

71) 김창호, 「익산 미륵사 경진명 기와로 본 고신라 기와의 원향」『한국학연구』 10, 1999. 만약에 피휘로 기재된 景辰年(丙辰年)이 아니라면 656년이란 절대 연대를 확실하게 추정할 수가 없다.

72) 삼국의 평기와는 고구려와 백제는 통쪽(모골)기와, 신라는 원통기와를 사용해서 만들었다. 모골기와는 나무로 엮어서 통쪽의 아래쪽보다는 위쪽이 넓게 되어 있는데 대해 원통기와는 오히려 위쪽보다 아래쪽이 넓은 모습이다. 모골기와의 경우에는 기와를 만들면 기와 안쪽에 모골 흔이 남는데 대해, 원통기와에는 기와를 만들고 났을 때, 기와 안쪽에 삼베흔이 남는다. 모골기와는 밑으로 와통의 안쪽에 손을 넣어서 모골을 뽑고, 원통기와는 위로 원통을 들어서 뽑는다. 景辰명 기와는 신라의 원통 기와가 백제에서 왔음을 알려주는 중요한 자료이다. 그러나 그 연대가 656년이라서 6세기 전반에 출현하는 평기와가 어디에서 왔는지는 보다 확실한 자료의 출현을 기다려야 한다. 지금은 확실한 증거가 없지만 아마도 백제일 개연성이 클 것이다.

73) 儀鳳四年皆土가 679년으로 신식 단판 기와의 확실한 예이다.

사년개토명, 습부명, 한지명 암키와), 중판은 7세기 후반~9 · 10세기로 판단하고 있다. 지방은 중판이 7세기 후반~8세기에, 경주를 제외한 지방에서는 장판이 9세기 전반부터 출토되고 있어서[74] 통설과는 모순된다.

儀鳳四年皆土(개행: 679년)명 기와의 皆土의 土를 全土나 國土의 의미로 보아서 率土皆我國家로 의미로 해석하거나,[75] 679년을 실질적인 신라의 통일 연대로 보거나,[76] 年月日이 모두 음양오행의 土인 때를 가리키는 것으로 보거나,[77] 儀鳳/四年/皆土(이하 동일함)를 納音五行으로 보거나,[78] 모두 아울렀으니 우리 땅이 되었다로 皆土를 해석하고 나서 儀鳳四年皆土는 백제를 포함하는 땅을 모두 아울렀다는 의식의 표현이라고 보고 있으나,[79] 儀鳳四年皆土는 679년에는 다 (기와의) 흙이다로[80] 해석된다. 그래서 다경 요지, 망

74) 조성윤, 「신라 장판 타날문양 평기와의 경주 제작 여부에 대하여」 『이화사학연구』 30, 2003에서는 경주에는 9~10세기에도 장판 타날 평기와가 없었고, 계속해서 중판 타날 평기와를 사용했다고 한다.

75) 大坂金太郎, 「儀鳳四年皆土在銘新羅古瓦」 『朝鮮學報』 53, 1969, 62쪽. 皆土를 率土皆我國家라고 풀이한 것은 皆土에 깊은 뜻이 있다고하는 깊은 희망을 심어주었다.

76) 최민희, 「儀鳳四年皆土 글씨기와를 통해 본 신라의 통일 의식과 통일 기년」 『경주사학』 21, 2002.

77) 이 가설은 당시 경북대학교 사학과 逸名대학원생의 견해로 발표까지는 되었으나 인쇄되지는 못하고 말았다. 기와를 年月日이 土인 곧 土年 · 土月 · 土日인 때만이 생산된 것이 아니다. 결국 儀鳳四年의 土年 · 土月 · 土日인 때만 생산한 것이 아니라 土年 · 土月 · 土日이 아닌 때에도 생산했기 때문에 성립될 수가 없다.

78) 이동주, 「신라 儀鳳四年皆土명 기와와 納音五行」 『역사학보』 220, 2013. 納音五行은 年月日의 干支가 모두 土인 때 곧 土年 · 土月 · 土日인 때를 가리킨다고 한다. 土年 · 土月 · 土日인 때만 기와를 생산된 것이 아니라 儀鳳四年은 물론 그 이후에도 기와를 생산했을 가능성이 있어서 따르기 어렵다.

79) 최민희, 「儀鳳四年皆土 글씨기와의 개토 재론 -納音五行론 비판-」 『한국고대사탐구』 30, 2018.

80) 이렇게 해석해서는 그 의미가 통하지 않는다.

성리 요지 등에서 출토된 기와의 중요성을 통일신라에서는 부각시키고 있다. 다경 요지(한지부)와 망성리 요지(습부)야말로 신라의 대규모 본격적인 기와 생산에 획을 그었다. 그러한 자신감을 儀鳳四年皆土라고 기와에 박자로 찍어서 생산한 것으로 판단된다.[81] 儀鳳四年皆土은 기와에 있어서 신라인의 자긍심을 나타내는 것이다. 이를 率土皆我國家 등의 정치적으로나 納音五行 등으로 풀이하는 것은 문제가 있는 듯하다. 기와 명문은 기와 내에서 풀어야 되기 때문이다. 이 기와는 신식 단판으로 된 확실한 기와로 유명하다. 儀鳳四年皆土를 해석하는 다른 방법은 儀鳳四年(679년)에 皆土를 제와총감독으로 보아서 皆土를 인명으로 보는 방법이다.[82] 이렇게 인명으로 보는 해석 방법이 보다 타당성이 있는 듯하다. 왜냐하면 삼국시대나 통일신라시대에 있어서 연간지나 연호 뒤에 오는 단어에 인명이 포함되지 않는 예가 없기 때문이다. 곧 儀鳳四年皆土의 皆土가 어떤 방법으로 해도 해석이 되지 않아서 인명으로 보면 완벽하게 해석이 가능하다. 儀鳳四年皆土은 제와총감독의 인명을[83] 기록하

---

81) 부소산성에서 출토된 儀鳳二年명 기와(677년)는 儀鳳四年皆土 기와 명문과는 달리 한 줄로 글씨를 내려 쓴 것이 있다. 글씨를 찍은 것이 아니라 직접 쓴 것으로 儀鳳二年 뒤에 오는 제와장의 인명이 없다. 제와장의 인명을 기록하지 않는 까닭은 고대의 모든 기와요가 관요이기 때문에 관의 허락이 없어서일 것이다.

82) 금산 백령산성 출토 기와 명문에서 栗峴△ 丙辰瓦명 기와는 栗峴△이 丙辰年(596년)에 만든 기와란 뜻이다. 耳得辛 丁巳瓦명 기와는 耳得辛이 丁巳年(597년)에 만든 기와란 뜻이다. 戊午瓦 耳得辛명 기와는 戊午年(598년)에 기와를 耳得辛이 만들었다로 해석된다. 연간지+인명 또는 인명+연간지의 예로 중요하다. 이에 대해서는 작성 연대를 포함해서 김창호, 「금산 백령산성의 문자 자료」『신라 금석문』, 2020 참조.

83) 고대 기와에서 파실된 것을 제외하고, 거듭 이야기하지만 연호나 연간지 뒤에 무엇을 기록했다고 하면 인명을 기록하지 않는 기와는 없다. 儀鳳/四年/皆土(이하 동일)는 그 발견 초부터 儀鳳四年皆土의 皆土란 의미 추정에 너무 매달려 왔다. 그래서 누구나 皆土의 의미를 찾는데 온 힘을 다했다. 모두 皆土의 의미 추정에 다양한 견해가 있어 왔으나 그 어느 가설도 정곡을 찌르지 못했다. 儀鳳四年皆土의 皆土는 인명으로 679년에 획을 그은 신라 기와의 제와총감독자로 보인다. 儀鳳四年皆土

여 제와의 책임을 지게[84] 한 기와이다. 망성리기와요에서 井井習部명 · 井井

명 기와를 혹자는 문무대왕 기와로도 부르는 점에서 기와 가운데 그 출토지의 수가 많고, 기와의 기술 수준에서 최고의 것이다. 삼국 통일의 영주인 문무대왕이 마음을 먹고 만든 기와로 어떤 기와보다도 완벽한 기와로 삼국 통일의 웅지가 기와에 나타나 있다. 儀鳳四年皆土의 기와편으로 남산 칠불암의 연대 설정과 나원리 5층석탑의 연대 설정은 유명하다(박홍국, 「경주 나원리5층석탑과 남산 칠불암마애불상의 조성 시기 -최근 수습한 명문와편을 중심으로-」『과기고고연구』 4, 1988, 88쪽). 앞으로 儀鳳四年皆土는 679년이란 절대연대를 가지는 기와이므로 유적지의 편년이나 불상의 연대 설정 등에 활용될 수가 있다. 또 儀鳳四年皆土명 기와는 내남면 망성리 기와 가마터, 사천왕사지, 인왕동절터, 국립경주박물관 부지, 월지, 월성 및 해자, 첨성대, 나원리 절터, 칠불암, 성덕여고 부지, 동천동 택지 유적, 나정, 발천 등 경주 분지 전역에서 출토되고 있어서 679년에만 儀鳳四年皆土명 기와를 만들었다고 볼 수가 없다. 다소 연대의 폭이 있을 것이고, 기와도 망성리기와요지만이 아닌 다른 요지에서도 儀鳳四年皆土명 기와를 만들었을 가능성도 있다. 이 儀鳳四年皆土명 기와의 제와에는 왕족인 탁부를 비롯하여 왕비족인 사탁부도 참가했을 것으로 추측된다. 왜냐하면 기와가 중요하고, 그 중요성을 왕족인 탁부와 왕비족인 사탁부는 알고 있었을 것임이기 때문이다. 방곽의 곽안에 사선문, 직선문, 사격자문의 문양이 儀鳳四年皆土명 기와와 井井習部, 井井習府, 井마크 등의 기와와 유사한 점으로 儀鳳四年皆土명 기와를 習比部의 기와로 보기도 하나, 이 시기의 기와가 관수관급제의 관요이므로 얼마든지 비슷한 문양을 儀鳳四年皆土명 기와에 사용할 수가 있다. 문양의 디자인 권한은 官에 있지 습비부에 있는 것이 아니다. 또 習部와 習府가 동일한지 여부는 알 수가 없다. 6부명을 府로 표기한 예가 전무하기 때문이다.

84) 신라 기와에서 기와 공정에 책임을 지게 한 것과 함께 유명한 것으로 남산신성비에서 쌓은 성이 3년 안에 무너지면 책임을 지겠다는 맹서를 하고 있어서 유명하다. 儀鳳/四年/皆土명 기와도 제와의 책임을 모두 皆土가 졌다는 것을 의미하고 있다. 景辰年五月卄日法得書(656년)의 法得, 調露二年漢只伐部君若小舍~三月三日作康(?)~(개행: 680년)의 君若과 作康(?), 大曆更午年末城(766년) · 大曆戊午年末城(778년) · 大中更午年末城(850년)의 末城, 會昌七年丁卯年末印(847년)의 末印, 백제의 戊午瓦 耳得辛명 기와는 戊午年(598년)의 耳得辛, 栗峴△ 丙辰瓦명 기와는 栗峴△이 丙辰年(596년)에 만들었다는 뜻의 栗峴△, 耳得辛 丁巳瓦명 기와는 耳得辛이 丁巳年(597년)에 만들었다는 뜻에 나오는 耳得辛 등도 모두 제와장 또는 감독자가 책임을 지는 뜻으로 인명을 年干支나 年號 뒤에나 앞에 인명을 적은 것으로 보인다. 통일신라시대에 있어서 年干支나 年號 뒤에 인명이 안 온 예는 없다. 백제에서는 戊午瓦 耳得辛명 기와와 耳得辛 丁巳瓦명 기와가 있어서 耳得辛이 인명임은 분

習府명[85]·習명·井마크[86] 등의 기와와 儀鳳四年皆土명 기와가 함께 나오는 것으로 알려졌는데 그 기와의 생산량이 너무 많아서 망성리기와요 이외에 儀鳳四年皆土명 기와를 생산하는 다른 窯가 있었지 않나 추측하는 바이다. 그래서 左書를 포함하여 5가지의 拍子가 있는 것으로 보인다. 기와의 중요성을 알고 있을 왕족인 탁부나 왕비족인 사탁부의 기와 요지가 없다는 점은 납득이 안 된다. 儀鳳四年皆土명 기와에는 習명, 井井習部명, 井井習府명, 井마크 등이 없어서 습비부의 기와로 볼 수가 없다. 아마도 儀鳳四年皆土명 기와는 왕족인 탁부나 왕비족인 사탁부의 기와로 보인다. 왜냐하면 기와의 중요성을 알고 있는 탁부와 사탁부에서 기와를 만들지 않았다는 것은 이해가 되지 않고, 탁부와 사탁부에서도 기와의 중요성을 어느 부보다도 잘 알고 있었기 때문이다.

月池에서 나온 雙鹿寶相華文塼片에 다음과 같은 銘文이 있다. 調露二年/漢只伐部君若小舍~/三月三日作康(?)~이를 해석하면 다음과 같다. 調露 2年(680년)에 漢只伐部의 君若 小舍가 (監督)했고, 3月 3日에 作康(?)~이 (만들었다)가 된다. 君若 小舍는 監督者이고, 作(康?)~는 製瓦匠의 人名이 된다.[87] 이는 전명문이지만 연호 다음에 인명이 나오는 예로 중요하다. 儀鳳四年皆土(680년)와는 1년밖에 차이가 없어서 儀鳳四年皆土가 연호+인명일 수가 있음을 말해주고 있다.

開元四年丙辰(716년, 미륵사)명 기와는 開자와 辰자[88]가 파실되었으나 716

명하다.

85) 習府가 과연 習部인지는 현재까지 자료로는 알 수가 없다. 신라에서 부명은 반드시 部로 표기하고, 府로 표기한 예가 없기 때문이다. 習府라 해도 官廳名이 되어서 말이 통하기에 충분하다.

86) 도교 벽사 마크라는 것은 일본의 지방 목간 전문연구자 平川 南의 가설이 유명하다.

87) 이를 종래에는 調露二年漢只伐部君若小舍~三月三日作康(?)~(개행)를 調露二年(680년)에 한지벌부의 군약소사가 三月三日에 지었다로 해석하고 있으나 이는 잘못된 해석이나 年號+인명표기로 구성됨은 분명한 해석 방법이다.

88) 辰자 뒤에 인명이 있었을 것이다.

년의 開元四年丙辰으로 복원된다. 景辰年五月卄日法得書의 景辰年(丙辰年)이 716년이 아님을 알려주는 중요한 자료이다.

부소산성 기와 명문으로 大△△午年末城이 있다. 이는 大曆庚午年末城(766년), 大曆戊午年末城(778년), 大中庚午年末城(850년) 등으로 복원된다.[89] 어느 것으로 복원되던[90] 末城의 의미이다. 아무래도 인명으로 보아야 될 것이다. 그러면 末城은 제와의 감독자나 기와를 만드는 기술자로 볼 수가 있다.

會昌七/年丁卯/年末印(이하 동일: 847년, 부여 扶蘇山城 彌勒寺 출토)명 기와는[91] 새김판의 흔적이 없이 명문을 새긴 것으로 유명하다. 이는 會昌七年丁卯年(개행: 847년)에 末印이 만들었다. 또는 감독했다로[92] 해석된다. 末印을 상

89) 吉井秀夫,「扶蘇山城出土會昌七年銘文字瓦をめぐって」『古代文化』56-11, 2004, 606쪽.
高正龍,「軒瓦に現れた文字 -朝鮮時代銘文瓦の系譜-」『古代文化』56-11, 2004, 617쪽.

90) 大曆庚午年末城(766년)과 大中庚午年末城(850년) 사이에 84년의 연대 차이가 있어도 어느 시기인지 구분할 수가 없다. 이는 기와의 제작 기법이나 문양 곧 타날 방법으로 100년의 차이가 있어도 기와의 구분이 어렵다는 이야기가 된다. 그래서 평기와의 편년을 경주에서는 고식 단판 6세기 전반~7세기 전반, 신식 단판 7세기 후반(의봉사년개토명, 습부명, 한지명 암키와), 중판은 7세기 후반~9 · 10세기로 판단하고 있다. 지방은 중판이 7세기 후반~8세기에, 경주를 제외한 지방에서는 장판이 9세기 전반부터 출토되고 있다. 이것도 金科玉條는 아니다. 왜냐하면 656년의 景辰年五月卄日法得書에 장판 타날 기와가 있기 때문이다. 하루빨리 평기와 편년이 나오기를 희망한다. 물론 평기와 편년에 절대적으로 중요한 자료는 문자 기와에 대한 연구이다. 會昌七/年丁卯/年末印라고 하면 누구도 847년임을 의심할 수가 없고, 평기와 편년 설정에 한 기준이 된다.

91) 이에 대해서는 吉井秀夫, 앞의 논문, 2004라는 전론이 있다. 吉井秀夫, 앞의 논문, 2004, 609~610쪽에서는 會昌七年丁卯年末印을 會昌七年(年號)+丁卯年(干支)+末印으로 나누고 나서 그 해석은 유보하였다.

92) 최민희, 앞의 논문, 2018, 339쪽에서는 會昌七年丁卯年末印에서 會昌七年丁卯의 年末에라고 해석하고, 印은 해석치 않았다. 또 (保寧)元年己巳年(969년)의 예나 太平興國七年壬午年(982년)三月三日의 예와 같이 연호와 연간지 모두에 年자가 오

황판단이 아닐 경우 인명으로 보아야지 다른 방법은 없다. 末印을 儀鳳四年皆土(개행)의 皆土와 함께 인명으로 보게 된 바, 금석문을 인명표기에서 시작해 인명표기로 끝내는 것으로 보아야 한다.[93] 會昌七年丁卯年末印(개행) 기와는 내부에 구획선을 넣어서 만들었을 뿐, 9세기에 반드시 장판으로 타날하지 않음을[94] 알려주는 중요한 자료이다. 바꾸어 말하면 會昌七年丁卯年末印(개행) 기와의 會昌七年丁卯年末印(개행)만은 3자씩 3줄로 되어 있어서 중판 기와일 가능성이 크다. 물론 기와 전체는 장판 타날로 만들어졌다.

는 예도 있어서 年末로 끊어 읽는 것은 문제가 있다. 삼국시대~통일신라 금석문까지 年干支나 年號 뒤에 인명은 나왔으나 다른 것은 오지 않는다. 통일신라 말이 되면, 甲辰城年末村主敏亮이라고 해서 甲辰(年干支; 884년으로 추정)+城年(지명)+末村主(관직명)+敏亮(인명)의 순서로도 적힌다. 540년경의 016-W150번 목간에 眞乃滅村主憹怖白가 나오는데, 憹怖白가 인명표기일 가능성도 있다. 촌주는 냉수리비(443년)에 村主 臾支 干支로 처음 등장하고, 창녕비(561년)에 村主 奀聰智 述干와 村主 麻叱智 述干으로 나온다. 그 다음에 남산신성비(591년) 제1비에 村上村主 阿良村 今知 撰干과 郡上村主 柒吐村 △知尒利 上干이 나오고, 파실되어 일부가 없어진 제5비에 向村主 2명이 나올 뿐이다. 이들 6세기 村主에서는 인명이 공반하고 있다. 따라서 2016-W150. 목간에서 촌주도 眞乃滅村主憹怖白까지 끊어서 眞乃滅(지명)+村主(직명)+憹怖白(인명)으로 보아야 할 것이다. 왜냐하면 2016-W150.목간에서 眞乃滅村主憹怖白의 연대는 540년경을 하한으로 하고, 고신라 금석문에서 (지명)+촌주+(출신촌명)+인명+외위명이 나오기 때문이다. 眞乃滅村主를 지명+촌주로 보면 그러한 예는 고신라 금석문에서는 없다. 9세기의 자료로는 淸州 雙淸里 출토 명문와의 易吾加茀村主가 있다. 이 자료도 易吾加茀(지명)+村主로 되어 있다. 또 황룡사 남쪽 담장 밖의 우물에서 나온 9세기로 보이는 청동접시의 達溫心村主이란 명문도 인명+관직명이 아닌 지명+관직명이다.

93) 평기와에 있어서 연호나 연간지 다음에 글자가 몇 자가 올 때 인명이 아닌 예는 없다.

94) 會昌七年丁卯年末印의 명문 기와는 3자씩 3줄로 쓰지 않고, 한 줄로 내려 쓴 종류도 있다고 하는 바, 이는 장판으로 짐작된다. 吉井秀夫, 앞의 논문, 2004, 15쪽에서 3자씩 3줄로 쓴 것이 먼저이고, 한 줄로 내려 쓴 것을 나중에 제작된 것으로 보았다. 3자씩 3줄로 쓴 명문만은 적어도 중판이다. 곧 무수한 장판 속에서도 중판이 있다는 이야기가 된다.

大中三年(849년, 淸州 興德寺址)명 기와는 魚骨文이 확실하게 통일신라에서 나오는 예로 장판으로 되어 있다.

發令/戊午年瓦草作伯士必山毛의 戊午年은 958년으로 추정된다.[95] 이 명문은 發令을 내린다. 戊午年(958년)에 瓦草를 伯士인 必山毛이 만들었다로 해석된다. 伯士인 必山毛도 제와장일 가능성이 크다.

太平興國七年壬午年三月日/竹州瓦草近水△水(昊)(矣)(安城 奉業寺) 太平興國七年壬午年는 982년이다.[96] 이는 해석이 대단히 어려우나 대체로 太平興國七年壬午年三月日에 竹州의 瓦草를 近水△水(昊)가 만들었다로 해석된다.

官草명 기와는 확실한 절대 연대가 나오는 예가 없지만, 東草 東草里寺址나 竹州山城의 官草도 고려 초의 것으로 보아도 될 것이다.

辛卯四月九日造安興寺瓦草(利川 安興寺址)는 931年이나 991年으로 추정된다. 그 연대는 전자인 931년은 후삼국시대라 성립되기 어렵고, 후자인 991년으로 판단된다. 이는 辛卯四月九日에 安興寺瓦草를 만들었다로 해석된다.

永興寺送造瓦草重創(保寧 千防寺址)은[97] 永興寺의 위치를 알기 어렵지만,[98] 이를 慶州 地域의 寺院으로 본다면 成典寺院이었던 永興寺의 활동을 살필 수 있는 좋은 자료라고 하면서 永興寺에서 보낸 기와로 寺院을 重創했으므로, 이로써 永興寺의 경제력을 짐작할 수 있다고 하였다. 文聖王(839~856년)이 朗慧和尙 無染이 머물던 이곳 인근(保寧)의 절을 聖住寺로 바꾸고, 大興輪寺

---

95) 金昌鎬,「나말여초의 기와 명문」『신라 금석문』, 2020.

96) 金昌鎬, 앞의 논문, 2020.

97) 韓國水資源公社 · 公州大學校博物館,『千防遺蹟』, 1996, 146쪽.

98) 『東國輿地勝覽』 券20, 忠淸道 藍浦縣 佛宇條에 崇嚴寺, 聖住寺, 永興寺, 玉溪寺가 登場한다. 永興寺를 이 지역의 통일신라시대의 사찰로 비정하기도 하지만(韓國水資源公社 · 公州大學校博物館, 앞의 책, 1996, 453쪽) 경주 지역의 永興寺와 같은 이름을 지방에서 사용하기 어려웠다고 판단하고 있다(李泳鎬,「新羅의 新發見 文字資料와 硏究動向」『한국고대사연구』 57, 2010, 199쪽).

에[99] 編錄시켰다는[100] 사실을 감안하면, 銘文 기와의 연대는 9世紀 中葉으로 추정할 수 있겠다라고 했으나,[101] 瓦草에서 絶代 年代가 나오는 10世紀 中葉(정확히는 958년)이 上限이므로 永興寺送造瓦草重創명 기와를 10世紀 중엽 이후로 보아야 한다. 그렇다면 永興寺는 保寧에 있던 永興寺로 보아야 할 것이다. 이는 永興寺가 만들어 보낸 瓦草로 (保寧 千防寺를) 重創을 했다로 해석이 된다.

沙羅瓦草(洪城 石城山城)도 이 명문은 지명+瓦草만 남아 있으나 와초명문이 고려 초인 점에 준하여 고려 초(10세기 중엽~11세기 전반)로[102] 본다.

~元年己巳年北舍瓦草(月南寺) 969年으로 ~부분은 遼 景宗의 연호인 保寧으로 復元할 수 있다. 이는 (保寧)元年己巳年에 이은 北舍의 瓦草이다가 된다.

太平興國五年庚辰六月日彌勒藪龍泉房瓦草(益山 彌勒寺) 太平興國五年庚申으로 되어 있으나 976~984년의 太平興國 범위 밖에 있어서 庚辰(980년)이[103] 타당하다. 太平興國五年庚辰六月日에 彌勒藪의 龍泉房의 瓦草이다가

---

99) 흥륜사는 실재로는 영묘사이고 영묘사가 흥륜사로 서로 바뀌어 있고, 9~10세기 기와 명문인 令妙寺명 기와를 국사편찬위원회 한국사데이터베이스에서는 삼국시대로 보고 있다. 기와를 모르는 문헌사학자의 잘못으로 보인다. 고신라시대에 있어서 사명 등 문자 기와가 출토된 예는 전무하다. 경주에서는 기와에 사찰명이 나오는 예가 많은데 대개 9~10세기의 나말여초로 보인다. 岬(甲)山寺명 와편, 昌林寺명 와편, 味呑寺명 와편 등은 9~10세기의 것이다. 因井之寺명 수막새, 正万之寺명 수막새(高正龍, 앞의 논문, 2004, 618쪽에서는 万正之寺로 잘못 읽고 있다)도 고려 초로 보이나 9~10세기로 보아 둔다. 四祭寺명 암막새는 확실히 통일신라 말의 것이다.

100) 韓國古代社會硏究所編, 『譯註 韓國古代金石文』 III, 1992, <聖住寺朗慧和尙碑> '文聖大王 聆其運爲 莫非裨王化 甚之 飛手敎優勞 且多大師答山相之四言 易寺牓爲聖住 仍編錄大興輪寺'

101) 李泳鎬, 앞의 논문, 2010, 199쪽.

102) 정확히는 현재까지의 자료로 볼 때 958년(추정이 아닌 절대연대로는 969년)~1028년까지이다. 70년 동안(절대연대로는 59년 동안) 사용한 것이 堂草명 기와, 瓦草명 기와, 官草명 기와, 凡草명 기와 등이다.

103) 이렇게 금석문에서 연간지가 틀리는 예는 드물다.

된다. 日에 구체적인 날짜가 없는 것도 고려적인 요소이다.

三年乙酉八月日竹凡草伯士能達毛은[104] 乙酉란 연간지는 985년이다. 年月日에서 日의 날짜를 정확히 밝히지 않는 것도 고려적인 요소이다. (通和)三年[105]乙酉八月日에 竹의[106] 凡草를 伯士인 能達毛가 만들었다로 해석된다. 伯士인 能達毛은 제와장일 가능성이 크다.

太平八年戊辰定林寺大藏堂草(扶餘 定林寺)은 1028년이다. 이 명문은 堂草·瓦草·官草·凡草가 나오는 명문 가운데 가장 늦은 11세기 전반의 명문이다. 이는 太平八年戊辰에 定林寺의 大藏(堂)의 堂草이다로 해석된다.

堂草·瓦草·官草·凡草가 나오는 銘文은 絶代 年代가 확실한 예는 모두가 고려 초의 銘文이었다. 年號나 年干支가 없이 나오는 堂草·瓦草·官草·凡草의 銘文도 고려 초(10세기 중엽에서 11세기 전반)일 가능성이 크다. 왜냐하면 堂草·瓦草·官草·凡草의 절대 연대를 공반한 것으로 삼국시대나 통일신라시대의 예는 단 1점도 없기 때문이다.

이제 선리 기와의 명문 작성 시기를 조사할 차례가 되었다. 官草·堂草·瓦草·凡草는 모두 고려 초기의 기와임을 알 수가 있다. 선리 기와는 蟹口(기와 생산지 곧 기와 요지), 受(기와 공급자와 수요자의 관계를 나타냄) 등의 특징이 있다. 이 기와가 개성의 蟹口(기와 요지)에서 선리까지 가는 데에는 통일신라 말기의 정치력으로는 부족하고, 후삼국시대 고려 초의 정치력으로라야 가능할 것이다. 그것도 선리와 동떨어진 황해도 개성, 송악, 강원도 철원군, 충청북도 진천 등의 기와까지 그 공급로를 무시하고 전혀 엉뚱한 한강의 지류인 고덕천 가

---

104) 경기문화재단부설 기전문화재연구원·하남시, 『하남교산동건물지 발굴조사 종합보고서』, 2004, 185쪽. 凡草의 예는 1점뿐이다. 凡자가 瓦자일 가능성도 있다. 이 시기 瓦자는 凡와와 구별이 어렵다. 伯士能達毛의 伯士는 寺匠의 뜻으로 能達毛이 寺匠 가운데 하나인 製瓦匠일 가능성이 있다.

105) 三年은 遼聖宗의 通和三年(985년)이다.

106) 竹은 지명이나 건물명으로 보인다. 후자일 가능성이 크다.

까이에 있던 선리로 기와를 운반하고 있다. 그것도 蟹口 기와뿐만이 아니라 船家, 船宇의 기와까지 포함하였다. 이러한 기와 공급은 사용처와는 관련이 없는 것으로 선리에 있던 호족을 위한 선심이었을 것이다. 이러한 선심이야말로 당시의 호족의 중요시해야 됨과 관련이 있다. 그래서 기와에 고려 초에 堂草 · 官草 · 瓦草 · 凡草가 오는 대신에 草밖에 없다. 이 草는 기와를 나타내며, 官草 · 堂草 · 瓦草 · 凡草에 앞서는 형식이다. 이 草가 후삼국시대를 뛰어 넘어서 통일신라의 기와로 보기에는 통일신라의 지명을 나타내는 기와의 숫자가 너무나 많고, 통일신라가 변경에까지 세력을 떨질 수는 없을 것이다. 9세기 통일신라 기와로는 安城 飛鳳山城의 長板 打捺로 左書인 本彼,[107] 光州 武珍古城의 沙喙,[108] 清州 上黨山城의 沙喙部屬長池馹升達의 銘文 등이[109] 있을 뿐이다.[110] 아무래도 이 草를 비롯한 선리의 유사 일괄유물을 후삼국시대의 고려에 있어서 어느 시기로 보아야[111] 할 것이다.

---

107) 徐榮一, 「安城 飛鳳山城 收拾 <本彼>銘 기와 考察」『文化史學』 11 · 12 · 13, 1999.

108) 具汶會, 「武珍古城 出土 銘文資料와 新羅統一期 武州」『韓國史의 構造와 展開 -河炫綱教授停年紀念論叢-』, 2000.

109) 朴省炫, 「新羅 城址 出土 文字 資料의 現況과 分類」『木簡과 文字』 2, 2008. 沙喙部屬長池馹升達의 銘文으로 미루어 볼 때, 9세기의 安城 飛鳳山城의 長板 打捺로 左書인 本彼, 光州 武珍古城의 沙喙도 역제를 알려주는 편린으로 보고 싶다.

110) 청주 쌍정리 출토 易吾加茀村主명 기와도 9세기이다.

111) 喙部, 沙喙部, 本彼部, 牟喙部, 漢只部, 習比部 등의 부명이 나와야 통일신라의 것인데, 이들 부명은 나오지 않고, 고구려 지명이 14개로 가장 많이 나오고, 통일신라 지명이 5개로 그 다음이다. 한강 유역은 원래 백제의 땅인 데에도 불구하고 백제 지명은 없다. 고구려 지명과 통일신라 지명만으로 구성된 점은 이들 지명을 통일신라의 것만으로 한정할 수는 없다. 통일신라의 것이라면 통일신라 지명이 주류를 이루고, 喙部, 沙喙部 등 부명이 나와야 할 것이다. 가령 9세기의 沙喙部屬長池馹升達, 沙喙(무진고성의 기와에는 沙喙으로 판독할 수밖에 없는 기와가 있다. 이에 대해서는 김창호, 「광주 무진고성 명문와의 재검토」『신라 금석문』, 2020 참조).

또 IVB류와[112] 동일한 기와가 하남 교산동 건물지의 최하층에서 확인되었는데, 이 층에서 924년 전사한 哀宣과 관련된 哀宣伯士명 기와가 출토된 것을 참고하면, IVB류는 924년 이전이므로[113] 통일신라 말로 편년된다고 하였다.[114] 곧 哀宣의 전거를 다음의 사료에서 찾았다. 太祖七年秋七月 甄萱子 須彌康 良劍等 來攻曹物部 命將軍哀宣王充救之 哀宣戰死 郡人固守 須彌康等 失利而歸(『고려사』 권1, 세가1) 그래서 哀宣伯士와 哀宣을 동일인으로 보았다. 哀宣伯士명 기와의 伯士는 寺匠으로 고려시대 초기 금석문에 많이 나온다.[115] 기왕의 연구 성과에 의하면[116] 伯士는 寺匠이기 때문에 고려 초의 장군이나 호족일 수는 없다. 따라서 哀宣伯士명 기와의 哀宣伯士는 伯士로 볼 때, 製瓦匠일 가능성이 있고, 924년에 죽은 將軍 哀宣일 수는 없다.[117] 따라서 VIB류를[118] 924

112) 김규동 · 성재현, 앞의 논문, 2011, 569쪽.

113) 김규동 · 성재현, 앞의 논문, 2011, 571쪽.

114) 경기문화재단부설 기전문화재연구원 · 하남시, 앞의 책, 2004, 182~188쪽.

115) 강호선, 「고려전기 寺匠의 존재 양태 -伯士의 사용과 소멸-」『한국사상사학』 54, 2016.

116) 통일신라의 최초의 伯士 예로는 襄陽 禪林院址 鍾銘(804년)이 있다.

117) 인명과 같다고 동일인이 아님은 중요하다. 沙喙部徙夫知葛文王을 立宗葛文王과 동일인으로 보는 것도 이름이 같다는 이외에 다른 증거는 없다. 徙의 음과 立의 훈은 통하고, 夫와 宗은 居柒夫가 荒宗이라든지 異斯夫를 苔宗이라고 해서 徙夫知葛文王과 立宗葛文王은 동일하다는 것이다. 추명에서 其王与妹共見書石이란 구절이 나오는데 其王은 沙喙部徙夫知葛文王으로 보아 왔으나 妹는 찾지 않았다. 妹를 추명에서 찾는다면 추명의 여자라고는 另卽知太王妃夫乞支妃밖에 없다. 따라서 그녀만이 妹가 될 수 있어서 另卽知太王과 沙喙部徙夫知葛文王은 妻男妹夫 사이가 되어 沙喙部徙夫知葛文王은 立宗葛文王일 수가 없다. 그래서 추명에 沙喙部徙夫知葛文王가 另卽知太王을 부르는 용어인 妹兄 · 妹婿 · 妹弟 · 妹夫와 같은 의미인 妹王이 등장하고 있다. 이는 沙喙部徙夫知葛文王이 另卽知太王을 부른 간접 호칭임을 알 수 있다. 이렇게 하지 않고서는 沙喙部徙夫知葛文王의 妹를 찾을 수가 없다.

118) 김규동 · 성재현, 앞의 논문, 2011, 569쪽.

년 이전으로 보아 통일신라 말로 편년하는 것은[119] 그 금석문 연구 방법상으로는 명백한 잘못이다.

선리의 有銘 기와는 고구려 지명과 통일신라 지명이 공존하고 있고, 蟹口 등에서 생산된 여러 곳의 기와가 선리까지 와 있다. 이는 蟹口가 고려 수도의 王畿에 가까이에 있던 開城에 있는 점을[120] 고려하고, 동시에 고려의 정치력을 생각할 때, 918~935년경의 어느 해(넉넉잡아 5년간)에서나 가능할 듯하다. 이때에 개성의 무역선이 선리에 갔다가 어떤 이유로 기와가 권력이 지극히 강한 소비자인 호족에게 전달되지 못하고, 선리에 짐을 풀었다. 그래서 기와에 고구려와 통일신라의 지명이 있고, 선리 기와가 유사 일괄 유물이 되었다. 포천 반월산성, 아차산성 등에서 馬忽受蟹口草, 北漢受國蟹口(船家草)[121] 등의 기와가 나오는 것은 실질적으로 馬忽와 蟹口간의 교역으로, 北漢와 蟹口간의 교역으로 볼 수가 있어서 선리 출토품과는 다른 성격의 명문와이다. 선리 출토품은 각종 소비지의 이름이 나열된 것을 무시하고, 선리 근처의 어떤 유력한 소비자인 호족을 위해 보내려고 한 점이다. 고구려와 통일신라의 지명이 공존하고 있는 점은 그 시기가 후삼국시대임을 암시하고 있고, ~官草, ~瓦草, ~堂草, ~凡草로 끝나는 고려시대 초기의 기와가 있어서 후삼국시대를 뛰어넘어서 통일신라의 기와에 草자로만 끝나는 기와가 존재할 수 없어서, 후삼국시대의 918~935년경의 어느 해인 후삼국인 고려시대의 것으로 볼 수가 있다. 선리에 도착한 뒤에는 배에서 하역되어 기와로서의 실효성을 잊어버리고 선리에 남아 있었다. 그래서 수많은 기와편이 현대에 와서 수습되어 후삼국시대사 복원에 도움이 되고 있다.

기와 명문은 無草시대(통일신라시대)→草시대(후삼국시대 고려)[122]→官草

---

119) 김규동 · 성재현, 앞의 논문, 2011, 575~576쪽.

120) 고려시대의 王畿인 송악 가까이에 있던 개풍군이다.

121) ~草명문 기와는 조선시대에도 출토되나 창해파문과 색조, 소성 등으로 구별이 가능하다.

122) 후삼국시대 후백제나 통일신라의 영역에서 ~草명 기와가 단 한 점도 발견예가 없

·堂草·瓦草·凡草(10세기 중엽에서 11세기 전반까지의 고려시대 초기 70년 동안 사용)로 변해 갔다고 판단된다. 官草·堂草·官草·凡草가 70년 정도 유행했으므로 草가 기와의 뜻으로 918~935년까지 17년간에 걸쳐서 유행하고 후삼국통일과 더불어 ~草가 官草·堂草·瓦草·凡草로[123] 바뀌었다. 후삼국시대 고려에 있어서 고구려와 통일신라의 지명이 유행하는 것은 호족 회유책의 일환으로 보인다. 고구려계나 통일신라계 모두를 위무해 아울려는 뜻으로 해석된다. 결국 ~草명문와는 官草·堂草·瓦草·凡草의 전신으로 후삼국시대 고려의 것이다. 선리기와는 유사 일괄 유물로 918~935년의 어느 해에 개성의 蟹口에서 선리로 운반되어 선리에서 종언을 고하고, 기와로서의 역할을 다하지 못한 기와이다. 그래서 이 선리 기와를 통한 형식론의 적용은 무리한 점이 있고, 평기와인 수키와와 암키와를 형식 분류하여 편년하는 것도 재고되어야 한다.[124] 왜냐하면 蟹口 기와는 918~935년의 어느 해(넉넉잡아 5년간)란 절대 연대를 갖기 때문이다.

VI. 명문을 통해 본 蟹口 기와의 생산과 유통

후삼국 고려시대의 기와는 국가에서 생산하고 국가에서 분배했다고 판단된다. 그 근거 자료가 전무했는데 北漢受國蟹口船家草명 기와 명문이 나와서 기와가 국가 주도로 官需官給制였음을 알게 되었다. (泉)口郡受蟹口草도 기와가

는 점도 주목해야 될 것이다. 이는 후삼국시대의 고려에서 ~草명 기와가 나온다는 것을 암시하고 있다.

123) ~草, 堂草, 瓦草, 官草, 凡草 등이 이두임을 잊어서는 안 될 것이다.

124) 특히 등자를 20년 단위로 편년하기도 하나 토기 편년을 등자에 대입한 것이고, 등자 편년은 50년으로 끊기도 힘들다. 최근에 호록의 편년도 상세하게 형식 분류하고 있으나 분류를 위한 분류로 보인다.

관에서 공급된 것을 알 수 있다. 黃壤受船宇草도 관급한 것을 알 수가 있다. 北漢受國蟹口船家草명은 北漢이 받은 國家의 蟹口 요지의 船家의 기와(草)란 뜻으로 국가에서 기와를 만들어서 필요한 곳에 공급했다는 것을 알 수 있다. 그래서 漢州의 기와를 공급하기 위해 요지를 개성의 蟹口에 둔 것으로 판단된다. 그래야 官需官給制로 한주 지역의 기와를 장악할 수 있을 것이다.

기와의 생산은 北漢受國蟹口船家草명문의 國자로 볼 때, 국가에서 생산했다. 月池에서 나온 雙鹿寶相華文塼片에 다음과 같은 銘文이 있다. 調露二年/漢只伐部君若小舍~/三月三日作康(?)~이를 해석하면 다음과 같다. 調露 2年(680년)에 漢只伐部의 君若 小舍가 (監督)했고, 3月 3日에 作康(?)~이 (만들었다)가 된다. 君若 小舍는 監督者이고, 作(康?)~는 製瓦匠의 人名이 된다. 이는 전 명문이지만 연호 다음에 인명이 나오는 예로 중요하고 전이 君若小舍가 생산의 감독을 하고 있어서 관요임이[125] 분명하다. 통일신라 관영 공방의 실체는 사당동 요지 출토의 명문에서 밝혀진 바 있다. 여기에서는 △縣器村何支爲명과 舍知作명 등의 명문이 나왔다.[126] 이는 △縣器村何支爲△舍知作으로 연결될 가능성이 있다. 그러면 △縣 器村(행정촌)의 何支爲△ 舍知(13관등)가 만들었다가 된다. 토기와 기와 등의 생산에 국가에서 관장했음은 北漢受國蟹口船家草로도 알 수가 있다. 금관, 금동관, 은관 등의 관, 대금구, 과대, 환두대도 등의 금속기, 기와,[127] 토기 등의 토제품의 생산과 분배는 국가에서 관장했다. 그래서

125) 漢只伐部가 나와서 기와요가 한지부의 것이라고 생각하는 것은 다경요를 국가의 것인 官窯이라는 점을 간과한 것이다.

126) 송기호, 「사당동 요지 출토 명문 자료와 통일신라 지방사회」 『한국사연구』 99 · 100, 1997.

127) 기와도 적석목곽묘에는 출토 예가 없고, 횡혈식석실분의 예가 있다. 이들 기와가 묻힌 고분은 5두품의 무덤으로 보인다. 왜냐하면 기와가 출토된 횡혈식석실분 가운데 금동관이 출토되지 않는 고분도 있기 때문이다. 적석목곽묘와 횡혈식석실분에서 금동관이 나오는 고분은 6두품과 진골로 판단되고, 금관은 성골로 판단되나 그 시기는 법흥왕의 사망한 때인 540년 이후로 판단되고, 그 이전에는 성골이 없었

이들의 무덤에 묻힌 것을 통해 신분제를 논하고 있다.

기와에 새겨진 명문의 현재 지명을 종합해 보면, 開城의 蟹口 등에서 제작된 기와의 공급 지역은 서울의 북한산 지역, 경기도의 양평 · 안성 · 수원 · 과천 · 김포 · 양주 · 고양 · 파주 · 포천 · 하남과 인천광역시, 강원도 철원, 황해도 개성 지방, 충청북도 진천 지방으로 매우 넓은 지역에 해당된다. 선리에서 출토된 기와에 지명이 확인된 것 중 『삼국사기』, 지명 비정에서 고구려 지명은 14곳이고, 통일신라의 지명은 5곳이다. 이들 유적은 漢州에 한정되며, 10세기 전반의 어느 시점의 유적이다. 이 유적들은 北漢受國蟹口船家草가 나와서 수요지인 北漢과 공급지인 蟹口가 나오고, 官窯임을 밝히는 國자가 있다. 荒壤受船宇草가 있어서 수요지인 荒壤과 공급지인 船宇가 나온다. 買省蟹口처럼 買省은 수요지, 蟹口는 공급지이다. 공급지와 수요지가 대부분인 蟹口 기와는 開城의 蟹口의 기와요에서 생산해 어떻게 공급지에 보냈을 것인가?

한주에는 한강, 예성강, 임진강 등의 강이 있어서 漕運을 이용했을 것이다. 강원도 철원이나 충청북도 진천에는 조운만으로는 불가능하고, 일부 구간은 驛도[128] 이용했을 것이다. 통일신라의 역에 대해서는 다음과 같은 명문이

다. 금관이 출토된 전 교동 출토품, 98호 북분, 금관총, 서봉총, 금령총, 천마총 가운데에서 540년 이후일 가능성이 있는 것은 없다. 전부가 5세기 말까지의 유물이라서 540년 이후로 편년되는 금관은 없다. 왜냐하면 금관총에서 3루환두대도 검초단금구에 尒斯智王(刀) 명문이 새겨져 있어서 이를 훈독하면 너사지왕이 되고, 반절로 읽으면 넛지왕이 되어 눌지왕과 동일인 이라 458년이란 절대 연대를 가지게 된다. 종래 금관총을 5세기 4/4분기로 보아 왔기에 17~42년의 연대가 차이가 있게 된다. 그래서 천마총이나 금령총의 금관도 540년 이후로 볼 수가 없다. 이 문제는 앞으로 새로운 자료의 출현을 기대하고 싶다. 부연하고 싶은 것은 검총(황남동100호분)과 같은 고분은 劍, 토기, 지석 등이 봉토위의 매장된 제사 유물로서 발굴되었을 뿐, 일인들이 유물층에 도달치 못한 대형 적석목곽묘이므로 재발굴하면 금관이 나올지도 알 수 없어서 빠른 발굴 조사가 요망된다. 초창기 발굴로서 적석목곽묘에 관한 지식이 없던 때에 발굴한 고분이라서 더욱 그러하다.

128) 신라 역에 대해서는 『삼국사기』, 신라본기, 소지마립간 9년(487년)조에 3월에 사방으로 郵驛을 설치하고 유사에 명하여 도로를 수리했다고 하였고, 兵驛典 · 京都驛

있다.[129)]

沙喙部屬長池馹升達[130)]

이 명문은 청주 상당산성에서 출토된 기와 명문으로 통일신라의 역제에 관한 유일한 자료이다. 이는 沙喙部에 屬한 長池馹(馹자는 驛자의 이체)의 升達로 해석되는 난해한 인명표기이다. 沙喙部에 長池驛이 속한 부명이고, 長池驛은 升達의 출신지명이고, 升達은 인명이다. 이렇게 보면 升達은 지방민이다. 만약에 왕경인이었다면 長池驛~(직명) 沙喙部(부명) 升達(인명)로 기록했을 것이다. 沙喙部에 屬한 長池馹의 升達이라 했으므로 역제가 부별로 되었을 가능성도 있다. 장판 기와 타날이고, 신라의 역제가 있었다는 증거로 중요하며, 그 시기는 9세기로 보인다. 10세기의 청주 상당산성은 통일신라의 영토가 아니기 때문이다.

등의 기관을 두었다고 하고, 668년 문무왕 10년조에는 褥突驛 이름이 나온다. 『삼국사기』, 지리지, 고구려조에 압록이북에서 이미 항복한 城은 11개인데, 그 하나는 국내성으로서 평양으로부터 17개의 驛을 지나 여기에 이른다고 한 사실에서 삼국시대에 광범위하게 驛이 설치 운영되고 있었음을 알 수 있다. 금석문 자료로서는 長池驛이 유일한 예인 듯하다.

129) 朴省炫, 앞의 논문, 2008.

130) 沙喙部屬長池馹升達를 이두로 보아서 沙喙部에 屬한 長池馹의 升達로 해석할 수도 있으나 인명표기의 전형적인 예와는 차이가 크다. 이름은 이두로 해석하는 유일한 예가 된다. 한문으로 풀이하면 沙喙部가 長池馹의 升達에 屬하다가 된다. 沙喙部가 升達에 속함을 강조하고 있다. 長池馹의 升達이 沙喙部에 속해야 되지, 沙喙部가 長池馹의 升達에 속하면 안 된다. 따라서 沙喙部屬長池馹升達은 이두로 해석해야 된다. 전형적인 인명표기라면 長池馹~(직명)+沙喙部(출신부명)+升達(인명)이 되어야 한다. 경위가 없는 것도 이상하다. 沙喙部屬長池馹升達에서 沙喙部에 속한 升達이라고 하면 되지 굳이 沙喙部에 屬한 長池馹의 升達이라고 해서 長池馹이 들어간 이유가 궁금하다. 沙喙部에 屬한 長池馹의 升達인 점은 아무래도 역이 부별로 되었을 가능성도 있는 듯하다.

驛은 진상이나 공물 등 관수물자의 운송이나 사신접대에 따른 迎送과 卜物의[131] 운송, 수령 등 지방관리의 교체에 따른 雜物 운송 등 통신기능보다는 운송을 위한 교통로 역할을 맡게 되었다. 고려시대나 조선시대는 驛이 있었다. 통일신라에는 그 자료가 거의 없다. 沙喙部屬長池馹升達이 금석문 자료로는 유일한 듯하다.

驛制도 漕運制와 연결되어 있었다. 조운은 조선시대에는 쌀과 포를 운반하는데 주로 이용되었지만 10세기에는 기와도 운반했을 것이다. 그리고 조운이 불가능한 육로는 역제를 이용했을 것이다. 9세기의 상당산성은 포곡식산성으로 청주시의 변두리에 있다.

개성의 蟹口에서 기와를 싣고 역을 이용해 바다에 가서 다시 조운이 가능한 곳은 조운으로 그렇지 않는 곳은 역을 이용해서 갔을 것이다. 강원도 철원군이나 충청북도 진천군은 아마도 조운을 이용하고 나서 조운을 할 수 없는 곳은 역을 이용했을 것이다. 개성은 고려의 수도였으므로 후삼국시대 고려의 교통의 중심지였을 것이다. 이렇게 조운과 역의 이용은 관수관급제의 수공업제품의 운송에 중요한 교통수단이었을 것이다.

VII. 맺음말

먼저 기왕의 견해 가운데 가장 설득력이 있는 기와 전공자의 견해를 중시하여 명문을 제시하였다.

다음으로 38점의 명문에 나오는 19개의 지명(고구려 옛 지명 14곳, 통일신라 지명 5곳)을 전부 『삼국사기』, 지리지와 비교하여 검토하였다.

그 다음으로 蟹口의 위치를 기왕에서는 한강 지류인 고덕천 일대로 보아 왔

131) 예전에 소나 말 따위에 실어 나르는 짐을 이두 식으로 이르던 말.

다. 그러나 蟹口開城이란 명문을 통해 吏讀로 풀이하여 蟹口가 開城이다로 해석했다. 곧 蟹口가 開城에 있다고 해석하여 蟹口가 開城에 있는 것으로 보았다. 蟹口는 開城에 있는 기와요가 있던 곳 가운데 하나이다. 馬忽受蟹口草, 北漢受國蟹口(船家草) 등으로 볼 때 蟹口의 기와는 포천 반월산성과 아차산성 등에서도 나옴으로, 경기도 일대를 비롯한 강원도, 충청북도, 황해도 등에도 실질적으로 교역했음을 알 수가 있다.[132)]

그 다음으로 선리 명문와의 제작 시기를 고고학적인 방법과 금석문에서 나온 결론으로 선리 기와는 유사 일괄유물로 거의 동일 시기의 기와이다. 그 시기는 918~935년경의 어느 해(고려시대 초기로 넉넉잡아 5년간)인 후삼국시대에 선리 지방에 살던 세력이 지극히 강한 호족을 위해 開城의 蟹口에서 선리에 명문와를 아마도 배에 싣고 도착한 것이며, 그 후에 기와로서 지붕에 올라가지 못하고, 기와로서의 실효성을 잊어버리고 말아서 후세에 전래된 것으로 판단된다. 아울러 儀鳳四年皆土명 기와의 皆土를 제와총감독자의 인명 등으로 보는 등 백제와 신라와 통일신라와 고려 초의 年干支+인명 또는 年號+인명으로 된 명문을 전부 검토하였다. 앞으로 선리 출토 명문 기와는 한국 고대 기와를 연구하는 데에 큰 도움이 될 것이다. 한국 고대 기와 전체에서 선리와가 337점의 명문이 확인되어 가장 압도적으로 많은 문자를 차지하고 있으며, 문자와의 지명만도 19가지나 된다.

마지막으로 蟹口를 통해 기와 등의 생산과 유통에 대해 조사하였다. 기와 등의 생산은 국가에서 하였고, 기와 등의 유통도 廣州船里遺蹟에서 출토된 蟹口기와의 生産과 流通도 국가에서 하였고, 기와 등의 유통도 국가에서 조운과 역을 통해서 한 것으로 보았다.

132) 이들 지역에서 출토되는 기와는 918~935년으로 보인다.

제3절

羅末麗初 기와 銘文

Ⅰ. 머리말

기와 건물은 古代나 中世나 近世 時代에 있어서 王宮, 官廳, 佛敎 寺院에 사용된 權威를 나타내는 것이다. 신라에 있어서 7세기 전반에 경주 이외의 지역에 기와가 나오는데 이는 地方 官衙로 보이고, 2차 古代 國家 完成期이다.[1] 古代의 기와는 금속기와 마찬가지로 政治的인 것을 다룰 수 있는 유일한 토제 유물이다. 그럼에도 불구하고 기와의 編年은 瓦范만 있으면 얼마든지 同一한 기와를 만들 수 있어서 어려움이 있다.[2] 고식 단판 6세기 전반~7세기 전반, 신식 단판 7세기 후반(의봉사년개토, 습부명, 한지명 암키와), 중판은 7세기 후반~9~10세기로 판단하고 있다. 지방은 중판이 7세기 후반~8세기에, 경주를 제외한 지방에서는 장판이 9세기 전반부터 출토되고 있다. 암막새와 수막새의 편년도 불분명하다. 이러한 가운데 기와를 文字 자료로도 접근을 해 왔다. 문자 자료를 통한 기와의 연대 설정은 움직일 수 없는 가설이 되기 때문이다. 금석문시대에 존재하는 기와는 문헌에 의한 연구는 중요하다. 儀鳳四年명 기와(679년)로 羅原

1) 1次 新羅 古代 國家 완성기는 520년경으로 太王制의 실시, 積石木槨墓에서 橫穴式石室墳으로의 轉換을 그 예로 들 수가 있다.

2) 가령 儀鳳四年皆土銘 기와를 679年으로 限定하기에는 그 出土 範圍나 숫자로 볼 때, 너무도 넓고 많다.

里 五層石塔의 연대 설정이나 南山 七佛庵 年代에 대한 연구는 유명하다.[3)]

여기에서는 먼저 9세기의 文字瓦인 上黨山城의 沙喙部屬長池馹升達를 중심으로 安城 飛鳳山城의 夲彼, 光州 武珍古城의 沙喙를 살펴 보겠고, 다음으로 官草 · 瓦草 · 堂草 · 凡草 명문을 제시하였다. 이들 銘文은 그 절대 연대가 10世紀 中葉에서 11世紀 전반의 것이라 官草 · 瓦草 · 堂草 · 凡草 등이 나오는 銘文은 그 年代를 이에 준하여 생각할 수 있고, 마지막으로 기와에 나오는 羅末麗初 地名을 馬忽受蟹口草는 後三國 時代로 보고, 雨述, 馬老, 任存, 仍伐內의 地名이 있는 기와들을 새로 검토하겠다.

II. 9세기의 文字瓦

新羅 기와로서 安城 飛鳳山城의 長板 打捺로 左書인 夲彼,[4)] 光州 武珍古城의 沙喙,[5)] 淸州 上黨山城의 沙喙部屬長池馹升達의 銘文이[6)] 있는 바, 이들이 9

3) 朴洪國, 「慶州 羅原里 五層石塔과 南山 七佛庵磨崖佛의 造成時期 -最近 收拾한 銘文瓦를 中心으로」『科技考古硏究』 4, 1998.
儀鳳/四年/皆土명에 있어서 年號+문자군, 年干支+문자군이 나오는 기와 명문에 대해 강조하고 싶은 것이 있다. 곧 儀鳳/四年/皆土의 皆土에 대해서는 納音五行으로 풀이하는 등 여러 가지 학설이 있어 왔으나 설득력이 부족하고, 여기에서는 공사 규모가 너무나 커서 제와총감독자의 인명으로 본다. 또 익산 미륵사지의 847년 會昌七/年丁卯/年末印명 기와의 末印도 인명으로 제와장 또는 제와 감독자이다. 해석이 안 되는 것은 억지로 해석하려고 하지 말고, 인명으로 보아야 한다. 그래야만 문제가 쉽게 해결이 된다. 이에 대해서는 김창호, 「광주 선리유적에서 출토된 해구기와의 생산과 유통」『문화사학』 52, 2019 참조.

4) 徐榮一, 「安城 飛鳳山城 收拾 <本彼>銘 기와 考察」『文化史學』 11 · 12 · 13, 1999.

5) 具汶會, 「武珍古城 出土 銘文資料와 新羅統一期 武州」『韓國史의 構造와 展開 -河炫綱敎授停年紀念論叢-』, 2000.

6) 朴省炫, 「新羅 城址 出土 文字 資料의 現況과 分類」『木簡과 文字』 2, 2008.

세기의 통일신라 문자 기와이다. 이들은 신라 중앙의 6部에서 많이 떨어진 지방에서 6部名이 나온다는 공통점이 있고, 그 출토지가 전부 包谷式山城이라는 공통점을 지니고 있고, 취락지에서 4km 정도 떨어진 山城이라는 공통점이 있다. 6部名이 나오는 유적으로는 慶州 月池 · 東宮에서 나온 習部銘 기와(望星里瓦窯址에서 生産),[7] 漢(只部)명 기와(多慶瓦窯址에서 生産)의[8] 出土瓦가 있다. 月池에서 나온 雙鹿寶相華文塼片에 다음과 같은 銘文이 있다. 調露二年/漢只伐部君若小舍~/三月三日作康(?)~이를 해석하면 다음과 같다. 調露 2年(680년)에 漢只伐部의 君若 小舍가 (監督)했고, 3月 3日에 作康(?)~이 (만들었다)가 된다. 君若 小舍는 監督者이고, 作(康?)은 製瓦匠의 人名이 된다. 習部와 漢(只部) 兩者를 武珍古城의 沙喙과 연결시켜서 기와 등을 武珍古城에서 생산했다고 보거나 『三國史記』, 强首傳에 나오는 中原京沙梁人也란 구절에 근거하여 5小京의 沙梁部로 보아 왔다. 후자의 경우 그 근거는 沙喙部屬長池馹升達을[9] 沙梁部가 長池驛의 말을 맡다(돌보다)로 해석한 데에 기인하고 있다. 沙喙部屬長池馹升達은 沙喙部에 屬한 長池驛의 升達이 되어서 沙梁部가 長池驛의 말을 맡다(돌보다)로는 해석할 수 없게 된다.

長池驛은 沙喙部에 屬한 驛으로 통일신라시대에 驛制가 있었다는 유일한 근거가 된다. 武珍古城의 沙喙나 安城 飛鳳山城의 本彼도 淸州 上黨山城의 沙喙部屬長池馹升達과 驛制를 나타내주는 편린이 아닐까 한다. 이들 3유적의 연대는 長板기와나 반출된 靑瓷片으로 보면 10세기는 후삼국시대라서 9세기로

---

7) 680年頃에 製作된 것이다. 望星里瓦窯址의 기와가 習部에서 生産한 기와이고, 추정 多慶瓦窯址가 漢只伐部에서 生産된 것임에 대해서는 趙成允 박사의 教示를 받았다.

8) 680年 前後에 製作된 것이다.

9) 沙喙部屬長池馹升達이 인명표기라면 長池馹~인 沙喙部 소속의 升達(인명)이 되어야 한다. 왜 沙喙部屬長池馹升達가 되어서 沙喙部에 屬한 長池馹의 升達이 되었는지 알 수가 없지만 沙喙部에 屬했다는 것을 강조하고 있는 것으로 보아서 長池馹이 사탁부에 속할 가능성도 있지 싶다.

볼 수가 있다. 武珍古城에서 나온 間城, 官城, 官秀國城, 喙城(喙는 異體字)은 武珍古城 관할의 성명으로 보인다. 武珍古城에서 喙部가 나오지 않았고, 沙喙이 나왔을 뿐이다. 大官, 眞官은 武珍古城 등의 官吏 職名 이름이고, 大官草/向年丁은 고려 초의 기와로 보인다.

통일신라시대의 驛制는 부별로 한 개의 부가 한 個의 驛을 관장해서 『高麗史』, 兵志에 나오는 高麗 時代 驛制와는[10] 차이가 크다. 『三國史記』와 『三國遺事』 등에서는 具體的인 言及이 없던 驛制가 上黨山城에서 沙喙部屬長池馹升達이 나와 통일신라시대에는 체계적인 驛制가 있었음을 나타내주고 있다. 그것도 부별로 驛을 관장했다고 해석된다. 그런데 望星里가 習比部, 多慶瓦窯가 漢(只部)인 점에 의해 新羅 土城時代에는 경주 분지에는 신라인이 살지 않았다는 가설이 있으나[11] 이는 잘못된 것이다. 慶州나 大邱에서 내, 土城, 高塚古墳이 세트를 이루고 있어서 경주 분지에 사람들이 살고 있었다.[12]

---

10) 고려시대와 조선 초의 역제에 대해서는 정요근, 「고려 · 조선 초의 역로망과 역제 연구」, 서울대학교 박사학위논문, 2008.

11) 趙成允, 「考古資料로 본 新羅」 『唐都長安1400年國際學術硏討會』, 2018. 또 여기에서는 習比部와 漢祇部만이 기와 製作 集團이고, 喙部, 沙喙部, 本彼部, 牟喙部는 기와를 제작하지 않았다고 했으나 이는 잘못된 것으로 각 部마다 奴隸에서 平民이 있고, 4頭品은 6部가, 5頭品은 6部가, 6頭品은 喙部, 沙喙部, 本彼部가, 眞骨은 喙部, 沙喙部가 各各 存在해 있어서 喙部, 沙喙部, 本彼部, 牟喙部도 기와를 생산했다고 판단되고, 기와의 生産으로 얻는 수익도 상당했을 것으로 판단된다. 수익이 있는 사업을 王族인 喙部나 王妃族인 沙喙部가 하지 않았다고는 해석할 수가 없다. 新羅 6部 가운데 가장 먼저 기와를 도입한 階層은 喙部와 沙喙部의 토기 만들던 技術者였을 것이다. 그 증거가 慶州에 남아있는 155基의 가량의 積石木槨墓이다. 積石木槨墓의 土器나 金屬器는 高句麗製도 있으나 喙部와 沙喙部가 만든 것이 대부분이었다.

12) 北川(閼川), 西川, 南川은 古新羅人들의 生活과 관련되는 농사를 짓고, 물을 이용하여 생활용수를 한 것으로 判斷된다. 단 하나의 예외로서 441년 중성리비의 주인공 牟旦伐이 포항시 흥해읍 중성리에 宮(居館)을 가지고 있어서 6部人도 경주 분지 바깥에 財를 가질 수 있다. 이것이 6부의 경주 분지를 벗어났다는 증거가 된다.

III. 官草 · 瓦草 · 堂草 · 凡草 명문

官, 官草, 臣(東草 東草里城址<장골 城터>)이라는 명문은 지명+官草만 남아 있으나 와초명문이 고려 초인 점에 준하여 고려 초(10세기 중엽~11세기 전반)로 본다.

大中, 伯士, 官草, 京(安城 竹州山城) 등이다. 대부분 奉業寺址에서 출토된 것들로 光宗~成宗 時期에 해당된다.[13]

太平興國七年壬午年三月日/竹州瓦草近水△水(吳)(矣)[14](安城 奉業寺) 太平興國七年壬午年는 982년이다. 官草명 기와는 東草 東草里寺址나 安城 竹州山城의 官草도 고려 초의 것으로 보아도 될 것이다.

發令/戊午年瓦草作伯士必山毛[15](安城 奉業寺) 戊午는 太平興國八年의 983年의 銘文도 나와서 958年으로 추정된다.

辛卯四月九日造安興寺瓦草[16](利川 安興寺址)는 931年이나 991年으로 추정된다. 그 연대는 전자는 후삼국시대이라서 성립되기 어렵고, 후자인 991년으로 판단된다.

永興寺送造瓦草重創[17](保寧 千防寺址)은[18] 永興寺의 위치를 알기 어렵지만,[19] 이를 경주 지역의 사원으로 본다면 成典寺院이었던 永興寺의 활동을 살

---

13) 安城 竹州 山城 發掘 指導委員會 資料.

14) 전문의 해석이 거의 불가능하나 太平興國七年壬午年(982년)三月日에 竹州의 瓦草를 近水△水(吳)가 만들었다로 보인다.

15) 發令을 내렸다. 戊午年(958년)에 瓦草를 伯士인 必山毛이 만들었다.

16) 辛卯(991년) 四月九日에 安興寺의 瓦草를 만들었다.

17) 永興寺가 만들어 보낸 瓦草로 (保寧 千防寺를) 重創을 했다.

18) 韓國水資源公社 · 公州大學校博物館, 『千防遺蹟』, 1996, 146쪽.

19) 『東國輿地勝覽』 劵20, 忠清道 藍浦縣 佛宇條에 崇巖寺, 聖住寺, 永興寺, 玉溪寺가 登場한다. 永興寺를 이 地域의 統一新羅時代의 寺刹로 비정하기도 하지만(韓國水資源公社 · 公州大學校博物館, 앞의 책, 1996, 453쪽) 慶州 地域의 永興寺와 같은

필 수 있는 좋은 자료라고 하면서 永興寺에서 보낸 기와로 寺院을 重創했으므로, 이로써 永興寺의 경제력을 짐작할 수 있다. 文聖王(839~856년)이 朗慧和尙無染이 머물던 이곳 인근(保寧)의 절을 聖住寺로 바꾸고, 大興輪寺에 編錄시켰다는[20] 사실을 勘案하면, 銘文 기와의 年代는 9世紀 中葉으로 推定할 수 있겠다라고 했으나,[21] 瓦草에서 絶代 年代가 나오는 10世紀 中葉이 상한이므로 永興寺送造瓦草重創명 기와를 10世紀 後半으로 보아야 한다. 그러면 永興寺는 保寧에 있던 永興寺로 보아야 할 것이다.

沙羅瓦草(洪城 石城山城) 이 명문은 지명+瓦草만 남아 있으나 와초명문이 고려 초인 점에 준하여 고려 초(10세기 중엽~11세기 전반)로 본다.

~元年己巳年北舍瓦草[22](康津 月南寺)는 969年으로 ~부분은 遼景宗의 연호인 保寧으로 復元할 수 있다.

太平興國五年庚辰六月日彌勒藪龍泉房瓦草[23](益山 彌勒寺) 太平興國五年庚申으로 되어 있으나 976~984년의 太平興國 범위 밖에 있어서 庚辰(980년)이 타당하다. 이렇게 연간지가 잘못된 예는 극히 드물다.

太平八年戊辰定林寺大藏堂草[24](扶餘 定林寺)은 1028년이다. 이 명문은 堂草 · 瓦草 · 官草 · 凡草가운데 가장 늦은 명문으로 11세기 전반이다.

堂草 · 瓦草 · 官草 · 凡草가 나오는 銘文은 絶代 年代가 확실한 예는 모두가 고려 초의 銘文이었다. 年號나 年干支가 없이 나오는 堂草 · 瓦草 · 官草 · 凡草

이름을 지방에서 사용하기 어려웠다고 판단하고 있다(李泳鎬, 「新羅의 新發見 文字資料와 研究動向」『韓國古代史研究』 57, 2010, 199쪽).

20) 韓國古代社會研究所編, 『譯註 韓國古代金石文』 III, 1992, <聖住寺朗慧和尙碑> '文聖大王 聆其運爲 莫非裨王化 甚之 飛手敎優勞 且多大師答山相之四言 易寺牓爲聖住 仍編錄大興輪寺'

21) 李泳鎬, 앞의 논문, 2010, 199쪽.

22) 保寧元年己巳年(969년)에 北舍의 瓦草이다.

23) 太平興國五年庚辰(980년) 六月 日에 彌勒藪의 龍泉房의 瓦草이다.

24) 太平八年戊辰(1028년)에 定林寺의 大藏(堂)의 堂草이다.

의 銘文도 고려 초일 가능성이 크다. 왜냐하면 堂草 · 瓦草 · 官草 · 凡草의 절대 연대를 공반한 것으로 삼국시대나 통일신라시대의 예는 단 1点도 없기 때문이다.

Ⅳ. 기와에 나오는 羅末麗初 地名

甲辰城年末村主敏亮,[25] 麻山停子瓦草, 丁巳年, 官草 等의 銘文이 南漢山城에서 出土되었다. 甲辰이란 年干支는 麻山停子瓦草와 官草銘에 근거하지 않고 달리 보아야 할 것이다. 884年과 944年 가운데 늦어도 884年으로[26] 판단된다. 丁巳年은 957年과 1017年 가운데 957年으로 판단된다.

기와 銘文에 나오는 羅末麗初 지명을 어떻게 해석할 것인가가 문제이다. 곧 景德王의 漢化政策은 16年(757년) 12月의 地名改革과 18年(759년) 1月의 官號改革으로 나누어진다. 이와 같은 改革은 오래가지 못했다. 약 20년 뒤인 惠恭王 12年(766년)에는 진골귀족 세력들의 反撥로 官號가 復古되었다. 이때에는 官號뿐 만아니라 地名도 함께 復古되었다.[27]

---

25) 甲辰城年末村主敏亮에서 甲辰은 年干支, 城年은 地名, 末村主는 職名, 敏亮은 人名이다. 最近에 새로운 統一 新羅 資料가 나왔다. 곧 9世紀頃의 人名 表記로 重要한 것이 2017年 皇龍寺 南쪽담장 外廓 1호 우물에서 青銅製접시가 나왔다. 이 접시에는 達溫心村主로 지명(達溫心)+직명(村主)가 나오는 인명표기가 되고, 地方의 村主가 皇龍寺에 기진한 예로 중요하다. 이와 똑 같은 촌주의 예로는 9세기의 청주시 오송읍 쌍청리 다중 환호에 출토된 易吾加茀村主명문자와가 있다. 이것도 易吾加茀(지명)+村主로 구성되어 있다. 지명+촌주로 구성된 예는 이 두 가지밖에 없다. 그 제작 시기도 똑같이 9세기이다.

26) 884년으로 보면 절대 연대를 가진 명문 가운데 가장 빠르다. 현재까지 官草 · 堂草 · 瓦草 · 凡草가 절대 연대로 가장 빠른 예는 (保寧)元年己巳年(969년)이다.

27) 李泳鎬, 「新羅 惠恭王 12年 官號復古의 意味 -中代 專制王權說의 一檢討-」『大丘史學』39, 1990.

馬忽受蟹口草의 馬忽(抱川 半月山城), 雨述(大田 鷄足山城), 馬老(光陽 馬老山城), 任存(禮山 任存山城), 仍大乃(서울 虎岩山城) 등의 지명 표시하는 기와 銘文의 연대가 문제이다. 이들의 명문 기와들은 高句麗, 百濟의 옛명칭으로 되어 있다. 그러면 766年의 地名 復古와 관련이 있을까? 尙州, 良州, 康州의 지명에서는 官號 復古의 地名 곧 新羅의 옛地名이 적힌 기와가 단 1점도 나오지 않고 있다. 高句麗와 百濟의 옛지명이 있던 곳의 地名은 後三國 時代의 高句麗와 百濟의 옛지명으로 보인다.

다음 景德王代 華嚴經寫經은 文頭의 天寶十三載甲午八月一日初乙未載二月十四日이란 句節로 보면 景德王 13年(754)에서 14年(755) 사이에 만들어진 것을 알 수 있다.[28] 우선 이 寫經의 人名 表記를 알기 쉽게 圖示하면 <표 1>과 같다.

<표 1> 景德王代 華嚴經寫經의 人名 表記

職名	出身地名	人名	官等名
紙作人	仇叱珎兮縣	黃珎知	奈麻
經筆師	武珎伊州	阿干	奈麻
上同	上同	異純	韓舍
上同	上同	今毛	大舍
上同	上同	義七	大舍
上同	上同	孝赤	沙弥
上同	南原京	文英	沙弥
上同	上同	卽曉	大舍
上同	高沙夫里郡	陽純	奈麻
上同	上同	仁年	大舍
上同	上同	屎烏	大舍
上同	上同	仁節	大舍

28) 文明大, 「新羅 華嚴經寫經과 그 變相圖의 硏究 -寫經變相圖의 硏究(1)-」『韓國學報』 14, 1979.

職名	出身地名	人名	官等名
經心匠	大京	能吉	奈麻
上同	上同	亐古	奈
佛菩薩像筆師	同京	義本	韓奈麻
上同	上同	丁得	奈麻
上同	上同	夫得	舍知
上同	上同	豆烏	舍
經題筆師	同京	同智	大舍

옛신라의 인명이 나오는 자료인 新羅華嚴經寫經은 地名에서 754年에서 755年에 작성된 것으로 고유한 지명이 仇叱珎兮縣, 武珎伊州, 高沙夫里郡으로 나오고 있다. 仍伐內力只乃末△△(源)이란 銘文에서 仍伐內는 出身地名, 力只는 人名, 乃末은 官等名, △△(源)은 샘물의 이름명이다. 곧 仍伐內의 力只 乃末의 △△(源)으로 解釋된다. 그런데 이 銘文의 仍伐內가 『三國史記』, 地理志의 漢州 栗津郡 …… 領縣三 穀壤縣 本高句麗 仍伐奴縣 景德王改名의 仍伐奴와 연결시켰다. 仍伐內가 언제 개칭된 것인가에 대한 정확한 자료는 없다고 전제하고 景德王 16年(757年)에 本縣에 屬해 있던 漢山州가 漢州로 개칭되고, 그 아래 1小京과 27郡 46縣의 郡縣 整備 作業이 이루어졌으므로 그 시기는 景德王 16年(757年)頃으로 추정하였다. 앞의 新羅華嚴經寫經의 年代는 754~755年이므로 한우물에서 出土된 仍伐內力只乃末△△(源)의 仍伐內의 年代 設定에 도움이 되지 않는다. 그런데 804年에 作成된 禪林院鐘銘에는 古尸山郡仁近大乃末이란 人名 表記가 나온다.[29] 古尸山郡은 忠北 沃川郡의 옛이름으로 757年에 管城郡으로 바뀌었으나 古尸山郡을 출신지명으로 적고 있다. 따라서 757年을 仍伐內의 下限으로 볼 수는 없다. 仍伐內의 연대를 757年 이전으로나 766年 이후로 볼 수 있는 근거는 없다. 그런데 馬忽受蟹口草는 이두로 馬忽이 받은

29) 李弘稙, 「貞元卄年在銘 新羅梵鐘 -襄陽雪山出土品-」『白樂濬博士環甲紀念國學論叢』, 1955.

蟹口草란[30] 뜻이다. 이는 高麗 初인 10世紀 中葉에서 11世紀에 나오는 瓦草·堂草·官草·凡草의 앞서는 型式이므로 後三國 기와로 볼 수가 있다. 雨述, 馬老, 任存, 仍大乃는 10世紀의 後三國 기와인지 9世紀 新羅 기와인지 확실히 알 수가 없다.[31]

옛신라 영토인 尙州, 良州, 康州에 屬하는 곳에서 지명이 나오는 것으로는 기와의 例는 없고 유일한 例가 沙伐州란 石錘銘의 지명이 있을 뿐이다. 沙伐州姬銘蠟石製錘의 沙伐州姬란 인명이 羅末麗初의 豪族 婦人이 아닐 가능성이 크다.[32] 왜냐하면 반출된 기와가 전부 中板 打捺로 7세기 후반에서 8世紀의 것이고, 点烈文印花紋土器도 8世紀의 土器이므로 沙伐州姬銘蠟石製錘의 年代를 地方 豪族의 대두와는 관계가 먼 8世紀의 것으로 보인다. 地方 豪族의 婦人이라면 沙伐州姬가 아닌 沙伐姬가 되어야 한다.

全州城銘 암막새와 全州城銘 수막새가 후삼국 기와로 밝혀졌다.[33] 江陵에서 出土된 溟州城명 수막새도 後高句麗 기와로 판단된다. 新羅의 기와에서 이들에 對應될 수 있는 銘文 기와로 後三國 時代의 在城명 수막새를 들 수가 있다.

Ⅴ. 맺음말

먼저 上黨山城의 沙喙部屬長池馹升達을 沙喙部에 屬한 長池馹의 升達로

30) 한자로 해석하면 馬忽이 蟹口의 草(기와)를 받다가 된다.

31) 이들 기와는 尙州, 良州, 康州의 옛新羅 領域에서는 나온 例가 없어서 後三國 기와일 可能性도 있으나 적극적인 자료가 전무하지만 후삼국시대로 보고 싶다.

32) 尹善泰, 「尙州 伏龍洞 256番地 遺蹟 出土 新羅 蠟石製 銘文遺物」『木簡과 文字』 2, 2008에서 羅末麗初의 遺物로 보았으나 8世紀의 印花紋土器와 중판기와의 出土로 7세기 후반에서 8세기로 본다.

33) 全榮來, 「後百濟와 全州」『後百濟 甄萱 政權과 全州』, 2000.

解釋해서 驛이 部에 屬한다고 보고, 光州 武珍古城의 沙喙, 安城 飛鳳山城의 夲彼도 그 立地로 볼 때 驛을 나타낼 可能性이 있다고 보았다.

다음으로 太平興國七年壬午年三月日/竹州瓦草近水△水(吳)(矣)의 太平興國七年壬午年三月日는 982년, ~元年己巳年北舍瓦草(康津 月南寺) 969년이고, 太平興國五年庚辰六月 日彌勒藪龍泉房瓦草(益山 彌勒寺址)는 980년이고, 太平八年戊辰定林寺大藏堂草(扶餘 定林寺)는 1028년으로 官草 · 瓦草 · 堂草 명문은 모두 10세기 중엽에서 11세기 전반에 걸쳐서 있다. 연호나 연간지가 없이 나오는 官草 · 瓦草 · 堂草 · 凡草 명문도 이 시기의 것으로 추정된다.

마지막으로 馬忽受蟹口草의 馬忽, 雨述, 馬老, 任存, 仍大乃 등으로 지명이 나오는 기와 銘文을 後三國時代로 보았으나 景德王의 漢化政策은 16年(757년) 12月의 地名改革과 18年(759년) 1月의 官號改革으로 나누어진다. 이 같은 改革은 오래가지 못했다. 約 20年 뒤인 惠恭王 12年(766년)에는 眞骨貴族 勢力들의 반발로 官號가 복고되었다. 이때에는 官號뿐 만아니라 地名도 함께 복고되었다. 그래서 馬忽受蟹口草는 馬忽이 받은 蟹口의 草(기와)로 해석되고, 이 蟹口草는 官草 · 瓦草 · 堂草 · 凡草의 전신이므로 후삼국시대로 보고, 나머지 지명들인 雨述, 馬老, 任存, 仍大乃 등은 10세기의 후삼국시대의 것인지 9세기의 통일신라시대 것인지는 유보하였다. 굳이 선택을 하려고 하면 지금까지 자료로 보는 한 전자를 취하고 싶다.

제4절

남한산성 출토 나말여초 기와 명문

Ⅰ. 머리말

한국 고고학에서 1/2가량이 기와와 토기와 자기 유적이다. 그런데도 불구하고 기와에 관한 연구자는 무덤과 취락 연구자에 비해 절대적으로 부족하다. 특히 평기와를 중심으로 하는 연구자는 손을 꼽을 수 있는 정도이다. 기와의 백미인 와당을 중심으로 하는 연구자는 과거에 있었지만 평기와 연구자는 그 숫자가 극히 한정되고 있다. 평기와는 와범만 있으면 세월이 흘러도 다시 생산이 가능하다. 그래서 신라의 평기와는 고식 단판 6세기 전반~7세기 전반, 신식 단판 7세기 후반(의봉사년개토, 습부명, 한지명 암키와), 중판은 7세기 후반~9 · 10세기로 판단하고 있다. 지방은 중판 7세기 후반~8세기에, 경주를 제외한 지방에서는 장판이 9세기 전반부터 출토되고 있다.[1)]

신라 평기와 연구의 탈출로는 문자 기와를 연구하는 도리밖에 없다. 문자 기와의 체계적인 정리는 각 사원을 연구해 창건 와를 정리하고, 이를 문자 자료를 통한 검토가 절대적으로 중요하다. 가령 儀鳳/四年/皆土명 기와는 679년에 제작된 것이나 그 박자가 5가지나 되고, 그 출토 범위가 경주 시내 전역과 七佛庵과 羅原里寺址 등에서도 출토되고 있어서 그 시기를 679년으로 한정하는 것은

1) 조성윤, 「신라 장판 타날문양 평기와의 경주 제작 여부에 대하여」『이화사학연구』 30, 2003에 따르면 경주에서는 9~10세기에도 장판 타날 기와를 사용하지 않았다고 한다.

무리이지 싶다. 그것도 부의 세력이 약했던 습비부에서 儀鳳四年皆土명 기와를 전담하기는 어려웠을 것이다. 앞으로 계속 자료가 나와야 될 것이다. 기와 작업장은 망성리와요지는 습비부, 다경와요지는 한지부만 나왔을 뿐,[2] 왕족인 탁부, 왕비족인 사탁부의 것은 어디인지도 모르고 있다. 제3세력인 본피부의 와요지, 모탁부의 와요지도 모르고 있다. 習部나 漢只의 표시는 전체 기와 양의 1/1000도 되지 않는 것으로 기와를 100장 단위 또는 200장 단위로 표시하는 데 사용한 것으로 보인다. 여기에서는 남한산성에서 통일신라 기와와 고려 초기 기와가 나와서 이를 검토해 보고자 한다.

여기에서는 먼저 유적 개요 및 명문와 출토 양상을 살펴보고, 다음으로 남한산성 출토 고려 초의 명문와를 소개하고, 그 다음으로 몇 가지 검토를 하겠으며, 마지막으로 官草 · 堂草 · 瓦草 · 凡草명 기와의 절대 연대를 살펴보기로 하겠다.

II. 유적 개요 및 명문와 출토 양상[3]

남한산성에서 확인된 건물지는 정면 16칸, 측면 6칸(외진주초 기준)이다. 이것은 지금까지 산성지의 건물지 가운데에는 큰 편이며, 건물지 주변에서 발굴된 많은 기와들이 불에 타서 적갈색을 띠고 있고, 소토가 층을 이루며, 벽체가 서쪽으로 무너져 있는 양상으로 미루어 이 건물의 마지막 폐기 원인은 화재로 인한 붕괴이었던 것으로 추정된다.

건물은 사방으로 외진주칸이 있고, 그 안쪽에 두터운 벽체를 갖춘 구조이며,

2) 추정이다.

3) 본고의 II장과 III장은 심광주, 「남한산성 출토 銘文瓦에 대한 고찰」『목간과 문자』 1, 2008에서 발췌하였다.

외진주초석들은 내진부에 비하여 약 15cm 정도 낮게 위치하도록 하여 한단을 낮추었다. 외진주초석의 바깥쪽에는 처마의 낙숫물이 떨어지는 지점을 따라 배수로를 조성하였다. 초석의 간격은 약 3.5m 정도이며, 할석으로 간단한 적심시설을 하고, 그 위에 80cm 정도 크기의 가공하지 않은 자연석을 초석으로 놓았다.

건물지의 내진주 초석이 놓이는 곳에는 점토를 다져서 벽체를 조성하였다. 벽체는 바닥에 잔자갈을 깔고, 그 위에 목탄을 5~10cm 정도 깐 후 갈색 점토와 황갈색 점토를 교대로 판축하여 쌓아 올렸으며, 벽체의 두께는 130~150cm 정도이다. 판축벽체의 양쪽에는 할석이나 와편으로 마감을 하여 벽체의 두께는 2m에 달할 정도로 두텁다.

무너진 벽체의 주변에서 기와층이 쌓여 있었으며, 토층조사결과 건물지 서쪽에서 5개의 기와층이 확인되어 번와를 포함한 건물의 보수공사가 수차례에 걸쳐서 이루어졌음을 알 수 있게 되었다. 또한 건물지가 놓여 있는 곳의 지하에는 암맥이 흐르면서 중심부가 높고, 남북 쪽이 낮기 때문에 전면적으로 생토층까지 제토를 하고 인위적으로 할석과 사질점토를 쌓아 올려서 평탄화하는 대규모 대지조성공사를 하였다. 또한 초석적심부에 대한 굴광선이 확인되지 않은 것으로 보아 치밀한 사전 계획에 따라 대지조성과 적심과 초석의 배치, 벽체 판축 등 건물의 축조가 한 치의 오차도 없이 순차적으로 이루어졌음이 밝혀졌다.

건물지 서쪽 구간에서 확인된 후삼국시대 기와층은 위에서부터 Ⅰ층으로부터 Ⅴ층까지 구분이 가능하였다. Ⅰ층은 조선시대 하궐마당지 하부에 존재하는 인위적인 기와 매립층으로 전체적으로 완만한 U자형을 이루며, 상부가 평탄한 것이 특징이다. 동서 너비 약 5m, 두께 0.3~0.8m에 걸쳐 분포하며, 후삼국시대 건물지의 서쪽 남단을 제외한 건물지 서쪽 전 지역에서 확인되고 있다. 기와층의 아랫면이 완만한 U자형을 이루고, 윗면이 고른 것으로 보아 건물이 있는 지역을 평탄화하기 위하여 상대적으로 레벨이 높은 건물의 동쪽부분에 쌓아있는 기와를 경사가 완만한 구상의 지형에 인위적으로 기와편들을 매립한 것으로 생각된다. 유물포함층 중 기와의 양이 가장 많으며, 末村主, 麻山停子 등의 명문이 있는 기와가 많이 포함되어 있다. 간혹 토기편들이 출토되나 원래의 기형을 파악할 만한 것은 거의 없으며, 경부 파상선문 대호편과 편병편 등이 수습되었다.

Ⅱ층은 소토층으로 이 층을 제거하면 구 지표에서 초석, 기단 등이 노출되는 점으로 보아 동편에 있는 대형건물지가 화재로 소실되면서 무너져 형성된 층으로 판단된다. 소토, 목탄, 황갈색 사질점토, 적갈색 기와편, 할석과 산돌들이 섞여 있었다. 와적 규모는 너비 4~5m, 두께 0.1~0.7m 정도이며, 대형건물지를 따라 띠상으로 50cm 정도 범위에 분포되어 있다. 유물포함층 기와의 양이 1층 다음으로 많으며, 기와의 대부분은 불에 타 적갈색을 띤다. 이중에는 마치 지붕이 무너져 내린 서너 매의 수키와가 겹쳐져 있는 것도 보인다. 이곳에서도 末村主명 기와가 다수 확인되었고, 기와 양상이 Ⅰ층과 동일하며, 大瓦라고 할 만한 크고 두꺼운 기와들이 전혀 나오지 않는 것으로 보아 건물의 忘棄 시점에는 이 건물에 대와가 즙와되지 않았음을 알 수 있게 해준다.

Ⅲ층은 대형건물지 서쪽 배수 석렬의 뒤채움으로 사용된 와적층이다. 와적층은 하궐지 쪽에서 경사면을 따라 서측 배수 석렬까지 이어져 있고, 너비는 2m 안팎이며, 완형기와는 거의 없이 후삼국시대 기와의 잔편들이다.

Ⅳ층은 Ⅲ층 이전에 조성된 배수 석렬의 뒤채움으로 추정된다. 배수로 서측 석축렬의 서쪽에서 이 배수로보다 이전시기에 축조된 또 하나의 석축이 확인되는데, 이 와적층은 이 선택된 배수로 석축의 뒷채움을 한 것으로 보인다. 이 선택된 배수구의 간격을 좁히면 후축 배수석렬(Ⅲ층)이 조성되어 건물 忘棄시까지 배수석렬로 사용되었음이 확인되었다. 와적층은 너비 3m에 걸쳐 두께 0.4~0.5m로 분포하며, 하궐지 쪽에서 경사면을 따라 선축 배수석렬까지 이어져 있다. 이른바 大瓦라고 하는 크고 두꺼운 기와들이 대부분 이 곳에서 출토되었다.

Ⅴ층은 최하층으로 Ⅳ층 아래에 존재한다. 이곳은 대형건물지의 서단부로 비교적 완만하게 경사진 하궐지에서 급격하게 단이 지면서 발굴 지역과 이어지는 부분인데 바로 단 직하의 풍화된 암반 위에 너비 1~2m에 걸쳐 두께 0.2m 정도로 분포한다. 대부분이 작은 편들로 이루어져 있으며, 두께나 크기로 보아 후삼국 기와의 양상을 보여주고 있다.

III. 남한산성 고려 초의 명문와 소개

1. 甲辰城年末村主敏亮명[4] 수키와1

회청색의 수키와로 완형에 가깝다. 태토에는 1~3mm 크기의 사립이 많이 혼입되어 있으며, 1cm 내외의 굵은 석립도 확인된다. 내면의 絲切痕이 남아 있는 것으로 보아 점토판으로 제작되었음을 알 수 있다. 절단부의 한쪽면은 내→외, 다른 한쪽은 외→내의 방향으로 와도질하여 잘랐으며, 파쇄면은 정면하지 않았다. 외면에는 장판고판으로 상단과 하단에 한 번씩 돌아가면서 찍은 명문이 있다. 명문의 내용은 甲辰城年末村主敏亮으로 판독되었다.

2. 甲辰城年末村主敏亮명 수키와2

회청색 경질의 수키와이며 와구부의 모서리 일부가 결실되었지만 완형에 가깝다. 태토에는 1~3mm 크기의 사립이 많이 혼입되어 있으며, 내면에 사절흔은 관측되지 않는다. 측단부는 한쪽면은 내→외, 다른 한쪽은 외→내 방향으로 와도질을 한 후 잘라내었으며, 파쇄면은 정면하지는 않았다. 외면에는 미구를 상부로 하여 와구방향으로 동일한 명문이 양각으로 찍혀 있다. 명문의 내용은 甲辰城年末村主敏亮으로 판단되며, 1번 수키와와 같은 고판으로 제작된 것으로 보인다.

---

4) 甲辰城年末村主敏亮을 甲辰, 城年, 末村主, 敏亮으로 끊어 읽으면, 松山寺天復四年(904년)銘鐘銘에 天復四年甲子二月廿日, 松山村大寺鐘成內文, 節本和上能與, 本村主連筆, 一合入金五千八十方, 含△成에서 本村主連筆이라고 나오는 바, 本村主와 末村主는 서로 대응된다.

3. 甲辰城年末村主敏亮명 수키와3

회청색 경질의 수키와이며, 절반 정도가 결실된 상태이나 길이는 알 수 있다. 역시 한쪽은 내→외, 다른 한쪽은 외→내 방향으로 와도질하여 잘라내었으며, 파쇄면을 2차 정면하지는 않았다. 태토는 굵은 砂粒이 많이 혼입되어 있으며, 사절흔은 확인된다. 외면에는 장판고판으로 하단부를 돌아가면서 먼저 두드리고, 상단부를 두드려서 한줄의 명문이 중간부분에서 약간씩 어긋나게 찍혀 있다. 명문의 내용은 甲辰城年末村主敏亮명으로 판독되며, 동일한 다른 명문와들과 같은 고판으로 제작된 것으로 보인다.

4. 末村主敏亮명 수키와4

적갈색 연질의 수키와이며, 명문이 있는 와구부 일부만이 남아 있는 상태이다. 태토에는 1~2mm 크기의 사립이 많이 혼입되어 있으며, 굵은 석립도 함께 포함되어 있다. 내면에는 사절흔이 관측되며, 외면에는 종방향으로 타날된 명문이 남아 있으나 末村主敏亮 부분만 선명하게 보인다.

5. 甲辰城年末村主敏亮명 암키와1

회청색 경질의 암키와로 종방향으로 결실되어 너비는 확인되지 않는다. 내면에는 사절흔이 남아있으며, 측단부는 내→외의 방향으로 1/2 정도 와도질을 한 후 잘라내었다. 태토에는 1~5mm 크기의 사립이 많이 혼입되어 있다. 외면에는 수키와와 동일한 고판을 사용한 것으로 보인 명문이 찍혀 있는데 두 번씩 두드린 수키와와 달리 돌아가면서 한 번씩 두드렸음이 확인된다. 이는 암키와가 수키와에 비하여 6cm 정도 크기가 작기 때문일 것이다. 명문의 내용은 甲辰城年末村主敏亮으로 판독된다.

6. 甲辰城年末村主敏亮명 암키와2

회청색 경질의 암키와로 일부가 결실되기는 했지만 전체적으로 완형에 가깝다. 내면에는 포흔과 사절흔 및 절토판 접합흔이 확인된다. 하단 내면에는 2cm 폭으로 와도질 정면을 하여 깍아내었다. 양측면은 모두 내→외 방향으로 와도질하여 잘라내었으며, 와도의 깊이가 1/3 정도로 얕고 파쇄면은 2차 정면을 하지 않고 그대로 두었다. 외면에는 길이 33cm, 너비 5cm 정도로 정도의 장판고판으로 두드려서 찍은 명문이 확인된다. 명문의 내용은 甲辰城年末村主敏亮명으로 판독되며, 역시 동일한 내용의 다른 명문와와 같은 고판을 사용한 것으로 판단된다.

7. 麻山停子瓦草명 수키와

암갈색 연질의 수키와편으로 1/3 정도가 결실된 상태이다. 태토에는 1~3mm 크기의 사립이 많이 혼입되어 있으며, 내면에는 사절흔이 확인된다. 외면에는 상단부에서 하단부로 종방향으로 두드려서 양각으로 찍은 명문이 있다. 명문의 내용은 麻山停子瓦草로 판독된다. 특히 瓦라는 글자 양 옆에는 6줄의 횡선이 양각으로 표현되어 있어서 같은 명문의 다른 기와들과 동일한 고판을 사용했는지를 쉽게 확인할 수 있게 해준다. 이 글자를 지금까지 凡자로 판독하여 '무릇 기초를 한다.'는 뜻이라는 견해도 있지만,[5] 瓦의 이체로 보아 기와라는 의미로 이해하는 것이 더 타당하다고 판단된다.

8. 麻山停子瓦草명 암키와1

회색 연질의 암키와편으로 1/3 정도가 결실된 상태이다. 양측단부는 내→외

---

5) 상명대학교박물관, 『홍성석산산성 -건물지발굴조사보서-』, 1998, 192~194쪽.

방향으로 1/2~1/3 정도 깊이로 와도질을 한 후 잘라내었으며, 파쇄면은 2차 정면을 하지 않고, 그대로 두었다. 외면에는 길이 34cm, 너비 6cm 크기의 장판고판으로 두드려서 생긴 명문이 있다. 명문의 내용은 麻山停子瓦草로 판독되며, 같은 내용의 수키와와 찍힌 고판이 동일한 것으로 판단된다.

9. 麻山停子瓦草명 암키와2

암갈색의 연질암키와로 부분적으로 결실되었지만 전체적으로 비교적 완형에 가깝다. 태토에는 1~3mm 크기의 사립이 많이 혼입되어 있으나 1cm 크기의 굵은 사립도 포함되어 있다. 내면에는 포흔과 사절흔 및 점토판 접합흔이 남아있으며, 하단부 내면에는 와도로 정면하였다. 양측면에는 와통에 노끈으로 드리운 분할계선이 찍혀 있으며, 내→외 방향으로 1/2 깊이로 와도질하여 잘라내었다. 외면에는 종방향으로 글자가 찍혀 있으나 선명하지 못하지만 麻山停子瓦草로 판독된다.

10. 官草(?)명 암키와1

회색의 연질암키와편으로 명문이 있는 부분만 남아있다. 태토에는 사립이 많이 혼입되어 있으며, 측단부는 1/2 정도 깊이로 내→외 방향으로 와도질한 후 잘라낸 흔적이 있다. 외면에는 종방향으로 양각의 명문이 찍혀 있는데 左書로 된 官자가 분명하게 보이며, 다음자는 분명하지는 않지만 麻山停子瓦草명 기와에서 보이는 草자와 자획이 유사하므로 官草였을 것으로 추정하였다. 글자가 찍혀있는 주변에는 어골문이 곡선화된 형태의 문양이 찍혀있다.

11. 官草명 암키와2

상단부가 결실된 회색 연질의 암키와이다. 내면에는 포흔과 사절흔이 깊게 남아 있으며, 측면에는 노끈을 드리운 분할계선 흔적이 남아있다. 하단부 내면은 건장치기와 물손질정면을 하였으며, 외면에는 장판고판으로 종방향으로 타날된 명문이 양각으로 찍혀 있다. 명문은 앞의 암키와와 동일한 고판으로 판단되는데 내용은 여기 官草의 좌서이다.

12. 天主명 암키와1

암갈색 연질의 암키와편으로 명문이 있는 부분만 남아있다. 태토에는 붉은색의 shard가 많이 혼입되어 있으며, 내면에는 사절흔과 포흔이 관측된다. 측단부는 내→외면으로 깊이 1/4 정도로 와도질을 하고 잘라낸 파쇄면이 남아있으며, 외면에는 횡선문의 방곽안에 天主명의 명문이 양각으로 타날되어 있다. 방곽의 크기는 5×4cm이다. 남한산성에서 인접한 하남시 천왕사지에서는 天主명 기와가 여러 점 출토되었으나 이처럼 王자의 가운데 획이 올라가 主자로 인식되는 경우는 찾아보기 어렵다.

13. 天主명 암키와2

암갈색 연질의 암키와편으로 명문이 있는 부분만 남아있다. 태토에는 붉은색의 shard가 많이 혼입되어 있으며, 내면에는 사절흔과 포흔이 관찰된다. 측단부는 와도로 완전히 정면하였다. 외면에는 횡사선과 격자문이 타날되어 있으며, 5×3cm 크기의 방곽내에 天主란 글자가 찍혀 있다.

14. 丁巳年명 암키와

회색 연질의 암키와편이며 명문이 있는 부분 일부만 남아있다. 태토에는 1~2mm 크기의 사립이 다량 혼입되어 있으며, 내면에는 사절흔과 포흔이 확인된다. 측면에는 내→외 방향으로 1/2 이상 와도로 잘라낸 후 절단하여 와도흔과 파쇄흔이 남아있다. 외면에는 종방향으로 6cm 간격이 되게 두드린 흔적이 확인되는데 丁巳年이라는 세글자만 확인될 뿐 다른 글자는 읽을 수 없어서 다른 내용은 알 수가 없다.

15. 城명 수키와

회흑색 연질의 수키와편으로 명문이 있는 부분 일부만 남아있다. 태토에는 1~3mm 크기의 사립이 다량 혼입되어 있으며, 내면에는 사절흔과 포흔이 남아 있다. 외면에는 무문에 횡방향으로 城자만이 양각으로 찍혀 있다.

16. 城명 암키와1

암회색 연질의 암키와이며, 상단부의 일부가 결실되었으나, 전체적으로 거의 완형에 가깝다. 태토에는 굵은 사립이 많이 혼입되어 있으며, 내면에는 사절흔과 점토 접합흔이 관측면에는 와도로 깍기 정면을 하였다. 외면에는 장판고판으로 종방향으로 타날한 문양이 찍혀 있는데 어골문과 선조문이 결합된 문양 중간부분에 좌서로 찍은 城자 명문이 있다.

17. 城명 암키와2

회백색 연질의 암키와편이다. 태토에는 1~3mm 크기의 사립이 다량 혼입되어 있으며, 내면에는 포흔과 사절흔이 관측된다. 측단부는 내→외 방향으로 1/4 정도 깊이로 얕게 와도로 자른후 분할하였으며, 외면에는 장판고판으로 종방향으로 타날한 명문이 찍혀 있다. 명문은 城자 한자이며, 명문의 좌측에는 4×4cm 크기의 방곽을 十자로 4등분 한 후 각각에 ㅌ과 ㄷ모양의 문양을 90도 회전시키면서 대칭이 되도록 배치하였는데 글자라기 보다는 문양이라고 판단된다.

18. △城명 암키와

회청색 경질의 암키와편으로 하단부의 일부만 남아있다. 내면에는 사절흔이 관측되며, 하단부의 내면은 와도로 정면하였다. 측단부에는 양쪽 모두 1/2~1/3 깊이로 내→외 방향으로 와도로 자른 후 잘라내었다. 외면에는 선조문이 타날되어 있고, 종방향으로 7cm 간격으로 크고 선명하게 명문이 찍혀 있으나 아쉽게도 윗부분의 글자는 파실되어 무슨 글자인지 알 수가 없다.

19. 香명 암키와

회백색 연질의 암키와로 거의 완형에 가깝다. 태토는 매우 정선되어 있고, 내면에는 사절흔과 포흔이 있다. 양측면은 절단후 와도로 2차 정면을 하여 파쇄흔이 남아있지 않으며, 하단부에도 선조문이 타날되어 있다. 외면에는 단판의 선조문이 혼선상으로 타날되어 있으며, 사단부에 6×3cm 정도의 타원내에 香자가 도장처럼 찍혀 있다. 명문은 선조문이 타날된 이후에 찍어 바탕의 문양에 의하여 글씨가 굴곡을 이루고 있다.

20. 白명 암키와

회백색 연질의 암키와로 하단부가 1/2 정도가 결실된 상태이다. 태도는 매우 정선되었으며, 미세한 사립이 혼입되어 있다. 기와의 내면에는 포흔, 사절흔, 점토판 접합흔 등이 관측된다. 특히 점토판 접합흔에는 성형후 물손질 정면을 하였으며, 상단부상단의 내면에는 와도질 정면을 하였다. 하단부의 바닥에도 선조문 고판으로 두드려서 정면하였다. 외면에는 선조문이 찍힌 단판고판으로 호선상으로 타날하였으며, 그 위에 3×3cm 크기의 말각방형 도장으로 白자의 명문을 찍어 놓았다.

IV. 몇 가지 검토

여기에 소개된 문자 기와들은 전부가 9세기의 통일신라 기와와 나말여초의 기와이다. 보다 정확히 말하면 통일신라의 기와와 고려의 기와가 공존한다.

신라의 암키와와 수키와는 합쳐서 편의상 평기와로 부르고 있다. 이 평기와는 고식 단판 6세기 전반~7세기 전반, 신식 단판 7세기 후반(의봉사년개토, 습부명, 한지명 암키와), 중판은 7세기 후반~9 · 10세기로 판단하고 있다. 지방은 중판 7세기 후반~8세기에, 경주를 제외한 지방에서는 장판이 9세기 전반부터 출토되고 있다.[6] 이는 당시 수도였던 경주 지역의 이야기이고, 경주 이외의 지방에서는 9세기경부터 장판이 경주 지역보다 먼저 나타나 사용되었다. 아마도 이 장판 수법이 936년 이후에 경주 지역에 들어왔는지 아니면 10세기경인 후삼국시대에 경주 지역에 들어왔는지는 불분명하다.

신라시대의 문자 기와는 경주에서도 극히 드물고, 대개 후삼국시대부터 평기와의 등면에 문자를 넣는 습관이 생겼다. 이들 문자 기와들은 신라, 고려, 조선의 기와 연구에 기본이 되고 있음은 재고를 요하지 않는다.

남한산성 출토 명문 기와에 대해 살펴보기로 하자.[7]

---

6) 조성윤, 「신라 장판 타날문양 평기와의 경주제작여부에 대하여」『이화사학연구』 30, 2003.

7) 통일신라 기와로서 안성 비봉산성의 장판 타날로 左書인 夲彼(서영일, 「안성 비봉산성 수습 <본피>명 기와 고찰」『문화사학』 11 · 12 · 13, 1999), 광주 무진고성의 沙喙(구문회, 「무진고성 출토 명문자료와 신라통일기 무주」『한국사의 구조와 전개 -하현강교수정년기념논총-』, 2000), 청주 상당산성의 沙喙部屬長池馹升達의 명문이 있다. 이들은 신라 중앙의 6부에서 많이 떨어진 지방에서 6부명이 나온다는 공통점이 있고, 그 출토지가 전부 포곡식산성이라는 공통점을 지니고 있고, 취락지에서 4km 정도 떨어진 산성이라는 공통점이 있다. 6부명이 나오는 유적으로는 경주 월지 · 동궁에서 나온 習部명 기와(망성리와요지에서 생산), 漢(只部)명 기와(다경와요지에서 생산)의 출토와가 있다. 월지에서 나온 쌍록보상화문전편에 다음과 같은 명문이 있다. 調露二年/漢只伐部君若小舍~/三月三日作康(?)~이를 해석하면 다음

첫째로 가장 많이 나오는 甲辰城年末村主敏亮명 기와에서 甲辰은 연간지명, 城年은 지명, 末村主는 직명, 敏亮은 인명이다. 甲辰(年)은 884년과 944년 가운데에서 瓦草나 官草명 기와가 없어서 884년으로 판단된다.

둘째로 많이 나오는 麻山停子瓦草명 기와는 '마산정자의 기와집'이란 뜻으로 瓦草가 나오면 통일신라가 아닌 고려 초의 기와가 틀림없다.

셋째로 官草명 기와는 '官에서 만든 기와집'이란 뜻으로 고려시대 기와가 분명하다. ~官草명 기와는 고려시대 초기의 것이다.

넷째로 天主명 기와는 지명이나 인명일 가능성이 크나 확실히 해석하기 어렵다. 앞으로의 연구가 기대된다.

다섯째로 丁巳年명 기와는 통일신라시대의 기와이므로 이를 연표에서 찾으면 897년 또는 957년이 되나 전자로 보는 쪽이 타당하다.

과 같다. 조로 2년(680년)에 한지벌부의 군약 소사가 (감독)했고, 3월 3일에 작강(?)이 (만들었다)가 된다. 군약 소사는 감독자이고, 작(강?)은 제와장의 인명이 된다. 습부와 한(지부) 양자를 무진고성의 사탁과 연결시켜서 기와 등을 무진고성에서 생산했다고 보거나 『삼국사기』, 강수전에 나오는 中原京沙梁人也란 구절에 근거하여 5소경의 사탁부로 보아 왔다. 후자의 경우 그 근거는 沙喙部屬長池馹升達을 사량부가 장지역의 말을 맡다(돌보다)로 해석한 데에 기인하고 있다. 沙喙部屬長池馹升達은 사탁부에 속한 장지역의 승달이 되어서 사량부가 장지역의 말을 맡다(돌보다)로는 해석할 수 없게 된다. 장지역은 사탁부에 속한 역으로 통일신라시대에 역제가 있었다는 유일한 근거가 된다. 무진고성의 沙喙나 안성 비봉산성의 本彼도 청주 상당산성의 沙喙部屬長池馹升達과 역제를 나타내주는 편린이 아닐까한다. 이들 3유적의 연대는 장판기와나 반출된 청자편으로 보면 10세기는 아니고 후삼국시대가 아니라서 9세기로 볼 수가 있다. 무진고성에서 나온 間城, 官城, 國城, 喙城(喙는 이체자)은 무진고성 관할의 城名으로 보인다. 무진고성에서 喙部가 나오지 않았고, 喙城이 나왔을 뿐이다. 大官, 眞官은 무진고성 등의 관리 직명 이름이고, 大官草/句丞△은 고려 초의 기와로 보인다. 신라시대의 역제는 부별로 한 개의 부가 한 개의 역을 관장해서 『고려사』, 병지에 나오는 고려시대 역제와는 차이가 크다. 고려시대의 역제에 대해서는 정요근, 「고려 조선초의 역로망과 역제 연구」, 서울대학교 박사학위논문, 2008 참조. 『삼국사기』와 『삼국유사』 등에서는 일체 언급이 없던 역제가 상당산성에서 沙喙部屬長池馹升達이 나와 통일신라에는 체계적인 역제가 있었음을 나타내주고 있다. 그것도 부별로 역을 관장했다는 점은 주목해야 할 것이다.

여섯째로 城명 기와는 후삼국시대 기와이고, △城명 기와는 후삼국시대의 城名과 연결되는 기와로 판단된다.

일곱째로 香명 기와 白명 기와는 수급자 또는 제작자와 관련된[8] 후삼국시대~고려 초의 기와이다.

V. 官草 · 堂草 · 瓦草 · 凡草명 기와의 절대 연대

기와 명문에 나오는 나말여초 지명을 어떻게 해석할 것인가가 문제이다. 곧 경덕왕의 漢化政策은 16년(757) 12월의 地名改革과 18년(759) 1월의 官號改革으로 나누어진다. 이같은 개혁은 오래가지 못했다. 약 20년 뒤인 혜공왕 12년(766)에는 진골귀족 세력들의 반발로 관호가 복고되었다. 이때에는 관호뿐만 아니라 지명도 함께 복고되었다.[9]

> 太平興國七年壬午年三月三日安城奉業寺 王官草 등(안성 봉업사) 太平興國七年壬午年는 982년이다. 官草명 기와는 속초 속초리서지나 죽주산성의 官草도 고려 초(10세기 중엽~11세기 전반)의 것으로 보아도 될 것이다.
>
> 戊午年瓦草作伯士(안성 봉업사) 戊午는 太平興國八年의 983년의 명문도 나와서 958년으로 추정된다.
>
> 安興寺瓦草 辛卯四月九日造安△△(이천 안흥사지)는 931년이나 991년으로 추정된다. 991년일 가능성이 크다.

---

8) 이 점에 대한 고분 토기에 대해서는 岡田裕之, 「古墳時代における須恵器の生産單位について」『史淵』 140, 2003 참조.

9) 이영호, 「신라 혜공왕 12년 관호복고의 의미 -중대 전제왕권설의 일검토-」『대구사학』 39, 1990.

永興寺送造瓦草重創(보령 천방사지)은[10] 영흥사의 위치를 알기 어렵지만,[11] 이를 경주지역의 사원으로 본다면 성전사원이었던 영흥사의 활동을 살필 수 있는 좋은 자료라고 하면서 영흥사에서 보낸 기와로 사원을 중창했으므로, 이로써 영흥사의 경제력을 짐작할 수 있다. 문성왕(839~856년)이 朗慧和尙 無染이 머물던 이곳 인근(보령)의 절을 聖住寺로 바꾸고, 大興輪寺에 編錄시켰다는[12] 사실을 감안하면, 명문 기와의 연대는 9세기 중엽으로 추정할 수 있겠다라고 했으나, 瓦草에서 절대 연대가 나오는 10세기 중엽이 상한이므로 永興寺送造瓦草重創명 기와를 빨라야 10세기 후반으로 보아야 한다. 그러면 永興寺는 경주에 있는 영흥사가 아니라 보령 인근에 있던 영흥사로 보아야 할 것이다.

~元年己巳年北舍瓦草(월남사)는 969년으로 ~부분은 遼景宗의 연호인 保寧으로 復元할 수 있다.

太平興國五年庚辰六月 日彌勒藪龍泉房瓦草(익산 미륵사) 太平興國五年庚申으로 되어 있으나 976~984년의 범위 밖에 있어서 庚辰이 타당하다. 太平興國五年庚辰은 980년이다.

太平八年戊辰定林寺大藏堂草(익산 정림사)은 1028년이다. 이 명문은 官草 · 堂草 · 瓦草 · 凡草명 기와 가운데 가장 늦은 11세기 전반의 기와이다.

---

10) 한국수자원공사 · 공주대학교박물관, 『천방유적』, 1996, 146쪽.

11) 『동국여지승람』 권20, 충청도 남포현 불우조에 崇巖寺, 聖住寺, 永興寺, 玉溪寺가 등장한다. 영흥사를 이 지역의 통일신라시대의 사찰로 비정하기도 하지만(한국수자원공사 · 공주대학교박물관, 앞의 책, 1996, 453쪽) 경주의 지역의 영흥사와 같은 이름을 지방에서 사용하기 어려웠다고 판단하고 있다(이영호, 「신라의 신발견 문자자료와 연구동향」 『한국고대사연구』 57, 2010, 199쪽).

12) 한국고대사회연구소 편, 『역주 한국고대금석문』 Ⅲ, 1992, <聖住寺朗慧和尙碑> '文聖大王 聆其運爲 莫非裨王化 甚之 飛手敎優勞 且多大師答山相之四言 易寺牓爲聖住 仍編錄大興輪寺'

三年乙酉八月日竹凡草伯士能達毛은[13] (通和)三年[14]乙酉란 연간지는 985년이다.[15] 3년乙酉八月日에 竹의[16] 凡草를 伯士인 能達毛가 만들었다로 해석된다.

戊午年凡草作伯士必攸毛의[17] 戊午年은 958년이다. 이 명문은 戊午年(958년)에 凡草를 伯士인 必攸毛이 만들었다로 해석된다.

官草 · 堂草 · 瓦草 · 凡草명 기와의 절대 연대는 10세기 중엽에서 11세기에 편년되고 있을 뿐, 9세기나 그 이전의 예는 없다. 麻山停子瓦草銘 암막새는 고려 초의 것이고, 이 보다 앞서는 남한산성의 명문와는 甲辰城年末村主敏亮의 甲辰은 884년으로, 丁巳年은 897년으로 각각 보인다.

VI. 맺음말

먼저 남한산성의 유적 개요 및 명문와 출토 양상을 소개하였고, 다음으로 남한산성 고려 초의 명문와 소개를 전부 소개하였고, 그 다음으로 몇 가지 고찰을 통해서 麻山停子瓦草명 암키와가 나옴을 토대로 甲辰城年末村主敏亮의 甲辰年을 884년으로 보았고, 丁巳年을 897년으로 보았고, 마지막으로 官草 · 堂草 · 瓦草 · 凡草명 기와의 절대 연대가 10세기 중엽부터 11세기 전반에 속함을 근거로 麻山停子瓦草 암키와의 연대는 고려 초로 보았다.

---

13) 경기문화재단부설 기전문화재연구원 · 하남시, 『하남교산동건물지 발굴조사 종합보고서』, 2004, 185쪽. 凡草의 예는 戊午年의 명문과 2점뿐이다. 凡자가 瓦자일 가능성도 있다. 이 시기 瓦자는 凡와와 구별이 어렵다.

14) 三年은 遼聖宗의 通和三年(985년)이다.

15) 年月日에서 日을 밝히지 않는 것도 고려적인 요소이다.

16) 竹은 지명으로 보인다.

17) 경기문화재단부설 기전문화재연구원 · 하남시, 앞의 책, 2004, 185쪽.

제5장

신라 목간과 금석문

제1절 월성해자 신출토 8호 목간의 재검토
제2절 함안 성산산성 城下麥 목간의 재검토
제3절 함안 성산산성 목간의 奴人
제4절 함안 성산산성 목간의 작성 시기와 용도
제5절 고신라 목간에 보이는 王私에 대하여
제6절 대구 팔거산성 출토 목간에 대하여
제7절 부산 盃山山城 출토 목간의 새로운 해석
제8절 금석문 자료로 본 신라 골품제의 형성

제1절

월성해자 신출토 8호 목간의 재검토

Ⅰ. 머리말

월성해자에서는 묵서가 있는 목간이 총 32점이 발굴되었다.[1] 이 목간들은 그 연대가 토기 등 반출 유물에 의해 7세기 후반을 내려가지 않는다고 한다.[2] 이 점은 중요하다. 신라의 정궁은 고신라시대에는 월성이라는 데에는 누구나 동의하나[3] 통일신라시대의 정궁이 첨성대에 월지, 월성 사이에 있다고 보면서 그 정확한 위치를 밝히지 않고 있다. 곧 어느 건물지가 통일신라시대의 정궁이다라고 밝히지는 못하고 있다.

발굴 조사는 국립경주박물관에서부터 월지와 월성을 거쳐서 첨성대까지 시행했다. 발굴보고서도 나와 있다. 그럼에도 불구하고 정궁의 위치는 모르고 있다. 왜 이 지경이 되었을까? 월지 주변의 건물지는 동궁지이다. 신라는 월지와

---

1) 윤재석 편저, 『한국목간총람』, 2022, 208~223쪽.

2) 월성이 고신라의 정궁임을 나타내주고 있다.

3) 조성윤 박사의 교시에 따르면 경주 분지에서는 5세기의 2단투창고배가 발견되지 않아서 신라인들이 5세기에 경주 분지에 살지 않았다고 해석할 수밖에 없다. 월성에서 목간 등 유물이 나와서 고신라시대에 경주 분지에 5세기에 사람이 살았던 것은 분명하다. 방어로서의 월성 토성, 농업 용수로서의 북천, 서천, 남천, 무덤으로서의 읍남고분군의 3박자를 갖추고 있다. 5세기에 무덤을 만들려 읍남고분군에 왔고, 경주 분지에 사람이 살지 않았다고는 해석할 수가 없다.

같은 정원을[4] 태자인 동궁은 가지고, 왕은 가지지 못하는 이상한 국가이다.

월성이나 그 주변에서는 후삼국시대에 만들어진 在城명 막새와가 나오고 있어서[5] 후삼국시대 왕궁은 월성임은 의심의 의지가 없다. 국립경주박물관, 첨성대, 월성, 월지 등의 주변에서 통일신라시대의 정궁을 제시하지 못하고 있는 점은 신라 도성제 연구에 중대한 결함을 내포하고 있는 것은 아닐까?

경주 분지에서 단일 건물로 가장 큰 것으로 전랑지가 있다. 전랑지는 주작대로의 북쪽에 있고, 동서의 조방제의 한 가운데에 있다. 이 건물지를 정궁으로[6] 볼 수는 없을까?

여기에서는 먼저 월성해자 신출토 8호 목간의 전문을 제시하겠다. 다음으로 8호 목간의 전체를 금석문과 목간 등 동시대적인 자료의 관점에서 검토하겠다. 그 다음으로 목간의 연대 설정을 금석문에 나오는 使人을 통해 검토하겠다. 마지막으로 신출토 8호 목간의 전문을 해석하겠다.

II. 자료의 제시

월성해자 목간은 모두 1호 수혈해자에서[7] 출토되었다. 해자의 축조 과정, 그리고 각각의 공반 유물 등으로 볼 때, 월성해자 목간의 제작 연대는 7세기 후반을 내려가지 않는 것으로 보고 있다. 월성해자 목간은 수혈해자가 유지되던 시

4) 월지와 동궁이 세트임은 의심할 수 없는 통설이다.

5) 이는 명문이 새겨진 막새와 가운데 가장 빠른 예 가운데 하나이다. 후삼국시대 수막새 명문에 있어서 高正龍, 「軒瓦に現れた文字 -朝鮮時代銘文瓦の系譜-」『古代文化』 56-11, 2004, 30쪽에서 万正之寺로 읽고 있으나 正万之寺로 읽어야 된다.

6) 전랑지를 정궁으로 보는 가설은 윤무병에 의해 제기된 바 있다.

7) 지금까지 목간은 산성 등 모두 저습지 유적에서 출토되었다.

기의 유물이며, 목간의 중심 연대는 목간의 내용, 출토 층위와 공반 유물들을 고려할 때, 6~7세기 중후반으로 이해되고 있다. 이 같은 사정을 염두에 둔다면, 석축해자와 함께 조성된 것으로 보이는 월지출토 목간에[8] 앞선다.

월성해자 목간은 6세기에서 7세기 전반 신라 궁성 주변의 문서행정과 국가운영 등을 이해하는데 중요하다.[9] 2006년에는 『월성해자 발굴보고서Ⅱ』가 간행되면서[10] 목간의 출토상황과 세부적인 내용들이 정리되었다. 2011년에는 국립가야문화재연구소에서 『한국목간자전』을 간행하였는데,[11] 이를 통해서 다시 한 번 월성해자 목간에 대한 판독이 다듬어졌다. 2018년 월성해자에 대한 정밀 발굴조사 과정에서 새롭게 목간 8점이 추가되었다. 여기에서 다루고자하는 월성해자 신출토 8호 목간은 2018년에 새로 추가된 것이다.

월성해자 신출토 8호 목간의[12] 전문을 소개하면 다음과 같다.[13]

제1면 △△年正月十七日△△村在幢主再拜△淚廩典△岑△△
제2면 　　△喙部弗德智小舍易稻參石粟壹石稗參石大豆捌石[14]
제3면 　△金川一伐上內之所白人登彼礼一尺文尺智重一尺

8) 월지 출토의 목간은 洗宅 목간이 가장 유명하며, 그 중심 연대는 8세기 3/4분기이다. 하나 이상한 것은 월지 목간에서는 관등명을 가진 목간이 없는 점이다.

9) 왜냐하면 고신라시대의 정궁은 월성이기 때문이다.

10) 국립경주문화재연구소, 『월성해자 발굴조사보고서Ⅱ(고찰)』, 2006.

11) 국립가야문화재연구소, 『한국목간자전』, 2011.

12) 우리 나라 목간에서는 문서목간으로 4면목간이 주류를 이루고, 3면목간은 그 예가 적다.

13) 판독문은 전경효, 「2018년 출토 월성 해자 삼면목간에 대한 기초적 검토」 『목간과 문자』 27, 2021, 294쪽에 따랐으나 필자의 소견도 더 했다.

14) 易자를 易자로 전경효, 앞의 논문, 2021, 294쪽에서는 읽고 있으나 여기에서는 뜻이 통하는 易자로 새로 읽었다.

III. 목간의 검토

△△年正月十七日은 목간의 작성 연대를 알려주는 年月日이나 연간지가 파실 되어 그 정확한 연대를 알 수가 없다.[15]

△△村在幢主은[16] 幢主의 직명이다. 幢主는[17] 금석문에서는 다음과 같이 나온다.

> 鄒文村幢主
> 勿思伐城幢主使人(545년이나 그 직전, 적성비)
> 大等与軍主幢主道使与外村主(561년, 창녕비)[18]
> ~道使幢主(591년, 남산신성비 제5비)

鄒文村幢主가 갖는 관등이 及干支라 6두품이라서 △涙한 廩典에 再拜하므로로 해석됨에 따라 6두품이 △涙한 廩典에 再拜한 것이 된다. 廩典은 『삼국사기』 권39, 잡지8, 직관지 중에 廩典 景德王改爲天祿司 後復故 大舍二人 舍知

---

15) 만약에 △△年正月十七日의 △△年의 △△ 부분이 판독되었다면 반출 유물과 함께 비교하여 그 정확한 절대 연대를 알 수 있었을 것이다.

16) 여기에서는 출신부명과 인명과 관등명이 없이 직명만 나오는 특이한 예이다. 이러한 예는 이성산성의 목간 예를 제외하고는 거의 없다. 그런데 왕경인은 출신부명과 관등명이 나오고, 지방민은 인명과 외위명이 나온다.

17) 幢主를 군의 장으로 단정하고 있으나 591년 남산신성비 제5비에 ~道使幢主란 직명이 나오고, 441년의 중성리비에는 奈蘇毒只道使, 443년 냉수리비에는 耽須道使만이 나온다. 중성리비와 냉수리비에서는 軍主나 幢主가 隨駕하지 않고, 道使만이 수가하고 있어서 이를 행정촌의 장이나 현의 장으로 볼 수가 없고, 군의 장으로 보아야 될 것이다.

18) 大等与軍主幢主道使与外村主에서 大等, 軍主, 外村主는 창녕비의 隨駕人名에서 찾을 수 있으나 幢主와 道使는 찾을 수 없어서 이에 대한 다양한 가설이 나오고 있다. 幢主가 道使에 앞서 나오는 점에 의해 幢主만을 군의 장으로 보는 생각이 은연중에 생겼다.

二人 史八人 廩翁四人 從舍知二人이라고 되어 있어서 문제가 된다. 廩典에 6두품의 관등을 가는 及干支가[19] 再拜할 대상자가 없어서 더욱 그러하다.[20]

勿思伐城幢主使人의 使人은 幢主의 예속관으로 월성해자 8호 목간에 나오지 않아서 본 목간의 연대 설정에 중요한 자료이다. 이에 대해서는 후술하기로 한다.

△△村在幢主의[21] 在가 관등명에 포함되는 예는 545년이나 그 직전에[22] 세

---

19) 幢主가 경위명인 관등을 가진 예로는 鄒文村幢主의 及干支가 유일하다.

20) 8호 목간의 廩典과 『삼국사기』 권39, 잡지8, 직관지 중에 廩典이 아무런 관련이 없을 가능성도 있는 듯하다.

21) 본 목간의 幢主를 중앙관청에 보고한 자로 보기도 하나 이는 8호 목간에 대한 이두의 해석 차이에 기인한 것이다.

22) 40년간 금석문을 공부해도 북한산진흥왕순수비의 연대를 561~568년으로 보아 왔다. 최근에 북한산비의 연대를 새로 알게 되었다.
북한산비문에는 정확한 연대를 알려주는 간지나 연호가 없어 여러 학설이 있는데, 대체로 진흥왕 16년(555년) 또는 진흥왕 29년(568년) 무렵으로 보는 경우가 일반적이다. 전자는 진흥왕이 16년(555년)에 북한산을 순수하였다는 『삼국사기』의 기록을 토대로 이때 비석을 세웠다는 본다. 후자는 비문의 내용이 568년에 세워진 「마운령 신라 진흥왕 순수비」, 「황초령 신라 진흥왕 순수비」와 비슷한 점, 비문 중에 "南川軍主"가 보이는데 이를 "진흥왕 29년(568년) 10월 北漢山州를 폐하고 南川州를 설치했다"는 『삼국사기』 기사와 연결된다는 점 등은 근거로 한다. 여기서는 후자의 시각에 따라 본 비석이 568년 10월 이후에 세워졌다고 보고자 한다라고 하였다. 결국 북한산비의 건립 연대를 마운령비 · 황초령비의 건립 시기인 568년 8월 21일 癸未 보다 늦은 568년 10월 이후로 보았다. 이 가설은 다음과 같은 점에서 문제점을 안고 있다.
첫째로 북한산비의 서두에 △△△△△△△△△가 남는데 이는 △△年△月△△日로 복원되어 太昌元年歲次戊子가 복원될 공간이 없다는 점이다.
둘째로 북한산비의 △△(使大等)喙未智大奈의 경우 마운령비와 황초령비에서 大等喙部未知大奈末로 나와서 그가 대등으로 승진했음을 알 수가 있어서 문제가 된다.
이상의 이유에서 북한산비를 마운령비와 황초령비보다 이른 것으로 본다. 그러면 그 시기는 언제일까? 울주 천전리서석추명(539년)에 법흥왕이 己未年(539년)七月三日에 죽었다고 나오는 바, 『삼국사기』 · 『삼국유사』에는 법흥왕의 사망 시기를

워진 적성비의 高頭林城在軍主等 밖에 없다. 在에 주목할 때 본 목간은 6세기 중엽으로 보인다.[23)]

△喙部弗德智小舍에서 △喙部는 (沙)喙部로 판단되며, 부명이다. 弗德智는 인명, 小舍는 관등명이다.[24)]

稻參石粟壹石稗參石大豆捌石에서 捌石 등은 갖춘 글자를 한자로 적은 삼국시대 목간에서는 최초의 예가 된다. 大豆는 콩이다.

△金川一伐에서 △金川는 인명, 一伐은 외위명이다. 上內之는 해석이 어려우나 上은 △△村을 가리킨다. 內는 신라 6부를 가리킨다. 之자는 가다는 뜻의 동사이다.

所白人은 아뢰는 바의 사람이란 뜻으로 목간의 내용을 중앙 관청에 직접 보고한 사람이고 직명이다. 登彼礼는 인명, 一尺은 외위명이다.

文尺은 직명으로 목간을 작성하고 쓴 사람을 가리킨다. 文尺이란 관직명이 나오는 가장 오래된 예이다. 智重은 인명, 一尺은 외위명이다.

Ⅳ. 목간의 작성 연대

본 목간의 연대를 추정하는데에는 여러 가지 방법이 있겠으나 여기에서는 使

540년으로 되어 있어서 1년의 시차가 있다. 그렇다면 "진흥왕 29년(568년) 10월 北漢山州를 폐하고 南川州를 설치했다"는 『삼국사기』의 기사도 1년 빨리 보아야 한다. 결국 북한산비는 567년에 건립되었다고 볼 수밖에 없다.

23) 김창호, 『고구려와 백제의 금석문』, 2022, 341쪽.

24) 幢主의 예속관으로 경위를 가진 6부인과 외위를 가진 지방민이 있음은 월성해자 8호 목간에 의해 처음으로 밝혀진 중요한 사실이다. 종래에는 545년이나 그 직전에 세워진 적성비의 勿思伐城幢主使人에 의해 지방민만이 幢主의 예속관인 줄로 알았다.

人이 당주의 예속관이 되는 시기가 545년이나 그 직전으로 보이는 단양신라적성비인 점을 근거로 이 문제에 대해 접근해 보고자 한다.

使人이란 직명은 중성리비, 봉평비, 영천청제비 병진명, 적성비에서만 나오고 있다. 중성리비와 영천청제비 병진명에서는 말단 중앙관으로, 봉평비와 적성비에서는 지방관으로 나오고 있다. 使人의 개요를 알아보기 위해 441년의 중성리비부터[25] 살펴보기로 하자. 우선 중성리비의 인명 분석을 제시하면 다음의 <표 1> 중성리비 인명 분석표와 같다.

<표 1> 중성리비의 인명 분석표

직명	출신지명	인명	관등명
	(喙部)	折盧(智)	王
	喙部	習智	阿干支
	沙喙	斯德智	阿干支
	沙喙	介抽智	奈麻
	喙部	牟智	奈麻
夲牟子	喙	沙利	
위와 같음	위와 같음	夷斯利	
白爭人	喙	評公斯弥	
위와 같음	沙喙	夷須	
위와 같음	위와 같음	牟旦伐	
위와 같음	喙	斯利	壹伐
위와 같음	위와 같음	皮末智	
위와 같음	夲波	喙柴	干支
위와 같음	위와 같음	弗乃	壹伐
위와 같음	위와 같음	金評△	干支
使人		祭智	壹伐

25) 중성리비의 요체는 豆智 沙干支의 宮(居館)과 日夫智의 宮(居館)을 빼앗아 沙喙部 牟旦伐에게 주라는 것이다.

직명	출신지명	인명	관등명
奈蘇毒只道使	喙	念牟智	
	沙喙	鄒須智	
	위와 같음	世令	
	위와 같음	干居伐	
	위와 같음	壹斯利	
	蘇豆古利村	仇鄒列支	干支
	위와 같음	沸竹休	
	위와 같음	壹金知	
	那音支村	卜步	干支
	위와 같음	走斤壹金知	
	위와 같음	珎伐壹昔	
		豆智	沙干支
		日夫智	
	(沙喙)	牟旦伐	
	喙	作民	沙干支
使人		卑西牟利	
典書		與牟豆	
	沙喙	心刀哩	

祭智壹伐使人은 왕경인으로 볼 수가 있다. 여기까지 16명이 6세기 금석문에 나오는 대등 집단이다. 使人을 지방관으로 보는 것은 상황 판단이다. 문제는 뒤의 使人이 중앙인 곧 6부인인지 지방민인지가 문제이다. 이 부분은 끊으면 제4단락으로 다음과 같다.

喙作民沙干支 使人卑西牟利 白口 若後世更導人者 與重罪

喙作民沙干支가 한 사람의 인명표기이다. 喙은 출신부명, 作民은[26] 인명, 沙

26) 이를 집안 우산하 3319호분 출토의 권운문와당 명문인 '太歲在丁巳五月廿日 爲

干支는 관등명이다. 使人卑西牟利가 한 사람의 인명표기이다. 使人은 직명, 卑西牟利는 인명이다. 4단락을 해석하면 '喙 作民 沙干支, 使人인 卑西牟利가 입으로 아뢰기를 만약에 후세에 다시 남에게 주는 자는 重罪를 부여한다.'가 된다. 使人인 卑西牟利를 喙 作民 沙干支와 함께 후세에 다시 남에게 주는 자는 중죄를 부여한다고 하므로 喙 作民 沙干와 함께 6부인으로 보인다.

이 중성리비의 使人을 지방인으로 보기보다 왕경인(6부인)으로 보이는 바 그 근거는 다음과 같다.

첫째로 사인은 후술할 영천청제비 병진명에서 6부인인 喙部 소속으로 나온다.

둘째로 중성리비에서 부명은 생략되나 성촌명이 생략된 예는 없다는 점이다.

셋째로 지방관으로 나오는 경우, 봉평비에서는 阿大兮村使人, 葛尸條村使人, 男弥只村使人으로 나오고, 적성비에서는 勿思伐城幢主使人으로 전부 지명을 수반하고 있다.

넷째로 중앙관이라면 영천청제비 병진명의 예처럼 임시적으로 볼 수가 있고, 임시 지방관으로 볼 수가 없다.

다섯째로 지방관은 임시직으로 보이는 확실한 使人의 예가 없는데 대해, 중앙의 6부인의 경우는 영천청제비 병진명의 확실한 예가 있는 점이다.

524년의 봉평비에 나오는 使人을 제시하면 다음과 같다. 우선 봉평비의 사인만을 따로 떼어서 인명을 제시하면 다음의 <표 2> 봉평비의 使人과 같다.

中郎及夫人造盖墓瓦 又作民四千 餟盦△用盈時興詣 得享萬歲'에 나오는(여호규, 「1990년대 이후 고구려 문자자료의 출토 현황과 연구 동향」『신발견문자 자료와 한국고대사 연구』, 한국고대사학회 하계 세미나 자료집) 作民 용례 등으로 이문기, 「포항중성리신라비의 발견과 그 의의」『한국고대사연구』 56, 2009, 29~30쪽에서 백성을 만들다로 해석하고 있다. 作民의 사람 수나 백성을 군대로 만든다든지 하는 구체적인 내용이 없어서 따르기 어렵다. 일반적으로 이 고분이 漢人 고관 무덤으로 추정되는 점도 주목된다. 중성리비의 작민은 인명표기 방식으로 볼 때 인명이다.

<표 2> 봉평비의 使人

직명	출신지명	인명	관등명	비고
阿大兮村使人		奈尒利		杖六十의 杖刑
葛尸條村使人		奈尒利	阿尺(외11)	
男弥只村使人		翼糸		杖百의 杖刑
위와 같음		於卽斤利		杖百의 杖刑

阿大兮村使人은 杖六十의 杖刑[27)]을 받고 있다. 외위도 없다. 葛尸條村使人은 阿尺이란 외위를 가지고 있고, 장형도 면하고 있다. 男弥只村使人이란 지방관 2명은 모두 관등이 없고, 杖百의 杖刑을 받고 있다. 장형을 받은 3명은 관등이 없는 공통점을 가지고 있다. 그래도 직명은 그대로 갖고 있다. 이들은 모두 지방민 출신임을 쉽게 알 수가 있다. 이들 지방관 4인 가운데 3사람은 524년 正月15일의 소금 축제에[28)] 시범적인 예로 杖刑을 맞은 것으로 보인다. 그래서 직명은 유지하고, 관등명은 삭탈된 형벌을 장형과 함께 받은 것으로 짐작된다.

다음으로 使人의 예로는 536년의 영천청제비 병진명이 있다. 이 병진명의 인명표기를 제시하면 다음의 <표 3>의 영천청제비 병진명의 인명 분석표와 같다.

<표 3> 영천청제비 병진명의 인명 분석표

職名	出身地名	人名	官等名
使人	喙	△尺利智	大舍苐
위와 같음	위와 같음	尺次鄒	小舍苐
위와 같음	위와 같음	述利	大烏苐

27) 杖刑은 禾耶界城과 失火遶城의 전투에 참가하지 않았거나 전투에서 잘못을 저질렀기 때문으로 추측된다.

28) 함안 성산산성 仇利伐 목간에서만 나오는 奴人과 봉평비에 나오는 奴人은 노비가 아닌 소금 생산자로 외위도 갖는다.

職名	出身地名	人名	官等名
위와 같음	위와 같음	尺支	小烏
위와 같음	위와 같음	末苐	小烏
一支△人		次弥尒利	
위와 같음		乃利	
위와 같음		內丁兮	
위와 같음		使伊尺	
위와 같음		只伊巴	
위와 같음		伊卽刀	
위와 같음		衆礼利	
위와 같음		只尸△利	干支
위와 같음		徙尒利	

이 영천청제비 병진명은 536년에 새워진 것이다. 이에는 길이를 나타내는 하나치인 淂이 5번이나 나오고,[29] 步 · 尺 · 寸은 나오지 않고 있다. 그래서 월지 출토비에서는 步가 나와서 그 상한이 536년이 되고, 외위의 완성을 고려할 때, 그 하한은 540년경이 된다.[30] 喙(部) 출신의 5명이 大舍苐(1명), 小舍苐(1명), 大烏苐(1명), 小烏(2명)이 나오고 있다. 使人의 직명을 가진 5명의 탁부인의 인명이 나열되어 있다. 이들 5명은 영천 청제의 축조를 위해 파견된 임시직으로 보인다. 지금까지 금석문에 있어서 임시직이 나오는 예는 영천청제비 병진명밖에 없다. 중성리비의 사인이 6부인인지 지방민인지를 알 수 있는 잣대가 될 것이다.

29) 모르는 하나치가 나오는 것은 서봉총 은합 명문에 斤兩이 나오는데 대해, 무령왕릉 출토 왕비의 은팔찌에서는 은의 양을 헤아리는 하나치로 主가 나온다.

30) 신라의 경위와 외위가 완성된 시기는 함안 성산산성 목간에서 及伐尺이란 경위명이 나오고, 그 완성된 시기는 524년의 봉평비와 545년이나 그 직전에 만들어진 적성비 사이에 해당된다. 따라서 『삼국사기』 권34, 잡지3, 지리1, 康州 咸安조에 나오는 咸安郡 法興王 以大兵 滅阿尸良國 一云阿那加耶 以其地爲郡이란 한 기록을 중시할 때, 신라 관등명의 완성은 540년경이다.

마지막으로 545년이나 그 직전에 새워진 적성비의 勿思伐城幢主使人那利村△△△△△(△)에서 勿思伐城幢主의 관할 영역을 那利村으로 볼 수도 있으나 比子伐軍主의 출신지는 沙喙部이고, 比子伐停助人은 喙部이므로 比子伐軍主의 관할지를 喙部까지 볼 수가 없다. 따라서 勿思伐城幢主의 관할지를 那利村으로 단정할 수는 없다. 使人은 使人 또는 ~村使人으로 있다가 幢主가 개설되어 勿思伐城幢主使人식 곧 당주의 예속관으로 완성되었다. 곧 시기는 적성비가 중요하나 524년의 봉평비에는 ~村使人이 나와서 양자 사이에 차이가 있다. 勿思伐城幢主使人으로 使人이 완성된 시기를 외위제가 완성된 540년경이다.[31]

따라서 본 목간에서는 幢主가 나오나 그 예속관인 使人이 나오지 않아서 6세기 전반으로 볼 수가 있고,[32] 본 목간의 幢主가 고신라 금석문과 목간에서 나오는 가장 오래된 예가 된다. 따라서 월성해자 8호 목간의 발굴로 고신라 최고의 幢主의 예를 추가한 셈이다.

V. 목간의 해석

본 목간의 해석을 위해 목간의 전문을 다시 한 번 제시하면 다음과 같다.

제1면 △△年正月十七日△△村在幢主再拜△淚廩典△岑△△

---

31) 김창호, 『한국 고대 목간』, 2020, 90쪽. 한 가지 첨언할 것은 함안 성산산성 목간에는 及伐尺이란 경위명이 나오는데, 이를 592년으로 보면 신라 관등제의 완성이 592년이 된다. 신라 관등제는 524년 봉평비와 545년이나 그 직전에 세워진 적성비의 사이이다.

32) 봉평비의 건립 연대인 524년을 소급할 수 없어서 그 정확한 연대는 524~545년까지이다.

제2면　　△喙部弗德智小舍易稻參石粟壹石稗參石大豆捌石
제3면　△金川一伐上內之所白人登彼礼一尺文尺智重一尺

△△年 正月十七日에 △△村在幢主가 △涙한 廩典에 再拜해서 △岑△△했다.[33] (沙)喙部 弗德智 小舍가 稻(벼) 參石과 粟(조) 壹石과 稗(피) 參石과 大豆(콩) 捌石을 바꾸었다. △金川 一伐은 上(△△村)에서 內(신라 6부)로 갔다(지방민이면서 중앙의 일을 했다는 뜻이다). 所白人은 아뢰는 바의 사람이란 뜻으로 목간의 내용을 중앙 관청에 직접 보고한 사람이고 직명이다. 登彼礼는 인명, 一尺은 외위명이다. 文尺은 직명으로 목간을 작성하고 쓴 사람이다. 智重은 인명, 一尺은 외위명이다.

VI. 맺음말

월성해자 8호 목간의 연대는 幢主의 예속관으로서 使人이 없는 점에 의해 6세기 전반으로 보았다.

월성해자 8호 목간을 판독하고 해석하여 제시하면 다음과 같다.

제1면 △△年正月十七日△△村在幢主再拜△涙廩典△岑△△
제2면　　△喙部弗德智小舍易稻參石粟壹石稗參石大豆捌石
제3면　△金川一伐上內之所白人登彼礼一尺文尺智重一尺

△△年 正月十七日에 △△村在幢主가 △涙한 廩典에 再拜해서 △岑△△했다. (沙)喙部 弗德智 小舍가 稻(벼) 參石과 粟(조) 壹石과 稗(피) 參石과 大豆

33) △岑△△이 (沙)喙部 弗德智 小舍의 직명일 가능성도 있다.

(콩) 捌石을 바꾸었다. △金川 一伐은 上(△△村)에서 內(신라 6부)로 갔다(지방민이면서 중앙의 일을 했다는 뜻이다). 그밖에 登彼礼, 智重 등의 인명이 나온다.

제2절

함안 성산산성 城下麥 목간의 재검토

Ⅰ. 머리말

한국의 고대 목간은 종이가 없던 시대에 종이 대신에 나무를 깎아서 긴 사각형에 가깝게 만든 데에 붓으로 한자를 쓴 것이다. 1면에만 글씨가 있는 것이 있고, 앞면과 뒷면의 양면으로 된 것이 있고, 드물게는 4면으로 된 문서목간이 있다. 고구려의 예는 없고, 백제 사비성시대의 왕경과 지방 목간, 고신라의 왕경과 지방 목간, 통일신라의 왕경과 지방 목간 등이 있다. 목간의 대부분은 인명표기가 주류를 이루고 있다. 인명표기는 신라의 경우는 직명+출신지명+인명+관등명이고,[1] 백제의 경우는 직명+부명+관등명+인명의 순서이다. 그래서 금석문과 목간을 연구하는 데에 있어서 인명표기의 중요성은 아무리 강조해도 지나치지 않다.

함안 성산산성 목간에는 城下麥 목간이 있다. 이를 공진물의 수납으로 甘文(城) 등을 그 예를 들었다. 목간의 제작지가 성산산성이 아닐 경우에 타당하나 성산산성일 경우에는 그렇게 볼 수가 없다. 城下麥 목간은 목간에 적힌 내용이 복잡하게 되어 있다. 그래서 어느 목간에서는 나오지 않고, 성산산성 목간에만 나오는 독특한 것이다. 그래서 공진물의 수납의 구체적인 예로 보았다. 10여 예가 나오는 城下麥 목간은 그 형식도 다양하다. 10여 개의 성하맥 목간의 어디에

1) 이를 망각하고 仇利伐 목간의 奴人을 노예로 보는 잘못을 범한 예가 종종 있다.

도 공진물의 수납이라는 구체적인 예는 없다. 오히려 성하맥 목간이 복잡하게 되어 있으며, 다른 곳의 지방 목간에는 없고, 성산산성에만 있을 뿐이다. 성하맥 목간 전체를 열심히 조사하면 성산산성 목간에만 城下麥 목간이 있는 지하는 이유를 알 수 있을 것이다. 이것이야말로 목간 연구에 있어서 기본이 되는 것이다. 성하맥 목간이 존재하는 이유를 알아야 한다. 그래야 성하맥 목간의 성격을 규명할 수 있다. 이를 금석문 자료에서나 성산산성 목간에서도 찾을 수 없고, 오로지 성산산성 城下麥 목간을 통해서만 찾을 수 있다.

여기에서는 먼저 지금까지 연구에서는 城에 예속된 또는 아래 설과 城에 下한 설로 나누어 검토하겠다. 다음으로 10개의 城下麥 목간을 판독하여 제시하였다. 그 다음으로 여러 지명 속에서 城下麥 목간을 살펴보았다. 마지막으로 땅이름인 本波와 王私에 주목하여 10개의 城下麥 목간을 해석하겠다.

Ⅱ. 지금까지의 연구

1. 城에 예속된 또는 아래 설

먼저 城에 예속된 또는 아래 설에 대해 살펴보기로 한다. 이들 견해는 기재양식에는 차이가 나되 城下麥 목간이 다른 성산산성 물품꼬리표 목간과 공통된 내용을 이루는 것으로 보고 있다.

2012년 城下를 城에 下(예속)된 지역이라는 뜻으로 보고, 城下 다음 지명이 城이 주도하여 麥을 부담시킨 지역이라고 했다.[2)] 또 城下麥 목간의 기재양식에 대해 城은 예하 촌락단위를 포괄하는 상위지역으로 세금을 수집했고, 麥(米)은 세금으로 내야 할 기본곡물, 斗石은 세금꾸러미 한 섬의 환산량, 村名은 세금을

2) 윤선태, 「함안 성산산성 출토 신라 하찰의 재검토」 『사림』 41, 2012, 172~175쪽.

납부한 촌락 지명, 人名은 그에 거주하는 납부자 인명으로 보았다.[3)]

2018년 城下麥 목간의 완전한 기재양식을 [연월中+대단위지명(~城)+下+물품명+계량기준+소단위지명+인명+負+물품명+양+행위+之]로 복원했다.[4)] 日 다음에는 처격조사인 中자가 올 수 없고, 負자는 仇利伐 목간의 특징으로 城下麥 목간에는 절대로 올 수가 없고, 맨 마지막의 之자는 인명의 일부라서 문제가 된다. 물품명이 두 번 나오는 것은 앞의 물품량이 원래 납입해야 될 혹은 발송해야 될 물품이고, 뒤에 나오는 것이 실제 납입된 혹은 발송할 물품이며, 두 개가 서로 다르다면 둘 다 기재해야 되고, 만약에 같다면 둘 중 하나는 생략하여도 좋다고 이해하였다. 기재내용은 특이하지만 城下麥 목간도 다른 부착목간들과 대동소이한 서식으로 보았다.

2021년 下를 상하관계를 나타내는 말로 이해하여 앞에 나오는 ~城이 뒤에 나오는 지명의 상급단위로 추정하였다.[5)] 城下麥 목간은 기본 기재양식 물품명을 앞으로 이동시킨 것에 불과하고 麥을 상위 지명 바로 뒤에 쓴 것은 잘 보이게 한 것, 분류의 편의를 감안란 것으로서 체크 포인트에서 장부에 기재하기 위해 정리할 때 필요한 것이라고 지적했다.

2. ~城이 下한 설의 검토

城下麥의 下를 동사로 보고서, 이를 ~城이 下한 麥으로 이해한 설에 대해 검토하기로 한다.

2012년 처음으로 城에서 下(送 · 行)한 麥이란 뜻으로 보았다. 麥 같은 공진

3) 윤선태, 「함안 성산산성 출토 신라목간의 연구성과와 과제」 『한국의 고대목간Ⅱ』, 2017, 485~487쪽.

4) 홍승우, 「함안 성산산성 목간의 물품 기재방식과 성하목간의 서식」 『목간과 문자』 21, 2018, 85~93쪽.

5) 이용현, 「성산산성 목간에 보이는 신라의 지방경영과 곡물 · 인력 관리 -城下麥 서식과 本波 · 喙의 분석을 중심으로-」 『동서문화』 17, 2021, 17~21쪽.

물을 먼저 村으로 모으고, 그 다음에 州를 비롯한 중요거점인 城에 收合되고, 城이 성산산성 등 특정한 목적지로 발송하는 역할을 담당하였다고 추정했다.[6] 목간에 나오는 인명에 대해서는 수량이 뒤에 나오는 것(2006-1번 목간 등)은 擔稅者, 앞에 나오는 것(2007-45번 목간 등)은 輸送者로 보았다.

2018년 城下麥을 ~城에서 보리를 내려주었다. 혹은 ~城에서 내려준 보리로 보았지만,[7] 머리말에서 언급했듯이 뒤에 오는 村名과 人名 부분은 곡식을 받는 수신자로 해석했다.[8] 城 예하 여러 村의 사람들이 성산산성에 존재했고, 해당 성은 이들에게 일정량의 곡식을 내려주고 있었던 것이며, 고대 일본에서 仕丁들에게 지급된 養米와 비슷한 성격으로 보았다.

2022년 함안 성산성에 나오는 王私를 왕 · 왕실이 소유하는 토지, 예속민과 관련이 큰 것으로 보고서 城下麥의 下를 동사로 보고, 이를 城이 내린 麥으로 보았다.[9] 下를 동사로 보는 예는 직접 제시하지 못하고,[10] 下와 반대되는 上의 예를 들었다. 그 예가 524~545년 사이에 작성된 월성해자 신8호 목간과 670년대에 작성된 일본 正倉院 佐波理加盤付屬文書이다. 여기에서는 먼저 월성해자 신8호 목간의 전문과 그 해석문을 제시하면 다음과 같다.

제1면 △△年正月十七日△△村在幢主再拜△淚廩典△岑△△
제2면 △喙部弗德智小舍易稻參石粟壹石稗參石大豆捌石[11]

---

6) 이수훈, 「성산산성목간의 성하맥과 수송체계」 『지역과 역사』 30, 2012, 169~174쪽.

7) 홍승우, 앞의 논문, 2018, 85~93쪽.

8) 이는 명백한 잘못이다. 성산산성에 나오는 촌명과 인명은 수신자일 수가 없다. 왜냐하면 수신자는 성산산성이기 때문이다.

9) 하시모토 시게루, 「함안 성산산성 목간의 왕사와 성하맥」 『신라사학보』 54, 2022, 211~216쪽.

10) 성산산성 목간에 있어서 동사는 4점의 문서목간을 제외할 때 241점의 물품꼬리표에는 없다. 따라서 城下麥 목간의 下를 동사로 보기가 어렵다.

11) 易자를 昜자로 전경효, 앞의 논문, 2021, 294쪽에서는 읽고 있으나 여기에서는 뜻이

제3면 △金川一伐上內之所白人登彼礼一尺文尺智重一尺

△△年 正月十七日에 △△村在幢主가 △淚한 廩典에 再拜해서 △岑△△했다.[12] (沙)喙部 弗德智 小舍가 稻(벼) 參石과 粟(조) 壹石과 稗(피) 參石과 大豆(콩) 捌石을 바꾸었다. △金川 一伐은 上(△△村)에서 內(신라 6부)로 갔다(지방민이면서 중앙의 일을 했다는 뜻이다). 所白人은 아뢰는 바의 사람이란 뜻으로 목간의 내용을 중앙 관청에 직접 보고한 사람이고 직명이다. 登彼礼는 인명, 一尺은 외위명이다. 文尺은 직명으로 목간을 작성하고 쓴 사람이다. 智重은 인명, 一尺은 외위명이다.

다음으로 일본 正倉院 佐波理加盤付屬文書의 전문과 그 해석문을 제시하면 다음과 같다.

(앞면)
犭接五
　馬於內 上犭一具上仕之 犭尾者上仕而汚去如

　巴川村正月一日上米四斗一刀大豆二斗四刀二月一日上米
　四斗一刀大豆二斗四刀三月米四斗
(뒷면)
　　　　　　　米十斗失受
　永忽知乃末受丑二石上米十五斗七刀 之直大舍受失二石
　上米十七斗丑一石十斗上米十三斗 熱△山大舍受丑二石
　上米一石一斗

공물 문서는 '犭接五는 물품 창고의 일련 번호. 馬於內(지명)에서 上等의 犭(豹) 1구를 바쳤다. 그 꼬리도 바쳤으나 더렵혀졌다.'

통하는 易자로 새로 읽었다.

12) △岑△△이 (沙)喙部 弗德智 小舍의 직명일 가능성도 있다.

'巴川村에서 正月 一日에 上米 四斗一刀, 大豆 二斗四刀를 바쳤고, 二月一日에 上米 四斗一刀, 大豆 二斗四刀를 바쳤고, 三月에 米四斗를 바쳤다.' 이 두 가지는 모두 供物 문서이다.

'…… 米十斗, 失을 받았는데[13] …… 이다. 永忽知 乃末이 丑 二石, 上米 十五斗七刀를[14] 받았다. 之直大舍가 失 二石, 上米 十七斗, 丑 一石十斗, 上米 十三斗를 받았다. 熱△山 大舍가 丑 二石, 上米 一石一斗를 받았다.' 이는 祿俸 문서이다.

따라서 월성해자 신 8호 목간과 일본 正倉院 佐波理加盤付屬文書의 上은 上納하다. 혹은 바치다라는 뜻의 동사가 아니다. 곧 下를 내리다라는 뜻의 동사로 보는 근거는 없어져서 城下麥의 下를 내리다라는 뜻의 동사로는 볼 수가 없다.

III. 자료의 제시

城下麥 목간이나 疑似 城下麥 목간을[15] 제시하면 다음과 같다.

---

13) 하시모토 시게루, 「釜山 盃山城木簡의 기초적 검토 -佐波理加盤付屬文書와의 비교를 중심으로-」『신라사학보』 53, 2021, 465쪽에서 '受失'는 관인이 국가로부터 받지 못했다. '失受'는 반대로 국가가 관인으로부터 규정대로 받지 못했다로 해석하고 있으나 지나친 해석이다. 왜냐하면 失이 보리이기 때문이다. 곧 '受失'은 '보리 얼마를 받았다'는 뜻이다. '失受'는 '보리를 받은 것은' 정도로 해석된다.

14) 上米 十五斗七刀를 米(쌀) 十五말 七되를 上納했다고 일본학계에서는 해석하고 있으나 여기에서는 上米를 上品쌀로 해석하고, 녹봉의 하나라고 해석한다. 앞의 공물 문서에 二月一日上米四斗一刀大豆二斗四刀三月米四斗라고 해서 米도 나오고, 上米도 나오기 때문이다.

15) 의사 성하맥 목간은 城下麥으로 나오지 않고, 城麥 등으로 나오는 경우이다. 그 대표적인 예가 성산산성 목간의 2016-W116번 小南兮城麥十五斗石大村~과 대구 팔

2번 甘文城下麥甘文本波王私(앞면) 文利村知利兮負(뒷면)
60번 巴珎兮城下(麥)(결락)(앞면) 巴珎兮村(결락)(뒷면)
2006-1번 甘文城下麥本波大村毛利只(앞면) 一石(뒷면)
2007-44번 夷津支城下麥王私巴珎兮村(앞면) 弥次二石(뒷면)
2007-45번 甘文城下(麥)米十一(斗)石(喙)大村卜只次持去
2007-304번 夷津支城下麥烏列支負(앞면) △△△石(뒷면)
Ⅴ-164번 三月中鐵山下麥十五斗(앞면) 王私△河礼村波利足(뒷면)
Ⅴ-165번 甘文(城)下麥十五石甘文(앞면) 本波加本斯(稗)一石之(뒷면)
2016-W94번 甘文城下麥十五石甘文本波(앞면) 伊次只去之(뒷면)
2016-W116번 小南兮城麥十五斗石大村~

Ⅳ. 지명 속의 城下麥 목간

적어도 郡으로 추정되는 지명은 仇利伐, 古阤, 甘文(城), 及伐城, 仇伐, 夷津(支)(城), 鄒文(村), 買谷村, 須伐, 勿思伐, 烏多, 咼盖, 鐵山, 比思(伐), 王子年(△), 巴珎兮城 등이다. 이들 지명의 특징을 조사해 보기로 하자. 먼저 仇利伐 목간에 대해 검토해 보기로 하자. 우선 설명의 편의를 위해 구리벌 목간과 추정 仇利伐 목간부터 제시하면 다음과 같다.

仇利伐[16)]

거산성의 7호 목간의 丙寅年次谷鄒ㄹ下麥易大(豆)石이 있다.

16) 추정 구리벌 목간은 다음과 같다.
17번 ~前谷村阿足只(負)
35번 ~內恩知奴人居助支 負
37번 ~內只次奴須礼支 負
38번 ~比夕須奴尒/先(利)支 (負)
2006-27번 ~末甘村/借刀利 負

1번 仇利伐 /上彡者村(앞면) 乞利(뒷면)
3번 仇利伐/上彡者村 波婁
4번 仇利伐 /仇失了一伐/尒利△一伐
5번 仇利伐 △德知一伐奴人塩
33번 仇利伐 /(彤)谷村/仇礼支 負
34번 仇利伐/上彡者村 波婁
36번 (仇利伐)/只卽智奴/於△支 負
2006-10번 (仇利伐) △△奴△△支 負
2006-24번 仇利伐 /比夕湏 奴 先能支 負
2006-31번 (仇利伐)~(앞면) 一古西支 負(뒷면)
2007-18번 仇利伐/(衫伐)只(村)/同伐支 (負)
2007-20번 仇(利伐)/~智
2007-27번 仇利伐/郝豆智 奴人/△支 負
2007-31번 仇利伐 仇阤知一伐奴人 毛利支 負
2007-53번 仇利伐/習彤村/牟利之 負
2007-55번 仇利伐 今尒次負
Ⅳ-495번 仇利伐谷△△ (負)
Ⅳ-582번 仇利伐記夲礼支 負
Ⅳ-587번 仇利伐(앞면) △伐彡△村伊面於支 負(뒷면)
Ⅳ-591번 仇(利伐) △△智(奴)人 △△△ 負
2016-W62번 仇利伐/上彡者村△△△△
2016-W89번 丘利伐/卜今智上干支奴/△△巴支 負
2016-W92번 仇利伐/夫及知一伐 奴人/宍巴礼 負

仇利伐 목간에는 1번 仇利伐 上彡者村(앞면) 乞利(뒷면), 3번과 34번 仇利伐/上彡者村 波婁(쌍둥이 목간), 33번 仇利伐 /(彤)谷村/仇礼支, 2016-W62 仇利伐/上彡者村△△△△와 같이 仇利伐+행정촌명+인명으로 된 것이 있다. 여기에서도 2가지로 적히고 있다. 곧 1번 목간처럼 앞면과 뒷면에 적힌 경우, 3번

2007-8번 ~一伐奴人毛利支 負(2007-31번 목간과 쌍둥이 목간이다)
2007-41번 목흔만(앞면)
~△居利負(뒷면)

과 33번과 34번처럼 할서로 적힌 경우로 나눌 수 있다.

4번 仇利伐 /△陁△一伐/尒利△一伐처럼 仇利伐 출신의 두 사람이 할서로 적혀 있는 데에도 불구하고 仇失了一伐과 尒利△一伐로 외위를 가지고 있다. 이는 할서의 의미를 자연촌으로 볼 수 없는 중요한 근거가 된다. 왜냐하면 仇失了一伐과 尒利△一伐이 모두 郡의 행정촌 소속임을 나타내주고 있다.

5번 仇利伐 △德知一伐奴人塩도 仇利伐 목간에서 가장 중요한 것 가운데 하나이다. 이를 仇利伐을 경북 안동시 임하면 일대인 屈火郡, 屈弗郡, 曲城郡으로 보고,[17] 塩자를 인명의 하나로 보았다. 이렇게 되면 고신라 금석문과 목간에서 塩자가 인명에 포함되는 유일한 예가 되고, 파실된 부분이 塩△△~負가 되어야 한다. 그러면 파실된 글자가 최소한 4자이상이나 되어 너무 많다. 5번 仇利伐 △德知一伐奴人塩에서 5번 仇利伐 △德知一伐奴人塩(負)로 負자가 파실된 것으로 볼 수가 있다. 이렇게 되면 奴人으로서 짐꾼이 함께하지 않는 유일한 예가 된다. 그래서 구리벌을 안동시 임하면 일대로 보고, 塩을 인명의 일부로 보기도 했다. 성산산성에 도착하기 전에[18] △德知一伐奴人의 짐꾼이 죽어서 목간 공간에 짐꾼의 이름 대신에 그냥 塩이라고 표기했을 것이다. 그래서 仇利伐의 奴人은 울진봉평비의 奴人과 함께 소금 생산자로[19] 판단된다. 또 1번 仇利伐 /上彡者村(앞면) 乞利(뒷면), 3번과 34번 仇利伐/上彡者村 波婁(쌍둥이 목간), 2016-W62번 仇利伐 /上三者村△△△△의 상삼자촌은 『삼국사기』, 지리지의 康州 咸安郡 領縣인 召彡縣이다. 그래서 구리벌은 소금을 생산하므로 바다를 가져야 하므로 함안군에서 마산시에 이르는 지역이다. 그렇지 않고서는 적어도 郡으로 추정되는 古陁, 甘文(城), 及伐城, 仇伐, 夷津(支)(城), 鄒文(村), 買谷村, 須伐, 勿思伐, 烏多, 믕盖, 鐵山, 比思(伐), 王子年(△), 巴珎兮城 등에서

---

17) 이경섭, 「성산산성 출토 신라 짐꼬리표 목간의 지명 문제와 제작 단위」 『신라사학보』 23, 2011, 542~543쪽.

18) 이 5번 仇利伐 △德知一伐奴人塩(負)는 성산산성에 도착하고 나서 제작되었다.

19) 김창호, 『고신라 금석문과 목간』, 주류성출판사, 2018, 121쪽.

는 奴(人)이 나오지 않고 유독 仇利伐에서만 奴(人)이 나오는 이유를 풀 수가 없다. 따라서 5번 仇利伐 △德知一伐奴人塩을 5번 仇利伐 △德知一伐奴人塩(負)로 보아야 된다.

36번 (仇利伐)/只卽智奴/於△支負, 2006-10번 (仇利伐) △△奴△△支負, 2006-24번 仇利伐/比夕湏 奴 先能支 負, 2007-27번 仇利伐/郝豆智奴人/△支負, 2007-31번 仇利伐 仇阤知一伐奴人 毛利支 負, IV-591 仇(利伐) △△智(奴)人 △△△ 負, 2016-W89 丘利伐/卜今智上干支奴/△△巴支 負이 한 그룹이 된다. 이 가운데에서 36번, 2006-24번, 2007-27번, 2016-W89은 할서로 적혀 있고, 2007-31번은 할서가 아니다. 다시 奴人으로 된 것과 奴로 된 것으로 나눌 수 있으나 이는 결국 같은 것이다.

2006-31번 (仇利伐)~(앞면) 一古西支 負(뒷면), 2007-55번 仇利伐今尒次負, IV-495 仇利伐谷△△ (負), IV-582 仇利伐記夲礼支 負가 仇利伐+인명+負로 한 그룹이 된다. 2006-31번만이 앞면과 뒷면에 기록하고 있고, 2007-55번, IV-495, IV-582는 한 면에만 기록하고 있다.

2007-18번 仇利伐/(衫伐)只(村)/同伐支 (負), 2007-53번 仇利伐/習彤村/毛利之 負, IV-587 仇利伐(앞면) △伐彡△村伊面於支 負(뒷면), 2016-W92 仇利伐/夫及知一伐奴人/宍巴礼 負들이 한 그룹이다. 이 목간들은 구리벌+행정촌명+인명+負이지만 앞면과 뒷면에 기록한 IV-587을 제외하면 한 면에 기록하고 있고, 2016-W92의 경우는 仇利伐+인명+관등명+負+인명으로 되어 있다.

또 7-18번, 7-53번, 2016-W92는 할서로 되어 있다.

古阤에 해당되는 행정촌명을 제시하면 다음과 같다.

20번 古阤伊骨利村△(앞면) 仇仍支稗麥(뒷면)
28번 古阤伊骨利村阿那衆智卜利古支(앞면) 稗麥(뒷면)
29번 古阤新村智利知一尺那△(앞면) 豆于利智稗石(뒷면)
31번 古阤一古利村末那(앞면) 毛羅次尸智稗石(뒷면)
2006-30번 古阤伊骨村阿那(앞면) 仇利稿支稗麥(뒷면)
2007-10번 古阤新村哥斤△利(앞면) 沙礼(뒷면)

2007-11번 古阤一古利村末那(앞면) 殆利夫稗(石)(뒷면)
2007-14번 古阤一古利村末那仇△(앞면) 稗石(뒷면)
2007-17번 古阤一古利村△~(앞면) 乃兮支稗石(뒷면)
2007-25번 古阤一古利村阿那弥伊△久(앞면) 稗石(뒷면)
2007-33번 古阤一古利村末那沙見(앞면) 日糸利稗石(뒷면)
2007-57번 古阤夲波豆物烈智△(앞면) 勿大兮(뒷면)
Ⅳ-595번 古阤一古利村夲波(앞면) 阤〻支 稗麥(뒷면)
Ⅴ-163번 古阤一古利村夲波(앞면) 阤〻只稗麥(뒷면)
Ⅴ-166번 古阤伊未妍上干一大今伐(앞면) 豆幼去(뒷면)

古阤 목간은 모두 앞면과 뒷면으로 되어 있는 점이 그 특징이다. 상세히 조사해 보면 20번古阤伊骨利村△(앞면) 仇仍支稗麥(뒷면)는 古阤+촌명+인명+곡물로 구성되어 있다. 2007-10번 古阤新村哥△利(앞면) 沙礼(뒷면)이 한 그룹이다. 古阤+행정촌명+인명으로 구성되어 있다. 28번 古阤伊骨利村阿那衆智卜利古支(앞면) 稗麥(뒷면), 2006-30번 古阤伊骨村阿那(앞면) 仇利稿支稗(뒷면), 2007-11번 古阤一古利村末那(앞면) 殆利夫稗(石)(뒷면), 2007-14번 古阤一古利村末那仇△(앞면) 稗石(뒷면), 2007-17번 古阤一古利村△~(앞면) 乃兮支稗石(뒷면), 2007-25번 古阤一古利村阿那弥伊△久(앞면) 稗石(뒷면), 2007-33번 古阤一古利村末那沙見(앞면) 日糸利稗石(뒷면), Ⅳ-595 古阤一古利村夲波(앞면) 阤〻支 稗麥(뒷면), Ⅴ-163 古阤一古利村夲波(앞면) 阤〻只稗麥(뒷면) 등이 한 그룹이다. 古阤+행정촌명+末那 등+인명+곡물명으로 이루어져 있다. 29번 古阤新村智利知一尺那△(앞면) 豆于利智稗石(뒷면)이 한 그룹이다. 이는 古阤+행정촌+인명+외위명+인명+곡물명으로 구성되어 있다. 31번 古阤一古利村末那(앞면) 毛羅次尸智稗石(뒷면)이 한 그룹이다. 古阤+행정촌명+인명+곡물명으로 구성되어 있다. Ⅴ-166 古阤伊未妍上干一大今伐(앞면) 豆幼去(뒷면)가 한 그룹이다. 古阤+행정촌명+외위+인명으로 구성되어 있다.

甘文(城)
2번 甘文城下麥甘文夲波王私(앞면) 文利村知利兮負(뒷면)

10번 甘文本波居村旦利村伊竹伊
2006-1번 甘文城下麥本波大村毛利只(앞면) 一石(뒷면)
2007-45번 甘文城下(麥)米十一(斗)石(喙)大村卜只次持去
V-165번 甘文(城)下麥十五石甘文(앞면) 本波加本斯(稗)一石之(뒷면)
2016-W94번 甘文城下麥十五石甘文本波(앞면) (伊)次只去之(뒷면)

10번 목간을 제외하고 나머지 5점이 모두 城下麥 목간이다. 이 목간은 甘文+本波+행정촌명+인명으로 구성되어 있다. 城下麥 목간은 크게 세 가지로 나누어진다. 甘文城+城下麥+本波+행정촌명+인명의 예가 있고, 甘文城+城下麥+本波+행정촌명+인명+곡식량의 예가 있고, 甘文城+城下麥+곡식량+本波+인명의 예가 있다.

及伐城
8번 及伐城秀乃巴稗
42번 及伐城立龍稗石
74번 及伐城只智稗石
80번 及伐城△△稗石
2007-23번 及伐城文尸伊稗石
2007-24번 及伐城文尸伊急伐尺稗石
2007-42번 及伐城登奴稗石
IV-590 及伐城日沙利稗石

及伐城명 목간은 주로 及伐城+인명+稗石으로 구성되어 있다. 8번 목간만이 稗로 끝나고 있다. 2007-23번 及伐城文尸伊稗石와 2007-24번 及伐城文尸伊急伐尺稗石에서 文尸伊는 동일인으로 2007-24번은 유사 쌍둥이 목간으로 유명하다.

仇伐
7번 仇伐干好律村卑尸稗石
52번 仇伐阿那舌只稗石
2007-6번 仇伐末那沙刀礼奴(앞면) 弥次分稗石(뒷면)

2007-37번 仇伐阿那內欣買子(앞면) 一万買稗石(뒷면)
2007-48번 丘伐稗石
2016-W66번 丘伐未那早尸智居伐尺奴(앞면) 能利智稗石(뒷면)

仇(丘)伐 목간은 전부 稗石으로 끝나고 있다. 7번 仇伐干好律村卑尸稗石은 仇伐+행정촌명+인명+稗石으로 구성되어 있고, 52번 仇伐阿那舌只稗石은 仇伐+阿那+인명+稗石으로 구성되어 있고, 이와 비슷한 것으로 2007-37번 仇伐阿那內欣買子(앞면) 一万買稗石(뒷면)이 있고, 2007-6번 仇伐未那沙刀礼奴(앞면) 弥次分稗石(뒷면)은 仇伐+未那+인명+인명+稗石으로 구성되어 있고, 이와 유사한 것으로 2007-37번 仇伐阿那內欣買子(앞면) 一万買稗石(뒷면)이 있고, 2007-48번 丘伐稗石은 丘伐+稗石으로[20] 구성되어 있고, 2016-W66번 丘伐未那早尸智居伐尺奴(앞면) 能利智稗石(뒷면)은 丘伐 +未那+인명+인명+인명+稗石으로 각각 이루어져 있다.

夷津(支)(城)
22번 夷津支士斯介利知
30번 夷津支阿那古刀羅只豆支(앞면) 稗(뒷면)
2006-4번 夷津夲波只那公末△稗
2007-30번 夷(津)支士斯石村末△△烋(앞면) 麥(뒷면)
2007-44번 夷津支城下麥王私巴珎兮村(앞면) 弥次二石(뒷면)
2007-304번 夷津支城下麥烏列支負(앞면) △△△石(뒷면)

夷津(支城)은 두 개가 城下麥 목간이고, 4개가 일반 목간이다. 30번과 2006-4

20) 이렇게 지명+稗石으로 구성되어 있는 목간은 2007-34번 목간의 伊夫兮村稗石, 2007-36번 목간의 栗村稗石, 2007-39번 목간의 眞村稗石 등이 있다. 이는 생산지에서 목간을 만들지 않았다는 증거가 된다. 생산지 목간을 제작했다면 개별로 목간을 작성했을 것이기 때문이다. 특히 郡으로 추정되는 2007-48번 목간의 丘伐稗石은 주목해야 할 것이다. 郡을 단위로 稗石이 쓰여 있다는 점은 주목할 필요가 있다. 목간을 생산지에서 작성했다면 丘伐稗石과 같은 형식의 목간은 절대로 나올 수가 없다.

번과 같이 夷津支+夲波 등+인명+稗로 구성되어 있거나 2007-30번과 같이 夷津支+末那+행정촌명+인명+麥으로 구성되어 있다. 2007-30번은 城下麥을 제외하고 麥이 나오는 유일한 예이다.[21] 城下麥은 대개 夷津支+城下麥+행정촌명+인명+곡식량으로 되어 있다.

鄒文(村)
39번 鄒文比尸河村尒利牟利
54번 鄒文△△△村△夲石
2006-17번 鄒文村內旦利(魚)
2007-52번 鄒文(前)那牟只村(앞면) 伊△習(뒷면)

鄒文(村) 목간은 39번 鄒文比尸河村尒利牟利과 54번 .鄒文△△村△夲石과 같이 鄒文+행정촌명+인명으로 구성되거나 2006-17번 鄒文村內旦利(魚)과 같이 鄒文村+인명+고기로 구성되거나 2007-52번 鄒文(前)那牟只村(앞면) 伊△習(뒷면)과 같이 鄒文+前那+행정촌+인명으로 각각 구성되어 있다. 2007-52번만이 앞면과 뒷면으로 되어 있다.

買谷村
2006-7번 買谷村古光斯珎于(앞면) 稗石(뒷면)
2007-61번 買谷村物礼利(앞면) 斯珎于稗石(뒷면)

買谷村은 두 점의 목간밖에 없다. 두 점 모두 앞면과 뒷면으로 구성되어 있다. 2006-7번 買谷村古光斯珎于(앞면) 稗石(뒷면)과 2007-61번 買谷村物礼利(앞면) 斯珎于稗石(뒷면)은 모두 買谷村+인명+인명+稗石으로 구성되어 있고, 두 목간에서 공통으로 나오는 斯珎于은 동일인이다. 따라서 斯珎于는 유사 쌍둥이 목간이다.

---

21) 2006-37번 ~△利村△△麥石도 이에 들어갈 수 있을지도 모르겠다.

湏伐
77번 湏伐本波居湏智

湏伐 목간은 단 1점이다. 77번 湏伐本波居湏智이 그것이다. 湏伐+本波+인명으로 나올 뿐이다.

勿思伐
2007-15번 勿思伐 豆只稗一石

勿思伐도 한 점뿐이다. 勿思伐+인명+稗一石이 목간의 전부이다. 勿思伐은 勿思伐城幢主는 545년이나 그 직전에 세워진 적성비에 나온다.

烏多
6번 王私烏多伊伐支乞負支
2006-25번 王私烏多伊伐支卜烋

6번 王私烏多伊伐支乞負支은 王私(땅 이름)+烏多(군명)+伊伐支(행정촌명)+乞負支(인명)으로 구성되어 있고, 2006-25번 王私烏多伊伐支乞負支는 王私(땅 이름)+烏多(군명)+伊伐支(행정촌명)+卜烋(인명)으로 구성되어 있다. 伊伐支는 『삼국사기』, 지리지에 隣豊縣 本高句麗伊伐支縣이라고[22] 해서 행정촌이[23] 틀림없다.

䂖蓋
50번 䂖蓋陽村末稗石
2007-4번 䂖蓋次尒利△尒稗
2007-16번 䂖蓋尒(欲)弥支

22) 현재 경북 영주시 부석면 일대이다.

23) 79번 伊伐支△△波稗一의 예가 더 있다.

2007-22번 哥盖奈夷利稗

50번 哥盖陽村末稗石은 郡+행정촌으로 구성되어 있다. 2007-4번 哥盖次尒利△尒稗, 2007-16번 哥盖尒(欲)弥支, 2007-22번 哥盖奈夷利稗를 비교할 때, 2007-16번 목간의 끝 글자는 稗자로 복원될 것이다. 이들 목간은 모두 哥盖+인명+稗로 되어 있다.

鐵山
V-164번 三月中鐵山下麥十五斗(앞면) 王私△河礼村波利足(뒷면)

鐵山명 목간은 城下麥류의 목간 1점밖에 없다. 三月中+지명(군명)+下麥+곡식량+王私+행정촌명+인명으로 구성되어 있다.

比思(伐)
IV-597번 正月中比思(伐)古尸次阿尺夷喙(앞면)
羅兮落及伐尺幷作前瓷酒酒斗瓮(뒷면)

이 목간은 比思(伐)이 나온 유일한 예이고, 함안 성산산성 목간의 소속이 경북 북부라는 데에 대한 확실한 반대되는 증거로 중요하다.

2016-W155 王子年△改大村△刀只(앞면) 米一石(뒷면)

이 목간은 壬子年으로 읽어서 연간지로 읽기도 하나[24] 양면 목간에서 연간지가 나온 예가 없어서 따르기 어렵다. 이 목간은 군명+행정촌명+인명+米一石으로 이루어져 있다.

---

24) 손환일의 견해이다.

巴珎兮城
60번 巴珎兮城下(麥)(결락)(앞면)
巴珎兮村(결락)(뒷면)

巴珎兮城下麥 목간은 60번 목간밖에 없다. 巴珎兮(군명)+城下麥+곡식량+행정촌명+인명으로 구성된 것으로 추정된다.

六部名
Ⅳ-597 正月中比思(伐)古尸次阿尺夷喙(앞면)
羅兮落及伐尺幷作前瓷酒四斗瓮(뒷면)
2016-W104 沙喙部負[25)]

함안 성산산성 목간에서 부명이 나오는 예는 두 자료밖에 없다. Ⅳ-597에서는 왕족인 喙(部) 출신의 인명이 나오고, 2016-W104에서는 왕비족인[26)] 沙喙部가 나온다. 또 2016-W104에서는 負가 나와서 仇利伐이외의 목간에서 負가 나오는 최초의 예가 된다.

Ⅴ. 城下麥 목간의 검토

우선 城下麥 목간 10점을 상세히 살펴보기 위해 다시 한 번 전부 제시하면 다음과 같다.

2번 甘文城下麥甘文本波王私(앞면) 文利村知利兮負(뒷면)

25) 이는 사탁부에서 지게에 짐을 질 수 없음으로 사탁부가 짐이다로 해석되며, 仇利伐 목간이외의 목간에서 負가 나오는 유일한 예이다.

26) 김창호, 『고신라 금석문과 목간』, 2018, 169~177쪽.

60번 巴珎兮城下(麥)(결락)(앞면) 巴珎兮村(결락)(뒷면)
2006-1번 甘文城下麥夲波大村毛利只(앞면) 一石(뒷면)
2007-44번 夷津支城下麥王私巴珎兮村(앞면) 弥次二石(뒷면)
2007-45번 甘文城下(麥)米十一(斗)石(喙)大村卜只次持去
2007-304번 夷津支城下麥烏列支負(앞면) △△△石(뒷면)
Ⅴ-164번 三月中鐵山下麥十五斗(앞면) 王私△河礼村波利足(뒷면)
Ⅴ-165번 甘文(城)下麥十五石甘文(앞면) 夲波加本斯(稗)一石之(뒷면)
2016-W94번 甘文城下麥十五石甘文夲波(앞면) 伊次只去之(뒷면)
2016-W116번 小南兮城麥十五斗石大村~

城下麥 목간은 甘文城 5예, 夷津支城 2예, 鐵山 1예, 巴珎兮城 1예, 小南兮城 1예로 모두 10예이다. 2007-45번 목간과 2016-W116번 목간을 제외하면 8점이 모두 양면 목간이다. 양면 목간이 모두 나온 古阤 목간(16점)에서는 城下麥이 나온 바 없다. 양면 목간은 城下麥 목간의 한 특징이다. Ⅴ-164 목간에서 三月中이 나와서 목간의 제작이 산지가 아닌 도착지인 성산산성에서 이루어졌을 가능성을 크게 해 준다. 왜냐하면 보리의 수확은 양력으로 6월이기 때문이다. 양력4월(음력3월)은 보리가 다 떨어져서 국가에 공납할 것이 없다.[27]

城下麥 목간은 城下麥을 제외하면 다른 목간과 큰 차이가 없다. 城下麥 목간에서 가장 큰 특징은 城下麥이 있다는 점이다. 城下麥 목간이 아닌 목간에서 麥이 나오는 드문 예인 2007-30번 夷(津)支(末)那石村末支(下仇)(앞면) 麥(뒷면)이나 2006-37번 ~△利村△△麥石과 비교할 때, 麥이 맨 뒤에 나오고, 城下麥으로 앞에 나오는 차이밖에 없다. ~城下麥은 麥의 생산지로 판단된다. ~城下麥이 麥의 생산지라면 城下麥 목간은 일반 목간과의 차이는 생산지를 기재하는 것밖에 없다. 그렇다면 城下麥 목간은 200여 명의 인명표기와는 달리 ~城下麥으로 보리의 생산지를 표기하고 있다. 이는 고식 인명표기 방식으로 판단된다. 그래서 ~城下麥식으로 麥의 생산지를 표기했을 것이다. 보리 생산지를 쉽게 표

27) 城下麥 목간을 鐵山下麥 목간에 따를 때 수급체계와는 관련이 없다고 판단된다. 보리는 음력 5월에 수확하여 음력 3월에는 공진할 수 없기 때문이다.

현하기 위해 ~城下麥식으로 麥의 생산지를 구체적으로 나타내고 있다. V-164 三月中鐵山下麥十五斗(앞면) 王私△河礼村波利足(뒷면)에서는 城자가 생략되고 있어서 城下麥 목간보다는 새로운 형식이다. 따라서 城下麥 목간은 수송 체계와는 관련이 없고, 성산산성에서 생산지가 구체적으로 표기된 고식 목간의 잔존 예로 판단된다. 城下麥 목간은 그래서 모두가 복잡하게 되어 있고, 앞면과 뒷면으로 되어 있고, 다른 목간에서는 유례없는 생산물의 표시인 ~城下麥으로 앞에 온다.

VI. 城下麥 목간의 해석

이제 함안 성산산성에서 출토된 10점의 城下麥 목간을 해석할 차례가 되었다. 이를 전부 해석하면 아래와 같다.

2번 甘文城下麥甘文本波王私(앞면) 文利村知利兮負(뒷면)

이는 '甘文城(군명) 아래의 보리를 甘文(군명)의 本波(땅 이름)이고 王私(땅 이름)인 文利村(행정촌명)의 知利兮負가 낸 것이다.'가 된다.

60번 巴珎兮城下(麥)(결락)(앞면) 巴珎兮村(결락)(뒷면)

이는 '巴珎兮城(군명) 아래의 보리를 巴珎兮村(행정촌명)의 누구가 낸 것이다.'가 된다.

2006-1번 甘文城下麥本波大村毛利只(앞면) 一石(뒷면)

이는 '甘文城(군명) 아래의 보리를 本波(땅 이름)인 大村(행정촌명)의 毛利只(인명)가 낸 一石이다.'가 된다.

2007-44번 夷津支城下麥王私巴珎兮村(앞면) 弥次二石(뒷면)

이는 '夷津支城(군명) 아래의 보리를 王私(땅 이름)인 巴珎兮村(행정촌명) 弥次(인명)가 낸 二石이다'가 된다.

2007-45번 甘文城下(麥)米十一(斗)石(喙)大村卜只次持去

이는 '甘文城(군명) 아래의 (麥)米 十一(斗)石은 (喙)大村(행정촌명) 卜只次持去(인명)이 낸 것이다.'

2007-304번 夷津支城下麥烏列支負(앞면) △△△石(뒷면)

이는 '夷津支城(군명) 아래의 보리는 烏列支(행정촌명) 負△△(인명)가 낸 △石이다.'

V-164번 三月中鐵山下麥十五斗(앞면) 王私△河礼村波利足(뒷면)

이는 '三月에 鐵山(군명) 아래의 보리 十五斗는 王私(땅 이름) △河礼村(행정촌) 波利足(인명)이 낸 것이다.'

V-165번 甘文(城)下麥十五石甘文(앞면) 夲波加本斯(稗)一石之(뒷면)

이는 '甘文(城)(군명) 아래의 보리 十五石은 甘文(군명) 夲波(땅이름) 加本斯(稗)一石之(인명)이 낸 것이다.'가 된다.

2016-W94번 甘文城下麥十五石甘文夲波(앞면) 伊次只去之(뒷면)

이는 '甘文城(군명) 아래의 보리 十五石은 甘文(군명) 夲波(땅이름) 伊次只去之(인명)이 낸 것이다.'가 된다.

2016-W116번 小南兮城麥十五斗石大村~

이는 '小南兮城(군명) 보리 十五斗石은 大村(행정촌명) 누구가 낸 것이다.'가 된다.

끝으로 왜 그러면 城下麥 목간이 245점의 함안 성산산성에 10점 정도가 존재하고, 대구 팔거산성에서 7호 목간의 의사 城下麥 목간이 존재하느냐하는 점이다. 함안 성산산성 목간 가운데에는 及伐尺이란 경위명이 두 번 나온다. 及伐尺은 성산산성 목간 연대 설정에 중요하다. 성산산성 목간 연대를 2016-W155 王子年△改大村△刀只(앞면) 米一石(뒷면)에서 王子年을 壬子年으로 읽어서 592년으로 보면[28] 신라의 관등제 성립 곧 완성을 592년 이후로 보아야 한다. 아라가야가 『삼국사기』에 법흥왕대에 통합되었고, 신라 관등제가 524년의 봉평비 건립과 545년 그 직전인 적성비 건립의 사이임을 근거할 때, 540년경에 완성되었다고 볼 수가 있다. 의사 성하맥 목간인 대구 팔거산성 7호 목간의 丙寅年은 팔거산성 16호 목간에서 干支란 외위명이 나와서 그 시기가 546년이다. 신라 지방 산성에서 나오는 목간 가운데 540년경 이전이나 546년 이전의 목간은 발견되지 않고 있다.

城下麥 목간은 가장 이른 시기의 유적에서만 출토되고 있다. 신라 금석문의 가장 오래된 것으로 황남대총 남분의 5세기 1/4분기의 허리띠의 단금구에 새겨진 夫人帶명이 있다. 이는 夫人말의 보편화로 보여 그 이전에 신라가 문자를 사용했음을 알 수 있다. 그렇다면 城下麥 목간은 그 이전인 6세기 전반에 유행한 고식 목간의 잔재로 볼 수가 있다.

28) 이용현, 「함안 성산산성 목간의 연대 -壬子年 해석을 중심으로-」 『신라사학보』 50, 2020.

VII. 맺음말

먼저 지금까지 선학들의 견해를 ~아래에 혹은 ~에 예속된과 내리다란 동사로 본 견해로 나누어서 살펴보았다. 동사로 보는 견해에서는 城下麥의 下자를 동사로 보는 구체적인 예가 없어서 월성해자 신 8호 목간의 上內之, 일본 正倉院 佐波理加盤付屬文書의 上米를 그 예로 들었으나 두 자료의 上자는 동사가 아니다. 성산산성 목간에 있어서 240여 개의 물품꼬리표 목간에서 동사가 나온 예는 드물다.

다음으로 城下麥 목간 9점과 의사 성하맥 목간 1점 총 10개의 목간을 王私에 주목하여 새롭게 판독하여 제시하였다.

그 다음으로 仇利伐, 古阤, 甘文(城), 及伐城, 仇伐, 夷津(支)(城), 鄒文(村), 買谷村, 須伐, 勿思伐, 烏多, 득蓋, 鐵山, 比思(伐), 王子年(△), 巴珎兮城 등의 지명에 나오는 속에서 城下麥 목간을 조사하였다.

그 다음으로 城下麥 목간은 甘文城 5예, 夷津支城 2예, 鐵山 1예, 巴珎兮城 1예, 小南兮城 1예로 모두 10예이다. 2007-45번 목간과 2016-W116번 목간을 제외하면 8점이 모두 양면 목간이다. 양면 목간이 모두 나온 古阤 목간(16점)에서는 城下麥이 나온 바 없다. 양면 목간은 城下麥 목간의 한 특징이다. V-164 목간에서 三月中이 나와서 목간의 제작이 산지가 아닌 도착지인 성산산성에서 이루어졌을 가능성을 크게 해 준다. 왜냐하면 보리의 수확은 양력으로 6월이기 때문이다. 양력4월(음력3월)은 보리가 다 떨어져서 국가에 공납할 것이 없다.

마지막으로 城下麥 목간에 나오는 땅 이름인 本波와 王私에 주목하여 10개의 城下麥 목간을 전부 해석하였다.

제3절

함안 성산산성 목간의 奴人

Ⅰ. 머리말

한국의 고대 목간은 종이가 없던 시대에 종이 대신에 나무를 깎아서 긴 사각형에 가깝게 만든 데에 붓으로 한자를 쓴 것이다. 1면에만 글씨가 있는 것이 있고, 앞면과 뒷면의 양면으로 된 것이 있고, 드물게는 4면으로 된 문서목간이 있다. 고구려의 예는 없고, 백제 사비성시대의 왕경과 지방 목간, 고신라의 왕경과 지방 목간, 통일신라의 왕경과 지방 목간 등이 있다. 목간의 대부분은 인명표기가 주류를 이루고 있다. 인명표기는 신라의 경우는 직명+출신지명+인명+관등명이고, 백제의 경우는 직명+부명+관등명+인명의 순서이다. 그래서 금석문과 목간을 연구하는 데에 있어서 인명표기의 중요성은 아무리 강조해도 지나치지 않다.

지금까지 함안 성산산성 목간은 묵서가 있는 것만 245점이[1] 알려졌다. 이에 대한 많은 연구 성과가 나와 있다.[2] 함안 성산산성 목간의 연구는 거의 완성 단계에 와 있는 것이 아니라 이제부터가 시작이다. 아무도 주목하지 않았던 王私

---

1) 문서 목간이 4점, 2면이나 1면으로 된 목간이 241점이다. 241점의 목간은 90% 이상이 인명표기와 관련된 것이다.

2) 이경섭, 「함안 성산산성 목간의 연구현황과 과제」 『신라문화』 23, 2004.
전덕재, 「함안 성산산성 목간의 연구현황과 쟁점」 『신라문화』 31, 2008.
윤선태, 「함안 성산산성 출토 신라목간의 연구성과와 전망」 『한국고대목간Ⅱ』, 2017.

목간에 대한 연구가 최근에 나왔다.[3] 안목과 노력만 있다면 성산산성 목간을 통해서 얼마든지 좋은 논문을 쓸 수 있다는 가능성을 보여주는 것 같다.

仇利伐 목간에는 奴人 또는 奴가 나오는 8개의 목간이 있다. 이 奴人은 1988년 4월에 발견된 봉평비에도 나온다. 성산산성 목간에 나오는 奴人과 봉평비의 奴人은 같은 성격의 것이다. 성산산성 목간에 나오는 奴人은 단편적으로 다루었지만 단일 논문으로 다루지는 않았다. 奴人을 노비로 보는 것이 주류인 듯하다. 노비가 외위를 갖고 있으며, 古阤, 甘文(城), 及伐城, 仇伐, 夷津(支)(城), 鄒文(村), 買谷村, 湏伐, 烏多伊伐支, 尒盖, 鐵山, 比思(伐), 王子年(△), 巴珎兮城에서는 단 1점의 奴人도 없고, 이들 지역에서는 노비가 없다고 보아야 되는 문제가 생긴다.

함안 성산산성 목간은 한국 고대 목간 연구의 이정표를 세운 유적이다. 유적의 중요성에 비추어 보아도 학계에서 의견의 일치를 보지 못한 경우가 많다. 그 대표적인 것의 하나가 목간의 연대 문제이다. 목간의 연대를 560년경으로 보아오다가 최근에는 592년의 壬子年으로 보고 있다. 성산산성 목간에는 及伐尺이란 경위가 두 번이나 나와서 그 시기를 신라 관등제의 완성인 524년 봉평비와 545년이나 그 직전에 세워진 적성비의 사이로 보아야 한다. 결국 성산산성 목간의 연대는 540년경으로 볼 수가 있다.

함안 성산산성 목간은 앞으로 저습지 유적에서 고신라, 백제, 고구려의 목간이 나올 가능성이 큼으로 비교에 의해 발전된 연구 성과를 기대할 수가 있다. 함안 성산산성 목간의 王私 목간 5점에 대한 연구도 그 후에 발견 조사된, 대구 팔거산성 출토 목간의 3점 王私 목간에 의지한 바가 크다. 함안 성산산성 목간의

---

3) 하시모토 시게루, 「함안 성산산성 목간의 王私와 城下麥」 『신라사학보』 54, 2022. 단 王私 목간을 그 촌명이 왕이나 왕실의 직할지이며, 인명은 그기에 예속된 사람으로 보고서 王私 목간을 왕실 직할지 주민이 성산산성에 역역 동원된 것으로 해석하였으나 王私는 넓은 땅의 이름으로 이에 대해서는 본서의 제5장 제5절의 「고신라 목간에 보이는 王私에 대하여」 참조.

처음 2점의 王私 판독으로는 연구의 진전은 어려웠을 것이다. 이렇게 함안 성산산성 목간을 기준으로 나중에 발굴 조사된 유적의 목간의 대비로 인한 연구는 대단히 중요하다.

함안 성산산성 목간의 奴人도 성산산성 목간만으로는 그 개요를 파악하기 어렵다. 봉평비에서 2번 나오는 奴人은 성산산성 목간의 연구에 한 기준이 된다. 앞으로 奴人 목간이 더 나올 가능성이 크다. 저습지가 있는 산성 발굴로 奴人 목간이 나오면 奴人의 실체가 자동적으로 드러날 것이다. 땅 이름으로 알려진 本波, 阿那, 末那, 前那, 未那, 王私 등의 실체에 대해서도 발굴 조사가 많아짐으로 쉽게 해결될 수 있을 것이다.

여기에서는 먼저 고신라의 奴(人)에 대한 선학들의 견해를 일별해 보겠다. 다음으로 仇利伐 목간의 모든 자료를 제시하겠다. 그 다음으로 봉평비문 속에서 봉평염제비의 奴人에 대해 살펴보겠다. 마지막으로 奴人 문제에 대한 몇 가지 소견을 밝혀 보고자 한다.

Ⅱ. 지금까지의 연구

신라의 奴(人)은 1988년 4월 봉평비(524년)에 발견되어 처음으로 알려지게 되었다. 일반 신민, 새로 편입된 복속민, 차별 편제한 특수 지역민, 지방민 일반, 舊高句麗民 등의 다양한 가설이 나왔다.[4] 대체로 노(인)은 신라 지역에 새로 편입된 지역의 복속민으로 보고 있다.[5]

그런데 1998년 공개되기 시작한 함안 성산산성 목간에 奴(人)이 확인되면서

4) 한국고대사학회편, 『한국고대사연구』 2, 1989.
울진군 · 한국고대사학회, 『울진 봉평신라비와 한국 고대 금석문』, 2011.

5) 武田幸男, 「新羅 · 蔚珍鳳坪碑の教事主體と奴人法」 『朝鮮學報』 187, 2003.

이들 노(인)을 어떻게 해석할 것 인지하는 문제가 새로 제기되었다. 그래서 성산산성 목간의 노인을 봉평비의 노인과 어떻게 연결시키는지 하는 문제가 대두되었다. 처음의 성산산성 목간의 연구에서는 私奴婢일 가능성이 언급되었다.[6] 대체로 봉평비에서 나온 결론을 성산산성 목간에 적용하여 노인을 구고구려계 복속민으로 보았다.[7] 이후 새로운 목간 자료의 발굴이 증가되자 노인이 기재된 목간을 해석하면서, 奴人=私奴婢說의 주장이 나왔다.[8] 이를 비판하면서 봉평비의 노인을 중심으로 목간의 노인을 이해를 강조하는 연구도 나왔다.[9] 노인은 기본적으로 복속민의 성격을 지녔지만, 6세기 중반에 그들을 구리벌에 사는 개인에게 각기 예속시켜 관할, 통제하도록 하였고, 이후 그들을 점차 공민으로 포섭하였다고 보았다.[10] 노인을 세금을 내는 주체로서 수취의 대상이 된 奴婢로 보기도 했다.[11] 또 성산산성의 노인을 봉평비의 노인과 함께 隸民的 상황 집단적 지배를 받던 존재로부터 개인적 人身 지배에 기반한 公民으로 전화해 가는 道程에 있는 사람으로 보았다.[12]

위의 견해들은 奴(人)의 奴자가 奴隷 또는 奴婢를 나타낸다는 것에 근거하여 사노비로 보기까지 했다. 아니면 구고구려인으로 보아서 새로운 신라의 복속민으로 보았다. 이는 봉평비에서 나온 결론으로 성산산성 목간에 그대로 적

---

6) 윤선태, 「咸安 城山山城 出土 新羅 木簡의 用途」 『震檀學報』 88, 1999, 16쪽.

7) 이성시, 「한국목간연구의 현황과 함안성산산성 출토의 목간」 『한국고대사연구』 19, 2000, 99~100쪽.
朴宗基, 「韓國 古代의 奴人과 部曲」 『한국고대사연구』 43, 2006.

8) 이수훈, 「咸安 城山山城 出土 木簡의 稗石과 負」 『지역과 역사』 15, 2004.
전덕재, 「함안 성산산성 목간과 중고기 신라의 수취체계」 『역사와 현실』 65, 2007.

9) 이용현, 「함안성산산성 출토 목간의 負, 本波, 奴人 시론」-신라사학회발표문-, 2007.

10) 김창석, 「신라 中古期의 奴人과 奴婢」 『한국고대사연구』 54, 2009.

11) 윤선태, 「함안 성산산성 출토 신라 하찰의 재검토」 『사림』 41, 2012.

12) 이경섭, 「新羅의 奴人 -城山山城 木簡과 <蔚珍鳳坪碑>를 중심으로-」 『한국고대사연구』 68, 2012.

용할 수가 있다. 이에 대해서는 뒤에서 언급하겠지만 노인의 奴자는 새로운 복속민과 전혀 관련이 없고, 동시에 奴婢의 신분과도 전혀 관련이 없다. 목간의 노인과 봉평비의 노인는 동일하다고 판단된다.

III. 자료의 제시

仇利伐 목간의 가장 큰 특징은 割書가 있다는 것, 奴(人)이 존재하는 것, 負가 있는 점,[13] 稗石, 稗一, 稗 등이 뒤에 붙지 않는 점, 외위를 가진 자가 가장 많은 군명인 점 등이다. 仇利伐 목간의 특징을 알기 쉽게 仇利伐 목간의 2016년까지의 자료를 제시하면 다음과 같다.[14]

1번 仇利伐 /上彡者村(앞면) 乞利(뒷면) '仇利伐 上彡者村의 乞利가 낸 것이다.'
3번 仇利伐/上彡者村 波婁 '仇利伐 上彡者村의 波婁가 낸 것이다.'
4번 仇利伐/仇失了一伐/尒利△一伐 '仇利伐의 仇失了 一伐과 尒利△ 一伐이 낸 것이다.'
5번 仇利伐△德知一伐奴人 塩 (負) '仇利伐의 △德知 一伐이며 奴人인 그가 소금[塩]을 負로 낸 것이다.'
33번 仇利伐/(彤)谷村/仇礼支 負 '仇利伐 彤谷村의 仇礼支가 낸 負이다.'
34번 仇利伐/上彡者村 波婁 '仇利伐 上彡者村의 波婁가 낸 것이다.'
2006-10번 仇利伐△△奴△△支 負 '仇利伐의 △△ 奴의 짐꾼인 △△支의 負

13) 負는 仇利伐 목간에서만 나오는데, 단 하나의 예외로 2016-W104. 沙喙部負가 있다. 이는 사탁부가 낸 負이다로 해석되며, 왕비족인 사탁부(김창호, 『고신라 금석문과 목간』, 2018, 170~174쪽)가 負를 담당하고 있어서 목간의 제작지가 사탁부로 보기보다 성산산성에서 국가 주도로 요역(축성 사업)을 행하고, 목간을 제작했을 것으로 판단된다.

14) 추정 구리벌 목간에서 구리벌이 나오지 않아도 奴(人)이 나오고, 負가 나오면 仇利伐 목간이다. 아직까지 구리벌이외의 목간에서 奴(人)과 負가 나오는 예는 없다.

이다.'

2006-24번 仇利伐/ 比多湏奴 先能支 負 '仇利伐의 比多湏 奴이며, 그의 짐꾼인 先能支의 負이다.'

2006-31번 (仇利伐)~(앞면) 一古西支 負(뒷면) '(仇利伐) ~의 ~의 一古西支의 負이다.'

2007-18번 仇利伐/(衫伐)只(村)/同伐支 負 '仇利伐의 (衫伐)只(村)의 同伐支가 낸 負이다.'

2007-20번 仇利伐/~智 해석 불능

2007-27번 仇利伐/郝豆智奴人/△支 負 '仇利伐의 郝豆智가 奴人이며, 그의 짐꾼인 △支의 負이다.'

2007-31번 仇利伐 仇阤知一伐奴人 毛利支 負 '仇利伐의 仇阤知 一伐이고, 奴人이며, 그의 짐꾼인 毛利支의 負이다.'

2007-53번 仇利伐/習肜村/ 牟利之 負 '仇利伐 習肜村의 牟利之의 負이다.'

IV-582번 仇利伐 記本礼支 負 '仇利伐의 記夲礼支의 負이다.'

IV-587번 仇利伐/△伐彡△村伊面於比支 負 '仇利伐 △伐彡△村의 伊面於比支의 負이다.'

IV-591번 仇(利伐) △△智奴(人) △△△ 負 '仇(利伐)의 △△智 (奴)人이며, 짐꾼인 △△△의 負이다.'

2016-W62번 仇利伐/上三者村△△△△ '仇利伐 上三者村의 △△△△가 (낸 뭐이다.)'

2016-W89번 丘利伐卜今智上干支 奴/△△巴支 負 '丘利伐의 卜今智 上干支이며, 奴이고, 그의 짐꾼의 負는 △△巴支이 진다.'

2016-W92번 仇利伐/夫及知一伐 奴人/宍巴礼 負 '仇利伐의 夫△知가 一伐이고, 그의 짐꾼인 宍巴利△가 負를 진다.'

仇利伐 목간은 몇 가지 유형으로 나누어진다. 이를 유형별로 나누어서 제시하면 다음과 같다.

우선 仇利伐+인명+奴(人)+인명+負를 살펴보기로 하자.

2006-10번 仇利伐△△奴△△支 負

2006-24번 仇利伐 比多湏 奴 先能支 負

2007-27번 仇利伐/郝豆智奴人/△支 負

IV-591번 仇(利伐) △△智奴(人) △△△ 負

그 다음으로 仇利伐+인명+외위명+奴(人)+인명을 조사해 보자.

2007-31번 仇利伐 仇阤知一伐奴人 毛利支 負
2016-W89번 丘利伐/卜今智上干支奴人/△△巴支負
2016-W92번 仇利伐/夫及知一伐 奴人/宍巴礼 負

그 다음으로 仇利伐+성촌명+인명의 예부터 들면 다음과 같다.

1번 仇利伐/上彡者村(앞면) 乞利(뒷면)
3번 仇利伐/上彡者村 波婁
34번 仇利伐/上彡者村 波婁
2016-W62번 仇利伐/上三者村△△△△

이들은 모두 上彡(三)者村 출신들이다. 이들은 다른 성촌 출신의 사람들처럼 공진물에 대한 기록이 없다. 이러한 현상은 함안 성산산성 목간의 전체에 걸쳐서 있다.

위의 자료 가운데 3번과 34번은 쌍둥이 목간이다. 구리벌+상삼자촌+인명은 모두 4예로 모두 상삼자촌 출신뿐이다. 仇利伐은 함안 성산산성 목간 가운데 그 예가 가장 많아서 郡名이다. 上彡者村은 행정촌으로 『삼국사기』, 지리지의 康州 咸安郡 領縣인 召彡縣이다.[15] 구리벌은 함안군에서 바닷가인 마산시

15) 주보돈, 앞의 논문, 2000, 56~57쪽에서 上彡者村의 召彡縣 비정에 비판하고 있다. 上의 음은 召의 음과 통하고(남산신성비 제2비에서 阿旦兮村과 阿大兮村, 沙刀城과 沙戶城에서 旦과 大가 통하고, 刀와 戶가 통하는 점에서 보아서 각각 동일 지명인 점에서 보면 上과 召는 통한다), 彡은 양자에서 동일하게 나온다. 이렇게 6번 목간과 2006-25번 목간에서 행정촌명은 伊伐支(영주시 부석면)로 『삼국사기』 지리지에 隣豐縣本高句麗伊伐支縣이라고 나오지만 郡名인 烏多은 『삼국사기』 지리지에 나오지 않는다.

에[16] 이르는 지역이다. 이곳이 옛 안라국의 중요한 수도 부분에 해당되는 것이다.[17] 따라서 상삼자촌은 행정촌이고, 仇利伐은 郡名이다.

그 다음은 仇利伐+촌명+인명+負로 된 예를 조사해 보기로 하자.

33번 仇利伐/(彤)谷村/仇礼支 負
2006-31번 (仇利伐)~(앞면) 一古西支 負(뒷면)
2007-18번 仇利伐/(衫伐)只(村)同伐支 負
2007-53번 仇利伐/習彤村/ 牟利之 負
IV-587번 仇利伐(앞면)△伐彡△村 伊面於比支 負(뒷면)

5명의 인명은 모두 仇利伐郡에 소속되어 있는 행정촌의 이름으로 판단된다. 앞에서의 상삼자촌이 행정촌이므로 5개의 촌명도 모두 행정촌으로 보아야 할 것이다.

그 다음은 仇利伐+인명+負로 된 목간에 대해 알아보자.

2007-55번 仇利伐今尒次負
IV-495번 仇利伐谷△△ (負)
IV-582번 仇利伐 記本礼支 負

이들 목간은 모두 구리벌에 직접 소속되어 있다. 郡名인 구리벌의 소속자도 구리벌이 군으로 역할을 하는 동시에 행정촌으로서의 역할을 함을 보여준다. 군에서 직접 자연촌을 지배할 수는 없고, 행정촌을 지배할 것이다.

---

16) 2010년 7월 1일 창원시에 통합되기 이전의 마산시를 지칭한다.

17) 목간의 작성 연대인 540년경에는 『삼국사기』 지리지의 지명도 많은 차이가 있었을 것이다. 그래서 목간에 나오는 행정촌도 지리지에서 찾을 수 없다. 군으로 추정되는 물사벌성과 추문촌과 이진(지성)과 昻蓋과 玉松鳥多도 찾을 수 없고, 목간의 13.1% 가량(목간 전체인 229점에 대한 구리벌 목간의 비률로 볼 때)을 차지하는 郡인 仇利伐도 지명만으로는 그 위치가 불분명하다.

그 다음으로 仇利伐+인명+외위명+노인을 조사해 보자.

> 5번 仇利伐△德知一伐奴人 塩 (負) '仇利伐의 △德知 一伐이며 奴人인 그가 소금[塩]을 負로 낸 것이다.'

마지막으로 仇利伐+인명+외위명+인명+외위명의 경우가 있다. 그 자료를 인용하면 다음과 같다.

> 4번 仇利伐/仇失了一伐/尒利△一伐 '仇利伐의 仇失了 一伐과 尒利△ 一伐이 낸 것이다.'

이렇게 한 목간에 두 명의 인명이 모두 외위를 갖는 예로는 유일한 자료이다.[18] 두 사람 모두 공진물의 표시도 없다.

IV. 봉평염제비의 奴人

이제 1988년에 발견된 울진봉평신라염제비에[19] 奴人이 나와서 중요하다. 우선 이의 전문을 제시하면 다음과 같다.

---

18) 4번 목간의 仇失了一伐과 尒利△一伐이 割書 때문에 자연촌 출신으로 볼 수가 없다. 모두가 仇利伐郡 소속으로 판단된다.

19) 봉평비의 阿大兮村使人 奈尒利 杖六十, 男弥只村使人 翼昃杖百 於卽斤利 杖百이란 杖刑은 禾耶界城과 失火遶城의 전투와 관련이 있는 듯하다.
봉평비에서 岑喙部의 설정은 문제가 있다. 고신라 금석문에서 이 인명표기를 제외하고 모량부 출신은 전무하다. 그럼에도 불구하고 잠탁부 출신이 干支란 관등명을 가져서 일약 6두품이 단독으로 나온다. 고신라 금석문에서 喙部, 沙喙部 등은 喙部, 沙喙部 등으로 적힐 뿐, 다른 식으로는 적히지 않았다. 월성해자 9호 목간에서 모량부를 牟喙로 표기하고 있어서 더욱 의문이 생긴다.

⑩	⑨	⑧	⑦	⑥	⑤	④	③	②	①	
	麻	奈	使	新	者	別	愼	干	甲	1
立	節	尒	卒	羅	一	教	·	支	辰	2
石	書	利	次	六	行	今	宍	岑	秊	3
碑	人	杖	小	部	△	居	智	喙	正	4
人	牟	六	舍	煞	之	伐	居	部	月	5
喙	珎	十	帝	斑	人	牟	伐	美	十	6
部	斯	葛	智	牛	備	羅	干	昕	五	7
博	利	尸	悉	△	土	男	支	智	日	8
士	公	條	支	△	塩	弥	一	干	喙	9
于	吉	村	道	麥	王	只	夫	支	部	10
時	之	使	使	事	大	夲	智	沙	牟	11
教	智	人	烏	大	奴	是	太	喙	卽	12
之	沙	奈	婁	人	村	奴	奈	部	智	13
若	喙	尒	次	喙	負	人	麻	而	寐	14
此	部	利	小	部	共	雖	一	·	·	15
省	善	阿	舍	內	値	·	尒	粘	錦	16
獲	文	·	帝	沙	五	是	智	智	王	17
罪	吉	尺	智	智	其	奴	太	太	沙	18
於	之	男	居	奈	餘	人	奈	阿	喙	19
天	智	弥	伐	麻	事	前	麻	干	部	20
·	新	只	牟	沙	種	時	牟	支	徙	21
·	人	村	羅	喙	種	王	心	吉	夫	22
·	喙	使	尼	部	奴	大	智	先	智	23
居	部	人	牟	一	人	教	奈	智	葛	24
伐	述	翼	利	登	法	法	麻	阿	文	25
牟	刀	昃	一	智		道	沙	干	王	26
羅	小	杖	伐	奈		俠	喙	支	本	27
異	烏	百	弥	麻		阼	部	一	波	28
知	帝	於	宜	莫		隘	十	毒	部	29
巴	智	卽	智	次		禾	斯	夫	△	30
下	沙	斤	波	邪		耶	智	智	夫	31

⑩	⑨	⑧	⑦	⑥	⑤	④	③	②	①	
干	喙	利	旦	足		界	奈	一	智	32
支	部	杖	組	智		城	麻	吉	五	33
辛	牟	百	只	喙		失	悉	干	△	34
日	利	悉	斯	部		火	介	支	(△)	35
智	智	支	利	比		遶	智	喙		36
一	小	軍	一	湏		城	奈	勿		37
尺	烏	主	全	婁		我	麻	力		38
世	帝	喙	智	邪		大	等	智		39
中	智	部	阿	足		軍	所	一		40
△		介	大	智		起	敎	吉		41
三		夫	兮	居		若	事	干		42
百		智	村	伐		有		支		43
九		奈	使	牟						44
十			人	羅						45
八				道						46

이 봉평비에서 가장 중요한 부분은 別敎 부분이다. 이를 제시하면 다음과 같다.

> 別敎 今居伐牟羅男弥只本是奴人 雖是奴人前時王大敎法 道俠阼隘 禾耶界城失火遶城我大軍起 若有者一行△之 人備土鹽 王大奴村共値五 其餘事種種奴人法

냉수리비 전면 제⑨행과 제⑪행에 각각 別敎란 구절이 나오고, 別敎는 적성비 제⑮행에도 나오는바 비문의 가장 핵심적인 부분이다. 別敎를 내린다. 이제 길이 좁고, 이제 居伐牟羅와 男弥只는[20] 본래 奴人이다. 비록 노인이었지만 前

20) 居伐牟羅와 男弥只는 울진이나 울진 근처의 바닷가에 위치해야 된다. 그래야 소금을 생산할 수 있다. 봉평비가 서있던 곳인 봉평이 거벌모라일 가능성이 클 것이다.

時에 왕은 大敎法을 내려주셨다. 길이 좁고, 오르막도 험악한 禾耶界城과 失火遶城의 우리 대군을 일으켰다. 若有者인 一行을 ~했다. 사람들이 土鹽을 준비하였다. 왕은 大奴村은 값 5를 부담케 하였다. 그 나머지 일은 여러 가지 奴人法에 따르도록 했다. 비문의 가장 핵심적인 부분에서 奴人들이 활약하고 있어서 奴人을 소금 생산자 이외의 다른 것으로 볼 수가 없다.

奴人이지만 길이 좁고, 오르막도 험악한 禾耶界城과 失火遶城의 우리 대군을 일으켰다고 강조하고 있다. 본래부터 奴人이라 했으므로 구고구려인이거나 사노비일 수는 없다. 奴人을 아는데 중요한 구절로 土鹽이[21] 있다. 토염은 재래식으로 소금을 만드는 곳으로 현재의 울진 지방의 체험장이 유명하다.

V. 몇 가지 검토

仇利伐 목간에서는 奴人이 나오고, 古阤, 甘文(城), 及伐城, 仇伐, 夷津(支)(城), 鄒文(村), 買谷村, 湏伐, 烏多伊伐支, 昻盖, 鐵山, 比思(伐), 王子年(△), 巴珎兮城에서는 단 1점의 奴人 목간이 나오지 않는 이유가 궁금하다. 奴人은 노비로 보기도 하나,[22] 노비가 仇利伐에만 있고, 다른 성촌명에서는 노비가 없어서 이해가 되지 않는다. 더구나 노비가 외위를 가지고 있어서 더욱 그러하다.

봉평비에 나오는 소금 생산지는 居伐牟羅와 男弥只와 悉支가 있다.

21) 토염을 만드는 전통적인 방법은 다음과 같다. 먼저 깨끗한 백사장에 논과 같은 형태로 염전을 만들고, 바닥에는 바닷물이 스며들지 못하도록 깨끗한 붉은 황토흙으로 단단하게 다진다. 그 염전의 둑에는 바닷물을 끌어들이는 물길을 만들고, 염전 옆에는 깊은 웅덩이를 판다. 웅덩이 역시 향토 진흙으로 다진다. 이 웅덩이는 염전에서 바닷물을 적시어 말려 염도가 높아진 바닷물을 보관하는 곳이다. 그 웅덩이 옆에 화덕을 걸고 장작불을 때어 소금을 만든다. 이것이 토염이다.

22) 윤선태, 「함안 성산산성 출토 신라 하찰의 재검토」 『사림』 41, 2012, 167쪽.

우선 仇利伐+인명+奴(人)+인명+負를 살펴보기로 하자. 우선 관련 자료부터 제시하면 다음과 같다.

2006-10번 仇利伐△△奴△△支 負 '仇利伐의 △△가 奴人이며, 짐꾼인 △△支가 진다.'
2006-24번 仇利伐 比多湏 奴 先能支 負 '仇利伐의 比多湏가 奴이며, 짐꾼인 先能支가 진다.'
2007-27번 仇利伐/郝豆智奴人/△支 負 '仇利伐의 郝豆智가 奴人이며, 짐꾼인 △支가 진다.'
Ⅳ-591번 仇(利伐) △△智奴(人) △△△ 負 '仇(利伐)의 △△智가 奴(人)이며, 짐꾼인 △△△가 진다.'

다음으로 仇利伐+인명+외위명+奴(人)+인명을 조사해 보자.

5번 仇利伐△德知一伐奴人 塩 (負) '仇利伐의 △德知 一伐이며 奴人인 그가 소금[塩]을 진다.'
2007-31번 仇利伐 仇阤知一伐奴人 毛利支 負로 '仇利伐의 仇阤知 一伐이며, 奴人이고, 그의 負를 짐꾼인 毛利支가 진다.'
2016-W92번 仇利伐/夫及知一伐奴人/宍巴利負로 이는 '仇利伐의 夫△知 一伐이며 奴人이고, 그의 負를 짐꾼인 宍巴利礼가 진다.'
2016-W89번 丘利伐/卜今智上干支奴人/△△巴支負로 이는 '丘利伐의 卜今智 上干支이며 奴人이고, 그의 負를 △△巴支가 진다.'

奴人 목간에 있어서 負는 짐을 나타낼 수도 있고, 진다는 뜻의 동사로도 해석될 수가 있다. 어느 것으로 해석하든지 지게로 소금을 진다는 의미에서는 꼭 같다. 지게로 짐을 저서는 안동 등에서와 같은 먼 곳에서는 올 수가 없다. 안동, 상주 등 낙동강 북부에서는 漕運으로 와야 하기 때문이다.

奴人 목간에서 짐을 짐꾼이 지게로 져서 함안 성산산성까지 오기 때문에 성산산성에서 仇利伐의 위치가 안동 등으로 경북 북부 지역으로 보아서는 안 된다. 함안 성산산성 근처로 보아야 할 것이다. 거듭 이야기 하지만 仇利伐의 위치

를 성산산성 근처로 볼 수 있는 자료가 있다. 설명의 편의를 위해 이를 다시 한 번 제시하면 다음과 같다.

1번 仇利伐/上彡者村(앞면) 乞利(뒷면)
3번 仇利伐/上彡者村 波婁
34번 仇利伐/上彡者村 波婁
2016-W62번 仇利伐/上三者村△△△△

여기에 나오는 행정촌명 上彡者村 또는 上三者村은 『삼국사기』, 지리지의 康州 咸安郡의 領縣인 召彡縣이다.[23] 따라서 仇利伐이란 군명은 성산산성에서 멀지 않는 곳, 성산산성과 가장 가까운 현재의 함안군과 구 마산시 지역이다. 그래야 구 마산시 지역에서 소금을 생산할 수 있고, 소금의 성산산성으로의 배달은 지게로 저서 날랐다고 해석된다. 이렇게 奴人을 소금 생산자로 보지 않고서는 외위를 가질 수 있는 신분이면서 짐꾼을 통해서 소금을 배달하는 점을 이해할 수가 없다.

5번 仇利伐△德知一伐奴人 塩 (負) '仇利伐의 △德知 一伐이며 奴人인 그가 소금[塩]을 진다.'에서 塩자를 인명의 일부로 보기도 하나[24] 고구려, 백제, 신라의 금석문과 목간에서 400개 전후의 인명표기가 나오는데, 塩자가 포함된 인명표기는 단 1예도 없다. 따라서 5번 목간의 塩자는 인명의 일부가 아니고, 단독으로 소금을 나타낸다. 奴人은 외위명을 갖는 자만 해도 △德知一伐, 仇阤知一伐, 卜今智上干支, 夫及知一伐의 4명이나 있어서 노비설은 성립될 수가 없다.

23) 주보돈, 「함안 성산산성 출토 목간의 기초적 검토」 『한국고대사연구』 19, 2000, 56~57쪽에서는 上彡者村이 召彡縣이 아니라고 비판하고 있으나 비판의 뚜렷한 근거는 없다.

24) 이경섭, 「성산산성 출토 신라 짐꼬리표 목간의 지명 문제와 제작단위」 『신라사학보』 23, 2011, 541쪽.

奴人을 소금생산자로 보아서 평민으로 보지 않으면 안된다.

VI. 맺음말

신라의 奴(人)은 1988년 4월 봉평비(524년)에 발견되어 처음으로 알려지게 되었다. 일반 신민, 새로 편입된 복속민, 차별 편제한 특수 지역민, 지방민 일반, 舊高句麗民 등의 다양한 가설이 나왔다. 노(인)은 신라 지역에 새로 편입된 지역의 복속민으로 보고 있다. 또 奴人이란 말에 근거하여 노비로 본 가설이 우세하다. 이러한 견해들은 왜 仇利伐 목간에서만 奴(人)이 있는지에 대한 설명을 할 수가 없다. 곧 성산산성 목간에 나오는 古阤, 甘文(城), 及伐城, 仇伐, 夷津(支)(城), 鄒文(村), 買谷村, 須伐, 勿思伐, 烏多, 믐盖, 鐵山, 比思(伐), 王子年(△), 巴珎兮城 등의 많은 지명 가운데에서 仇利伐에만 노비가 있고, 다른 곳에서는 노비가 없었다는 전제가 필요하다. 仇利伐 목간 가운데 奴(人)은 외위명을 가지고 있어서 외위명을 가지는 노비의 다른 예가 필요하다. 외위명이 없는 奴(人)도 노비가 아닌 일반 백성이다.

5번. 仇利伐△德知一伐奴人 塩 (負) '仇利伐의 △德知 一伐이며 奴人인 그가 소금[塩]을 負로 낸 것이다.' 5번 목간의 塩자를 인명의 일부로 보기도 하나 고구려, 백제, 신라의 금석문과 목간에서 나오는 400예에 가까운 인명표기의 인명에 塩자가 포함된 예는 없다. 5번 목간은 소금과 관련된 奴(人)의 실체 파악에 중요하다. 유독 5번 목간에서만 짐꾼이 없을까? 소금을 지고 오는 도중에 짐꾼이 죽었거나 아파서 소금의 주인이 진 것으로 보인다. 負는 짐을 나타내지만 짐꾼이 지게로 짐을 진다는 의미도 포함하기 때문에 지게로 지는 소금을 안동 경북 북부 지역에서 오는 것은 무리이고, 성산산성 근처의 바닷가인 함안군과 구 마산시 일대에서 짐을 지게로 지고 온 것으로 판단된다. 따라서 仇利伐의 위치가 구 마산시와 함안군 일대로 판단된다.

지금까지 奴(人)이 동시대적 자료에 등장하는 것은 524년의 봉평비와 540년경의 함안 성산산성 목간밖에 없다. 봉평비는 바닷가에 있어서 居伐牟羅가 봉평으로 보이고, 이 봉평에 있던 居伐牟羅人이 禾耶界城과 失火遶城의 전투에서 가장 큰 공을 세우고, 그 사람 수가 많았던 居伐牟羅에 봉평비를 세웠던 것이다. 524년 당시에 신라의 소금 생산은 남해안은 불가능하고, 동해안의 토염에 의지할 수밖에 없다. 성산산성 목간에서 나오는 8점의 奴(人) 목간은 仇利伐이란 郡을 단위로 편재되어 있을 뿐, 행정촌을 단위로 나오지 않고 있다. 소금의 생산은 仇利伐이란 郡을 단위로 했음을 말해주고 있다.

제4절

함안 성산산성 목간의 작성 시기와 용도

Ⅰ. 머리말

함안 성산산성 동문지 근처에서 245점의 목간이 나왔다. 그 수는 한국 고대 목간의 절반 이상을 차지하고 있다.[1] 그래서 목간이라고 하면 성산산성을 떠올리고, 성산산성이라고 하면 목간을 떠올린다. 성산산성 목간 가운데에서도 중요한 것의 하나인 그 제작 연대나 용도에 대해서도 아직까지 학계의 의견이 일치가 되지 못하고 있는 듯하다. 그 제작 시기는 561년 전후로 보아 오다가 최근에는 592년이 주류를 이루고 있다. 성산산성 목간의 용도에 대해서도 대개 하찰로 보고 있다.

592년설은 신라의 관등제 완성이 592년까지 내려갈 수 있는지가 문제가 된다. 이때에는 고대국가의 완성도 법흥왕이라는 통설과 괴리되는 진평왕대설이 타당한지가 문제이다. 하찰설의 주요한 근거는 목간 머리 쪽의 양쪽에 홈이 파져 있는데 근거하고 있다. 이는 일본학계의 7~8세기 목간에서 얻은 결론으로 우리 목간에도 그대로 적용될 수 있을지 의문이다. 함안 성산산성 목간은 100년이나 빠른 6세기경의 것이기 때문이다.

여기에서는 먼저 함안 성산산성 목간의 제작 시기에 대해 살펴보겠다. 다음으로 245점의 성산산성 목간 가운데에서 7점의 쌍둥이 목간과 2점의 의사 쌍둥이 목간에 대해 살펴보겠다. 마지막으로 함안 성산산성 목간의 용도에 대해 살펴보겠다.

---

1) 낙랑군의 목간을 제외할 때 그러하다.

II. 작성 연대

함안 성산상성 목간에서는 연호나 연간지가 없어서 연대 설정에 어려움이 있다. 경위가 확립되지 않는 가장 늦은 금석문은 울진봉평신라비이다. 이 비는 524년에 작성된 것으로 외위에서는 확실한 것이 나오나 경위에서는 불확실한 것이 곧 17관등명 가운데 어느 경위와 같은지 알 수 없는 것이 나온다. 이를 보다 확실히 하기 위해 봉평비의 인명 분석표를 제시하면 다음의 <표 1>과 같다.

<표 1> 울진봉평비의 인명분석표

직명	출신지 명	인명	관등명	비고
	喙部	牟卽智	寐錦王	法興王
	沙喙部	徙夫智	葛文王	沙喙部의 長
	夲波部	△夫智	五△(△)	夲波部의 長
干支岑	喙部	美昕智	干支	
위와 같음	沙喙部	而粘智	太阿干支(경 5)	
위와 같음	위와 같음	吉先智	阿干支(경 6)	
위와 같음	위와 같음	一毒夫智	一吉干支(경 7)	
위와 같음	喙(部)	勿力智	一吉干支(경 7)	
위와 같음	위와 같음	愼宍智	居伐干支(경 9)	
위와 같음	위와 같음	一夫智	太奈麻(경 10)	
위와 같음	위와 같음	一尒智	太奈麻(경 10)	
위와 같음	위와 같음	牟心智	奈麻(경 11)	
위와 같음	沙喙部	十斯智	奈麻(경 11)	
위와 같음	위와 같음	悉尒智	奈麻(경 11)	
事大人	喙部	內沙智	奈麻(경 11)	
위와 같음	沙喙部	一登智	奈麻(경 11)	
위와 같음	위와 같음	具次	邪足智(경 17)	
위와 같음	喙部	比須婁	邪足智(경 17)	
居伐牟羅道使		卒次	小舍帝智(경13)	
悉支道使		烏婁次	小舍帝智(경13)	

직명	출신지 명	인명	관등명	비고
	居伐牟羅	尼牟利	一伐(외 8)	
	위와 같음	弥宜智	波旦(외 10)	彼日로 보임
	위와 같음	組只斯利		
	위와 같음	一全智		
阿大兮村使人		奈介利		杖六十의 杖刑
葛尸條村使人		奈介利	阿尺(외 11)	
男弥只村使人		翼糸		杖百의 杖刑
위와 같음		於卽斤利		杖百의 杖刑
悉支軍主	喙部	介夫智	奈麻(경 11)	
書人		牟珎斯利公	吉之智(경 14)	
위와 같음	沙喙部	善文	吉之智(경 14)	
新人	喙部	述刀	小烏帝智(경16)	
위와 같음	沙喙部	牟利智	小烏帝智(경16)	
	居伐牟羅	異知巴	下干支(외 7)	
	위와 같음	辛日智	一尺(외 9)	

봉평비에 있어서 五△(△)와 干支는 어느 관등명과 동일한지를 알 수 없다. 따라서 봉평비의 건립 연대인 524년에는 아직까지 신라의 경위제 내지는 관등제가 완성되지 못했음을 알 수 있다. 봉평비에 뒤이어 나오는 545년이나 그 직전에 세워진 단양적성신라비의 관등 분석표를 제시하면 다음의 <표 2>와 같다.

<표 2> 적성비의 관등분석표

적성비	京位名	外位名	적성비
	1. 伊伐湌		
伊干支	2. 伊湌		
	3. 迊湌		
波珎干支	4. 波珍湌		
大阿干支	5. 大阿湌		

적성비	京位名	外位名	적성비
阿干支	6. 阿飡		
	7. 一吉飡	1. 嶽干	
	8. 沙飡	2. 述干	
及干支	9. 級伐飡	3. 高干	
	10. 大奈麻	4. 貴干	
	11. 奈麻	5. 撰干	撰干支
大舍	12. 大舍	6. 上干	
	13. 舍知	7. 干	下干支
	14. 吉士	8. 一伐	
大烏	15. 大烏	9. 一尺	
	16. 小烏	10. 彼日	
	17. 造位	11. 阿尺	阿尺

적성비의 관등표에서는 모르는 관등명이 하나도 없어서 545년이나 그 직전에는 신라의 17관등제가 완성되었음을 알 수 있다. 외위에서는 어떠한지를 알아보기 위해 월지 출토비를 제시하면 다음과 같다.

④	③	②	①	
一	一	干	村	1
伐	尺	支	道	2
徒	豆	大	使	3
十	婁	工	喙	4
四	知	尺	部	5
步	干	侊		6
	支	兮		7
		之		8

이 월지비에서 주목되는 것은 豆婁知干支란 인명이다. 이 인명은 신라 외위 11관등제의 어느 것과 같은지 알 수가 없다. 신라 외위에서 干支가 나오는 최후

의 예로서 영천청제비 병진명이 있다. 이의 인명 분석표로 제시하면 다음의 <표 3>과 같다.

<표 3> 영천청제비병진명의 인명분석표

職名	出身地名	人名	官等名
使人	喙	△尺利智	大舍苐
위와 같음	위와 같음	尺次鄒	小舍苐
위와 같음	위와 같음	述利	大烏苐
위와 같음	위와 같음	尺支	小烏
위와 같음	위와 같음	未苐	小烏
一支△人		次弥尒利	
위와 같음		乃利	
위와 같음		內丁兮	
위와 같음		使伊尺	
위와 같음		只伊巴	
위와 같음		伊卽刀	
위와 같음		衆礼利	
위와 같음		只尸△利	干支
위와 같음		徙尒利	

영천청제비 병진명은 그 작성 연대가 536년이다. 청제의 뚝을 헤아리는 하나치로 淂을 사용하고 있어서 步를 사용하고 있는 월지비보다는 앞선다. 곧 월지 출토비의 상한은 536년이라고 볼 수가 있다. 신라의 관등제 완성은 536~545년 사이가 된다. 그런데 함안 성산산성 목간에서는 전혀 알 수 없는 及伐尺이란 경위명이 나왔다. 이를 좀 더 살펴보기 목간을 제시하면 다음과 같다.

IV-597번 목간으로 正月中比思(伐)古尸次阿尺夷喙(앞면) 羅兮落及伐尺幷作前瓷酒四斗瓮(뒷면)을 해석하면, 正月에 比思(伐)의 古尸次 阿尺(외위)의 夷(무리, 동료)와 喙(部)의 羅兮落 及伐尺이 함께 만든 前瓷酒의 四斗瓮이다가 된다.

다음으로 2017년 1월 4일자. 『연합뉴스』, 인터넷 판에 목간 내용이 판독되어 실려 있다.[2] 이는 뒤에 2006-W150으로 명명되었다.

> 제1면 三月中眞乃滅村主 憹怖白之
> 제2면 大城在弥卽尒智大舍下智前去白
> 제3면 卽白先節六十日代法稚然
> 제4면 伊毛罹及伐尺寀言廻法卅代告今卅日食去白之

이를 中, 白, 食去, 稚然 등의 이두에 주목하여 해석하면 다음과 같다.[3]

> 3월에 眞乃滅村主인 憹怖白이 大城에 있는 弥卽尒智 大舍下智(경위 12관등)의 앞에 가서 아뢰었습니다. 먼저 때에 六十日代法이 덜 되었다고 해서 伊毛罹及伐尺에게 寀(祿俸)에 말하기를 法을 피해 30代를 告하여 30일을 먹고 갔다고 아뢰었습니다.

여기에서 大舍下智란 경위명은 524년의 봉평비 小舍帝智, 525년의 울주 천전리서석 원명에 나오는 大舍帝智와 함께 오래된 관등명이다. IV-597번 목간과 사면으로 된 문서 목간에 나오는 及伐尺은 금석문이나 목간에서 처음으로 나오는 경위명이다.[4] 이 경위명을 통설대로 성산산성 목간 연대를 560년으로 보면 신라에 있어서 경위가 외위보다 늦게 완성된 것이 된다. 及伐尺은 안라국의 멸망 시기와 궤를 같이 한다. 안라국의 멸망을 금관가야의 멸망 시기인 532년을 소급할 수가 없다. 『三國史記』 권34, 잡지3, 지리1, 康州 咸安조에 咸安郡 法興

2) 제2면과 제4면은 서로 바꾸었다.

3) 이 목간의 현재까지 연구 성과에 대해서는 이수훈, 「함안 성산산성 출토 4면 목간의 '代' -17차 발굴조사 출토 23번 목간을 중심으로-」 『역사와 경계』 105, 부산경남사학회, 2017 참조.

4) 及伐尺이란 경위명이 목간에나 금석문에 나오면, 그 시기는 540년경이다.

王 以大兵 滅阿尸良國 一云阿那加耶 以其地爲郡가[5] 중요한 근거이다. 阿那加耶(안라국)은 고령에 있던 대가야와 함께 후기 가야의 대표적인 나라이다. 그런 안라국에[6] 대한 신라의 관심은 지대했을 것이다. 성산산성은 539년 안라국(아나가야)이 멸망되자 말자 신라인에 의해 석성으로 다시 축조되었다. 신라의 기단보축이란 방법에[7] 의한 성산산성의 석성 축조는 540년경으로 볼 수가 있다.[8]

그런데 2016-W155(219)王子年△改大村△刀只(앞면) 米一石(뒷면)을 壬子年△改大村△刀只(앞면) 米一石(뒷면)으로 잘못 읽은 것은 함안 성산산성에서 단각고배를 반출한 부엽토층의 연대이므로 먼저 부엽토층의 연대에 대한 여러 가설을 살펴보기로 한다.

함안 성산산성 목간의 6세기 중엽설은[9] 고고학쪽에서 이의를 제기한 가설이 나왔다.[10] 여기에서는 목간 출토층에서 나온 토기 편년을 토대로 7세기 전반설

5) 조선 초에 편찬된 편년체 사서인 『東國通鑑』에서는 安羅國(阿尸良國)의 신라 통합 시기를 구체적으로 법흥왕 26년(539년)이라고 하였다. 이는 고뇌에 찬 결론으로 판단된다. 법흥왕의 제삿날은 음력으로 539년 7월 3일이다.

6) 414년에 세워진 광개토태왕비의 永樂9年己亥(399년)조에도 任那加羅(金官伽倻)와 같이 安羅人戍兵이라고 나온다. 安羅人戍兵의 安羅는 함안에 있었던 安羅國(阿羅加耶)을 가리킨다.

7) 석성 축조에 있어서 基壇補築은 外壁補强構造物, 補築壁, 補助石築, 城外壁補築 등으로도 불리며, 신라에서 유행한 석성 축조 방식이다. 경주의 명활산성, 보은의 삼년산성, 충주산성, 양주 대모산성, 대전 계족산성, 서울 아차산성, 창녕 목마산성 등 신라 석성의 예가 있다.

8) 성산산성 출토된 목제 유물의 방사선탄소연대 측정 결과는 박종익, 「咸安 城山山城 發掘調査와 木簡」 『韓國古代史硏究』 19, 2000, 10쪽에서 방사선탄소연대 측정 결과를 1992년에는 270~540년으로, 1994년에는 440~640년으로 각각 나왔다. 이경섭, 「함안 성산산성 목간의 연구형황과 과제」 『신라문화』 23, 2004, 216쪽에 따르면, 270~540년, 440~640년이라고 한다.

9) 이성시, 「韓國木簡연구현황과 咸安城山山城출토의 木簡」 『한국고대사연구』 19, 2000, 107쪽.
橋本 繁, 『韓國古代木簡の硏究』, 2014, 14쪽.

10) 이주헌, 「함안 성산산성 부엽층과 출토유물의 검토」 『목간과 문자』 14, 2015, 55쪽.

을 주장하였다. 또 성산산성 초축 당시 유수에 취약에 취약한 계곡부의 지형을 극복하기 위해 초축 당시부터 이중으로 축조했을 가능성이 높다고 했다.[11]

이러한 주장은 문헌적 기록에 바탕을 추정에 대한 토대를 정면으로 배치되는 것이어서 문헌사학자에게 경종이 되었다. 곧 부엽토층 내 출토 기종 중 소형완은 6세기 중엽, 6세기 후엽, 7세기 초로 볼 수 있고,[12] 공반되는 이중원문의 印花文施釉陶器는 7세기 이후로 편년되기 때문에,[13] 소형완은 인화문 유개합과 공반되고 있으므로 소형완은 인화문유개합과 동시기이거나 이보다 한 단계 늦은 시기일 것이므로 7세기 초 이후일 가능성이 높다고 하였다.[14]

이렇게 고고학에서 가장 중요한 편년 방법인 토기 편년을 바탕으로 7세기 초로 본 것은 대단히 중요하다. 유구에 대한 해석의 당부는 차치하고, 종래 아무런 의심이 없이 믿어왔던 문헌의 통설 곧 6세기 중엽설에 근본적인 의문을 제기한 점에서 성산산성 목간 연구에 있어서 크다란 전환점이 되었다고 본다. 이러한 고고학적인 연구 성과에 따르면, 성산산성의 목간들은 7세기 전반의 늦은 시기를 하한으로 폐기한 것이 된다.

애초 이러한 성산산성 목간의 7세기 전반설은 충격적이었으나 종래 통설과 너무나도 동떨어진 것이었고, 반대로 고고학적 토기편년이 근본적으로 잘못되어 있을 수도 있었고, 토기편년이 50년 혹은 그 이상으로 올려서 연대를 잡을 수도 있다고 보았다. 이러한 사정 때문에 7세기 전반설은 문헌사가에 의해 주목을 받지 못하고, 오히려 문헌사가에 의해 7세기 전반설에 대한 반론만 나왔다.

함안 성산산성 목간 245점은 모두 예외가 없이 부엽토층에서 군집되어 출토되었다. 곧 신라의 각 지방에서 보내어진 공물에 함안 성산산성에서 제작되어

---

11) 이주헌, 앞의 논문, 2015, 61쪽.

12) 윤상덕, 「함안 성산산성 축조연대에 대하여」 『목간과 문자』 14, 2015.

13) 홍보식, 「신라후기양식토기와 통일신라양식토기의 연구」 『가야고고학 논총』 3, 2002 등.

14) 이주헌, 앞의 논문, 2015, 63쪽.

공물에 붙인 목간들은 일괄적으로 폐기되면서 부엽토층의 부엽자재의 일부로 재활용한 것이다. 壬子年 592년은 목간 제작 연대를 나타내므로 목간의 폐기 곧 부엽토층에 대한 매립 연대의 상한이 된다. 목간의 매립은 592년에 이루어진 것이다. 592년은 동시에 목간 제작의 기준 연대이기도 한데, 성산산성 목간에 기년 혹은 시기가 나온 것은 없다.

그리하여 245점의 목간이 나온 부엽토층이나 출토 토기 가운데 가장 늦은 인화문시유도기를 토대로 성산산성 목간의 연대를 7세기 전반으로 보고서 2016-W155(219)王子年△改大村△刀只(앞면) 米一石(뒷면)을 壬子年△改大村△刀只(앞면) 米一石(뒷면)으로 잘못 읽은 것은 함안 성산산성에서 목간 연대 해결에 중요한 실수였다. 부엽토층을 폐기하고 나서 같은 시간에 덮은 것은 아니다. 목간을 폐기하여 동문 근처에 버리고 나서, 그냥 두었기 때문에 7세기 전반 토기도 나오고, 6세기 중반이나 6세기 후반의 토기도 나온다. 이들 시기가 다른 토기가 전부 7세기 전반에 동시에 매립되었다고는 생각되지 않는다. 그래서 성산산성 목간 연대를 7세기 전반으로 볼 수가 없다. 목간은 동시에 폐기되어 묻혔지만, 토기는 몇 번에 걸쳐서 폐기한 것으로 해석된다. 따라서 성산산성 목간의 7세기 전반설은 성립될 수가 없다.

이러한 토기 편년은 금관총의 尒斯智王명 3루환두대도 검초 단금구가 나오지 않을 때 이야기이다. 尒斯智王 명문은 1921년 금관총 발굴에서 그 존재를 알지 못하다가 2013년에 와서야 그 존재를 알게 되었다. 발굴된 지 92년 만에 명문을 발견하였고, 2015년에는 국립중앙박물관과 국립경주박물관의 합동조사단에 의해 尒斯智王刀명 명문이 발견되었다. 특히 尒斯智王刀란 명문은 尒斯智王의 칼이란 뜻으로 칼의 주인이 무덤의 피장자임을 밝히고 있다. 尒斯智王刀 명문이 나와도 자꾸 음상사란 증거에 의해 異斯夫의 칼로 보고 있으나 이사부는 伊史夫智伊干支라고 545년이나 그 직전에 세워진 적성비에 나와서 왕은 아니다.

尒斯智王이란 명문은 3루환두대도 검초 단금구에 새긴 것으로 고신라 금석문에서 인명에 왕이 붙는 경우에 주목해야 된다. 441년 포항중성리신라비의 折

盧(智王), 443년 포항냉수리신라비의 斯夫智王,[15] 乃智王, 524년 울진봉평신라비의 牟卽智寐錦王, 徙夫智葛文王, 535년 울주 천전리서석 을묘명의 法興太王, 539년 울주 천전리서석 추명의 另卽知太王, 徙夫知葛文王, 567년 북한산비 眞興太王, 新羅太王, 568년의 마운령비와 황초령비에 각각 나오는 眞興太王뿐이다. 북한산비의 新羅太王을 제외하면 전부 다 인명과 왕이 공존하고 있다.

尒斯智王이나 尒斯智王刀란 명문도 인명+왕이란 명문이다. 이렇게 尒斯智(인명)+王으로 된 인명은 마립간을 칭할 때인 중성리비와 냉수리비에서 밖에 없다. 尒斯智王은 누구일까? 이사지왕을 訓讀하면 너사지왕이 되고, 다시 半切로 읽으면, 넛지왕이 된다. 麻立干이란 왕호의 사용 시기를 『삼국사기』, 신라본기에서는 눌지마립간, 자비마립간, 소지마립간, 지증마립간으로 되어 있고, 『삼국유사』, 왕력편에서는 내물마립간, 실성마립간, 눌지마립간, 자비마립간, 비처마립간, 지증마립간으로 되어 있어서 약간의 차이가 있다. 학계에서는 『삼국유사』를 취하고 있다.[16] 이 가운데에서 눌지왕과 넛지왕은 音相似이다. 그렇게 찾아왔던 신라 적석목곽묘에서 절대 연대 자료를 금관총에서 찾았다. 40,000여 점의 유물을 가진 금관총은 458년에 죽은 눌지왕릉이다. 고신라의 확실한 왕릉으로 태종무열왕릉이 있고, 눌지왕릉인 금관총이 있게 된다.

금관총이 458년 눌지왕릉이므로 적석목곽묘에서 횡혈식석실분으로의 전환 시기를 550년에서 30년을 소급시킨 520년으로 보아야 한다. 금관총은 대개 5세기 4/4분기로 보아 왔다. 이를 458년으로 보면 종래의 편년과 17~42년의 틈이 생기고, 520년 春正月에 律令 頒布가 있어서 횡혈식석실분의 시작을 520년으로 본다. 적석목곽묘의 시작은 미추왕은 太祖星漢王이라고 불렀고,[17] 그의 능

15) 편의상 斯夫智王으로 표기했으나 斯자는 냉수리비와 함안 성산산성 목간에서만 나오는 신라 조자이다.

16) 마립간인 매금은 광개토태왕비 경자년(400년)조에 나와서 이는 내물왕(357~402년)을 가리키므로 『삼국유사』쪽이 옳다.

17) 김창호, 「新羅 太祖星漢의 재검토」 『역사교육논집』 5, 1983.

은 『삼국유사』에 陵在興輪寺東이라고 했고, 竹現陵이라고 했고, 『삼국사기』, 신라본기, 味鄒尼師今 23년조에서는 大陵이라고 했고, 儒禮尼師今 14년조에는 竹長陵이라고 했다. 따라서 미추왕릉은 경질토기와 금제귀걸이 1쌍이 세트를 이루는 고분일 가능성이 있다. 그래서 신라 적석목곽묘의 편년을 다음과 같이 본다.

미추왕릉(太祖星漢王; 284년)→황남동 109호 3 · 4곽(4세기 중엽)→황남동 110호(4세기 후반)→98호 남분(奈勿王陵; 402년)→금관총(尒斯智王陵=訥祇王陵; 458년)→천마총(5세기 후반)→호우총(510년경)→보문리 합장묘(519년경)→횡혈식석실분(520년 이후; 율령 공포)

동아시아에 있어서 고분시대의 절대 연대가 출토된 무덤으로는 415년 北燕馮素弗墓에서는 鐙子 이외의 유물은 그 숫자가 많지 않아서 별로 알려지지 않았고, 고구려의 357년 안악 3호분, 408년 덕흥리 벽화 고분, 414년 태왕릉 등이 있으나 전부 도굴되었고, 백제의 525년 무령왕릉이 있으나 백제 토기가 1점도 출토되지 않았고, 신라 서봉총에서 延壽元年辛卯명 은합이 나왔으나 고구려제이고, 475년 호우총에서 壺杅가 나왔으나 이 역시 고구려제이고, 일본 이나리야마고분의 철검 명문의 辛亥年은 471년이 맞으나 전세되어 6세기 전반 유물과[18] 반출했다. 금관총의 절대 연대는 458년이고, 전세가 될 수가 없고, 도굴되지 않는 유물들로 세기의 발견으로 驚天動地할 고고학적인 사건이다. 앞으로 4~8세기 유물 편년에 큰 도움이 될 것이고, 앞으로 어쩌면 거의 영원히 이런 유물을 만날 수가 없을 것이다.[19]

---

18) f자형비와 검릉형행엽과 공반했다. 이렇게 세트를 이루면, 그 시기는 6세기 전반이다.

19) 적석목곽묘의 발굴에서 금제귀걸이 1쌍 없이 발굴한 예는 황남동100호(검총)이 유일하다. 유해부에 도달하지 못하고 발굴을 끝낸 것으로 재발굴되어야 한다. 이에 대해서는 김창호, 「慶州 皇南洞 100號墳(劍塚)의 재검토」『한국상고사학보』 8, 1991

그러면 금관총은 訥祇麻立干의 무덤이 되어, 금관총 유물 40,000여 점은 절대 연대를 갖게 된다. 그 연대도 5세기 4/4분기가 아닌 458년이 되어 적석목곽묘의 연대를 30년 정도 소급하게 된다. 그러면 6~7세기의 단각고배도 그 시기를 30년 정도 소급시켜야 한다. 王子年을 壬子年으로 잘못 읽고서 함안 성산산성 목간 일괄유물 245점을 592년으로 보았다. 592년에서 30년경을 소급시키면 562년이 되어 592년에 매달릴 수 없다. 부엽토층에서 출토된 단각고배 가운데 6세기 중엽의 것이 있다고 고고학자는 이야기한다.[20] 이것이 최초로 부엽토층에 버려진 것이다. 6세기 중엽에서 금관총의 尒斯智王명에 의해 30년을 소급시키면 그 연대는 520년경이[21] 된다. 따라서 함안 성산산성 부엽토 출토의 단각고배 편년에 의해 그 시기를 7세기 전반으로 본 가설은 성립될 수가 없고, 王子年을 壬子年으로 잘못 읽어서 592년으로 보는 것은 성립될 수가 없다. 그렇게 되면 신라 17관등제의 완성과 고대국가의 완성도 592년인 진평왕 14년이 되어야 한다. 왜냐하면 정체불명의 경위인 及伐尺이 592년까지 잔존하고 있기 때문이다. 곧 신라의 고대 국가 완성은 17관등제의 완성과 더불어 법흥왕 때에 이루어졌다.

III. 쌍둥이 목간

쌍둥이 목간은 7예가 있다.

3번 仇利伐/上彡者村波婁와 34번 목간 仇利伐/上彡者村波婁,

참조.

20) 윤상덕, 앞의 논문, 2015.

21) 이때는 아직까지 안라국이 멸망되기 이전이므로 고려의 대상이 될 수가 없다.

12번 上莫村居利支稗와 44번 上莫△居利支稗
13번 陳城巴兮支稗와 41번 陳城巴兮支稗
43번 陽村文尸只와 2006-6번 陽村文尸只稗
69번 千竹利와 70번 千竹利
2007-8번 仇(阤)△一伐 奴人 毛利支 負와 2007-31번 仇利伐 仇阤知一伐奴人 毛利支 負
Ⅳ-595번 古阤一古利村夲波(앞면) 阤々支稗麥(뒷면)과 Ⅴ-163번 古阤一古利村本波(앞면) 阤々只稗麥(뒷면)

이를 복수의 이른바 하찰이 부착된 이유에 대하여 일본의 경우 현품을 수령한 官司가 實物과 장부를 맞춰보기 위해서이며 稅物의 勘檢에 관한 조치로 보거나[22] 대부분의 경우 하나의 공진물에 복수의 하찰이 부착되는데, 소비 단계까지 남겨진 것은 원칙적으로 1점이었다고[23] 하였다.

그래서 감문과 구리벌에서 제작될 때 1차로 收取物의 검수라는 측면에서 기능을 하고, 다시 성산산성에 도착한 후 물품과 수량을 현지에서 확인하는 과정에서 2차로 기능하였다고 보았다. 하찰이 2차로 기능할 때는 官廳에서 조달 품목과 수량을 정리해서 보낸 臺帳과 짝을 이루어졌을 것이다. 복수 하찰의 경우는 두 개 중의 하나가 이 과정에서 제거되었을 가능성이 있다. 남은 하찰은 물품이 보관되고 소비될 때까지 하찰의 기능에서 物品付札의 기능으로 전환되어 떼어지지 않고 부착되어 있다가 물품의 소비 단계에서 폐기된 것으로 보았다.[24] 소비 단계에서 폐기되었다면 소비 시점이 각각 다르기 때문에 245점의 목간이 일괄해서 출토될 수가 없다. 축성의 공사가 끝나고 새로운 공진물이 새 방법에 의해 들어오면서 축성 단계의 공진물은 남겨서 계속 사용되고, 동시에 공진물의 물품꼬리표가 몽땅 똑 같은 시기에 그 기능을 잃고서 동문지 근처에 폐기된

---

22) 弥永貞三, 「古代史料論-木簡-」『岩波講座 日本歷史』 25, 1976, 49~51쪽.
23) 東野治之, 「古代稅制と荷札木簡」『ヒストリア』 86, 1980, 5~6쪽.
24) 이경섭, 「성산산송 출토 하찰목간의 제작지와 기능」『한국고대사연구』 37, 2005, 148~149쪽.

것으로 판단된다. 그래서 쌍둥이 목간이나 유사 쌍둥이 목간이 생겨날 수가 있었을 것이다.

또 2007-23번 목간에 나오는 及伐城文尸伊稗石와 2007-24번 목간의 及伐城文尸伊急伐尺稗石에서 文尸伊는 동일인이다. 2007-61번 목간의 買谷村物礼利斯珎于稗石과 2006-7목간 買谷村古光斯珎于稗石에서 공통적으로 나오는 斯珎于도 동일인으로 보았다.[25] 이는 유사 쌍둥이 목간으로 공진물이 같은 稗石인데도 불구하고, 각기 따로 두 번으로 나누어서 낼 수 있다는 것을 의미한다. 유사 쌍둥이 목간에서 斯珎于의 경우 공진물을 합치면 하나의 목간에 쓸 수가 있는 데에도 불구하고 유사 쌍둥이 목간으로 나누어서 목간에 기재하고 있다. 이는 성산산성에서 목간이 제작되었다고 해석할 수밖에 없다. 발송처에서 목간이 제작되었다면 斯珎于의 경우는 하나로 합치면 유사 쌍둥이 목간이 되지 않는다. 그럼에도 불구하고, 두 목간에 나누어서 기록되고 있어서 유사 쌍둥이 목간이 되고 있다. 쌍둥이 목간도 12번 上莫村居利支稗와 44번 上莫△居利支稗, 13번 陳城巴兮支稗와 41번 陳城巴兮支稗, 43번 陽村文尸只와 2006-6번 陽村文尸只稗처럼 공진물이 같은 것도 있다. 다른 이유가 있어서 유사 쌍둥이 목간이나 쌍둥이 목간이 생길 수가 있을 것이다. 유사 쌍둥이 목간은 목간의 제작지가 성산산성임을 말해주는 중요한 근거가 된다. 3번 仇利伐 /上彡者村波婁와 34번 목간 仇利伐 /上彡者村波婁, 69번 千竹利와 70번 千竹利에서와 같이 공진물의 표시가 없는 목간이 쌍둥이 목간이 아닌 경우에도 39번 鄒文比尸河村尒利牟利처럼 종종 나온다. 이 경우에 공진물의 표시가 없이 물품꼬리표만 있는 것이 아니다. 공진물을 좁은 목간에 표시하기 곤란할 경우이든지 아니면, 소금처럼 누구나 알 수 있는 공진물이기 때문에 표시하지 않았을 것으로 추측된다.

목간의 제작 시기가 단 시일에 걸쳐서 있고, 연대의 폭도 좁다고 할 수 있고

---

25) 전덕재, 「함안 성산산성 목간의 연구현황과 쟁점」 『신라문화』 31, 2008, 33쪽.
이수훈, 「성산산성 목간의 성하맥과 수송체계」 『지역과 역사』 30, 2012, 170쪽.

(성산산성의 축조 시기가 목간의 존속 기간이다), 목간의 폐기가 성산산성 축조의 완성으로 목간이 수명을 다 했기 때문으로 판단된다. 성산산성의 축조 후에는 받는 공진물은 그 수취 방법이 달랐을 것이다. 그래서 축조 공사 때의 공진물의 표시인 목간들은 그 수명이 다해 일시에 거두어서 묻은 것이 아니라 가지고 있던 대장으로 쓰던 것을 모두 성산산성 동문지 근처에다 폐기했을 것이다.[26] 그렇지 않고서는 동문지 근처에서만 목간들이 출토되는 이유를 알 수가 없다. 이런 까닭으로 덕분에 많은 목간이 나와서 신라사 복원에 중요하다.

쌍둥이 목간 7점에 있어서 각각의 쌍둥이 목간에는 어느 것도 동일인의 필체가 없다. 글씨의 서체가 달랐다. 이것은 의사 쌍둥이 목간에서 얻은 결론인 목간이 성산산성에서도 제작되었다는 것을 말해주고 있다. 쌍둥이 목간에서도 IV-595번 古阤一古利村夲波(앞면) 阤〻支稗麥(뒷면)과 V-163번 古阤一古利村本波(앞면) 阤〻只稗麥(뒷면)의 비교에서 支와 只의 차이도 주목된다. 왜 그러면 쌍둥이 목간에서 있는 것은 쌍둥이 목간이 7점밖에 되지 않고 238점은 쌍둥이 목간이 아닐까? 쌍둥이 목간은 동일 군명이나 행정촌명에서도 등장하고 있다. 목간의 작성이 동일 필체가 아니므로 공물의 출발지인 각 행정촌이나 군에서는 목간이 1점만 작성되었고, 다시 도착지인 성산산성에서도 1점을 작성하여 성산산성 공물 관리의 대장으로 사용했을 가능성이 크다.

IV. 용도

지금까지 함안 성산산성 목간에 대해서는 크게 짐과 관련된 것과 사람과 관련된 것으로 크게 나눌 수 있다. 짐과 관련된 것으로 보는 설은 荷札說로 보는

26) 목간은 출발지에서 한 번, 그리고 도착지인 성산산성에서 한 번 총 두 번에 걸쳐서 만든다.

것이 있고, 사람과 관련된 것으로 보는 설로는 身分證說과 名籍說이 있다. 이 3설을 나누어서 하나씩 검토해 보기로 하자.

1. 신분증설

신분증설은 성산산성 목간의 稗石 등을 외위명인 彼日로 보고서 잘못 시작된 가설이다.[27] 신분증설에서는 稗石 등의 稗類가 외위 피일과 관련되는 관련이 있다고 보고 다음과 같이 주장하였다.[28]

왜 이러한 형식으로 기록이 남아 있을까. 축성 이후의 守城과 관련하여 나타난 근무자의 신분증일까. 즉 조선시대의 호패처럼 타지방에서 차출되어온 병사들의 신분증표는 아닐까? 명문 목간 24점 가운데 3점을 제외하면 모든 묵서가 목간 하단부에서 頭部방향으로 쓰인 점이다. 목간을 묶어두기[패용하기] 위한 두부의 홈이나 구멍이 있는 반대쪽에서부터 글자가 시작되는데, 이는 목간을 묶어두는 끈이 긴 상태에서 보여주기 위한 것이 아닐까 한다. 목간의 인명표기를 보면 왕경인은 없고, 지방민만 나오고 있다. ~지방민이 갖는 외위는 一伐과 稗石(= 稗一)뿐이고, 이것을 명활산성비 · 남산신성비와 비교하면 上人집단으로 추정된다.

여기에서는 목간의 하단부에 있는 V자형 홈과 글자가 쓰인 방향, 또 목간의 기재된 내용을 근거로 목간을 상대방에게 보여주기 위해 만든 것으로 보는 듯하다. 이에 대해서는 다음과 같은 비판이 있다.[29]

첫째로 목간의 크기와 문자의 기재 방식이 너무도 기능적이지 못하다. 20~

27) 김창호, 「함안 성산산성 출토 목간에 대하여」 『함안 성산산성 I』, 1998에서 처음으로 주장되었다.

28) 박종익, 「함안 성산산성 발굴조사와 목간」 『함안 성산산성 출토목간의 내용과 성격』, 1999, 183쪽.

29) 이성시, 「한국 목간연구의 현황과 함안 성산산성 출토의 목간」 『함안 성산산성 출토 목간의 내용과 성격』, 1999, 69쪽.

23cm가 넘는 것들도 있는데, 이를 허리에 늘어뜨릴 때는 몸을 움직이는데 방해가 되며, 보는 쪽은 글자가 반대 방향이 된다.

둘째로 하나의 목간에 복수의 지명과 복수의 인명이 기재되고 있는 것도 있어서 이를 한 개의 신분증으로 보기 어렵다.

셋째로 신분증이라면 관리에 의해 작성되었을 것이므로 현재의 목간보다는 좀 더 규격성이 있어야 할 것이다.

이러한 비판에도 불구하고 새로 발굴 조사된 65점의 함안 성산산성 목간 정보를 토대로 신분증설을 계속해서 주장하고 있다.[30] 이 가설은 함안 성산산성에서 목간이 제작되었다는 점을 근거로 삼고 있으나 그 중요한 근거는 다음과 같다.

첫째로 목간의 제작 과정을 나타내 주는 유물과 刀子와 붓이 함께 출토되고 있다.

둘째로 같은 내용, 같은 형식의 목간이 몇 점 확인되었다. 서로 하나씩 가지고 대조하기 위한 것으로 보았다. 이로 보아 현지에서 제작된 것이며, 그것은 신분확인용 목간이라고 할 수 있다.[31] 이상을 근거로 성산산성 목간이 현지에서 제작된 것이며. 그것은 신분확인용목간이라는 것이다.

먼저 5점 정도의 쌍둥이 목간으로 성을 출입할 때와 나갈 때 사용된 신원 확인용 목간으로 보기에는 20~23cm를 넘는 목간이 있어서 언뜻 따르기 어렵다. 다음으로 목간 자체가 신분과 荷物를 나타내는 것은 틀림없지만 신분확인용으로 보기에는 그 크기나 荷物의 표기가 있어서 따르기 어렵다.

2. 名籍說

명적설을 주장하고 있는 것은 최초로 소개된 24점의 함안 성산산성 목간의

30) 박종익, 「함안 성산산성 목간의 성격 검토」 『한국고고학보』 48, 2002.

31) 박종익, 앞의 논문, 2002, 154쪽.

내용을 통해 나온 가설로 그 중요한 견해는 다음과 같다.[32]

첫째로 함안 성산산성의 인명을 분석해 보면, 왕경인(6부인)은 없고, 지방민만이 나오고 있다.

둘째로 지방민이 갖는 외위는 一伐과 稗石(稗一)뿐이고, 이는 명활산성비 · 남산신성비와 비교하면 上人집단으로 추정된다.

이는 그 뒤의 새로운 자료의 출현으로 모두 무너진 가설이고,[33] 稗石(稗一)을 彼日로 본 것은 이 가설이 안고 있는 치명적인 약점이다. 성산산성의 지방민이 명활산성비 · 남산신성비의 上人집단과는 전혀 관련이 없다. 명적설은 그 뒤에도 나왔다.[34] 여기에서는 다음과 같은 이유를 근거로 명적설을 주장하고 있다.

첫째로 함안 성산산성을 축조하면서 그 분야별 책임자들의 인명표기를 기록한 명부라는 점이다.

둘째로 축성 작업 및 그를 끝내고 난 뒤 작성되었을 비문의 기초 자료로서도 활용되었을 가능성이 크다.

셋째로 가장 빈번하게 보이는 仇利伐 출신자들이 동문을 담당했을 가능성이 크다.

넷째로 하나의 목간에 2인씩이 기재된 사례도 있어서 개인별로 소지할 수 있는 용도의 것은 아니다. 軍籍과 관련하여 개인이 소지한 것이라면 일시에 한 곳에 폐기될 리가 없을 것이므로 군적용은 아니다.[35]

첫째 번 견해에서 분야별 책임자의 인명을 기록했다고 하나 축성의 분야별

32) 김창호, 앞의 논문, 1998.

33) Ⅳ-597(183).正月中比思(伐)古尸次阿尺夷喙(앞면) 羅兮落及伐尺幷作前瓷酒四斗瓮(뒷면) '正月에 比思(伐)의 古尸次 阿尺의 夷(무리)와 喙(部) 羅兮落 及伐尺(경위명)이 아울러 前瓷酒 四斗瓮을 만들었다.'의 예에서 보면 탁부 출신의 라혜락이 及伐尺이란 경위를 가지고 있다.

34) 주보돈, 「함안 성산산성 출토 목간의 성격」 『한국고대사연구』 19, 2000.

35) 이용현, 『한국목간기초연구』, 2006.

책임자는 남산신성비의 上人집단으로 대표되지만 성산산성의 목간에는 통설처럼 上人집단이 없어서 문제이다.

둘째 번 견해에서 축성 작업 및 그를 끝내고 난 뒤 작성되었을 비문의 기초자료로서도 활용되었을 가능성이 크다고 했으나 성산산성의 전면적인 발굴에도 불구하고 비석은 발견되지 않았다.

셋째 번 견해에서 가장 빈번하게 보이는 仇利伐 출신자들이 동문을 담당했을 가능성이 크다고 했으나 그 근거는 제시하지 않고 있다.

넷째 번 견해에서 하나의 목간에 2인씩이 기재된 사례도 있어서 개인별로 소지할 수 있는 용도의 것은 아니다라고 했으나 명적이라면 개인별 소유가 원칙이다.

명적설의 근거는 稗石(稗一) 등 稗類가 곡물 이름이 아니라 외위라는 가설에서 출발하였다. 그런데 새로 발굴된 65점의 목간에는 성산산성 72(042)호 목간에는 ~△一伐稗라고 명기되어 있어서 稗類를 더 이상 외위명으로 볼 수가 없다.

또 稗石(稗一) 등 稗類로 끝나는 목간은 荷札(付札)임을 인정하면서 그 이외의 일부목간에 대해서는 명적으로 파악한 절충설이다.[36] 여기에서는 목간을 A류와 B류로 구분하고, 그 가운데에서 A류가 명적, B류가 荷札이라고 하였다. B류는 稗石(稗一) 등 稗類가 들어있는 목간이고, A류는 그렇지 않는 목간이다. A류의 특징을 다음과 같이 보았다.

첫째로 각 지역에서 성산산성의 축성공사나 병역과 관련하여 차출된 사람들 곧 '役人의 名籍'이다.

둘째로 이후 이 목간은 함안의 관청에서 역이 끝날 때까지 개인 신상 관련의 명부로서 활용하다 폐기된 것이다.

그 근거로 다음과 같은 3가지를 들었다.

첫째로 A류 목간이 모두 구멍이나 V자홈이 있어 서로 묶고 정리할 수 있는

36) 윤선태, 「함안 성산산성 출토 신라목간의 용도」 『진단학보』 88, 1999.

형태의 것이다.

둘째로 목간의 제작기법 · 형태 · 기재양식 · 필체 등에서 A류를 다시 a · b · c로 구분하여 그 사이의 뚜렷한 지역성을 설정할 수 있다.

셋째로 둘째의 b의 경우 追記가 있어 목간이 이동된 뒤에 함안의 행정관이 이를 재이용되는 과정에서 기록된 것으로 볼 수 있다.

B류 목간이 대개 구멍이나 V자홈이 있어 서로 묶고 정리할 수 있는 형태의 것이 문제이고, 이들 목간은 함안의 관청에서 역이 끝날 때까지 개인 신상 관련의 명부로서 활용하다 폐기된 것이라고 한다면 동문지 밖의 습지에서 일괄 유물로 발굴되는 이유를 알 수가 없다. A류와 B류로 나누는 것은 그 분류 자체가 잘못된 것이다. A류를 패류가 들어있는 목간과 B류를 그렇지 않는 목간으로 보고 있으나 米나 麥이 나오는 목간도 명적으로 보아야 할 것이다.

3. 荷札說

함안 성산산성의 하찰설은 일인학자에 의해 주장되었다.37) 7~8세기 목간이 주축을 이루는 일본의 성과를 6세기의 성산산성 목간에 적용할 수 있을지 의문이다. 이 하찰설에서는 목간의 모양에 주목하여 목간에 구멍이 있거나 홈이 파여 있을 경우 이를 모두 移動物에 부착된 것으로 보았다. 또 5(244)번 목간의 마지막 글자를 塩자로 확정하고 稗 이외의 공진물을 하나 더 늘였다. 전체적으로 성산산성의 목간은 지명+인명+관등명의 구조가 아니라 지명+인명+관등명+물품명으로, 다시 말해 지명+인명+외위명+물품명+수량으로 구성되고 있는 하찰이라고 하였다.38)

함안 성산산성 목간의 형상(=모양 · 형태)과 기재 양식으로 보아 대개가 거

---

37) 平川 南, 「함안 성산산성 출토 목간」 『함안 성산산성 출토목간의 내용과 성격』, 1999. 이성시, 앞의 논문, 1999.

38) 이성시, 앞의 논문, 2000.

의 동일한 성격의 것이며, 物品付札 즉 물품에 붙는 꼬리표라고 하였다.[39] 稗石의 石은 一石의 合字로 稗石은 稗一石으로 해석할 수 있으며, 稗一은 稗一石의 줄인 형태라 하였다. 아울러 공진물 부착에서 물품이 생략되는 예가 일본 목간에서 보이는 점을 들고서 이를 지명+인명+관등명 형식의 목간도 그러한 형식에 속하는 것으로 보았다.

그런데 3(222)번 목간처럼 목간에 구멍이 없거나 홈이 파여 있지 않을 경우에도 荷札로 볼 지가 의문이다. 또 하찰설을 함안 산성성산 목간에 적용할 때 목간에 구멍이 있거나 홈이 파여 있을 때 이외의 근거가 없다. 또 목간에 구멍이 있거나 홈이 파여 있을 때, 목간의 밑에 구멍이 있고, 홈이 파인 이유에 대한 설명이 없다.

4. 物品꼬리표설

함안 성산산성 목간이 성산산성이외의 지역에서 만들어졌다면 荷札이고, 성산산성에서 제작되었다면 物品꼬리표로 해석할 수밖에 없다. 荷札說은 7~8세기 일본 목간에서 얻어진 결론에서 나온 것으로 6세기의 성산산성 목간에는 적용에는 한계가 있다. 6세기의 목간이 거의 없는 일본 예에 의거해서 6세기의 신라 목간을 풀이하는 것은 한계가 있다. 또 단편적 사료인 성산산성의 목간으로 그 제작지를 살펴보는 것은 한계가 있다. 바꾸어 말하면 荷札說에서 함안 성산산성 이외의 지역에서 목간이 제작되었다고 증명하기도 어렵다.

여기에서는 8가지의 예를 들어서 성산산성의 제작지를 검토해 보고자 한다.

첫째로 지명의 한자가 잘못되어 있는 점이 거의 없는 점이다.

20번 古阤伊骨利村△(앞면) 仇仍支稗麥(뒷면)
28번 古阤伊骨利村阿那衆智卜利古支(앞면) 稗麥(뒷면)

39) 平川 南, 앞의 논문, 1999.

31번 古阤一古利村末那(앞면) 毛羅次尸智稗石(뒷면)
2006-30번 古阤伊骨村阿那(앞면) 仇利稿支稗麥(뒷면)
2007-11번 古阤一古利村末那(앞면) 殆利夫稗(石)(뒷면)
2007-14번 古阤一古利村末那仇△(앞면) 稗石(뒷면)
2007-17번 古阤一古利村△~(앞면) 乃兮支稗石(뒷면)
2007-25번 古阤一古利村阿那弥伊△久(앞면) 稗石(뒷면)
2007-33번 古阤一古利村末那沙見(앞면) 日糸利稗石(뒷면)
IV-595번 古阤一古利村本波(앞면) 阤ㄹ支 稗麥(뒷면)
V-163번 古阤一古利村本波(앞면) 阤ㄹ只稗麥(뒷면)

古阤 목간은 모두 앞면과 뒷면의 양면으로 되어 있다. 가장 흥미로운 점은 古阤 목간에서만 나오는 一古利村과 伊骨利村은 동일한 촌명인지 여부이다. 우선 2006-30번 목간의 伊骨村은 伊骨利村에서 利자가 빠진 동일한 촌명이다. 古阤에서만 一古利村과 伊骨利村은 음상사이므로 동일한 지명으로 판단된다.[40]

仇伐(7번, 52번, 2007-6번, 2007-12번, 2007-37번)과 丘伐(2007-48번, 2016-W66번), 仇利伐(5번 등 다수)과 丘利伐(2016-W89번)을 제외하면 음만으로 동일한 지명을 표기한 예가 없다. 이는 남산신성비 제2비(阿旦兮村과 阿大兮村, 沙刀城과 沙戶城, 久利城과 仇利城가 크게 차이가 있음)의 14명 인명표기 차이보다 함안 성산산성의 229명 인명표기가 그 차이가 적다. 함안 성산산성에서는 一古利村이 伊骨利村으로 나오고 나머지 4예는 음은 같고 한자가 틀릴 뿐이다. 이렇게 정확한 한자로 지명을 적는 것은 성산산성에서 목간을 제작했기 때문으로 보인다. 그렇지 않고 각 지방에서 제작되었다면 本波, 阿那, 前那, 末那, 未那 등의 지명이 같을 수가 없다. 따라서 목간은 성산산성에서 제작되었다고 본다.

둘째로 유사 쌍둥이 목간 2점의 예로 들 수가 있다.

40) 동일한 지명이 아니면 목간이 성산산성에서 제작되었다는 입론은 더 설득력을 갖게 된다.

2006-7번 買谷村古光斯珎于(앞면) 稗石(뒷면) '買谷村의 古光과 斯珎于가 낸 稗 1石이다.'
2007-61번 買谷村物礼利(앞면) 斯珎于稗石(뒷면) '買谷村의 物礼利와 斯珎于가 낸 稗 1石이다.'
2007-23번 及伐城文尸伊稗石 '及伐城의 文尸伊가 낸 稗 1石이다.'
2007-24번 及伐城文尸伊烏伐只稗石 '及伐城의 文尸伊와 烏伐只가 낸 稗 1石이다.'

斯珎于의 경우다. 斯珎于는 2006-7번 목간에서는 古光과 2007-61번 목간에서는 物礼利와 각각 공진물을 함께 내고 있다. 이 경우 斯珎于는 산지에서 稗石을 낸다고 목간을 만들었다면 독립되게 斯珎于만의 목간이 있어야 된다. 2007-23번과 2007-24번의 목간에서 文尸伊는 공통적으로 나와서 쌍둥이 목간이 아닌 유사 쌍둥이 목간이다. 이 경우 文尸伊의 공물이 양분된 점이 주목된다. 이 경우 文尸伊의 공진물이 稗石을 초과하기 때문으로 볼 수가 있다. 이는 목간이 성산산성에서 제작되었다는 근거가 된다.

셋째로 산지의 달이 나오는 목간을 통해서 목간의 산지를 추정할 수 있다.

V-164번 三月中鐵山下麥十五斗(앞면) 王私△阿礼村波利足(뒷면) '三月에 鐵山 下의 麥 五十斗을 王私(땅이름)△阿礼村의 波利足이 낸 것이다.'

三月에 보리는 나오지 않는다. 보리는 양력 6월에 생산된다. 따라서 음력 3월과 보리의 공진과는 관계가 없다. 그래서 三月[양력 4월]에 보리를 정확하게 양을 정하여 공진물을 적을 수 있는 것은 보리의 생산지가 아닌 소비지인 함안 성산산성으로 판단된다.

넷째로 왕경인과 지방민이 한 목간에 나오므로 왕경에서 작성했는지, 지방에서 작성했는지를 알 수 없다.

IV-597번 正月中比思(伐)古尸次阿尺夷喙(앞면) 羅兮落及伐尺幷作前瓷酒四斗瓮(뒷면) '正月에 比思(伐)의 古尸次 阿尺의 夷(무리, 동료)와 喙(部) 羅兮落

及伐尺(경위명)이 아울러 前瓷酒 四斗瓮을 만들었다.'

이 목간의 比思(伐)의 古尸次 阿尺의 동료와 喙(部) 羅兮落 及伐尺(경위명)이 함께 나와서 어디에서 목간을 작성했는지 알 수 없어서 성산산성에서 목간이 작성되었다고 보는 쪽이 타당할 것이다.

다섯째로 목간에 구멍이 있거나 홈이 파여 있을 경우에도 荷札에서만 필요한 것이 아니라 물품꼬리표에서도 홈이 필요하다. 이 경우 목간에 구멍이 없거나 홈이 파여 있지 않을 경우도 쉽게 그 이유를 해결할 수 있다. 목간을 가마니 등에 물품에 위에 놓거나 꼽아 두어서 그렇다고 해석할 수 있다.

여섯째로 양쪽에 홈이 파져 있고 목흔이 전혀 없는 2006-34번과 같은 이른바 예비용 목간이 성산산성에서 발견되었다. 긴사각형(일본 용어: 단책형)의 미사용 목간이 있는 점이다. 2007-I처럼 하단부가 완형인데, 삼각형의 홈이 파져있지 않고 있다. 이는 위의 목간들이 성산산성에서 제작된 것이지 생산지에서 만들어져서 예비용으로 가져올 이유가 없는 것이다.

일곱째로 목간이 출토된 동문지 부근의 내부 저습지에서 미완성의 목제품 및 많은 목재 찌꺼기[治木片]들이 두껍게 압착되어 있던 현장 상황이다. 계속해서 묵서용 붓, 목간 등을 제작하기 위하여 原木을 治木하거나 묵서의 지우개로 사용한 것으로 추정되는 刀子 및 그 칼집, 도자의 자루 부분, 묵서용 붓 등이 보고되었다는 점이다.

여덟째로 2016-W104의 沙喙部負나 IV-597의 喙(部) 羅兮落 及伐尺(경위명)이 나와서 6부인도 목간을 만들어서 가지고 왔다고 생각되지 않는 점이다.

이상과 같은 8가지의 이유에서 함안 성산산성 목간이 성산산성에서도 제작되었다고 추정하고, 쌍둥이 목간 목간으로 보면, 공물의 생산지에서도 목간을 만들었다고 추정하는 바이다.

V. 맺음말

함안 성산산성 목간을 561년경에 만든 것으로 보아 오다가 최근에는 592년으로 보았다. 592년으로 보면, 성산산성 목간에는 두 번 나오는 及伐尺이란 경위명이 있어서 신라 경위제의 완성도 592년으로 보아야 되고, 고대국가의 완성도 법흥왕대가 아닌 진평왕대로 보아야 된다. 성산산성 목간은 경위로 보면 봉평비의 건비 연대인 524년에서 적성비의 건비 연대인 545년이나 그 직전 사이이다. 외위로 보면 영천청제비 병진명의 건비 연대인 536년에서 적성비의 건비 연대인 545년이나 그 직전의 사이이다. 성산산성 목간의 작성 연대는 『삼국사기』에 법흥왕 때에 아라가야를 통합했다고 되어 있어서 540년경으로 보인다.

함안 성산산성 목간의 용도는 신분증설, 명적설, 하찰설, 물품꼬리표설 등이 있어 왔다. 의사 쌍둥이 목간 등 8가지의 이유에서 성산산성에서도 목간이 제작되었고, 목간이 출발지에서 하찰로 제작되었음은 당연한 것이다. 이를 뒷받침하는 것이 7쌍의 쌍둥이 목간이다. 어느 것도 그 글씨가 모두 달라서 동일 지역에서 작성되지 않았다. 애초 출발지에서 하찰로 작성되어 성산산성에 도달해서 다시 문서 장부로 쓰기 위해 목간을 작성했고, 목간이 동문지 근처에 묻힌 것은 하찰로 와서 공물 낱낱에 매달려 있던 하찰이 아니라 성산산성 역역 담당자들이 모아서 가지고 있던 장부의 물품 대장으로 쓰인 것으로 판단되어 하찰설은 따르기 어렵다. 하찰설이 성립되기 위해서는 공물의 낱낱에 매달려 있던 목간을 거두어서 동문지에 버렸다는 전제가 필요하다.

제5절

고신라 목간에 보이는 王私에 대하여

Ⅰ. 머리말

신라 목간은 경주 월지, 경주 전인용사지, 국립경주박물관 부지 유적, 김해 봉황동 유적, 인천 계양산성 유적, 함안 성산산성 유적, 경주 월성해자 유적, 경주 황남동 376번지 유적, 창녕 화왕산성 유적, 하남 이성산성 유적, 익산 미륵사지 유적, 부산 배산산성 유적, 대구 팔거산성 유적, 경산 소월리 유적 등에서 출토되고 있다. 경주 월성해자 유적, 하남 이성산성 유적, 함안 성산산성 유적, 부산 배산산성 유적, 대구 팔거산성 유적, 경산 소월리 유적을 제외하면 통일신라시대의 것들이다.

목간은 지엽적인 내용을 담고 있기 때문에 문헌과의 연결은 경주 월지 유적에서 출토된 洗宅을[1] 제외하곤 없다. 곧 광개토태왕비, 충주고구려비, 집안고구려비, 사택지적비, 중성리신라비, 냉수리신라비, 봉평신라비, 단양적성비, 창녕비, 북한산비, 마운령비, 황초령비 등에 대해서도 문헌에는 언급이 없다. 문헌과 금석문 나아가서는 목간과는 그 창구가 다르다고 보아야 할 것이다. 그래서 문헌과 연결되는 금석문과 목간 자료는 조심하지 않으면 안 된다.

신라시대 목간 가운데에서 그 숫자가 가장 많은 유적은 함안 성산산성이다.

1) 洗宅의 최근 연구 성과로는 김수태,「통일신라시대의 洗宅 재론」『영남학』73, 2020 참조할 것.

245점의 목간이 나와서 여러 가지에 대한 연구 성과가 있다.[2] 함안 성산산성에서는 王私가 나오는 목간이 5점이 있다. 대구 팔거산성 목간에서도 王私가 나오는 목간이 3점이나 있다. 이들 2유적에서 출토되는 王私 목간은 2022년에 되어서야 비로소 전론 1편이 나왔다.[3] 대개 신라둔전문서의 法私, 『삼국사기』에 나오는 私臣과 私母에 준하여 이를 해석하였다. 王私의 경우, 私臣과 私母와 비교할 때 私王이 아니고 王私라 단순 비교는 어려울 것이다.

여기에서는 먼저 지금까지 王私에 대해 언급한 선학들의 견해를 살펴보고, 다음으로 성산산성 5점과 팔거산성 3점의 王私 목간의 자료를 제시하겠다. 그 다음으로 王私의 의미를 살펴보겠다. 그 다음으로 王私 목간의 제작 시기를 금석문과 목간 자료를 통해 살펴보겠다. 마지막으로 王私 목간 8점을 전부 해석하고자 한다.

II. 지금까지의 연구

종래 이 王私에 대해서는 별로 주목하지 않았고, 그냥 지명 정도로 생각했다.[4] 함안 성산산성 목간 가운데에는 王私가 보이는데, 이에 대해서는 왕실 직할지의 성격을 지닌다는 지적이 있었다.[5] 곧 私란 公과 대척적 개념으로 개인과

---

2) 성산산성 목간에 대한 연구사는 다음과 같은 논문이 참조된다.
이경섭, 「함안 성산산성 목간의 연구현황과 과제」 『신라문화』 23, 2004.
전덕재, 「함안 성산산성 목간의 연구현황과 쟁점」 『신라문화』 31, 2008.
윤선태, 「함안 성산산성 출토 신라목간의 연구성과와 전망」 『한국의 고대목간Ⅱ』, 2017.

3) 橋本 繁, 「함안 성산산성 목간의 '王私'와 '城下麥'」 『新羅史學報』 54, 2022.

4) 윤선태, 「함안 성산산성 출토 신라 하찰의 재검토」 『사림』 41, 2012, 174쪽.

5) 橋本 繁, 「동아시아세계 속 한국목간의 위상 -신라 <율령>과 함안 성산산성목간-」

자산을 의미한다. 王私란 王, 國王의 私的인 것을 의미하는 듯하다. 私臣은 일반적으로 家臣, 親臣을 의미하는데, 국왕 부서인 內省 혹 그 前身부서의 臣下라고 할 수 있다고 하였다.[6)]

지엽적으로 다루어지던 王私에 대한 전론이 나왔다.[7)] 여기에서는 최근에 팔거산성에서 새로 발견된 목간을 통해서 성산산성 목간의 王私를 주목하였다. 종래 王私 목간은 2점이 있는 것으로 알려졌지만 새로 3점을 판독하여 모두 5점이 있는 것이 되었다. 이 王私는 『삼국사기』에 보이는 內省의 私臣과 本彼宮의 私母를 참조해서 왕 · 왕실과 관련되는 것으로 생각된다. 그리고 私臣과 私母는 宮을 통해서 왕실의 토지, 예속민 관리와 관련되었을 가능성이 크며, 王私도 그러한 왕 · 왕실이 소유하는 토지, 예속민과 관련이 있는 것으로 추정된다. 王私 목간에 나오는 촌이 왕 · 왕실의 직할지이며, 인명은 그기에 예속된 사람이라고 주장하였다.

III. 자료의 제시

王私 목간은 성산산성에서 5점, 팔거산성에 3점이 전부이다. 앞으로 왕경을 제외한 지방의 산성에서 더 나올 가능성이 있다.[8)] 이 王私목간 8점을 제시하면 다음과 같다.

『簡牘자료를 통해 본 고대 동아시아사 연구 국제학술회의 발표 논문집』(경북대학교 사학과 BK사업단), 2018, 61쪽.

6) 이용현, 「城山山城 木簡에 보이는 신라의 지방경영과 곡물 · 인력 관리」 『동서인문』 17, 2021, 25쪽.

7) 橋本 繁, 앞의 논문, 2022.

8) 540년대나 그 이전의 목간에서 王私 목간이 나올 가능성이 있다.

성산산성 목간

2호 甘文城城下麥甘文本波王私(앞면)

文利村知利兮負(뒷면)

6호 王私烏多伊伐支△負支

2006-25호 王私烏多伊伐支卜烋

2007-44호 夷津支城下麥王私巴珎兮村(앞면)

弥次二石

V-164호 三月中鐵山下麥十五斗(앞면)

王私△阿礼村波利足(뒷면)

팔거산성

3호 (卯)年王私所利(珎)習△△麥石

6호 丙寅年(王私)△(分)△△休

15호 △村王私禾△△△(之)

IV. 王私의 의미

王私와 비슷한 말로 法私가 695년 작성의 신라둔전문서에 나온다. B촌(薩下支村) 戶口 부분이 그것이다. 우선 관계 부분을 적기하면 다음과 같다.

合孔烟十五 計烟四余分二 此中仲下烟一余子 下上烟二余子 下仲烟五並余子 下〻烟六以余子五 法私一

이 法私에 대해서는 일반적으로 法幢軍團과 관련되어 해석하고 있다.[9] 최근에 들어와 法은 신라 국법을, 私는 왕 및 왕실을 뜻하는 것으로 본 견해가 나왔다.[10] 그래서 法私를 신라 국법에 따라 징발되어 특히 왕실에 出仕하여 잡역 등

9) 旗田巍, 『朝鮮中世史會史の硏究』, 1972, 432~434쪽 등.

10) 木村誠, 「統一期新羅村落支配の諸相」 『人文學報』 368, 2006, 8~15쪽.

을 부담하는 역역종사자로 보았다. 그런데 法私가 余子와 같은 위치에 있어서 사람으로 풀이된다. 따라서 法私는 법당군당과 관련된 것으로 보는 통설이 옳다.

私를 왕·왕실과 관련된다고 추정한 근거는 私臣과 私母이다. 私臣에 대해서는 『삼국사기』 권4, 신라본기, 진평왕 44년(622년) 2월조에 以伊湌龍樹爲內省私臣 初王七年大宮·梁宮·沙梁宮三所各置私臣 至是治內省私臣一人 兼掌三宮이라고 하였고, 『삼국사기』 권39, 직관지에 內省 景德王八年改爲殿中省 後復故 私臣一人 眞平王七年 三宮各置私臣 大宮和文大阿湌 梁宮首盻夫阿湌 沙梁宮弩知伊湌 至四十四年 以一員兼掌三宮 位自衿荷至太大角干 惟其人則授之 亦無年限 景德王又改爲殿中令 後複稱私臣라고 나온다. 그래서 私臣은 왕 및 왕족의 거소인 여러 궁을 관장했으나 私臣의 私는 왕의 사적·개인적 영역 나아가서 왕·왕실 그 자체를 함의했다고 보았다.

私母에 대해서는 『삼국사기』 권39, 직관지, 본피궁조에 本彼宮 神文王元年置 虞一人 私母一人 工翁二人 典翁一人 史二人이라고 나온다. 私母가 本彼宮을 관장했다고 보고서, 私母의 私도 私臣의 私와 같이 왕실과 관련되는 것으로 보았다.[11]

私臣, 私母는 경영체로서 宮을 통하여 왕실의 토지, 예속민의 관리와 관련되었을 가능성이 있다. 王私도 그러한 왕·왕실이 소유하는 토지, 예속민과 관련이 있는 말로 추정된다. 王私 목간의 뒤에는 촌명+인명이 나오므로 이 촌명이 왕·왕실 직할지이며, 인명은 그기에 예속된 사람으로 보았고, 王私 목간은 왕실 직할지 주민이 성산산성에 역역 동원된 것으로 해석하였다.[12]

王私 목간의 출발점이 된 신라 둔전문서의 法私의 私가 왕실을 나타내지 않고 사람을 나타내서 문제가 되고, 촌명+인명의 앞에 오는 것은 직명이나 本波, 阿那, 末那 등의 특수한 지명이 올 수 있고, 사람은 올 수가 없다. 팔거산성

11) 木村誠, 앞의 논문, 2006, 10쪽.

12) 하시모토 시게루, 앞의 논문, 2022, 209쪽.

의 15호 목간인 △村王私禾△△△(之)에서 촌명 뒤에 王私가 나오고 있어서 이 王私를 왕 · 왕실의 직할지에 있는 사람들로서는 풀 수가 없다. 그러면 무엇일까? 王私가 직명은 아니므로 本波, 阿那, 末那 등과 같은 특수한 지명일 가능성이 있다. 그 근거가 되는 자료로 팔거산성 14호 목간 本彼部△△村△△△△(앞면) 米一石私(뒷면)이 있다. 이 자료의 私의 의미가 무엇일까? 주목되는 자료로 성산산성에서 출토된 2점의 城下麥 목간이 있다. 우선 관계 전문을 제시하면 다음과 같다.

2007-45 甘文城下△米十一斗石喙大村卜只次持△
2016-W116 小南兮城麥十五斗石大村~

2007-45번 목간과 2016-W116번 목간에서 斗石이란 하나치가 눈에 띤다. 이를 팔거산성 14호 목간의 石私와 비교하면 私가 많은 부피를 표시하는 하나치로 보인다. 私는 왕의 사적 · 개인적 영역 나아가서는 왕 · 왕실 그 자체를 의미하는 것이 아니라 많은 부피를 나타내는 하나치이다. 왜냐하면 石보다 많은 부피를 나타내기 때문이다.

그러면 우리나라 고대의 도량형제에서 대한자사전에도 안 나오는 도량형이 있는지 여부이다. 서봉총 출토의 은합 명문에 나오는 은을 헤아리는 도량형을 제시하면 三斤六兩이다. 520년에 만들어진 무령왕릉 출토 은천명은 庚子年二月多利作大夫人分二百卅主耳의 主가 은을 헤아리는 하나치이다. 다 아는 바와 같이 신라 축성비에서 거리를 나타내는 하나치는 步, 尺, 寸이다. 이에 대해 536년에 세워진 영천청제비 병진명에는 淂이 많이 나온다. 私도 主나 淂과 마찬가지로 우리가 모르는 부피를 나타내는 하나치로 판단된다.

결국 王私는 많은 양의 곡식을 생산하는 땅 이름이다.[13] 本波, 阿那, 末那 등

13) 王私에 있어서 王은 크다 또는 많다는 뜻이고, 私는 石보다 많은 양의 곡식을 가리킨다. 결국은 王私는 많은 양의 곡식을 생산하는 땅 이름으로 보인다.

의 특수한 지명에 불과하다. 이에 관한 자료는 앞으로 6세기 전반이나 5세기 목간 자료가 나와야 그 정확한 의미를 규명할 수 있을 것이다. 여기에서는 本波, 阿那, 末那 등의 특수한 지명과 같은 땅 이름으로 본다. 本波, 阿那, 末那 등의 특수한 지명에 대해서는 그 실체 규명이 되지 않고 있는 바 앞으로 자료 출현을 기다릴 수밖에 없다.

Ⅴ. 王私 목간의 제작 시기

우선 함안 성산산성 목간의 연대를 알아보기로 하자. 먼저 함안 성산산성 목간 일괄유물인 245점의 연대를 조사할 차례가 되었다. 목간의 연대는 먼저 목간 안에서 찾아야 한다. 목간 밖에서 그 연대를 찾으면 목간의 연대를 施釉印花紋土器의 연대인 7세기 전반에 의지하여 잘못 읽은 壬子年에 의해서 592년으로 볼 수가 있다. 성산산성의 목간은 대개 6세기 중엽으로 보아 왔다. 6세기 중엽설은 561년의 창녕비를 의식한 대세론적인 가설이다. 고고학적인 결론의 이용은 고고학의 연구자가 아니면 우를 범하기 쉽다. 부엽토층 토기 편년에 의한 함안 성산산성 목간의 7세기 전반설이 그 대표적인 예이다. 여기에서는 성산산성 목간에 있어서 절대 설정에 중요한 외위가 나오는 목간 전부를 제시하면 다음과 같다.

4번 仇利伐/仇失了一伐/尒利△一伐
5번 仇利伐 △德知一伐奴人 塩 (負)
13번 大村伊息知一代
23번 ~△知上干支
29번 古阤新村智利知一尺那△(앞면) 豆于利智稗石(뒷면)
72번 ~△一伐稗
2007-8번 ~△一伐奴人毛利支 負
2007-21번 ~豆留只(一伐)

2007-31번 仇利伐 仇阤知一伐奴人 毛利支 負
Ⅳ-597번 正月中比思(伐)古尸次阿尺夷喙(앞면) 羅兮落及伐尺幷作前瓮酒四斗瓮(뒷면)
Ⅴ-166번 古阤伊未妍上干一大兮伐(앞면) 豆幼去(뒷면)
2016-W89번 丘利伐/卜今智上干支奴/△△利巴支負

위의 12개의 자료에서 一伐, 一尺, 阿尺은 524년 울진봉평염제신라비에서 나와서 연대 설정에 별로 도움이 되지 않는다. 연대 설정에 중요한 자료는 上干支이다. 그런데 Ⅴ-166번 古阤伊未妍上干一大兮伐(앞면) 豆幼去(뒷면)에서는 上干으로 支자가 탈락하고 없다. 이를 근거로 성산산성 목간 연대를 늦게 잡을 수도 있다. 문제는 관등명의 끝자가 탈락되고 없는 예가 있는지가 문제이다. 그러한 예를 신라 금석문에서는 찾을 수 없고, 고구려 평양성 성벽석각 제3석에 그러한 예가 있어서 이를 제시하면 다음과 같다.

⑥	⑤	④	③	②	①	
節	位	內	向	廿	己	1
矣	使	中	△	一	丑	2
	尒	百	下	日	年	3
	文	頭	二	自	三	4
	作	上	里	此	月	5
				下		6

우선 전문의 해석하여 제시하면 '己丑年(509년) 3월 21일에 이곳으로부터 △쪽을 향하여 아래로 2리를 內中百頭 上位使(者) 尒文이 作節했다.'가 된다. 上位使는 고구려의 관등명으로 者자가 탈락한 것이다. 고구려에서 上位使者의 者자는 망할 때까지 존속했던 것이고, 上干支의 支자는 551년에 탈락할 것이다. Ⅴ-166번 목간에 나오는 上干도 上干支와 같은 것이다. 그러면 성산산성 목간에서 외위 上干支가 나오는 목간은 3예가 된다. 上干支에서 支자가 탈락하고 上干이 되는 시기는 550년경이다. 이제 성산산성 목간에서 나오는 경위에 대해

알아보기 위해 그 예를 제시하면 다음과 같다.

> IV-597번 正月中比思(伐)古尸次阿尺夷喙(앞면) 羅兮落及伐尺幷作前瓷酒四斗瓮(뒷면)
>
> 2016-W150번
>
> 제1면 三月中眞乃滅村主 憹怖白
>
> 제2면 大城在弥卽尒智大舍下智前去白之
>
> 제3면 卽白先節六十日代法稚然
>
> 제4면 伊毛罹及伐尺寀言廻法卅代告今卅日食去白之

먼저 大舍下智란 경위명은 525년 울주 천전리서석 원명의 大舍帝智와 같은 유이다. 그래서 함안 성산산성 목간의 연대를 6세기 전반으로 볼 수가 있다. 다음으로 두 번이나 나오는 及伐尺이란 관등명은 문헌에는 없는 경위명이다. 이는 경위명인 壹伐, 干支와 같은 것으로 524년 봉평비에 干支가 잔존하고 있다. 『삼국사기』 권34, 잡지3, 지리1, 康州 咸安조에 咸安郡 法興王 以大兵 滅阿尸良國 一云阿那加耶 以其地爲郡가[14] 중요한 근거이다. 阿那加耶(안라국)은 고령에 있던 대가야와 함께 후기 가야의 대표적인 나라이다.[15] 그런 안라국에 대한 신라의 관심은 지대했을 것이다. 성산산성은 539년 안라국(아나가야)이 멸망되자마자 신라인에 의해 석성으로 다시 축조되었다. 신라의 기단보축이란 방법에 의한 성산산성의 석성 축조는 540년경으로 볼 수가 있다.[16] 성산산성 목간

---

14) 조선 초에 편찬된 편년체 사서인 『東國通鑑』에서는 安羅國(阿尸良國)의 신라 통합 시기를 구체적으로 법흥왕 26년(539)이라고 하였다. 이는 고뇌에 찬 결론으로 판단된다. 법흥왕의 제삿날은 음력으로 539년 7월 3일이다.

15) 전기 가야를 대표하는 나라로는 고령에 있었던 대가야와 김해에 있었던 금관가야를 들 수가 있다.

16) 성산산성은 백제의 공략을 대비하여 축조한 것이지 589년 중국 수의 건국에 따라 돌궐+고구려+백제+왜와 수+신라로 보고 있으나 지나친 해석이다. 수와 신라는 화친 관계이기 때문이다.

의 연대도 540년경으로[17] 볼 수가 있다.

또 2016-W155(219)王子年△改大村△刀只(앞면) 米一石(뒷면)을 壬子年△改大村△刀只(앞면) 米一石(뒷면)으로 잘못 읽은 것은 함안 성산산성에서 단각고배를 반출한 부엽토층의 연대이므로 먼저 부엽토층의 연대에 대한 여러 가설을 살펴보기로 한다.

함안 성산산성 목간의 6세기 중엽설은[18] 고고학쪽에서 이의를 제기한 가설이 나왔다.[19] 여기에서는 목간 출토층에서 나온 토기 편년을 토대로 7세기 전반설을 주장하였다. 또 성산산성 초축 당시 유수에 취약에 취약한 계곡부의 지형을 극복하기 위해 초축 당시부터 이중으로 축조했을 가능성이 높다고 했다.[20]

이러한 주장은 문헌적 기록에 바탕을 추정에 대한 토대를 정면으로 배치되는 것이어서 문헌사학자에게 경종이 되었다. 곧 부엽토층 내 출토 기종 중 소형완은 6세기 중엽, 6세기 후엽, 7세기 초로 볼 수 있고,[21] 공반되는 이중원문의 印花文施釉陶器는 7세기 이후로 편년되기 때문에,[22] 소형완은 인화문 유개합과 공반되고 있으므로 소형완은 인화문유개합과 동시기이거나 이보다 한 단계 늦은 시기일 것이므로 7세기 초이후일 가능성이 높다고 하였다.[23]

이렇게 고고학에서 가장 중요한 편년 방법인 토기 편년을 바탕으로 7세기 초

---

17) 경위인 及伐尺의 소멸 시기가 540년경이다. 이를 560년대로 보면 561년 창녕비 등 560년대 금석문에서 그 경위명이 보여야 한다.

18) 이성시, 「韓國木簡연구현황과 咸安城山山城출토의 木簡」『한국고대사연구』 19, 2000, 107쪽.
橋本 繁, 『韓國古代木簡の硏究』, 2014, 14쪽.

19) 이주헌, 「함안 성산산성 부엽층과 출토유물의 검토」『목간과 문자』 14, 2015, 55쪽.

20) 이주헌, 앞의 논문, 2015, 61쪽.

21) 윤상덕, 앞의 논문, 2015.

22) 홍보식, 「신라후기양식토기와 통일신라양식토기의 연구」『가야고고학 논총』 3, 2002 등.

23) 이주헌, 앞의 논문, 2015, 63쪽.

로 본 것은 대단히 중요하다. 유구에 대한 해석의 당부는 차치하고, 종래 아무런 의심이 없이 믿어왔던 문헌의 통설 곧 6세기 중엽설에 근본적인 의문을 제기한 점에서 성산산성 목간 연구에 있어서 커다란 전환점이 되었다고 본다. 이러한 고고학적인 연구 성과에 따르면, 성산산성의 목간들은 7세기 전반의 늦은 시기를 하한으로 폐기한 것이 된다.

애초 이러한 성산산성 목간의 7세기 전반설은 충격적이었으나 종래 통설과 너무나도 동떨어진 것이었고, 반대로 고고학적 토기편년이 근본적으로 잘못되어 있을 수도 있었고, 토기편년이 50년 혹은 그 이상으로 올려서 연대를 잡을 수도 있다고 보았다. 이러한 사정 때문에 7세기 전반설은 문헌사가에 의해 주목을 받지 못하고, 오히려 문헌사가에 의해 7세기 전반설에 대한 반론만 나왔다.

함안 성산산성 목간 245점은 모두 예외가 없이 부엽토층에서 군집되어 출토되었다. 곧 신라의 각 지방에서 보내어진 공물에 함안 성산산성에서 제작되어 공물에 붙인 목간들은 일괄적으로 폐기되면서 부엽토층의 부엽자재의 일부로 재활용한 것이다. 壬子年 592년은 목간 제작 연대를 나타내므로 목간의 폐기 곧 부엽토층에 대한 매립 연대의 상한이 된다. 목간의 매립은 592년에 이루어진 것이다. 592년은 동시에 목간 제작의 기준 연대이기도 한데, 성산산성 목간에 기년 혹은 시기가 나온 것은 없다.

그리하여 245점의 목간이 나온 부엽토층이나 출토 토기 가운데 가장 늦은 인화문시유도기를 토대로 성산산성 목간의 연대를 7세기 전반으로 보고서 2016-W155(219)王子年△改大村△刀只(앞면) 米一石(뒷면)을 壬子年△改大村△刀只(앞면) 米一石(뒷면)으로 잘못 읽은 것은 함안 성산산성에서 목간 연대 해결에 중요한 실수였다. 부엽토층을 폐기하고 나서 같은 시간에 덮은 것은 아니다. 목간을 폐기하여 동문 근처에 버리고 나서, 그냥 두었기 때문에 7세기 전반 토기도 나오고, 6세기 중반이나 6세기 후반의 토기도 나온다. 이들 시기가 다른 토기가 전부 7세기 전반에 동시에 매립되었다고는 생각되지 않는다. 그래서 성산산성 목간 연대를 7세기 전반으로 볼 수가 없다. 목간은 동시에 폐기되어 묻혔지만, 토기는 몇 번에 걸쳐서 폐기한 것으로 해석된다. 따라서 성산산성 목간의

7세기 전반설은 성립될 수가 없다.

이러한 토기 편년은 금관총의 尒斯智王명 3루환두대도 검초 단금구가 나오지 않을 때 이야기이다. 尒斯智王 명문은 1921년 금관총 발굴에서 그 존재를 알지 못하다가 2013년에 와서야 그 존재를 알게 되었다. 발굴된 지 92년 만에 명문을 발견하였고, 2015년에는 국립중앙박물관과 국립경주박물관의 합동조사단에 의해 尒斯智王刀명 명문이 발견되었다. 특히 尒斯智王刀란 명문은 尒斯智王의 칼이란 뜻으로 칼의 주인이 무덤의 피장자임을 밝히고 있다. 尒斯智王刀명문이 나와도 자꾸 음상사란 증거에 의해 異斯夫의 칼로 보고 있으나 이사부는 伊史夫智伊干支라고 545년이나 그 직전에 세워진 적성비에 나와서 왕은 아니다.

尒斯智王이란 명문은 3루환두대도 검초 단금구에 새긴 것으로 고신라 금석문에서 인명에 왕이 붙는 경우에 주목해야 된다. 441년 포항중성리신라비의 折盧(智王), 443년 포항냉수리신라비의 斯夫智王,[24] 乃智王, 524년 울진봉평신라비의 牟卽智寐錦王, 徙夫智葛文王, 535년 울주 천전리서석 을묘명의 法興太王, 539년 울주 천전리서석 추명의 另卽知太王, 徙夫知葛文王, 567년 북한산비 眞興太王, 新羅太王, 568년의 마운령비와 황초령비에 각각 나오는 眞興太王뿐이다. 북한산비의 新羅太王을 제외하면 전부 다 인명과 왕이 공존하고 있다.

尒斯智王이나 尒斯智王刀란 명문도 인명+왕이란 명문이다. 이렇게 尒斯智(인명)+王으로 된 인명은 마립간을 칭할 때인 중성리비와 냉수리비에서 밖에 없다. 尒斯智王은 누구일까? 이사지왕을 訓讀하면 너사지왕이 되고, 다시 半切로 읽으면, 넛지왕이 된다. 麻立干이란 왕호의 사용 시기를 『삼국사기』, 신라본기에서는 눌지마립간, 자비마립간, 소지마립간, 지증마립간으로 되어 있고, 『삼국유사』, 왕력편에서는 내물마립간, 실성마립간, 눌지마립간, 자비마립간, 비처마립간, 지증마립간으로 되어 있어서 약간의 차이가 있다. 학계에서는 『삼국유사』

24) 편의상 斯夫智王으로 표기했으나 斯자는 냉수리비와 함안 성산산성 목간에서만 나오는 신라 조자이다.

를 취하고 있다.[25] 이 가운데에서 눌지왕과 넛지왕은 音相似이다. 그렇게 찾아왔던 신라 적석목곽묘에서 절대 연대 자료를 금관총에서 찾았다. 40,000여 점의 유물을 가진 금관총은 458년에 죽은 눌지왕릉이다. 고신라의 확실한 왕릉으로 태종무열왕릉이 있고, 눌지왕릉인 금관총이 있게 된다.

금관총이 458년 눌지왕릉이므로 적석목곽묘에서 횡혈식석실분으로의 전환 시기를 550년에서 30년을 소급시킨 520년으로 보아야 한다. 금관총은 대개 5세기4/4분기로 보아 왔다. 이를 458년으로 보면 종래의 편년과 17~42년의 틈이 생기고, 520년 春正月에 律令 頒布가 있어서 520년으로 본다. 적석목곽묘의 시작은 미추왕은 太祖星漢王이라고 불렀고,[26] 그의 능은 『삼국유사』에 陵在興輪寺東이라고 했고, 竹現陵이라고 했고, 『삼국사기』, 신라본기, 味鄒尼師今 23년조에서는 大陵이라고 했고, 儒禮尼師今 14년조에는 竹長陵이라고 했다. 따라서 미추왕릉은 경질토기와 금제귀걸이 1쌍이 세트를 이루는 고분일 가능성이 있다. 그래서 신라 적석목곽묘의 편년을 다음과 같이 본다.

> 미추왕릉(太祖星漢王; 284년)→황남동 109호 3 · 4곽(4세기 중엽)→황남동 110호(4세기 후반)→98호 남분(奈勿王陵; 402년)→금관총(尒斯智王陵=訥祗王陵; 458년)→천마총(5세기 후반)→호우총(510년경)→보문리 합장묘(519년경)→횡혈식석실분(520년 이후; 율령 공포)

동아시아에 있어서 고분시대의 절대 연대가 출토된 무덤으로는 415년 北燕馮素弗墓에서는 鐙子 이외의 유물은 그 숫자가 많지 않아서 별로 알려지지 않았고, 고구려의 357년 안악 3호분, 408년 덕흥리 벽화 고분, 414년 태왕릉 등이 있으나 전부 도굴되었고, 백제의 525년 무령왕릉이 있으나 백제 토기가 1점도 출토되지 않았고, 신라 서봉총에서 延壽元年辛卯명 은합이 나왔으나 고구려제

25) 마립간인 매금은 광개토태왕비 경자년(400년)조에 나와서 이는 내물왕(357~402년)을 가리키므로 『삼국유사』쪽이 옳다.

26) 김창호, 「新羅 太祖星漢의 재검토」 『역사교육논집』 5, 1983.

이고, 475년 호우총에서 壺杅가 나왔으나 이 역시 고구려제이고, 일본 이나리야마고분의 철검 명문의 辛亥年은 471년이 맞으나 전세되어 6세기 전반 유물과[27] 반출했다. 금관총의 절대 연대는 458년이고, 전세가 될 수가 없고, 도굴되지 않는 유물들로 세기의 발견으로 驚天動地할 고고학적인 사건이다. 앞으로 4~8세기 유물 편년에 큰 도움이 될 것이고, 앞으로 어쩌면 거의 영원히 이런 유물을 만날 수가 없을 것이다.[28]

그러면 금관총은 訥祇麻立干의 무덤이 되어, 금관총 유물 40,000여 점은 절대 연대를 갖게 된다. 그 연대도 5세기4/4분기가 아닌 458년이 되어 적석목곽묘의 연대를 30년 정도 소급하게 된다. 그러면 6~7세기의 단각고배도 그 시기를 30년 정도 소급시켜야 한다. 王子年을 壬子年으로 잘못 읽고서 함안 성산산성 목간 일괄유물 245점을 592년으로 보았다. 592년에서 30년경을 소급시키면 562년이 되어 592년에 매달릴 수 없다. 부엽토층에서 출토된 단각고배 가운데 6세기 중엽의 것이 있다고 고고학자는 이야기한다.[29] 이것이 최초로 부엽토층에 버려진 것이다. 6세기 중엽에서 금관총의 尒斯智王명에 의해 30년을 소급시키면 그 연대는 520년경이[30] 된다. 따라서 함안 성산산성 부엽토 출토의 단각고배 편년에 의해 그 시기를 7세기 전반으로 본 가설은 성립될 수가 없고, 王子年을 壬子年으로 잘못 읽어서 592년으로 보는 것은 문제가 있다. 더구나 及伐尺이란 경위가 IV-597 목간과 2016-W150 목간에서 나와서 함안산성 목간의 제작연대를 592년으로 보면 신라 경위제의 완성을 592년 이후로 보아야 된다. 561년의 창녕비나 545년이나 그 직전인 적성비에서 이미 경위나 외위가 완성되어

27) f자형비와 검릉형행엽과 공반했다. 이렇게 세트를 이루면, 그 시기는 6세기 전반이다.

28) 적석목곽묘의 발굴에서 금제귀걸이 1쌍 없이 발굴한 예는 황남동100호(검총)이 유일하다. 유해부에 도달하지 못하고 발굴을 끝낸 것으로 재발굴되어야 한다. 이에 대해서는 김창호, 「慶州 皇南洞 100號墳(劍塚)의 재검토」 『한국상고사학보』 8, 1991 참조.

29) 윤상덕, 「함안 성산산성 축조연대에 대하여」 『목간과 문자』 14, 2015.

30) 이때는 아직까지 안라국이 멸망되기 이전이므로 고려의 대상이 될 수가 없다.

서 592년설은 성립될 수가 없다.

다음 팔거산성 출토 목간의 제작 시기에 대해 검토할 차례가 되었다. 팔거산성 출토 목간에서 연대를 알 수 있는 자료로 다음과 같은 4예가 중요하다.

1호 목간 壬戌年安居礼甘麻谷
6호 목간 丙寅年(王私)△分△△休
7호 목간 丙寅年次谷鄒≷下麥易大(豆)石
16호 목간 安居利干支 私 男谷村支之

干支란 외위가 나오는 확실한 예로 441년의 중성리비와 443년의 냉수리비가 있으나 연대 설정에 중요한 것으로 영천청제비병진명(536년)을 들 수가 있다. 우선 인명 분석표를 제시하면 다음의 <표 4>와 같다.

<표 4> 영천청제비병진명의 인명분석표

職名	出身地名	人名	官等名
使人	喙	△尺利智	大舍苐
위와 같음	위와 같음	尺次鄒	小舍苐
위와 같음	위와 같음	述利	大烏苐
위와 같음	위와 같음	尺支	小烏
위와 같음	위와 같음	未苐	小烏
一支△人		次弥尒利	
위와 같음		乃利	
위와 같음		內丁兮	
위와 같음		使伊尺	
위와 같음		只伊巴	
위와 같음		伊卽刀	
위와 같음		衆礼利	
위와 같음		只尸△利	干支
위와 같음		徙尒利	

영천청제비 병진명에서 외위를 가진 것은 一支△人 只尸△利 干支의 예가 있다. 영천청제비 병진명에서 두 번 나오는 小烏에 524년의 봉평비에 나오는 小烏帝智처럼 帝智 또는 第 또는 之가 없어서 476년이라 아니라 536년이 옳다.[31] 외위로서 干支가 나오는 최후의 예는 월지 출토비이다. 이는 536년을 상한으로 한다. 영천청제비 병진명(536년)에서는 길이를 나타내는 하나치가 潯으로 나오는데 대해 월지 출토비에서는 步로 나와서 월지 출토비는 536년을 소급할 수가 없다.

월지 출토비의 비편을 제시하면 다음과 같다.

④	③	②	①	
一	一	干	村	1
伐	尺	支	道	2
徒	豆	大	使	3
十	婁	工	喙	4
四	知	尺	部	5
步	干	侊		6
	支	兮		7
		之		8

豆婁知干支가 외위에 干支만 있는 금석문에서 최후의 예이다. 이는 외위에서 경위와 구분이 되지 않는 干支란 외위의 최후의 시기이다. 그 구체적 시기는 알 수 없으나 536년을 상한으로 한다. 하한은 성산산성 목간에 근거할 때 540년경이다. 제③행의 豆婁知 干支는 그 외위에서 마지막으로 나오는 확실한 예이다.

따라서 팔거산성 16호 목간 安居利干支 私 男谷村支之는 '安居利 干支와

31) 필자는 김창호, 『고신라 금석문의 연구』, 서경문화사, 2007, 109쪽에서 476년으로 보았으나 이는 잘못된 것으로 536년으로 바로 잡는다.

私男谷村의 支之가 낸 뭐이다'로 해석되고 그 시기는 540년경이 된다. 1호 목간의 壬戌年는 542년, 6호 목간과 7호 목간의 丙寅年은 546년이 된다.

VI. 王私 목간의 해석

이제 함안 성산산성 王私 목간 5점과 대구 팔거산성 王私 목간 3점을 해석할 차례가 되었다.

성산산성 목간

2호 甘文城下麥甘文本波王私(앞면)

文利知利兮負(뒷면) '甘文城(군명) 下의 麥은 甘文(군명) 本波(땅 이름) 王私(땅 이름) 文利村(행정촌명)의 知利兮負가 낸 것이다.'

6호 王私烏多伊伐支△負支 '王私(땅 이름) 烏多(군명) 伊伐支(행정촌명)의 △負支가 낸 뭐이다.'

2006-25호 王私烏多伊伐支卜烋 '王私(땅 이름) 烏多(군명) 伊伐支(행정촌명)의 卜烋가 낸 뭐이다.'

2007-44호 夷津支城下麥王私巴珎兮村(앞면)

弥次二石(뒷면) '夷津支城 下의 麥은 王私(땅 이름) 巴珎兮村(행정촌명)의 弥次가 二石을 낸 것이다.'

V-164호 三月中鐵山下麥十五斗(앞면)

王私△阿礼村波利足(뒷면) '三月에 鐵山 下의 麥 十五斗를 王私(땅 이름) △阿礼村(행정촌명)의 波利足가 낸 것이다.'

팔거산성

3호 (卯)年王私所利(珎)習△△麥石 '(卯)年 王私(땅 이름) 所利(珎)習(행정촌명)의 △△가 낸 麥 1石이다.'

6호 丙寅年(王私)△(分)△△休 '丙寅年 (王私)(땅 이름) △(分)△(행정촌명)의 △休가 낸 뭐이다.'

15호 △村王私禾△△△(之) '△村 王私(땅 이름) 禾△△(행정촌명)의 △(之)가 낸 뭐이다.'

Ⅶ. 맺음말

먼저 王私 목간에 대해 언급한 적이 있는 4가지의 견해를 그 발표 순서에 따라 살펴보았다. 대개 王私는 『삼국사기』에 보이는 內省의 私臣과 本彼宮의 私母를 참조해서 왕 · 왕실과 관련되는 것으로 생각된다. 그리고 私臣과 私母는 宮을 통해서 왕실의 토지, 예속민 관리와 관련되었을 가능성이 크며, 王私도 그러한 왕 · 왕실이 소유하는 토지, 예속민과 관련이 있는 것으로 추정된다. 王私 목간에 나오는 촌이 왕 · 왕실의 직할지이며, 인명은 거기에 예속된 사람이라고 주장하여 왔으나 王私는 많은 양의 곡식을 생산하는 땅 이름으로 새롭게 해석하였다.

다음으로 고신라에서 나오는 5점의 함안 성산산성 목간과 3점의 대구 팔거산성 목간을 소개하였다.

그 다음으로 王私의 의미를 王私가 직명은 아니므로 本波, 阿那, 末那 등과 같은 특수한 지명일 가능성이 있다. 그 근거가 되는 자료로 팔거산성 14호 목간 本彼部△△村△△△△(앞면) 米一石私(뒷면)이 있다. 이 자료의 私의 의미가 무엇일까? 주목되는 자료로 성산산성에서 출토된 2점의 城下麥 목간이 있다. 우선 관계 전문을 제시하면 다음과 같다.

2007-45 甘文城下△米十一斗石喙大村卜只次持△
2016-W116 小南兮城麥十五斗石大村

2007-45번 목간과 2016-W116번 목간에서 斗石이란 하나치가 눈에 띤다. 이를 팔거산성 14호 목간의 石私와 비교하면 私가 많은 부피를 표시하는 하나치로 보인다. 私는 왕의 사적 · 개인적 영역 나아가서는 왕 · 왕실 그 자체를 의미하는 것이 아니라 많은 부피를 나타내는 하나치이다. 왜냐하면 石보다 많은 부피를 나타내기 때문이다.

그 다음으로 王私 목간의 제작 시기를 함안 성산산성 목간은 540년경으로 보았고, 대구 팔거산성 목간은 1호 목간의 壬戌年는 442년, 6호 목간과 7호 목간의 丙寅年은 446년이 된다.

마지막으로 王私가 나오는 함안 성산산성 목간의 5점과 대구 팔거산성 목간의 3점을 해석하였다.

제6절

대구 팔거산성 출토 목간에 대하여

Ⅰ. 머리말

고신라시대에 있어서 경주를 중심으로 하는 왕경 목간과[1)] 산성에서 주로 출토되는 지방 목간으로 2분할 수가 있다. 고신라 지방 목간은 함안 성산산성, 김해 양동산성, 하남 이성산성, 부산 배산산성, 대구 팔거산성 등이 그 예이다. 지방 목간 고신라의 목간 가운데 산성에서 출토되지 않는 예는 경산 소월리 목간이[2)] 있다. 산성은 퇴뫼식산성이든[3)] 포곡식산성이든[4)] 상관없이 반드시 물이 필요하다. 물은 저습지나 샘에서 취득하며, 무기와 식량 등과 함께 반드시 필요하다. 산성에서 목간이 나오는 곳은 대개 저습지 유적이다.

함안 성산산성에서 출토된 245점의 목간은[5)] 삼국시대 목간의 절반 이상을 차지하고 있다. 성산산성에서와 같은 다량의 목간 유물이 나오는 예를 다시는 기대할 수가 없을 것이다. 성산산성 출토 목간에 대한 연구는 다 끝난 것이 아니라 이제 시작에 불과하다. 그 좋은 예가 그냥 지명 정도로 보아온 王私를 심도 있게 연구한 본격적인 논문이 나온 것은 2022년의 일이다. 목간에 대한 논문은

1) 월성해자 출토 목간과 월지 출토 목간이 유명하다.
2) 甘末谷 등의 지명 10여 개와 田, 畓 등의 토지 종류와 結, 負의 토지 면적이 나온다.
3) 한 산봉우리의 8부 능선 근처를 둘러싼 비교적 작은 산성이다.
4) 산봉우리와 골짜기를 합쳐서 둘러싼 산성으로 비교적 큰 산성이다.
5) 245점의 성산산성 목간은 고대의 한국 목간 가운데 가장 유명하다.

대부분이 묵서 판독에 지면을 할애하고 있다. 목간 판독의 절대적으로 필요한 적외선 사진과 그 설명을 제외할 때 논문의 지면은 원고지로 70매 채우기도 어렵다.

함안 성산산성 목간은 경산 소월리 유적 목간을 제외할 때 대부분이 인명표기이다. 간혹 이를 잘못 끊어 읽는 예가 있었다. 함안 성산산성 목간 가운데 仇利伐 목간에서만[6] 나오는 奴人이 있다. 奴人이 앞사람에 붙는 관등명류임에도 뒷사람에 붙는 것으로 보아서 노비로 해석하기도 한다. 奴人은 간혹 나오는 외위명과 함께 앞사람에 붙기 때문에 奴人을 노비라고 해석할 수가 없다. 奴人 다음에 나오는 사람이 노비일 가능성이 없고, 짐꾼이므로 奴人 목간에서의 노비설은 문제가 된다.

아직까지 고신라 목간의 연구는 걸음마 단계이다. 목간에 대한 심도 있는 연구라기보다는 목간의 판독과 소개에 그치고 있다. 깊이 있는 연구가 필요함에도 불구하고 목간의 판독에 대한 여러 가지 표시는 일본의 것을 따르고 있다. 같다는 표시가 신라식으로는 ⺀임에도 불구하고 일본식인 夕를 사용하고 있다. 일본에서는 목간은 주로 7세기나 그 이후의 것이고, 우리처럼 6세기의 것은 거의 없다. 일본의 목간을 모른다고 한국의 삼국시대 목간을 연구할 수 없는 것도 아니다. 중국이나 일본의 목간 자료는 어디까지나 참고 자료일 뿐이다.

한국 고대 목간은 한국목간학회가 조직되어 체계적인 연구를 하고 있다. 그래서 『목간과 문자』란 학회지도 1년에 두 번 내고 있다. 이 학회지가 신 출토 목간 논문을 모으고 있다. 신 발견 금석문 논문도 실리고 있다. 목간 논문은 발굴조사에서 나온 목간을 적외선 촬영의 결과 얻어진 것이다. 앞으로 발굴 조사는 점차 증가하는 경향이므로 목간의 출토는 그 수가 증가할 것이다.

한국에서 목간을 전공하는 학자는 그렇게 많지가 않다. 목간만을 전문적으

---

6) 이외에도 仇利伐 목간은 割書가 있는 점, 負가 있는 점, 本波, 阿那, 末那, 未那, 前那 등이 없는 점, 稗, 麥 등의 곡식 표시가 없는 점 등의 특징을 가지고 있다.

로 연구하는 학자가 일본에는 많다. 중국에도 많다. 아직까지 목간 자료의 출토 양은 중국이나 일본에 비해서 무척이나 적다. 우리나라의 목간은 5세기로 올라가는 것은 거의 없다. 전부가 6세기나 그 이후의 것이다. 목간 연구의 가장 큰 문제는 정설이 없다는 것이다. 함안 성산산성 목간만 하더라도 532년설, 540년경설, 560년설, 592년설로 나뉘고 있다. 성산산성 목간이 245점이나 되어도 여러 가설이 나오는데, 하물며 10점 미만이 나오는 산성 유적의 목간의 경우는 더욱 여러 가설이 있을 수 있다.

여기에서는 먼저 대구시 북구 노곡동 산 1-1번지에 위치한 팔거산성의 고고학적인 환경을 살펴보겠다. 다음으로 팔거산성의 목간 10예를 판독하여 소개하겠다. 그 다음으로 팔거산성의 목간 연대를 금석문을 통해 살펴보겠다. 그 다음으로 王私 목간 3점에 대해 검토하겠다. 그 다음으로 石私의 의미에 대해 살펴보겠다. 그 다음으로 14호 목간과 6부에 대해 살펴보겠다. 마지막으로 목간 전체에 대한 해석을 시도해 보겠다.

Ⅱ. 고고학적 환경

목간이 출토된 대구 팔거산성은[7] 대구시 북구 노곡동 산1-1번지 일대에 위치한다. 산성 인근에 동천동 취락 유적,[8] 팔달동 유적,[9] 칠곡 생활유적,[10] 구암

---

7) 이 장은 주로 전경효,「대구 팔거산성 출토 목간 소개」『新出土 文字資料의 饗宴』, 2022에서 전제하였다.

8) (財)嶺南文化財硏究院,『大邱 東川洞 聚落遺蹟 본문1 본문2 사진』, 2002.

9) 慶北大學校博物館,『大邱 八達洞 遺蹟』, 1993.
(財)嶺南文化財硏究院,『大邱 八達洞遺蹟 I』, 2000.

10) 慶北大學校博物館,『大邱 漆谷 生活遺蹟』, 2006.

동 고분군[11] 등 청동기시대부터 삼국시대에 이르는 주거지나 고분 유적이 조사되었다. 산성에 대한 지표조사는 1999년 대구대학교 박물관이 실시하였고,[12] 2015년에는 (재)영남문화재연구원 등에 의해 수행되었으며,[13] 2018년에는 (재)화랑문화재연구원이 시굴조사를 진행하였다. 2020년 10월부터 발굴 조사를 진행하고 있다. 먼저 시굴 조사 결과 산성의 수구, 치,[14] 문지, 건물지, 추정 집수지, 축대, 성벽 등이 확인되었다. 그리고 발굴 조사의 결과 삼국시대에서 통일신라시대에 이르는 석축 7기, 집수지 2기, 계단지, 배수로, 수구 등이 발견되었다.

현재까지 팔거산성에서 출초된 목간은 총 16점이다. 이들 목간은 추정 집수지 2호에서 출토되었는데, 그 토층은 위쪽부터 4개의 토층으로 구성되어 있다. Ⅰ층은 집수지 2호 폐기 이후 함몰된 지형을 평탄화하기 위해 조성한 성토층이며, Ⅱ층은 집수지 폐기 이후 일정기간 방치되면서 생성된 자연퇴적층이다. 또한 Ⅲ층은 목재 구조물이 붕괴되는 과정에서 집수지 가장자리의 토사가 유입된 층으로 다량의 할석이 들어 있다. Ⅳ층은 목재 구조물 내부에 퇴적된 회청색과 회색 泥土層이다. 이 토층에서 단경호, 甕, 1단투창고배의 각부편 등이 출토되었다.[15] 특히 Ⅰ층에서 통일 무렵부터 제작된 印花紋土器 조각이 발견되었다. 이를 통해 통일 이전인 7세기 중엽을 전후한 무렵 집수지가 폐기되었음을 알 수 있다.

---

11) 嶺南大學校博物館,『鳩巖洞 古墳 發掘 調査 報告』, 1978.
(財)嶺南文化財硏究院,『大邱 鳩巖洞1號墳』, 2018.

12) 대구대학교 박물관,『大邱 八莒山城 地表調査報告書』, 1999.

13) (재)영남문화재연구원 · 대구시 북구청,「팔거산산성의 구조적 특성과 학술적 가치」『구암동 고분군 · 팔거산성의 문화유산 가치와 활용방안 학술대회 자료집』, 2016.

14) 고구려 산성의 한 가지 특징이다.

15) 보통 산성에서는 기와가 출토되는데, 기와에 대한 언급은 없다.

III. 자료의 제시[16)]

묵서가 새겨진 10점을 소개하면 다음과 같다.

1호 목간 壬戌年安居礼甘麻谷
2호 목간 躭伐
3호 목간 △(卯)年王私所利(珎)習△△麥石
4호 목간 奈(奴寃)積作稻石伐(食)軍
6호 목간 丙寅年(王私)△分△△休
7호 목간 丙寅年次谷鄒ㄹ下麥易大(豆)石
9호 목간 夲(城)△(珎)△△
14호 목간 夲波部△△村△△△△(앞면)
米一石私(뒷면)
15호 목간 △村王私禾△△△(之)
16호 목간 安居利干支 私 男谷村支之[17)]

IV. 목간의 작성 연대

팔거산성 16호 목간 安居利干支 私 男谷村支之의 干支란 외위명에 대해 알아보기 위해 목간에서는 그 예를 찾을 수 없어서 금석문 자료를 통해 조사해 보자. 441년에 세워진 중성리비에 나오는 蘇豆古利村 仇鄒列支나 那音支村 卜步는 모두 干支를 가지고 있으나 어느 외위와 동일한지는 알 수가 없다. 443년에 세워진 냉수리비에서는 村主 臾支 干支의 예가 있으나 어느 외위와 동일한지를

16) 여기의 판독은 전경효, 앞의 논문, 2022에 따랐으나 정식 보고서가 나오면 조금 달라질 가능성도 있다.

17) 安居利 干支의 앞에 출신지명과 직명이 있었을 가능성이 크다.

알 수가 없다.

외위가 나오는 확실한 예로 영천청제비병진명(536년)을 들 수가 있다. 우선 인명 분석표를 제시하면 다음의 <표 1>과 같다.

<표 1> 영천청제비병진명의 인명분석표

職名	出身地名	人名	官等名
使人	喙	△尺利智	大舍苐
위와 같음	위와 같음	尺次鄒	小舍苐
위와 같음	위와 같음	述利	大烏苐
위와 같음	위와 같음	尺支	小烏
위와 같음	위와 같음	未苐	小烏
一支△人		次弥尒利	
위와 같음		乃利	
위와 같음		内丁兮	
위와 같음		使伊尺	
위와 같음		只伊巴	
위와 같음		伊卽刀	
위와 같음		衆礼利	
위와 같음		只尸△利	干支
위와 같음		徙尒利	

영천청제비 병진명에서 외위를 가진 것은 一支△人 只尸△利 干支의 예가 있다. 영천청제비 병진명에서 두 번 나오는 小烏에 524년의 봉평비에 나오는 小烏帝智처럼 帝智 또는 苐 또는 之가 없어서 476년이라 아니라 536년이 옳다.[18] 외위로서 干支가 나오는 최후의 예는 월지 출토비이다. 이는 536년을 상한으로 한다. 영천청제비 병진명(536년)에서는 길이를 나타내는 하나치가 㝵으로 5번

18) 필자는 김창호, 『고신라 금석문의 연구』, 서경문화사, 2007, 109쪽에서 476년으로 보았으나 이는 잘못된 것으로 536년으로 바로 잡는다.

이나 나오는데 대해 월지 출토비에서는 步로 나와서[19] 월지 출토비는 536년을 소급할 수가 없다.

월지 출토비의 비편을 제시하면 다음과 같다.

④	③	②	①	
一	一	干	村	1
伐	尺	支	道	2
徒	豆	大	使	3
十	婁	工	喙	4
四	知	尺	部	5
步	干	侊		6
	支	兮		7
		之		8

豆婁知干支가 외위에 干支만 있는 금석문에서 최후의 예이다. 이는 외위에서 경위와 구분이 되지 않는 干支란 외위의 최후의 시기이다. 그 구체적 시기는 알 수 없으나 536년을 상한으로 한다. 하한은 성산산성 목간에 근거할 때 540년경이다.[20] 제③행의 豆婁知 干支는 그 외위에서 마지막으로 나오는[21] 확실한 예이다.

---

19) 보통 길이는 한국 고대에 있어서 步尺寸으로 표기된다.

20) 함안 성상산성 목간에는 及伐尺이란 경위명이 두 번 나온다. 이는 신라 관등제 성립의 열쇠 곧 성산산성 축성 연대의 열쇠를 쥐고 있다. 신라사에 있어서 관등제의 성립은 봉평비와 적성비의 건립 연대 사이인 524~545년이다. 만약에 성산산성 목간에서 王子年을 壬子年으로 잘못 읽은 것에 따라 592년을 성산산성 목간의 연대로 보게 되면, 신라 관등제의 완성은 진평왕대로 591년의 남산신성비를 작성할 때도 관등제가 미완성이었다.

21) 팔거산성 16호 목간과 월지 출토비는 모두 540년대의 동시대적 자료로 그 선후 관계는 알 수가 없다.

干支란 외위명은 6세기 후반 금석문인 오작비, 남산신성비에서는[22] 나오지 않고 있다. 이 干支란 외위명이 나오면 그 시기는 5세기나 6세기 전반이다. 앞으로도 외위인 干支가 6세기 후반의 금석문이나 목간에서 나오는 일은 없을 것이다. 그러면 팔거산성 목간의 작성 시기는 6세기 전반이 된다. 그 구체적인 연대를 알아보기 위해 관련 목간 자료를 제시하면 다음과 같다.

1호 목간 壬戌年安居礼甘麻谷
6호 목간 丙寅年(王私)△分△△休
7호 목간 丙寅年次谷鄒﹩下麥易大(豆)石

6세기 전반에서 壬戌年은 602년이[23] 아닌 542년이고, 丙寅年은 606년이[24] 아닌 546년이 된다. 16호 목간 安居利干支 私 男谷村支之의 연대는 540년경이 된다. 또 3호 목간 △(卯)年王私所利(珎)習△△麥石의 연대는 547년인 丁卯年으로 복원될 가능성이 크다.

Ⅴ. 王私 목간

王私 목간은 함안 성산산성에서 5점이 나왔고,[25] 대구 팔거산성에서 3점이

22) 현재까지 10기가 알려져 있다.

23) 하시모토 시게루, 「함안 성산산성 목간의 王私와 城下麥」 『신라사학보』 54, 2022에서는 이 팔거산성 목간의 작성 연대를 602년으로 보고 있다.

24) 하시모토 시게루, 앞의 논문, 2022에서는 이 목간의 연대를 606년으로 보고 있다.

25) 그 구체적인 예를 들면 다음과 같다.
2호 甘文城城下麥甘文本波王私(앞면)
文利村知利兮負(뒷면)
6호 王私烏多伊伐支△負支

나왔다.[26] 우선 설명의 편의를 위해 관계 자료를 다시 한 번 더 제시하면 다음과 같다.

> 3호 목간 △(卯)年王私所利(珎)習△△麥石
> 6호 목간 丙寅年(王私)△分△△休
> 15호 목간 △村王私禾△△△(之)

여기에 나오는 王私는 그 수효도 적고 해서 단순히 지명 정도로 이해했다.[27] 그 뒤에 王私에 대한 본격적인 연구가 나왔다.[28] 여기에서 私를 왕·왕실과 관련된다고 추정한 근거는 私臣과 私母이다. 私臣에 대해서는 『삼국사기』 권4, 신라본기, 진평왕 44년(622년) 2월조에 以伊湌龍樹爲內省私臣 初王七年大宮·梁宮·沙梁宮三所各置私臣 至是治內省私臣一人 兼掌三宮이라고 하였고, 『삼국사기』 권39, 직관지에 內省 景德王八年改爲殿中省 後復故 私臣一人 眞平王七年 三宮各置私臣 大宮和文大阿湌 梁宮首肹夫阿湌 沙梁宮弩知伊湌 至四十四年 以一員兼掌三宮 位自衿荷至太大角干 惟其人則授之 亦無年限 景德王又改爲殿中令 後複稱私臣라고 나온다. 그래서 私臣은 왕 및 왕족의 거소인 여러 궁을 관장했으나 私臣의 私는 왕의 사적·개인적 영역 나아가서 왕·왕실 그 자체를 함의했다고 보았다.

2006-25호 王私烏多伊伐支卜烋
2007-44호 夷津支城下麥王私巴珎兮村(앞면)
弥次二石
V-164호 三月中鐵山下麥十五斗(앞면)
王私△阿礼村波利足(뒷면)

26) 성산산성 목간은 540년경이고, 팔거산성 목간은 542년과 546년의 절대 연대를 가져서 앞으로 540년대나 그 이전의 목간에서 王私 목간이 나올 가능성이 크다.

27) 윤선태, 「함안 성산산성 출토 신라 하찰의 재검토」 『사림』 41, 2012, 174쪽.

28) 하시모토 시게루, 앞의 논문, 2022.

私母에 대해서는 『삼국사기』 권39, 직관지, 본피궁조에 本彼宮 神文王元年 置 虞一人 私母一人 工翁二人 典翁一人 史二人이라고 나온다. 私母가 本彼宮을 관장했다고 보고서, 私母의 私도 私臣의 私와 같이 왕실과 관련되는 것으로 보았다.[29)]

私臣, 私母는 경영체로서 宮을 통하여 왕실의 토지, 예속민의 관리와 관련되었을 가능성이 있다. 王私도 그러한 왕 · 왕실이 소유하는 토지, 예속민과 관련이 있는 말로 추정된다. 王私 목간의 뒤에는 촌명+인명이 나오므로 이 촌명이 왕 · 왕실 직할지이며, 인명은 그기에 예속된 사람으로 보았고, 王私 목간은 왕실 직할지 주민이 성산산성에 역역 동원된 것으로[30)] 해석하였다.

王私 목간의 출발점이 된 신라 둔전문서의 法私의 私가 왕실을 나타내지 않고 사람을 나타내서 문제가 되고, 촌명+인명의 앞에 오는 것은 직명이나 本波, 阿那, 末那 등의 특수한 지명이 올 수 있고, 사람은 올 수가 없다. 팔거산성의 15호 목간인 △村王私禾△△△(之)에서 촌명 뒤에 王私가 나오고 있어서 이 王私를 왕 · 왕실의 직할지에 있는 사람들로서는 풀 수가 없다. 그러면 무엇일까? 王私가 직명은 아니므로 本波, 阿那, 末那 등과 같은 특수한 지명일 가능성이 있다. 그 근거가 되는 자료로 팔거산성 14호 목간 本彼部△△村△△△△(앞면) 米一石私(뒷면)이 있다. 이 자료의 私의 의미가 무엇일까? 주목되는 자료로 성산산성에서 출토된 2점의 城下麥 목간이 있다. 우선 관계 전문을 제시하면 다음과 같다.

2007-45 甘文城下△米十一斗石喙大村卜只次持△
2016-W116 小南兮城麥十五斗石大村~

29) 木村誠, 「統一新羅村落支配の諸相」 『人文學報』 368, 2006, 10쪽.

30) 성산산성 축조에 보리, 피, 쌀 등의 공물을 낸 것이지, 남산신성비에서와 같은 역역 동원의 증거는 성산산성 목간에서는 찾아볼 수 없었다.

2007-45번 목간과 2016-W116번 목간에서 斗石이란 하나치가 눈에 띈다. 이를 팔거산성 14호 목간의 石私와 비교하면 私가 많은 부피를 표시하는 하나치로 보인다. 私는 왕의 사적 · 개인적 영역 나아가서는 왕 · 왕실 그 자체를 의미하는 것이 아니라 많은 부피를 나타내는 하나치이다. 왜냐하면 石보다 많은 부피를 나타내기 때문이다.

VI. 石私의 의미

팔거산성 14호 목간 本彼部△△村△△△△(앞면) 米一石私(뒷면)이 있다. 여기에서의 石(섬)이므로 쉽게 이해가 되지만 石 다음에 나오는 私는 생소하다. 이와 구조적으로 닮은 것으로 두 점의 城下麥 목간이 있다. 설명의 편의를 위해 다시 한 번 이를 제시하면 다음과 같다.

2007-45 甘文城下△米十一斗石喙大村卜只次持△
2016-W116 小南兮城麥十五斗石大村~

2007-45번 목간과 2016-W116번 목간에서 斗石이란 하나치가 눈에 띈다. 이를 팔거산성 14호 목간의 石私와 비교하면 私가 많은 부피를 표시하는 하나치로 보인다. 이렇게 우리가 모르는 무게나 길이 단위를 나타내는 하나치의 예가 있는지 문제이다. 우선 무게 단위부터 살펴보기 위해 451년의 서봉총 은합 명문을 제시하면 다음과 같다.

	銀盒 蓋內		銀盒 外底			
	②	①	③	②	①	
1	太	延	三	三	△	1
2	王	壽	斤	月	壽	2

	銀盒 蓋內		銀盒 外底			
	②	①	③	②	①	
3	教	元		△	元	3
4	造	年		太	年	4
5	合	太		王	太	5
6	杅	歲		教	歲	6
7	用	在		造	在	7
8	三	卯		合	辛	8
9	斤	三		杅		9
10	六	月				10
11	兩	中				11

여기에서의 은의 무게는 三斤六兩으로[31] 斤兩으로 되어 있다. 그런데 520년에 만들어진 백제 무령왕비의 은팔찌 명문은 庚子年二月多利作大夫人分二百卅主耳로[32] 은의 무게를 모르는 단위인 主란 하나치가 사용되고 있다.

신라시대의 길이를 나타내는 하나치는 步尺寸이다. 남산신성비 등에서 예외없이 사용되고 있다. 그런데 536년의 영천청제비 병진명에서는 사전에도 안 나오는 길이를 나타내는 하나치가 사용되고 있다. 곧 淂이란 길이를 나타내는 하나치가 5번이나 나온다. 따라서 私는 主와 淂과 마찬가지로 부피(양)를 나타내는 하나치로 판단된다.

私는 부피(양)를 나타내는 하나치로 지명+인명으로 구성된 인명표기 앞에 온 예가 없다. 인명표기인 출신지명+인명 앞에는 직명이 올 수 있고, 本波, 阿

31) 銀盒 外底에는 六兩, 銀盒 蓋內에는 三斤 六兩으로 된 점을 근거로 은합 본체를 만드는 데에는 은이 六兩이 들고, 두껑을 만드는 데에는 三斤 六兩이 들었다고 해석하기도 하나 은합 전체를 만드는 데에 三斤 六兩이 들었다고 보아야 할 것이다.

32) 이 은팔찌는 多利가 만든 것으로 금속기에 제작자가 나오는 거의 유일한 인명표기이다.

那, 末那 등의 땅 이름이 올 수가 있어서 王私도 많은 곡식을[33] 생산할 수 있는 땅 이름으로 보고자 한다.

Ⅶ. 14호 목간과 6부

調露二年/漢只伐部君若小舍~/三月三日作康(?)~(개행)명쌍록보상화문전이[34] 월지에서 출토되었다. 다경와요지에서[35] 漢只, 漢명 암키와가 출토되어 한지부와 관련이 있는 것으로 보고 있고, 망성리와요지에서는 習部井井, 習府井井, 井井, 井명 암키와가 출토되어 습비부와 관련이 있는 것으로 보고 있다.[36] 680년 당시에 기와는 부별로 만들었고, 기와 가마가 있는 다경 와요지나 망성리 와요지까지 신라 6부의 범위일 가능성이 있다. 441년 중성리비에서 沙喙部 牟旦伐에게 宮을 빼앗아 주는 것이 그 요체이므로 사탁부의 위치를 포항 중성리까지로 볼 수가 있다.

三川卄方명 보상화문전이[37] 나와서 三川卄方은 680년경에 경주의 북천, 서천, 남천의 3천에 20기의 기와 가마가 있었다고 해석된다. 이를 기와 명문과 합쳐서 보면 신라의 6부는 3천의 바깥에도 있었던 것이 된다. 결국 6부의 위치를

---

33) 王私에 있어서 王은 크다와 많다를 뜻하고, 私는 石보다 많은 부피(양)을 뜻한다. 곧 王私는 많은 양의 곡식을 생산하는 땅이란 뜻이다.

34) 680년에는 673년의 癸酉銘阿彌陀三尊佛賷像의 예에 따르면 인명표기에서 부명이 사라진 때이다. 이는 시대착오적인 것으로 연구에 있어서는 조심하지 않으면 안된다. 와전이 部를 단위로 제작되었음을 말해 주고 있다.

35) 다경 와요지에서 漢只, 漢 등의 명문와가 나온다는 것은 지표 조사로 확인 된 것이 아니라 추정한 것이다.

36) 조성윤은 망성리 일대를 습비부라고 보고 있다.

37) 이는 종래 辛亥명 보상화문전으로 알려진 것이다. 그 시기를 711년으로 보았다.

방리제가 실시된 곳으로만 한정할 수가 없다.

14호 목간 本波部△△村△△△△(앞면) 米一石私(뒷면)에서 본피부 다음에 △△村이란 촌명이 나온다. 본피부는 왕족인 탁부, 왕비족인 사탁부에 뒤이어서 고신라 금석문에서는 3위의 세력이다. 탁부와 사탁부 무덤은 읍남고분군에 있고, 모량리의 20여 기 무덤은 모량부가 아닌 본피부의 무덤으로 보인다. 왜냐하면 신라 중고 금석문에 나타난 부명별 인명의 수를 보면 쉽게 알 수 있다.

<표 1> 중고 금석문에 나타난 각 부명별 인명의 수

비명	탁부	사탁부	본피부	불명	계
봉평비	11	10	1	3	25
적성비	7	3		2	12
창녕비	25	14	1	3	39
북한산비	5	3			8
마운령비	11	6	2	1	20
황초령비	11	4		5	20
계	66	40	4	14	124

<표 1>에 있어서 524년에 건립된 봉평비에서는 탁부 11명, 사탁부 10명, 본피부 1명, 불명 3명으로 총 25명이다. 545년이나 그 직전에 세워진 적성비에서는 탁부 7명, 사탁부 3명, 불명 2명으로 총 12명이다. 561년에 세워진 창녕비에서는 탁부 25명, 사탁부 14명, 본피부 1명, 불명 3명으로 총 39명이다. 567년에 세워진 북한산비에서는 탁부 5명, 사탁부 3명으로 총 8명이다. 568년에 세워진 마운령비에서는 탁부 11명, 사탁부 6명, 본피부 2명, 불명 1명으로 총 20명이다. 568년에 세워진 황초령비에서는 탁부 11명, 사탁부 4명, 불명 5명으로 총 20명이다. 각 부별 인원수는 탁부 66명, 사탁부 40명, 본피부 4명, 불명 14명으로 총 124명이다. 따라서 문헌에서 왕비족으로 보아왔던 모량부 박씨는 중고 시대에 한미한 세력으로 왕비족이 아니다. 왕비족은 사탁부이다.

본피부가 있던 모량리 일대는 신라 왕경 6부의 방리제와는 거리가 먼 곳이

다. 그렇다면 제3세력인 본피부가 모량리 일대에만 살았다고 해석할 것인가? 그래서 14호 목간 本波部△△村△△△△(앞면) 米一石私(뒷면)에서와 같이 본피부 다음에 △△村이란 촌명이 나온다는 것인가? 591년의 남산신성비 제3비에서는 喙部에 主刀里가 나오고, 월성해자 9호 목간에서는 習比部에 소속된 上里, 阿今里, 岸上里가 나오고, 牟喙部에 소속된 仲里, 新里, 上里, 下里가 나와서 습비부와 모탁부도 신라 6부가 자랑하는 왕경의 坊里制 속에서 삶을 누렸다고 판단된다. 방리제는 신라 6부인만이 누릴 수 있는 자부심이자 자랑꺼리였다. 그런 6부인의 자긍심을 포기하고 모량리에서 신라 6부의 제3세력인 본피부가 살았다고는 볼 수가 없다.

14호 목간 本波部△△村△△△△(앞면) 米一石私(뒷면)에서 본피부 다음에 △△村이란 촌명이 나온다. 이를 어떻게 해석할 것인가? 모량리가 본피부의 아성이고, 여기에서만 본피부인이 살았다고 볼 수가 있다. 이럴 경우 본피부 보다 세력이 형편없는 한지부와 습비부와 모탁부도 방리제 안에 사는데 본피부는 왜 방리제 안에서 못살까? 모량리 일대에 방리제가 실시되지 않고 있어서 문제이다.

본피부인은 모량리에도 살고, 신라 왕경 6부의 방리제 속에서도 살았다고 판단된다. 방리제에 소속된 곳은 ~里로 나오지만 방리제에 소속되지 않는 곳은 ~村(城)으로 불리었다고 판단된다. 이렇게 되면 신라 6부의 위치는 방리제가 실시된 곳으로 ~里로 불리는 곳과 방리제가 실시되지 못한 ~村(城)으로 구성되어 있다.[38] 탁부(왕족), 사탁부(왕비족), 본피부, 모탁부, 습비부, 한지부 등이 모두가 그랬을 것이다.

종래 신라 6부 연구는 『삼국사기』·『삼국유사』 등 문헌에만 의지해 주로 위치 비정에 신경을 써 왔다. 그래서 금석문을 잘못 이해해 실성왕과 눌지왕의 소속부는 탁부, 지증왕은 사탁부, 법흥왕은 탁부, 그의 동생인 입종갈문왕은 사탁

---

38) 이는 어디까지나 고신라의 이야기이고, 통일신라시대에는 방리제가 북천 등의 밖으로나 보문들로 확대된다.

부 소속으로 이해해 왔다. 이는 잘못된 것이다. 탁부는 왕족, 사탁부는 왕비족이다. 그래서 왕에 따라서 부가 바뀔 수가 없다. 신라 6부를 목간 자료에 의해 왕경의 방리제가 실시된 지역에서는 ~里라고 불렀고, 북천, 서천, 남천 밖의 방리제가 실시되지 않는 곳에서도 6부의 일부가 존재했으며, 이들 지역은 ~村(城)으로 불렀다.

이러한 가설은 앞으로 금석문 자료와 목간 자료의 출현에 따라서 그 가능성이 탄력을 받을지 여부가 결정 나겠지만 현재까지의 자료로는 모험이 가깝다. 신라 왕경의 조방제와 관련지울 때, 경주 분지에서는 5세기 2단투창고배의 출토가 전무하다는 것이다.[39] 물론 황남대총을 비롯한 읍남고분군에서는 많이 나오지만 생활 유적에서는 나오지 않고 있다.

방리제가 실시된 지역에는 ~里라고 불렀고, 방리제가 실시되지 않은 6부의 일부분 지역에서는 ~村(城)이 있었다는 것은 금석문과 목간을 통한 해석이므로 신라 6부 연구의 한 기준이 될 수가 있다. 문헌에서는 중고 왕실의 왕비족이 모탁부라고 잘못 기재되어 있다. 중고 왕실의 왕비족은 사탁부이다. 이는 539년 울주천전리서석 추명의 분석으로 분명하게 되었다. 그리고 중고 금석문의 부별 인명수에서도 모탁부는 1명도 없다. 대신에 사탁부는 40명으로 66명의 탁부를 근접하고 있다.

Ⅷ. 자료의 해석

1호 목간 壬戌年安居礼甘麻谷 '壬戌年(442년)에 安居礼와 甘麻谷가 낸 뭐이다.'
2호 목간 躭伐 '자세한 해석은 불가능하고 지명의 일부일 가능성이 있다.'

---

39) 조성윤 박사의 교시를 받았다.

3호 목간 △(卯)年王私所利(珎)習△△麥石 '(丁)(卯)年(547년?)에 王私(땅 이름) 所利(珎)(행정촌명) 習△△(인명)이 낸 麥 1石이다.'

4호 목간 奈(奴寃)積作稻石伐(食)軍 '이 목간은 단 면이지만 인명 표기가 나오는 짐꼬리표목간이 아니고, 문서목간으로 그 해석은 거의 불가능하다.'

6호 목간 丙寅年(王私)△分△△休 '丙寅年(546년)에 王私(많은 곡식을 생산하는 땅 이름) △分△(행정촌명) △休가 낸 것이다.'

7호 목간 丙寅年次谷鄒 ㄋ 下麥易大(豆)石 '丙寅年(546년)에 次谷鄒 ㄋ (행정촌명) 아래의 보리를 易大(豆)가 1石을 냈다.'

9호 목간 夲(城)△(珎)△△ '夲(城)(행정촌명)의 △(珎)△△가 낸 뭐이다.'

14호 목간 夲波部△△村△△△△(앞면)

米一石私(뒷면) '夲波部(6부명 가운데 하나)의 △△村(행정촌명)의 △△△△가 낸 米 1石私(많은 양의 쌀)이다.'

15호 목간 △村王私禾△△△(之) '△村(군명) 王私(땅 이름) 禾△△(행정촌명)의 △(之)(인명)이 낸 뭐이다.'

16호 목간 安居利干支 私 男谷村支之 '安居利(인명) 干支(외위명)와 私男谷村(행정촌명)의 支之(인명)가 낸 뭐이다.'

IX. 맺음말

먼저 대구시 북구 노곡동 산 1-1번지에 위치한 팔거산성과 그 주변의 고고학적인 환경을 살펴보았다.

다음으로 대구 팔거산성에서 출토된 총 16점 가운데에서 묵서가 비교적 양호한 10점의 판독문을 제시하였다.

그 다음으로 팔거산성 목간 가운데 16호에 나오는 干支란 외위가 금석문에서 대개 540년경을 하한으로 한 점을 토대로 1호 목간의 壬戌年은 542년으로, 6호 목간과 7호 목간의 丙寅年은 546년으로 각각 보았다.

그 다음으로 王私 목간 3점은 종래 왕 · 왕실이 소유하는 예속민으로 보아 왔으나 14호 목간의 石私란 구절에 의해 王私가 많은 곡식을 생산하는 땅 이름으로 보았다.

그 다음으로 고신라 목간에 유일하게 나오는 石私를 함안 성산산성 목간의 斗石이란 구절과 대비해 私도 石보다 많은 부피를 가리키는 하나치로 보았다.

그 다음으로 팔거산성 14호 목간에 의해 신라 6부가 방리제가 실시된 지역에는 ~里가 있었고, 그렇지 않는 곳에서는 ~村(城)제가 실시되었다고 판단된다. 신라 6부를 보다 넓게 보게 되었다.

마지막으로 팔거산성 16점 목간 가운데 묵서가 비교적 잘 남아있는 10점을 전부 해석하였다.

제7절

부산 盃山山城 출토 목간의 새로운 해석

Ⅰ. 머리말

부산 배산산성은 부산직할시 연제구 연산동 배산(해발 254m)에 소재한 포곡식산성이다.[1] 주위에 방어 유적으로는 동남쪽에는 8~9세기에 축성되었다고 추측되는 東萊郡의 고성이 있고, 북쪽에는 조선시대의 동래읍성이 있다.

목간은 고고학적인 유물이다. 고고학의 목적은 생활사의 복원이다. 곧 의, 식, 주, 정신세계의[2] 복원이다. 문헌에서 다루지 못할 분야로 구석기시대 들소를 어떻게 구석기인들이 사냥할까? 석기와 골각기로 만든 창으로 들소에 던져서 잡을 수가 없다. 들소 가죽이 단단해서 창이 들어가지 않는다. 지형이 한쪽이 평지를 이루다가 낭떠러지가 되는 곳으로 몰아서 죽거나 다친 들소를 주어서 사냥하는 것이다. 신석기시대 고래는 어떻게 잡을까? 작은 배를 타고 여럿이 바다로 나가서 고래를 내(川)가 있는 곳으로 몰아서 물이 얕아져서 모래톱에 걸리면 여러 사람이 힘을 합쳐서 잡는다고 한다.

역사고고학에 있어서 문헌이 할 수 없는 대표적인 예를 무령왕릉(525년)을

---

1) 한국 고대 산성에는 포곡식 산성과 테뫼식 산성이 있다. 포곡식 산성은 골짜기와 계곡을 외워 싸는 것이고, 테뫼식 산성은 하나의 산봉우리의 8부 능선쯤에 외워 싸는 것이다. 방어용으로 산성은 최후의 보루이므로 물의 습취가 중요하다. 물의 습득에서는 계곡도 둘러쌓기 때문에 포곡식 산성이 유리하다.

2) 초보적인 정신세계의 복원으로 김창호, 「신석기시대 토착신앙 문제」『신석기학보』 12, 2006이 참조된다.

들어보자. 무령왕릉에서는 백제 토기가 단 1점도 출토되지 않아서 백제 고분 연구에는 조금도 도움이 되지 않고, 일본의 고분 후기(6세기)의 고분에 많이 나오는 용봉문환두대도 편년에 중요한 단서가 되었다. 절대 연대가 가장 오래된 등잔으로 사용된 중국 백자가 나와서 사치와 과소비로 해석된다. 중국 백자로 등잔으로 쓰면 백제 토기로 쓰는 것보다 더 밝은가? 이것뿐이 아니다. 목간의 나무도 수입한 일본제 金松으로 만든 것이고, 전축분은 요즈음으로 보면 이탈리아제 대리석으로 지은 집이다. 백제의 멸망이 가장 먼저인 것은 당연하다. 같은 시기 신라는 520년경에 고비용의 적석목곽묘 대신에 저비용의 횡혈식석실분을 채택했다. 그 결과 적어도 신라는 1/10 정도의 무덤에 드는 비용을 전 국토에 걸쳐서 줄었다. 곧 수도였던 경주에는 적석목곽묘가 횡혈식석실분으로, 지방에는 수혈식석곽묘가 횡혈식석실분으로 바뀌어서 추가장도 가능해 그 비용이 절감되었다. 이렇게 무덤을 쓰는데 있어서 비용 절감은 562년 대가야와의 전쟁에서 승리했고, 삼국 통일의 원동력의 하나가 되었다.

이처럼 문헌과 고고학은 역사를 복원하는 데에 차이가 있다. 최근에 발견된 금관총 3루환두대도 검초부속구에서 나온 尒斯智王이 훈독과 반절로 넛지왕이 되고, 눌지왕과 동일인이고, 그 시기가 458년이란 가설이 성립된다면,[3] 441년 중성리비, 443년 냉수리비, 524년 봉평비, 545년이나 그 직전인 적성비, 561년 창녕비, 567년인 북한산비, 568년 마운령비, 568년 황초령비를 전부 합친 것보다 고고학적으로는 더 중요하다. 금관총의 칼 명문은 尒斯智王과 尒斯智王刀라서 2점을 각각 국보로 지정해야 된다. 尒斯智王이란 4글자가 고신라의 전 금석문의 명문보다 고고학적으로는 중요하기 때문이다. 이 458년이란 절대 연대는 3~8세기의 고고학적인 편년에 있어서 1등 자료이다. 고고학에서 이집트

3) 김창호, 「신라 금관총의 尒斯智王과 적석목곽분의 편년」 『신라사학보』 32, 2014 ; 『고신라 금석문과 목간』 재수록, 2018.
김창호, 「금관총 尒斯智王명문의 재검토」 『신라 금석문』, 2020.
김창호, 「금관총 尒斯智王삼론」 『신라 금석문』, 2020.

고고학으로 유명한 피트리는 '한 조각의 토기 파편은 전 헤로도투스와 맞먹는 가치가 있다.'고 했다. 이 한 조각의 토기 파편이 바로 尒斯智王의 4글자 명문이다. 이 尒斯智王은 발굴이 중지된 적석목곽묘의 처녀분을 발굴해도 110여 기 가운데 내물마립간, 실성마립간, 눌지마립간, 자비마립간, 비처마립간(소지마립간), 지증마립간의 6명 마립간왕릉에서 왕명이 나온다고 해도 내물왕릉으로 추정되는 황남대총과 눌지왕릉인 금관총을 제외하면 4기의 왕릉이 고작이다.

배산산성에서는 집수구 등에서 7세기경으로 볼 수 있는 기와가 나와서 지방 관아 유적으로 보이고, 목간은 지방 관아 관련되는 것으로 보인다. 신라의 기와는 일반적으로 신라에서 고식 단판 6세기 전반~7세기 전반, 신식 단판 7세기 후반(의봉사년개토명, 습부명, 한지명 암키와), 중판은 7세기 후반~9 · 10세기로 판단하고 있다. 지방은 중판이 7세기 후반~8세기에, 경주를 제외한 지방에서는 장판이 9세기 전반부터 출토되고 있다.

2호 집수지에서 출토된 기와는 모두 단판 타날문양 평기와이고, 7세기경으로 볼 수 있다.[4] 안전하게는 6세기 후반에서 7세기 후반이 좋고, 7세기 후반으로도 볼 수 있을 것 같고, 7세기 후반 이후로는 볼 수가 없다. 기와 이외에 집수지에서 출토된 토기는 고분전기의 6세기경, 고분후기의 6~7세기경, 도시유적(도성제)의 8~9세기경 토기가 모두 보이는데 기와는 단판 타날문양 평기와 7세기경으로 편년되는 것만 출토되는 것이 특징이다. 부산박물관 2차 발굴보고서에서는[5] 2020년 보고서에 보고된 기와는 위의 배산성지1에서 출토된 단판 타날문양 평기와는 보이지 않고, 7세기 후반에서 통일신라 말까지 편년되는 중판 타날문양 평기와만 있는 것이 특징이다. 따라서 배산산성은 기와가 나오므로 7세기 후반에는 거칠산군의 郡治가 있던 곳이 확실하다.

---

4) 부산박물관 · 부산광역시 연제구청, 『배산성지 I -2017년 1차발굴조사보고서-』, 2019.

5) 부산박물관 · 부산광역시 연제구청, 『배산성지 II -2018년 2차발굴조사보고서-』, 2020.

여기에서는 기존의 연구개관에서는 지금까지 나온 4편의 논문의 개요를 살펴보겠다. 다음으로 배산산성 목간의 판독안을 전부 제시하여 판독의 기본으로 삼겠다. 그 다음으로 의논이 분분한 목간의 연대를 목간 자체로 살펴보겠다. 그 다음으로 목간의 연구에 중요한 것이 정창원 좌파리가반 부속 문서에도 나오므로 좌파리가반 문서를 살펴보겠다. 마지막으로 배산산성 목간의 새로운 해석을 시도해 보고자 한다.

II. 기존의 연구개관

지금까지 배산산성 목간에 대해서는 4편의 논문이 나왔다.[6] 50자 정도의 문서 목간에 논문이 많은 것은 이례적인 일이다. 그 흔한 외위명조차 없는 데에도 불구하고 좌파리가반 부속 문서와 비교하는 등 그 연구의 깊이가 매우 심도 있다. 失, 受 등이 목간에서 나온 것은 처음이다. 이는 좌파리가반 부속 문서에서도 나오고 있다.

2017년에 발굴 조사를 담당하고 먼저 목간이 출토된 배산산성의 역사지리적 환경에 대한 견해를 제시하였다.[7] 여기에서는 배산이 위치한 연제구 연산동 지역에 대한 역사적 유례는[8] 동래에 대한 최초의 기록은 『삼국사기』, 居道列傳에

6) 나동욱, 「부산 배산성지 출토 목간 자료 소개」 『목간과 문자』 20, 2018.
이용현, 「배산성지 출토 목간과 신라 사회」 『부산 금석문 -역사를 새겨 남기다-』, 2018.
이수훈, 「부산 배산성지 출토 목간의 검토」 『역사와 세계』 54, 2018.
하시모토 시게루(橋本 繁), 「釜山 盃山城木簡의 기초적 검토 -佐波理加盤附屬文書와의 비교를 중심으로-」 『신라사학보』 52, 2021.

7) 나동욱, 앞의 논문, 2018.

8) 부산시사편집위원회, 『부산시사』 제1권, 1989.
동래구지편찬위원회, 『동래구지』, 1995.

서 찾을 수 있다. 신라 탈해왕 때 居道가 干이 되어 于尸山國(울산)과 居漆山國(부산)을 멸했다는 기록이 나온다. 한편 『삼국지』, 위서, 동이전, 한전의 기록에서 변한 12개국 중에 瀆盧國이 보이는데 그 위치에 대해서 거제도설과[9] 동래설이[10] 있다.

복천동 고분군에서는 기원후 2세기경에 해당되는 목관묘가 조사된 바 있다. 이는 복천동 고분의 조영 시작으로 볼 수가 있으며, 6세기 말에 복천동 고분군의 조영이 끝난다. 5세기 후반 온천천의 남쪽 연산동 구릉에 있는 연산동 고분군은[11] 배산산성과의 관계가 주목된다. 연산동의 피장자들이 유사시에 배산산성에 들어가 살고 있었다고 판단되기 때문이다. 그리고 배산산성은 7세기에는 郡治이다.

발굴 조사된 집수지 2에서 나온 목간에 대한 보고는 발굴 담당자에 의해 최초로 2018년에 소개되었다.[12] 여기에서는 年干支를 乙亥年으로 판독하고, 그 시기를 555년, 615년, 675년 가운데 하나로 보고 있다. 배산산성 목간은 752년 이전 문서로 추정하고 있는 정창원 좌파리가반 부속 문서와 유사한 것으로 보고 있다. 배산산성 목간이 1개의 촌락에 한정된 기록으로, 곡식의 품목이 없는 점은 좌파리가반 문서와 차이가 있다고 하였다. 집수지 2호의 출토 유물은 대체로 6세기 중반에서 7세기 초로 편년되어 진흥왕 16년(555년)과 진평왕 37년(615년)이 유력시되고 있다고 하였다.

2018년 신라 목간으로 학위를 하고, 일본에서도 학위를 한 목간 전문가에 의해 배산산성 목간에 대한 연구가 나왔다.[13] 여기에서는 먼저 목간의 적외선사진

---

9) 동아대학교 박물관, 『거제고현성지』, 1991.

10) 정중환, 「독로국고」 『백산학보』 8, 1970.

11) 금관가야의 중심지가 김해 대성동에서 동래 복천동으로, 다시 동래 연산동으로 옮겼다는 가설은 잘못된 것이다.

12) 나동욱, 앞의 논문, 2018.

13) 이용현, 앞의 논문, 2018.

제시와 함께 목간의 판독을 시도하였다. 다음으로 정창원 좌파리가반 부속 문서를 검토하였다. 곧 배산산성 목간과 좌파리가반 부속 문서에 있어서 4가지의 공동점이 있다고 하였다.

첫째 村 단위의 곡식 수수 문서라는 점
둘째 매월 1일을 점검 시점으로 하는 점
셋째 失受라는 독특한 용어를 사용하는 점
넷째 受와 上이라는 세금 납부 용어가 보이는 점

그 다음으로 배산산성의 목간을 검토하였다. 목간을 8개의 단락으로 나누어서 검토하였다. 8단락인 大 …… 는 잘못 판독된 것에 기초한 것이다.

그 다음으로 목간에 나오는 乙亥年을 공반 유물을 바탕으로 6세기 후반에서 7세기 전반으로 보고서 555년, 615년, 675년 가운데 외위 一尺을[14] 읽어서 이는 674년에 외위가 경위로 바뀐 『삼국사기』, 문무왕 14년(674년)의 사료를 중시하여[15] 555년이 아니면 615년이라고 보았다. 마지막으로 今, 受, 村主,[16] 一尺과 관련지어서 창고 관리 체개에 대한 소견을 밝혔다.

2018년 한국 고대 신라사를 전공한 목간 전문가에 의해 배산산성 목간에 대한 연구가 나왔다.[17] 여기에서는 먼저 목간에 있는 年干支를 乙亥年이나 乙卯年이 아닌 乙未年으로[18] 읽어서 2호 집수지 내부에서 출토된 유물이 6세기~7

14) 이는 잘못 판독한 것으로 배산산성에서는 외위가 나오지 않고 있다.

15) 외위의 소멸은 673년 계유명아미타삼존불비상에 나오는 백제 유이민이 전부 외위가 아닌 경위를 소유하고 있어서 674년이 아닌 673년이다.

16) 村主도 잘못 판독한 것이다.

17) 이수훈, 앞의 논문, 2018.

18) 未자와 亥자를 이체자로 쓰면 구분이 어렵다. 가령 己未명 순흥벽화고분의 未자를 한국 고분을 전공한 東潮는 일본에서 이나리야마철검의 獲加多支鹵를 雄略으로 해석한 것으로 유명한 岸 俊男의 교시를 받아서 亥자로 읽고 있다. 여기에서는 하시모토 시게루, 앞의 논문, 460쪽의 적외선 사진에 의해서 亥자의 이체로 읽는 설에

세기 초로 편년됨을 참고로 해서 575년 또는 635년으로 보았다. 다음으로 失受를 '失(期)한 受(納)' 또는 '受(納)을 失(期)한'으로 보았다. 이를 보다 쉽게 풀이하면 '受納 기일을 넘긴(놓친) 것'이 된다. 마지막으로 배산성지 출토 목간은 本阪舍村에서 지방 관아(거칠산군)에 물품을 납부할 때, 약속한 날짜를 넘긴 사실('失受')만을 집중적으로 기록한 장부한 장부임을 확인하였다. 배산성지 출토 목간이 이와 같은 '失受帳簿'인 까닭에, 本阪舍村이 물품의 납부 기일을 넘긴 사실(모두 4건의 '失受')을 목간의 제일 첫머리에 전제하고, 그 구체적인 날짜와 물품 수량을 하나하나 기록되었음을 알 수 있다. 이 장부는 어디까지나 해당 촌과 지방관청 사이에 진행된 특정한 사항('失受')만 기록한 기초자료('失受帳簿')일 따름이다. 당시에 이러한 종류의 기초장부-각 사항별로 기록한 장부-가 여럿 있었으며, 이 기초장부를 두루 모아서 작성한 종합장부가 별도로 존재하였다고 판단된다. 또한 배산성지 목간은 특정한 물품을 빌려준 사실도 기록하였는데(음력 2월 1일), 이 사실은 당시 지방 官府에서 관할하의 村을 대상으로 하여 곡식이 귀할 시기에 곡물을 대여했음을 말해준다. 다만 촌락을 단위로 빌린 물품을 어디에 어떤 방식으로 사용했는지, 村의 구성원 가운데 특정한 인물이 자신이 거주하는 村을 통해서 빌린 것인지, 물품(곡물)의 종류가 구체적으로 무엇인지 물품을 빌리고 나서 갚은 기간이 어느 정도인지 갚을 때의 이자는 얼마나 되는지 등은 목간에 나타난 기록만으로는 알 수가 없다. 배산산성 2호 집수지 출토 목간의 묵서의 전문을 처음으로 해석하였다.

> 제1행 해석문; 本阪舍村에서 受納 기일을 넘긴(놓친) 것이 지금의 (기준으로 모두) 4件이다. (지난) 乙未年 2월 1일에 3(石 등)을 (本阪舍村이) 빌렸는데 ……
>
> 제2행 해석문; (몇)월 (3일)에 3斗를 (受納하였으며), 4월 1일에 1(석) 3두를 受納하였고, 3월 1일에 (몇 석 또는 몇 두)를 (受納하였는데)……

따른다.

제3행 해석문; (몇월) (4일)에 受納하였는데, 4월 1일의 경우와 上納하는 방법이 동일하였다. ……

2021년 한국의 고대 목간으로 학위를 한 일본인 학자에 의해 배산산성 목간에 대해 치밀한 연구 결과가 나왔다.19) 여기에서는 배산산성은 거칠산군과 밀접하게 관련되는 것이다. 목간의 연대에 대해서는 乙亥年이란 연간지가 나와서 집수지 2의 반출로 볼 때, 555년, 615년, 675년 등으로 그 특정 시기는 알 수 없고, 6~7세기 신라 목간으로 보았다.20) 제목 부분인 '失受'는 국가가 받지 못했다는 뜻으로 해석되어 목간 전체 성격이 거칠산군이 본파사촌으로부터 받지 못했던 곡물을 기록한 것으로 봤다. 그리고 본문에 해당하는 날짜 부분에서 '受'는 거칠산군이 본파사촌으로부터 실제로 받은 곡물을 기록한 것으로 보고, 좌파리가반 문서와 비교해서 날짜와 납부량이 일정하지 않는 것이 본파사촌의 납부가 제대로 이루지 못했던 것을 뜻한다고 해석하였다. 결국 배산산성 목간은 촌을 단위로 한 곡물 납부가 규정대로 이루어지지 못한 것을 군에서 기록한 장부로 볼 수가 있다고 하였다.

III. 목간의 판독과 조성시기

목간은 하단이 파손되었지만 상단과 좌우 측면은 원형을 유지하고 있다. 처음 현존 길이 29cm, 너비 6cm 정도라고 보고 되었다.21) 하단에 파편이 접속되

19) 하시모토 시게루, 앞의 논문, 2021, 459쪽.

20) 하시모토 시게루, 앞의 논문, 2021, 461쪽에서는 乙亥年을 735년일 가능성에 의문을 던지고 있다.

21) 나동욱, 앞의 논문, 2018, 370쪽.

어서 보고서에서는 길이 31.7cm, 너비 6.0cm 두께 0.4cm로 수정하였다.[22] 보고서에서는 아래에 결입부가 있다고 하였다.

<나동욱 판독안>[23]
地阪(谷)村 失受 △ 今△ 卄四斗乙亥年二月一日(宿 · 借)三△△(受)
朔卄一日三斗 四月一日受一(石)三斗 三月一日△
△(月)(一)(日)(受)四月一日上法同△(日)村(主) △△斗
<이용현 판독안>[24]
大阪 村 失受 △ 今知 四 乙亥年 二月一日 △三
朔△△三斗 四月一日 受一石四斗 三月一日 △△△
△一尺 四月一日 上法 用△ 村主 只△斗
大
<이수훈 판독안>[25]
本阪舍村 失受△今△△四乙未年二月一日借三 ……
朔(三)日三斗 四月一日受一(石)三斗 三月三日(受) ……
(朔)四日受 四月一日 上法同 ……
<보고서 판독안>[26]
大(阪)?村 失受△ 今知 四乙(亥/卯)年 二月一日?三
朔(卅日)三斗 四月一日受一(石)四斗 三月一日?
大(㚖/谷)史 四月一日 上法用?村主主(只)?
<특별전 판독안>[27]
大阪舍村失受△今知△△四乙亥年二月一日借三 ……
朔△日三斗 四月一日 受一石三斗 三月一日(受) ……
朔△日受 四月一日 上法用△村主只 ……

---

22) 부산박물관 · 부산광역시 연제구청, 앞의 보고서, 2019, 144쪽.

23) 나동욱, 앞의 논문, 2018, 372쪽.

24) 이용현, 앞의 논문, 2018, 316쪽.

25) 이수훈, 앞의 논문, 2018, 210쪽.

26) 부산박물관 · 부산광역시 연제구청, 『배산성지 I -2017년 1차발굴조사보고서-』, 2019, 144쪽.

27) 부산박물관 성과전 '배산성 감춰진 역사의 비밀을 열다.' 전시 패널의 판독문.

<하시모토 시게루(橋本 繁) 판독안>[28]
本波舍村失受 …… 四乙亥年二月一日値三
朔 …… 日三斗三月一日受一石三斗 三月 ……
…… 受四月一日上法同 ……
<김창호 판독안>
夲波舍村 失受△今知△四乙亥年二月一日借三(月)
朔△日三斗 三月一日 受一石三斗 三月 ……
…… 受四月一日上法同 ……

목간의 연대는 제①행의 乙亥年이 쥐고 있다. 이를 乙未年이나[29] 乙卯年으로[30] 읽기도 하나 乙亥年이 옳다. 乙亥年의 연대에 관해서는 제③행에 외위 一尺을 판독하여 674년 이전으로 보기도 했다.[31] 하지만 이 글자는 受자와 같은 글자로 보인다.

목간의 내용을 통해서는 연대를 추정할 수 있는 실마리가 없다. 그래서 집수지 2에서 목간과 함께 출토된 유물을 통해 조사할 도리밖에 없다. 목간과 함께 나온 유물의 연대를 집수지내 퇴적층 조사에서 6세기 중반이후 7세기 초의 것으로 편년되는 인화문토기편과 완 · 호 · 기와 등이 바닥에서 확인되어 그 시기를 555년과 615년일 가능성이 크다고 보았다.[32]

하지만 보고서는 Ⅷ층 내부에서 통일신라시대 기와와 도질토기가 출토되었다고 해서 연대를 615년 혹은 675년으로 추정했다.[33] 특별전 설명문에도 '집수

---

28) 橋本 繁, 앞의 논문, 2021, 459쪽.

29) 이수훈, 앞의 논문, 2018, 216쪽.

30) 부산박물관 · 부산광역시 연제구, 앞의 보고서, 2019, 144쪽. 다만 제③ · ② · ①행으로 된 것을 제① · ② · ③행으로 고쳤다.

31) 이용현, 앞의 논문, 2018, 321~322쪽.

32) 나동욱, 앞의 논문, 2018, 372~373쪽.

33) 부산박물관 · 부산광역시 연제구, 앞의 보고서, 2019, 55쪽 및 144쪽.

지 축조 수법, 목간과 같이 출토된 토기와 기와의 제작 연대를 보았을 때, 615년 또는 675년으로 추정된다.'라고 하므로 615년이나 675년이 공식적인 견해로 보인다. 그런데 출토 유물을 고려한다면 735년일 가능성도 있어서 목간을 삼국에서 통일기 신라의 목간으로 보았다.[34]

이 목간의 연대 해결의 열쇠는 578년에 세워진 대구무술명오작비가 쥐고 있다. 제①행에 나오는 戊戌年十一月朔十四日이 그것이다. 이는 朔이 아무 필요가 없는 글자가 아니라[35] 十一月의 朔이 『삼정종람』·『이십사삭윤표』에서 戊戌이다. 곧 年干支와 月의 朔이 동일해서 月의 朔이 생략되었다. 이렇게 보면 乙亥年의 乙亥도 三月의 朔이 되어야 한다. 375년, 435년, 495년, 555년, 615년, 675년, 735년, 795년, 855년에서 三月의 朔이 乙亥인 해는 없었다. 『魏書』, 천상지와 『장술집요』에 따를 때, 달력을 二月의 朔인 乙亥를 三月로 보거나 四月의 朔인 乙亥를 三月로 보기도 하였다. 곧 乙亥年 二月 乙亥朔나 乙亥年 四月乙亥朔를 三月乙亥朔로 잘못 본 것으로 보인다. 그러면 乙亥年는 목간은 675년이 되어 고신라 말기의 것으로 통일기 신라의 것은 아니다.

IV. 좌파리가반 부속 문서와의 관계

배산산성 목간에는 受, 失受 등이 나와서 좌파리가반 문서와의 비교검토가 불가피하다. 우선 설명의 편의를 위해 좌파리가반 문서의 전문을 제시하면 다음과 같다.

---

34) 橋本 繁, 앞의 논문, 2021, 461쪽.

35) 목간에 글씨를 좁은 공간이기 때문에 소용이 안 되는 글자를 적을 필요가 없다. 곧 목간의 글자는 고신라 금석문과 마찬가지로 한자 한자가 중요한 의미가 있다.

(앞면)

犭接五

馬於內 上犭一具上仕之 犭尾者上仕而汚去如

巴川村正月一日上米四斗一刀大豆二斗四刀二月一日上米
四斗一刀大豆二斗四刀三月米四斗

(뒷면)

米十斗失受

永忽知乃末受丑二石上米十五斗七刀 之直大舍受失二石
上米十七斗丑一石十斗上米十三斗 熱△山大舍受丑二石
上米一石一斗

우선 丑과 失의 의미가 문제이다. 吏讀 전문가에 의해 최초로 丑과 失이 대한 견해가 나왔다.[36] 곧 失은 實의 假借표기로서 '잣'을 가리키는 것으로 볼 수 있고, 丑은 '秋(楸)'의 가차표기로서 '호두(胡桃, 楸子, 가래)를 가리키는 것'이라고 했다. 일본의 고대사에 밝은 일본 학자에 의해 이에 대한 연구 성과가 나왔다.[37] 여기에서는 '丑'은 어떤 곡물, '失'은 '受失'로서 받지 못했다는 뜻으로 이해했다. 그 뒤에 신라 고문서와 목간에 대해 조예가 깊은 사학자에 의해 좌파리가반 문서에 대한 가설을 내놓았다.[38] 여기에서는 '丑'은 12개월의 월봉, '失'은

---

36) 남풍현, 「第二新羅帳籍에 대하여」『미술자료』 19, 1976 ; 「일본 정창원 소장의 신라 출납장」『이두연구』, 2000, 287~288쪽.

37) 鈴木靖民, 「正倉院佐波理加盤附屬文書の解讀」『末松保和博士古稀記念 古代東アジア史論集』 上, 1978 ; 『古代對外關係史の研究』, 1985, 347~349쪽.
여기에서는 좌파리가반 부속 문서의 작성 시기를 天平勝寶 4年(752년)에 작성된 買新羅物解에 기입된 迊羅五重鋺이 정창원 창고에 납입된 과정을 중시하여 752년 이전으로 보았다. 배산산성 목간의 작성 연대가 675년이고, 大舍가 금석문에서 합자되는 예는 673년의 癸酉銘阿彌陀三尊佛碑像에 있어서 正倉院 佐波理加盤附屬文書의 작성 시기를 670년대로 보아야 되고, 이 문서가 일본의 정창원에 들어간 시기는 752년 이전으로 보아야할 것이다.

38) 윤선태, 「正倉院 所藏 '佐波理加盤附屬文書'의 新考察」『국사관논총』 74, 1997,

'지난달에 유고로 인해 수령하지 못했던 前月의 월봉'으로 해석하였다.

2010년에 들어와 일본의 지방목간연구전문가에 의해 正倉院 佐波理加盤附屬文書를 전혀 새로운 각도에서 연구되었다.[39] 여기에서는 '丑'을 '籾' 곧 탈곡하기 전의 쌀을 뜻하는 한자로 보고,[40] '上米'를 '上(納)한 쌀'로 이해하고, 문서 뒷면의 내용을 '관청이 관청에 수납되어 있던 丑을 각 관인에게 지급하여 이를 탈곡하여 上納하게 했다는 것을 알 수 있는 기록'이라고[41] 해석하였다.

이제 正倉院 佐波理加盤附屬文書를 해석할 차례가 되었다.

> 공물 문서는 '犭接五는 물품 창고의 일련 번호. 馬於內(지명)에서 上等의 犭(豹) 1구를 바쳤다. 그 꼬리도 바쳤으나 더렵혀졌다.'
> '巴川村에서 正月 一日에 上米 四斗一刀, 大豆 二斗四刀를 바쳤고, 二月一日에 上米 四斗一刀, 大豆 二斗四刀를 바쳤고, 三月에 米四斗를 바쳤다.' 이 두 가지는 모두 供物 문서이다.
> '…… 米十斗, 失을 받았는데[42] …… 이다. 永忽知 乃未이 丑 二石, 上米 十五

304~309쪽.

39) 平川 南, 「正倉院佐波理加盤附屬文書の再檢討 -韓國木簡調査から-」『日本歷史』750, 2010.

40) 탈곡하기 전의 쌀은 볏짚이 붙어있는 벼로 이는 丑이다. 丑은 탈곡을 하지 않으면 운반과 보관이 어려워서 안 된다. 우리나라에서 탈곡한 벼로 주로 漕運을 통해 운송하고, 탈곡한 벼로 보관한다. 탈곡하지 않고 보관하려고 하면 보관 창고가 엄청나게 커야 하기 때문에 그 비용이 엄청나게 든다. 볏짚은 노천에 그냥 재어 놓으면 되고, 탈곡한 벼의 낟알을 보관하면 보관비용이 훨씬 적게 든다.

41) 上米를 上納하는 쌀로 해석했으나 上米는 上品쌀로 판단되어 받은 녹봉 품목 가운데 하나로 판단된다. 녹봉의 품목으로는 上米 이외에도 丑(벼), 失(보리)가 있다.

42) 하시모토 시게루, 앞의 논문, 2021, 465쪽에서 '受失'는 관인이 국가로부터 받지 못했다. '失受'는 반대로 국가가 관인으로부터 규정대로 받지 못했다로 해석하고 있으나 지나친 해석이다. 왜냐하면 失이 보리이기 때문이다. 곧 '受失'은 '보리 얼마를 받았다'는 뜻이다. '失受'는 '보리를 받은 것은' 정도로 해석된다.

斗七刀를[43] 받았다. 之直大舍가 失 二石, 上米 十七斗, 丑 一石十斗, 上米 十三斗를 받았다. 熱△山 大舍가 丑 二石, 上米 一石一斗를 받았다.' 이는 祿俸 문서이다.

여기에서는 丑은 도정하지 않고, 탈곡한 뒤의 벼(나락)를 의미하고, 失은 쌀, 보리, 조, 콩, 기장의 5곡[44] 가운데 도정하지 않고 탈곡한 보리를 의미한다.[45] 丑은 논벼, 失은 밭벼일 가능성도 고려해 보았으나 그 가능성은 없는 것으로 보았다.

---

43) 上米 十五斗七刀를 米(쌀) 十五말 七되를 上納했다고 일본학계에서는 해석하고 있으나 여기에서는 上米를 上品쌀로 해석하고, 녹봉의 하나라고 해석한다. 앞의 공물 문서에 二月一日上米四斗一刀大豆二斗四刀三月米四斗라고 해서 米도 나오고, 上米도 나오기 때문이다.

44) 좌파리가반 문서에 上米, 米, 丑, 大豆가 나오는 데에도 불구하고, 丑(나락) 다음으로 중요한 곡식인 보리가 안 나오는 것에 대해서 주목할 필요가 있었다.

45) 녹봉 문서에서 之直大舍受失二石과 熱△山大舍受丑二石은 구조적으로 같다. 之直大舍受失二石에서 之直大舍가 失(보리)二石을 받았다고 해석되는 점과 熱△山大舍受丑二石에서 熱△山大舍가 丑(벼)二石을 받았다고 해석되는 점은 주목해야 할 것이다. 失受가 米十斗失受 …… 에 보이는 점과 부산 배산산성 목간에 보이는 점은 주목된다. 부산 배산산성 목간에서는 곡물명이 나오지 않고 있다. 그 이유를 간과해왔다. 왜냐하면 失이 보리의 탈곡한 낟알이란 사실을 몰랐기 때문이다. 배산산성 목간에서 촌명이 있는 것은 좌파리가반 문서의 巴川村이 나오는 공물 문서를 따랐고, 受로 적어서 月別로 날짜를 적은 것도 공물 문서를 따랐지만 곡식의 명칭이 없고, 受, 失受라는 한자는 공물 문서에는 없고, 녹봉 문서에만 나온다. 그래서 배산산성의 목간을 해독하기가 어려웠다. 연구자들은 모두 좌파리가반 문서를 비교의 대상으로 했으나 배산산성 목간에 월별로 날짜가 나오는 데에도 불구하고 丑(나락), 大豆, 上米, 米 등의 곡식은 찾지 못했다. 배산산성 목간에서 失受의 失이 보리 낟알로 추정되는 바이다. 그래야만 배산산성 목간의 해석이 된다. 이 목간으로 관인층인 …… 米十斗失受(乃末이나 그 보다 높은 관등을 가진 자)와 관인층인 之直大舍와 배산산성 목간에 나오는 △今知△(빈민구제 대상인 평민)도 보리밥을 먹었다고 판단된다.

V. 배산산성 목간의 새로운 해석

이제 배산산성의 목간을 해석할 차례가 되었다. 우선 설명의 편의를 위해 다시 목간의 전문을 제시하면 다음과 같다.

> 本波舍村 失受△今知△四乙亥年二月一日借三(月)
> 朔△日三斗 三月一日 受一石三斗 三月 ……
> …… 受四月一日上法同 ……
> '本波舍村에서 失(보리)를 받은 것은 △今知△가 4번째이다. 乙亥年二月一日에 (보리를) 借했고(빌렸고), 三(月)朔△日에 (보리를) 三斗를 받았고, 三月一日에 (보리를) 一石三斗를 받았고, 三月 …… 받았고, 四月一日에 上法(三月一日의 것)과 같고, ……'

군치는 거칠산군으로 추정되고, 나누어주는 보리의 양이 적어서 군에서 행정촌인 本波舍村에 사는 가난한 평민들에게 보리를 주는 빈민구제와 관련된 목간으로 보인다. 우리나라에서 빈민구제와 관련된 동시대 자료가 처음으로 출토되었다.

VI. 맺음말

먼저 지금까지의 연구부분에서는 나온 4가지의 견해의 개요를 소개하였다. 논문의 결론을 소개하였다. 대개 정창원 좌파리가반 부속 문서와 관련지어서 失受를 대개 받지 못했다는 뜻으로 해석하고 있다. 失受를 받지 못했다고 해석하려고 하면, 失受를 不受로 해야 할 것이다.

다음으로 지금까지 배산산성에 나온 6개의 판독안에 대해 소개하였다. 의견의 일치를 보이는 판독안도 있어나 차이가 있는 곳도 많았다.

그 다음으로 목간의 연간지는 乙亥年으로 거의 의견의 일치를 보이고 있으나 『이십사삭윤표』를 통해 乙亥朔을 675년으로 보았다.

그 다음으로 본 목간에서 나오는 受와 失受가 正倉院 佐波理加盤附屬文書에도 나와서 이에 대한 전문을 해석하였다. 앞면은 공물 문서이고, 뒷면은 녹봉문서이었다. 또 丑은 탈곡한 벼, 失도 탈곡한 보리로 보았다.

마지막으로 목간의 내용에 대해 살펴보았다.

> '本波舍村에서 失(보리)를 받은 것은 △今知△가 4번째이다. 乙亥年二月一日(보리를) 빌렸고, 三(月)朔△日에 (보리를) 三斗를 받았고, 三月一日에 (보리를) 一石三斗를 받았고, 三月 …… 받았고, 四月一日에 上法(三月一日의 것)과 같고, ……'

군치는 거칠산군으로 추정되고, 나누어주는 보리의 양이 적어서 군에서 행정촌인 本波舍村에 사는 가난한 평민들에게 보리를 주는 빈민구제와 관련된 목간으로 보았다.

제8절

금석문 자료로 본 신라 골품제의 형성

Ⅰ. 머리말

신라 골품제 사회에서는 신분에 따라 관복의 색깔이 달랐으며, 집의 크기나 기와를 쓰는 종류에도 제한이 있었다. 관직에 따라서 골품 별로 할 수 있는 것과 할 수 없는 것이 정해져 있었다. 그야말로 금 숟가락을 물고 태어난 사람, 은 숟가락을 물고 태어난 사람, 구리 숟가락을 물고 태어난 사람 등으로 구별할 수가 있다. 신라 중고 시대에 있던 성골, 진골, 6두품, 5두품, 4두품의 구분은 대단히 엄격하지는 않았던 것 같다.[1)]

적석목곽묘를 통해 신분을 해석한 가설이 있다.[2)] 여기에서는 성골로는 표형분으로 황남대총과 서봉총, 단일원분으로 천마총, 금관총, 금령총, 식리총, 호우총, 은령총, 노서리 138호분이고, 진골로는 표형분으로 황오리 14호분, 황오리 1호분, 황오리고분, 황오리 54호 을총, 보문리부부총, 단일원분으로 황남동 110호분, 황오리 54호 갑총, 황오리 4호분, 황오리 5호분이 그 예이다. 성골은 법흥왕부터 진흥왕, 진지왕, 진평왕, 선덕여왕을 거쳐서 진덕여왕까지 6명의 왕이다. 그렇다면 적석목곽묘의 연대를 법흥왕의 사망 시기인 540년 이후로 보아야

---

1) 441년 중성리비에서 그 비의 주인공인 관등도 없는 牟旦伐에게 宮(居館)을 빼앗아 주는 것을 보든지, 443년 냉수리비에서 관등도 없는 節居利에게 財를 證尒하는 것을 보면 더욱 골품제의 신분적인 질서가 느슨했다고 판단된다.

2) 최병현, 「고신라 적석목곽분 연구(하)」『한국사연구』 32, 1981.

할 것이다. 곧 적석목곽묘와 골품의 연결은 불가능하다고 판단된다.[3]

여기에서는 먼저 5세기의[4] 골품제를 금석문 자료를 통해서 살펴보고 나서, 다음으로 6세기의 골품제를 금석문 자료를 중심으로 살펴보고 나서, 그 다음으로 5두품의 관등명의 사용에 있어서 완충제 역할을 한 점을 금석문 자료를 중심으로 살펴보고, 마지막으로 골품제와 6부를 금석문 자료를 중심으로 살펴보고자 한다.

II. 5세기의 골품제

5세기 금석문은 비의 주인공이 반드시 나온다. 곧 중성리비의 牟旦伐, 냉수리비의 節居利가 그것이다. 6세기 금석문에는 비의 주인공이 없다. 6세기 금석문에서는 왕의 隨駕에 반드시 州의 장관인 軍主가 동행하나 5세기 금석문에서는[5] 郡의 장인 道使가 동행한다. 이 道使를 창녕비 제⑤ · ⑥행의 大等与軍主

3) 毛利光俊彦, 「朝鮮古代の冠」『西谷眞治先生古稀記念論文集』, 1993에서 98호분을 눌지왕릉으로, 금관총을 479년에 죽은 자비왕릉으로, 천마총을 500년에 죽은 소지왕릉 또는 514년에 죽은 지증왕릉으로 각각 보았다. 이렇게 왕릉을 비정하는 것은 문제가 많다. 왜냐하면 금관총에서 3루환두대도 검초 단금구에서 尒斯智王이란 명문이 나와서 이를 훈독하면 너사지왕이 되고, 다시 반절로 읽으면 넛지왕이 된다. 이는 눌지왕과 음상사이다. 그러면 금관총은 458년의 눌지왕 무덤이 된다. 98호분(황남대총) 남분은 금관총 보다 선행하므로 실성왕은 시해당하고 죽어서 후장이 어려워서 내물왕릉이 되고, 천마총은 5세기 4/4분기의 왕비릉이다.

4) 5세기 금석문 자료가 경주 금관총 3루환두대도 검초 단금구에서 尒斯智王이라고 알려진 바, 이 명문에 대해서는 다음의 논문을 참조하기 바란다.
김창호, 「신라 금관총의 尒斯智王과 적석목곽묘의 편년」『신라사학보』 32, 2014.
김창호, 「금관총 尒斯智王명문의 재검토」『신라 금석문』, 2020.
김창호, 「금관총 尒斯智王삼론」『신라사학보』, 2020.

5) 중성리비를 441년으로 보는 견해는 다음과 같다.

幢主道使与外村主란 구절에 의해 도사를 縣에 파견된 것으로 이해할 수는 없다. 곧 남산신성비 제5비의 …… 道使幢主란[6] 직명도 성립이 가능하다고 본다. 과연 그런지 어떤지를 살펴보기 위해 <표 1> 중성리비의 인명 분석표와 <표 2> 냉수리비의 인명표를 제시하면 다음과 같다.

<표 1> 중성리비의 인명 분석표

직명	출신지명	인명	관등명
	(喙部)	折盧(智)	王
	喙部	習智	阿干支
	沙喙	斯德智	阿干支
	沙喙	尒抽智	奈麻
	喙部	牟智	奈麻
夲牟子	喙	沙利	
위와 같음	위와 같음	夷斯利	
白爭人	喙	評公斯弥	
위와 같음	沙喙	夷須	
위와 같음	위와 같음	牟旦伐	
위와 같음	喙	斯利	壹伐
위와 같음	위와 같음	皮末智	
위와 같음	夲波	喙柴	干支

강종훈, 「포항중성리신라비의 내용과 성격」『한국고대사연구』 56, 2009.
노중국, 「포항중성리비를 통해 본 마립간시기 신라의 분쟁처리 절차와 6부체제 운영」『한국고대사연구』 58, 2010.
김창호, 「포항 중성리 신라비의 재검토」『신라사학보』 29, 2013.
홍승우, 「포항중성리신라비를 통해 본 신라의 부와 지방 지배」『한국문화』 66, 2014.
냉수리비를 443년으로 보는 견해는 다음과 같다.
문경현, 「영일냉수리신라비에 보이는 부의 성격과 정치운영절차」『한국고대사연구』 3, 1990.
김창호, 「영일냉수리비의 건립 연대 문제」『구곡황종동교수정년기념사학논총』, 1994.

6) 진홍섭, 「남산신성비의 종합적 고찰」『역사학보』 26, 1965 참조.

직명	출신지명	인명	관등명
위와 같음	위와 같음	弗乃	壹伐
위와 같음	위와 같음	金評△	干支
使人		祭智	壹伐
奈蘇毒只道使	喙	念牟智	
	沙喙	鄒須智	
	위와 같음	世令	
	위와 같음	干居伐	
	위와 같음	壹斯利	
	蘇豆古利村	仇鄒列支	干支
	위와 같음	沸竹休	
	위와 같음	壹金知	
	那音支村	卜步	干支
	위와 같음	走斤壹金知	
	위와 같음	珎伐壹昔	
		豆智	沙干支
		日夫智	
	(沙喙)	牟旦伐	
	喙	作民	沙干支
使人		卑西牟利	
典書		與牟豆	
	沙喙	心刀哩	

<표 2> 냉수리비의 인명 분석표

직명	출신지명	인명	관등명	비교
	喙	斯夫智	王	實聖王
	위와 같음	乃智	王	訥祗王
	珎而麻村	節居利		비의 주인공
	沙喙	至到盧	葛文王	
	위와 같음	斯德智	阿干支	
	위와 같음	子宿智	居伐干支	

직명	출신지명	인명	관등명	비교
	喙	尒夫智	壹干支	
	위와 같음	只心智	居伐干支	
	本彼	頭腹智	干支	
	위와 같음	斯彼暮斯智	干支	
		兒斯奴		
		末鄒		
		斯申支		
典事人	沙喙	壹夫智	奈麻	
위와 같음	위와 같음	到盧弗		
위와 같음	위와 같음	須仇你		
위와 같음	喙	心訾公		耽須道使
위와 같음	喙	沙夫那		
위와 같음	위와 같음	斯利		
위와 같음	沙喙	蘇那支		
村主		臾支	干支	
		須支壹今智		

이들 두 금석문에서 눈에 띄는 것은 관등명이다. <표 1>을 통해 보면, 중성리비에서는 阿干支(2번), 沙干支(2번), 奈麻(2번)가 나온다. 경위에서 우리가 모르는 관등명으로 壹伐(3번)과 干支(2번)가 나온다. 阿干支와 沙干支는 6두품에 해당되는 관등이고, 나마는 5두품에 해당되는 관등이다. 진골과 4두품에 해당되는 관등명은 없다. 이는 신라의 골품제에서 6두품과 5두품이 먼저 형성되고, 진골과 4두품은 보다 늦게 형성되었음을 말하고 있다. 따라서 5세기 단계에 있어서는 아직까지 골품제 가운데 진골과 4두품은 형성되지 않았는 것으로 판단된다.

<표 2>의 냉수리비 인명 분석표에서는 阿干支, 居伐干支(2번)이 나오고, 奈麻가 나온다. 壹干支, 干支(2번)이 나오나 이들은 우리가 모르는 관등명이다. 阿干支와 居伐干支는 6두품에 해당되는 관등명이고, 奈麻는 5두품에 해당되는

관등명이다. 여기에서도 중성리비와 마찬가지로 6두품과 5두품에 해당되는 관등명만 나오고, 진골과 4두품에 해당되는 관등은 나오지 않는다. 이는 골품제가 5두품과 6두품만 형성되었다고 해석된다.

III. 6세기의 골품제

鹽祭碑인지 여부와 岑喙部로 유명한 봉평비는 아직도 수수께끼의 비이다. 잠탁부로 보면 잠탁부가 다른 비에서도 나와야 하는데 그러한 예도 없이 잠탁부 출신자가 가지는 干支이므로 일약 진골이나 6두품이 된다. 모량부는 왕비족도 아니고, 열악한 부이므로 干支란 관등이 나올 수 없다. 6세기의 골품제를 살펴보기 위해 먼저 울진봉평비의 관등명을 표로서 제시하면 다음의 <표 3>과 같다.

<표 3> 봉평비의 관등명

봉평비	京位名	外位名	봉평비
	1.伊伐飡		
	2.伊飡		
	3.迊飡		
	4.波珍飡		
太阿干支	5.大阿飡		
阿干支	6.阿飡		
一吉干支	7.一吉飡	1.嶽干	
	8.沙飡	2.述干	
居伐干支	9.級伐飡	3.高干	
太奈麻	10.大奈麻	4.貴干	
奈麻	11.奈麻	5.撰干	
(大舍帝智)	12.大舍	6.上干	

봉평비	京位名	外位名	봉평비
小舍帝智	13.舍知	7. 干	下干支
吉之智	14.吉士	8.一伐	一伐
(大烏帝智)	15.大烏	9.一尺	一尺
小烏帝智	16.小烏	10.彼日	波旦(彼日)
邪足智	17.造位	11.阿尺	阿尺

( ) 속의 것은 필자가 복원한 것임.

봉평비에서는 진골, 6두품, 5두품, 4두품에 해당되는 관등명이 모두 나오고 있다. 干支란 그 정체를 모르는 관등명이 없다면 골품제가 모두 완성된 것으로 볼 수가 있다. 그러나 干支 때문에 관등제가 거의 대부분 완성되었다고 할 수밖에 없다. 골품제도 거의 대부분이 완성되었다고 해석할 수밖에 없다. 복원한 곳 가운데 大舍帝智는 525년 울주 천전리서석 원명에 두 번이나 나온다.[7] 뒤의 <표 5>에서 보면 545년이나 그 직전으로 보이는 적성비에서는 우리가 모두 아는 관등명과 진골, 6두품, 5두품, 4두품에 해당되는 관등명이 나와서 골품제가 완성되었음을 알 수 있다.

Ⅳ. 5두품의 완충제 역할

<표 3>의 봉평비 인명 분석표에 있어서 1~5관등을 소유한 진골과 5~9관등을 소유한 6두품은 ~干+支로 되어서 존칭의 뜻인 支자로 이해하고 있다. 4두품인 12관등의 大舍帝智, 13관등의 小舍帝智, 14관등의 吉之智, 15관등의 大烏帝智, 16관등의 小烏帝智, 17관등의 邪足智는 모두 관등명이 ~帝智나 ~智로 끝나고 있다. 이러한 예를 또 제시하면 다음의 <표 4>와 같다.

---

7) 김창호, 『고신라 금석문의 연구』, 2007, 160쪽.

<표 4> 영천청제비병진명의 인명 분석표

職名	出身地名	人名	官等名
使人	喙	△尺利智	大舍苐
위와 같음	위와 같음	尺次鄒	小舍苐
위와 같음	위와 같음	述利	大烏苐
위와 같음	위와 같음	尺支	小烏
위와 같음	위와 같음	未苐	小烏
一支△人		次弥尒利	
위와 같음		乃利	
위와 같음		內丁兮	
위와 같음		使伊尺	
위와 같음		只伊巴	
위와 같음		伊卽刀	
위와 같음		衆礼利	
위와 같음		只尸△利	干支
위와 같음		徙尒利	

<표 4>에서는 大舍苐, 小舍苐, 大烏苐만 苐자가 존칭의 의미로 붙어 있고, 小烏에는 없다. 이로 미루어 보면 造位는 관등명에 존칭어가 붙지 않은 것으로 보인다. 吉士에는 苐자가 공반한 것으로 보인다. 이제 관등제가 완성된 것으로 보이는 적성비의 관등표를 제시하면 다음의 <표 5>와 같다.

<표 5> 적성비의 관등명

적성비	京位名	外位名	적성비
	1. 伊伐飡		
伊干支	2. 伊飡		
	3. 迊飡		
波珎干支	4. 波珍飡		
大阿干支	5. 大阿飡		
阿干支	6. 阿飡		
	7. 一吉飡	1. 嶽干	

적성비	京位名	外位名	적성비
	8. 沙湌	2. 述干	
及干支	9. 級伐湌	3. 高干	
	10. 大奈麻	4. 貴干	
	11. 奈麻	5. 撰干	撰干支
大舍	12. 大舍	6. 上干	
	13. 舍知	7. 干	下干支
	14. 吉士	8. 一伐	
大烏之[8]	15. 大烏	9. 一尺	
	16. 小烏	10. 彼日	
	17. 造位	11. 阿尺	阿尺

적성비의 관등명에서는 그 관등명을 가진 사람의 수가 적지만 1~9관등에 붙은 ~支란 존칭을 나타내는 것과 외위에서 撰干支와 下干支에서 존칭의 어미인 支자가 붙어 있다. 4두품에서 그 많던 524년 봉평비에서 나오던 帝智나 智, 536년 영천청제비 병진명에 나오던 苐자는 없다. 이들 관등명에서 존칭의 어미가 사라진 시기는 540년경으로 보인다.[9]

중요한 것은 524년 봉평비 단계에서와 536년 영천청제비 병진명 단계에서 그 많던 관등명의 끝에 반드시 붙던 존칭 어미가 있는 4두품의 관등명이 주목된다. 이에 비해 5두품의 大奈麻와 奈麻에서는 관등명의 끝에 붙는 존칭 어미가 지금까지 어떤 금석문 자료에서도 한 번도 나온 예가 없다. 그 이유가 궁금하다. 大奈麻와 奈麻란 관등명을 가지는 모탁부 · 한지부 · 습비부의 5두품은 각 부에서 가장 높은 사람이다. 그래서 골품제의 형성 과정에서 양보를 한 것으로 보인

8) 之자는 적성비의 맨 마지막에 나오므로 종결사로 임창순의 제창에 따라서 해석해 왔다. 大舍도 관등명에 之자를 동반하지 않았는데, 大烏에는 之자가 붙을 수가 없다. 이 之자는 다른 글자보다 천각이고, 무슨 글자인지도 알 수가 없다. 후대에 추각된 것으로 보인다.

9) 김창호, 『한국 고대 목간』, 2020, 88~90쪽.

다. 곧 두품으로서는 6두품과 4두품의 가운데에 있으면서 완충제 역할을 한 것으로 보인다.

Ⅴ. 골품제와 6부

신라 골품제는 성골, 진골, 6두품(득난), 5두품, 4두품이 있다. 낭혜화상비에 다음과 같은 구절이 나온다. 이에 대한 다양한 해석 방법이 제기되고 있으나[10] 다음과 같이 해석한다.

> 父範淸, 族降眞骨一等 曰得難. 國有五品 曰聖而 曰眞骨, 曰得難, 言貴姓之難得. 文賦云 或求易而得難, 從言,六頭品數多, 爲貴 猶一命至九 其四五品不足言.

낭혜화상의 아버지인 범청이 진골에서 족강 1등하여 득난이 되었다.[11] 나라에 5품이[12] 있었다. 성이(성골)라고 하고,[13] 진골이라고 하고, 득난이라고 한다. (聖而 · 眞骨 · 得難의) 귀성은 어렵게 얻음을 말한다. 『文賦』에[14] 이르기를 혹 쉬운 것을 찾되 어려운 것은 얻는다. 종래 말하기를 6두품의 數가 많아서 貴하게 되는 것은 一命(伊伐干)에서 九命(級伐干)까지이고,[15] 그 4 · 5두품은 足히

10) 김창호, 「신라 무염화상비의 득난조 해석과 건비 연대」『신라문화』 22, 2003 참조.

11) 학계에서는 김헌창 난에 연루되어 득난으로 족강한 것으로 해석하고 있다.

12) 聖而, 眞骨, 六頭品(得難), 五頭品, 四頭品을 가리킨다.

13) 박수진, 「신라 성골연구의 현황과 과제」『신라사학보』 52, 2021에서 신라 하대에 성골이 있다고 소개하고 있으나 논외로 한다. 왜냐하면 성골은 법흥왕, 진흥왕, 진지왕, 진평왕, 선덕여왕, 진덕여왕의 6왕뿐이기 때문이다.

14) 중국 西晋때 陸機가 글짓기에 대해 읊은 賦. 文은 古文을 가리킨다.

15) 이에 대해서는 김창호, 앞의 논문, 2003 참조.

말할 바가 못 된다.

골품제가 성골, 진골, 6두품, 5두품, 4두품까지만 있고, 1~3두품은 없다. 그래서 골품제의 형성 초기에는 3두품, 2두품, 1두품도 있다고 보았다. 그런데 중성리비(441년)와 냉수리비(443년)에서는 진골과 4두품에 해당되는 관등도 없어서 문제가 된다.[16] 바꾸어 말하면 5세기 중엽까지는 3두품, 2두품, 1두품이 없었다는 이야기가 된다. 더구나 낭혜화상비 득난조에는 國有五品이라고 해서 五品을 성이, 진골, 득난(6두품), 5두품, 4두품만 언급하고 있을 뿐, 3두품 · 2두품 · 1두품에 대해서는 언급이 없다. 따라서 1두품 · 2두품 · 3두품은 본래부터 있다가 없어진 것이 아니고 본래부터 없었다고 사료된다.

골품제와 관등제와의 관계는 성골은 왕족으로 17관등을 초월하여 어느 관등에도 오르는 것이 가능하지만 아직까지 성골이 관등에 진출했다는 증거는 없다. 진골만이 할 수 있는 관등은 이벌찬(1관등), 이찬(2관등), 잡찬(3관등), 파진찬(4관등), 대아찬(5관등)까지이고, 진골과 6두품이 할 수 있는 관등은 아찬(6관등), 일길찬(7관등), 사찬(8관등), 급벌찬(9관등)까지이고, 진골과 6두품과 5두품이 할 수 있는 관등은 대나마(10관등), 나마(11관등)이고, 진골과 6두품과 5두품과 4두품이 할 수 있는 관등은 대사(12관등), 사지(13관등), 길사(14관등), 대오(15관등), 소오(16관등), 조위(17관등)이다.

聖骨에 대해서는 실재설 보다는 추존설이 유력하였다.[17] 聖骨은 성골이라고 표기하지 않고, 聖而라고 표기하고 있다. 그 뒤에 알려진 535년에 작성된 울주 천전리서석 을묘명에 乙卯年八月四日聖法興太王節이란 구절이 나오므로 이

16) 중성리비(441년), 냉수리비(443년)에는 軍主가 등장하지 않고, 봉평비(524년), 적성비(545년이나 그 직전), 창녕비(561년), 북한산비(561~568년), 마운령비(568년), 황초령비(568년)의 6세기 비에는 반드시 군주가 등장하고 있다. 그래서 냉수리비를 503년으로 보면, 군주의 유무가 21년밖에 차이가 없어서 문제가 된다.

17) 武田幸男, 「新羅の骨品體制社會」 『歷史學硏究』 299, 1965.

의 전문을[18] 제시하면 다음과 같다.[19]

④	③	②	①	
先	僧	道	乙	1
人	首	人	卯	2
等	乃	比	年	3
見	至	丘	八	4
記	居	僧	月	5
	智	安	四	6
	伐	及	日	7
	村	以	聖	8
	衆	沙	法	9
	士	弥	興	10
			太	11
			王	12
			節	13

이 聖을 聖而와 같은 것으로 본 가설이 있다.[20] 그렇다면 성골의 실존설을 무시할 수 없게 되었다. 이러한 聖자는 7세기 전반에[21] 조성된 선도산아미타삼존불상의 관세음보살상의[22] 등에도 있다.[23] 따라서 聖=聖而일 가능성이 있어서

18) 이의 전문을 해석하면 '乙卯年(535년) 8월 4일에 聖骨인 法興太王의 때에 道人인 比丘 僧安과 沙弥인 僧首와 居智伐村의 衆士와 先人 등이 보고 기록했다.'가 된다.

19) 김창호, 「울주천전리서석 을묘명에 대한 몇 가지 첨언」『신라학연구』 5, 2001.

20) 이종욱, 「신라 중고 시대의 성골」『진단학보』 59, 1980.

21) 국립경주박물관, 『신라와전』, 2000, 117쪽의 연화문 수막새 참조. 연판의 가운데에 줄을 넣어서 2분한 연화문 수막새의 편년은 7세기 전반이다.

22) 관세음보살상의 聖자가 성골을 가리킨다면 신라에서 성골 왕이 끝나는 654년이 선도산마애아미타삼존불상의 하한이다. 따라서 선도산삼존불상의 편년은 聖자에 의해 7세기 전반으로 볼 수가 있다.

23) 김창호, 「경주 불상 2예에 대한 이설」『한국 고대 불교고고학의 연구』, 2007, 333쪽.

성골이 실재했던 것으로 보아야 할 것이다. 성골은[24] 『삼국유사』, 왕력에 따르면, 법흥왕, 진흥왕, 진지왕, 진평왕, 선덕여왕, 진덕여왕의 6왕이다.

중성리비(441년)와 냉수리비(443년)에서는 一伐干(1), 伊干(2), 迊干(3), 波珍干(3), 大阿干(4)에 해당되는 진골 관등과 大舍(12), 舍知(13), 吉士(14), 大烏(15), 小烏(16), 造位(17)에 해당되는 4두품 관등이 나오지 않고 있다. 진골과 4두품에 해당되는 관등명이 없어서인지 아니면 관등명은 있었는데 임용할만한 사람이 없어서인지 잘 알 수가 없다. 6두품과 5두품에 해당되는 관등명이 중성리비와 냉수리비에서는 모두 나오고 있는 것으로 보아서 전자를 취해 중성리비와 냉수리비 단계에서는 아직까지 진골이나 4두품에 해당되는 관등은 없었다고 본다. 아울러 5세기 단계에서는 진골과 4두품은 아직 형성되지 않았다고 판단된다.

신라 6부에는 왕족인 탁부, 왕비족인 사탁부, 제3세력인 본피부가[25] 있고, 그보다 세력이 약한 부로 모탁부, 한지부,[26] 습비부가[27] 있었다. 종래 학계에서는

---

24) 성골에는 탁부와 사탁부의 지배자가 모두 성골이었는데, 탁부인 왕족 쪽에서 먼저 대가 끊어져 성골이 없어진 것으로 본다.

25) 본피부의 위치는 새로 설정해야 된다. 고신라 금석문에서 인명표기가 10여 명이 나와서 탁부와 사탁부의 다음을 차지하고 있다. 그래서 탁부와 사탁부의 무덤이 있던 곳은 황오리, 황남동, 로서리, 로동리 등의 읍남고분군이고, 본피부의 무덤은 건천 모량리에 있는 적석목곽묘라고 생각된다. 종래에는 모량리라는 지명과 모량부가 왕비족으로 보아서 모량부의 무덤으로 보아 왔다. 모량리는 왕비족도 아니라서 모량리의 무덤의 주인공이 될 수가 없고 본피부의 무덤으로 판단된다.

26) 다경기와요에서는 漢只명 또는 漢명 기와가 나온 것으로 추정되고 있다. 망성리기와요지에서 나온 習部명 등의 기와 명문과 함께 월지와 동궁의 기와로 사용되었는데 그 숫자는 각 부의 전체 기와가 1/100 정도밖에 되지 못한다. 그래서 그 사용처가 100장 또는 200장의 기와를 나타내는데 사용했을 것이다.

27) 습비부는 망성리 가와 요지에서 680년경에 습부명 등 기와를 생산했고, 679년에는 儀鳳四年皆土란 기와를 생산했다. 儀鳳四年皆土명 기와는 儀鳳四年皆土(679년)명 기와의 皆土의 土를 全土나 國土의 의미로 보아서 率土皆我國家로 의미로 해석하거나, 679년을 실질적인 신라의 통일 연대로 보거나, 年月日이 모두 음

중고 왕실하면 탁부를 왕족, 모탁부를 왕비족으로 보아 왔다. 이는 잘못된 것으로 고신라 국가 차원의 금석문에 나오는 인명표기의 숫자에 모탁부는 단 1명도 없다. 따라서 고신라의 중고 시대 왕비족은 모탁부가 아닌 사탁부이다. 최근에는 왕족을 탁부와 사탁부로 보기도 하나 이는 잘못된 것으로 왕족은 탁부밖에 없고,[28] 왕비족도 사탁부밖에 없다. 중고 금석문에 모탁부가 나오는지를 알아보기 위해서 <표 6> 중고 금석문에 나타난 각 부명별 인명의 수를 제시하면 다음과 같다.

<표 6> 중고 금석문에 나타난 각 부명별 인명의 수[29]

비명	탁부	사탁부	본피부	불명	계
봉평비	11	10	1	3	25
적성비	7	3		2	12
창녕비	21	14	1	3	39
북한산비	5	3			8
마운령비	11	6	2	1	20
황초령비	11	4		5	20
계	66	40	4	14	124

양오행의 土인 때를 가리키는 것으로 보거나, 儀鳳四年皆土를 納音五行(年土 · 月土 · 日土인 때)으로 보거나, 모두 아울렀으니 우리 땅이 되었다로 皆土를 해석하고 나서 儀鳳四年皆土는 백제를 포함하는 땅을 모두 아울렀다는 의식의 표현이라고 보고 있으나, 儀鳳四年皆土는 679년에는 다 (기와의) 흙이다로도 해석된다. 그래서 다경 와요지 등에서 출토된 기와의 중요성을 통일신라에서는 부각시키고 있다. 다경 와요지(한지부)와 망성리 요지(습부)야말로 신라의 대규모 본격적인 기와 생산에 획을 그었다. 그러한 자신감을 儀鳳四年皆土라고 기와에 박자로 찍어서 생산한 것으로 판단된다.

28) 중성리비, 냉수리비, 봉평비에서 왕은 모두 탁부 출신이다. 사탁부 출신은 없다. 왕족으로 탁부와 사탁부로 보는 것은 부에 대한 의견의 차이일 뿐이다.

29) 중성리비의 경우는 탁부 9명, 사탁부 9명, 본피부 3명, 불명 5명이고, 냉수리비에서는 탁부 7명, 사탁부 7명, 본피부 2명이므로 <표 6>의 결론과 같다.

봉평비에서는 탁부 11명, 사탁부 10명, 본피부 1명, 불명 3명이다. 적성비에서는 탁부 7명, 사탁부 3명, 불명 2명이다. 창녕비에서는 탁부 21명, 사탁부 14명, 본피부 1명, 불명 3명이다. 북한산비에서는 탁부 5명, 사탁부 3명이다. 마운령비에서는 탁부 11명, 사탁부 6명, 본피부 2명, 불명 1명이다. 황초령비에서는 탁부 11명, 사탁부 4명, 불명 5명이다. 총계 탁부 66명, 사탁부 40명, 본피부 4명, 불명 14명으로 전부 124명이 된다. 중고 왕실의 왕비족인 모량부는 단 1명의 隨駕인명도 없다. 따라서 모량부는 왕비족이 아니고, 사탁부가 왕비족이다. 539년 울주 천전리서석 추명에 나오는 另卽知太王妃인 夫乞支妃는 사탁부 출신으로 판단된다.[30)]

신라의 신분 제도 때문에 더 이상 올라갈 수 없는 예인 重官等制가 금석문에 나오는 예로는 重阿湌金志誠(719년, 감산사미륵보살조상기)와 重阿湌金志全(720년, 감산사아미타여래조상기)가 유명하다. 重阿湌金志誠과 重阿湌金志全은 동일인이다. 6두품으로 6관등인 阿湌에서 더 이상 올라가지 못하고 重阿湌이 되어 중관등에 머물렀다.[31)] 또 창녕비의 大等沙喙屈珍智大一伐干이 있다. 제1관등인 一伐干에서 중관등인 大一伐干이 받았다. 창녕비에 나오는 大等沙喙屈珍智大一伐干에 대해서는 더 이상 아는 것이 없다. 그가 沙喙部 출신이라서 그런지 喙部 출신인 異斯夫와 喙部 출신인 居柒夫와는 달리 문헌에 등장하지도 않고, 열전에도 없다. 또 竅興寺鐘銘(856년)에 上村主三重沙干堯王이란 인명표기가 있으나 사간에도 중관등제가 실시되었으나 그 상세한 것은 알 수 없다. 909년 이후 가까운 시기에 최치원에 의해 지어진 신라수창군호국성팔각

30) 김창호, 『신라 금석문』, 2020, 73쪽.

31) 六頭品이란 용어는 754~755년 사이에 만들어진 신라화엄경사경 六頭品 父吉得阿湌이라고 나온다. 經題筆師同京同智大舍가 그의 아들로 보이는데 그도 바로 6두품이다. 신라화엄경사경에서는 만드는 데에는 직접 참여하지 않고 6두품이라고만 명기하고 있어서, 6두품은 吉得阿湌의 부자뿐으로 판단된다. 그래서 6두품이라고 별도로 써서 아버지임을 밝히고 있다.

등루기에[32] 重閼粲異才가 나오는 바, 重閼粲은 중관등제이고, 이 이재는 6두품이다.

신라에 있어서 골품제와 6부와의 관계는 다음과 같다. 왕족인 탁부와 왕비족인 사탁부에는 성골이 있고, 탁부와 사탁부에는 진골도 있다. 탁부, 사탁부, 본피부에는 6두품이 있고, 탁부, 사탁부, 본피부, 모탁부, 한지부, 습비부에는 5두품이 있고, 탁부, 사탁부, 본피부, 모탁부, 한지부, 습비부에는 4두품이 있고, 탁부, 사탁부, 본피부, 모탁부, 한지부, 습비부에는 평민이 있고, 탁부, 사탁부, 본피부, 모탁부, 한지부, 습비부에는 노예가 각각 있었다. 금석문에 나오는 관등명과 낭혜화상비 득난조에 의거할 때 탁부와 사탁부는 부족장이 성골(진골), 본피부는 그 부족장이 6두품, 모탁부, 습비부, 한지부는 그 부족장은 5두품으로 6두품도 아니라고 판단된다. 혹자는 망성리요지를 습비부의 근거지로, 다경요지를 한지부의 근거지로 각각 보고 있으나 어디까지나 작업장으로서 요지일 뿐이지 습비부와 한지부의 위치와는 관계가 없다. 습비부와 한지부도 경주 분지에서 활약했다고 판단된다. 경주 분지의 북천, 남천, 서천보다 살기 좋은 곳은 없을 것이고, 월성이란 토성도 방어에 중요한 몫을 하여서 6부인들이 살기에 안성맞춤이었다.[33]

신라사에서 가장 큰 변화의 선을 긋는 시기는 520년경이다. 이때에는 太王制가 채택되어 사용되기 시작했고, 고비용의 적석목곽묘 대신에 저비용의 횡혈식

32) 김창호, 「신라수창군호국성팔각등루기의 분석」 『고문화』 57, 2001를 읽어주신 은사 문경현 교수님께서는 호국성이 절이라는 교시를 주셨다. 이재는 신라수창군팔각등루기에 따르면 친신라적인 6두품으로 호족이 아니다.

33) 신라의 수도였던 경주에는 남천, 서천, 북천이 있어서 물에서부터 농사를 짓거나 식수로부터 자유롭고, 반월성이 있어서 수비에 용이하고, 황남동 · 황오리 · 노동동 · 노서동 · 인왕동 등에 걸쳐서 소재한 읍남고분군이 있어서 3박자를 두루 갖추고 있었다. 이를 두루 갖춘 곳으로는 대구의 달성 공원, 신천 지류, 내당 · 비산동 고분군이 있다.

석실분을 사용했다.[34] 그래서 이때를 제1차 고대국가 완성기라 부른다. 제2차 고대국가 완성기는 영남 지방에 기와가 보급되는 7세기 전반이다. 520년경을 기점으로 제의 중심의 제정일치 사회가 정치는 太王이, 제사는 제사장이 맡은 제정분리의 사회가 되었다.[35] 이렇게 태왕제의 채택과 횡혈식석실분을 사용한 최초의 임금인 법흥왕 때부터를 성골시대라 부르는 것은 우연의 일치가 아닐 것이다. 법흥왕릉에 대해 알아보자. 태종무열왕릉의 뒤에 4왕릉이 있는데, 위에서부터 아래로 각각 제1호에서 제4호까지로 부르고 있다. 1호묘가 법흥왕 부부무덤, 2호묘가 立宗葛文王과 只召太后의 무덤,[36] 3호묘가 진흥왕 부부무덤, 4호묘가 진지왕 부부무덤으로 판단된다.[37]

VI. 맺음말

신라에서는 금석문에 많은 자료가 있다. 그 중에는 연구가 잘못되어 정체 상

---

34) 대가야 등 가야 세력이 금석문 자료로 보면 고대국가의 문턱에 들어섰으나 고비용의 수혈식석곽묘를 계속 사용했기 때문에 완벽한 고대국가가 되는데 실패하고, 신라의 경쟁에서 실패해 점령을 당했다.

35) 김창호, 「한국 신석기시대 토착 신앙 문제」 『한국신석기연구』 12, 2006.

36) 이 두 사람의 왕릉설은 지금까지 한 번도 제기된 바 없이 지금까지 나온 4왕릉에 관한 중요한 학설은 다음과 같다. 1호분은 진흥왕릉(김정희), 법흥왕릉(강인구), 진지왕릉(이근직), 진흥왕비릉(김용성), 법흥왕릉(최민희), 2호분은 진지왕릉설(김정희), 진흥왕릉설(강인구), 진흥왕릉설(이근직), 진지왕릉설(김용성), 진흥왕릉설(최민희) 등이 제기되었다. 3호분은 문성왕릉(김정희), 진지왕릉(강인구), 법흥왕비인 보도부인(이근직), 진흥왕릉설(김용성), 진흥왕비인 사도부인설(최민희), 4호분은 헌안왕릉(김정희), 문흥왕릉(강인구), 법흥왕릉(이근직), 법흥왕릉(김용성), 진지왕릉(최민희) 등이 나와 있다. 입종갈문왕의 비가 문헌에서는 只召太后이므로 立宗葛文王은 왕으로 추존되었을 가능성도 있으나 문헌에는 그러한 사실이 나오지 않고 있다.

37) 김창호, 「경주 서악동 4왕릉의 주인공 비정」 『고구려와 백제의 금석문』, 2022.

태를 피하지 못한 경우가 있다. 중성리비와 냉수리비는 5세기 금석문으로 진골과 4두품에 해당하는 관등명은 없다. 관등명이 만들어지지 않았고, 진골과 4두품으로 아직 골품체제가 형성되지 않았기 때문에 관등명이 없는 것으로 생각해야 된다.

524년 봉평비무렵 때까지 거의 모든 관등명이 형성되었고, 거의 모든 부분에서 골품제가 형성되었던 것으로 이해되지만, 干支가 2번 나와서, 신라 골품제의 완전한 형성은 신라 관등제 체계가 완성되는 540년까지 기다려야 한다.

신라 금석문의 정식 명칭은 진골의 ~干과 6~9관등명의 6두품 뒤에 붙는 존칭으로 외위도 ~干으로 끝나는 경우는 마찬가지이다. 4두품의 관등 이름에는 帝智, 智, 苐 등의 존칭어미가 붙었다. 반면 5두품의 경우 太奈麻와 奈麻는 존칭 어미가 붙지 않았다. 이는 4두품과 6두품의 중간에 있던 5두품이 양보하여 완충 역할을 한 것으로 보인다.

신라의 골품제는 6부와 밀접한 관련이 있다. 신라에서 왕족은 탁부뿐이고 왕족은 모량부가 아닌 사탁부이다. 국가 전체 규모의 금석문에서는 모량부가 없고, 울주 천전리서석에서 사탁부 출신의 왕비가 있고, 사탁부 출신자가 부별 인구수에 이어 두 번째이기 때문이다. 중고시대에는 왕족들이 성골로서 탁부와 사탁부였고, 본피부는 6두품, 모량부, 한지부, 습비부는 5두품이 각각 최고의 부족장이었다.

결론적으로 441년의 중성리비와 443년의 냉수리비의 단계에서 6두품의 원형이 형성되고, 5두품의 원형도 형성되었고, 그 밑에 평민과 노예가 있었다. 524년 봉평비의 단계에서는 5세기의 골품제에 진골의 원형과 4두품의 원형이 추가되어 성골을 제외한 모든 골품제가 거의 완성되었다. 성골은 535년 울주 천전리서석의 을묘명보다 먼저 만들어졌고, 이때에야 성골, 진골, 6두품, 5두품, 4두품, 서민, 노예로 골품제가 완성되었다.

찾아보기

-ㄴ-

-ㄷ-

-ㅁ-

-ㅂ-

-ㅅ-

-ㅇ-

-ㅈ-

-ㅊ-

-ㅌ-

-ㅍ-

-ㅎ-

-△-

| 책을 마무리하며 |

辛亥명 보상화문전의 711년으로 보는 전을 三川卄方명 보상화문전으로 바꾸어서 논문을 쓴 것이 바로 어제만 같았다. 三川卄方만으로는 논문을 쓰기 어려워 신라 6부와 관련지어서 마무리했다. 문헌사학자들은 지금도 모량부를 왕비족으로 보고 있으나, 모량부는 중고 금석문에서 왕비족으로 나온 바가 없다. 중고의 왕비족은 울주 천전리서석 추명과 중고 금석문에 나오는 출신부로 볼 때, 사탁부이다. 고신라 금석문 자료에 따르면 탁부와 사탁부는 성골까지 올라갈 수 있고, 본피부는 6두품까지, 모탁부 · 한지부 · 습비부는 5두품까지 올라갈 수 있었다.

기와는 왕궁, 왕족의 집, 귀족의 집, 사원, 지방 관아 등에서 사용되는 권위 건물의 상징으로 사용되었다. 통일 신라의 기와는 세계에서 가장 아름답고, 발달된 것이다. 이 기와를 직접 만든 사람은 평민과 노예로 짐작된다. 월지에서 많은 양의 목간이 나왔으나 관등을 가지고 있는 사람은 한 사람도 없었다. 고구려와 백제의 소형 금동불이 10기가량 나왔는데, 관등을 가진 인명은 없다. 왜 관등이 없을까? 분명 관등을 지닌 귀족도 많이 포함되어 있었을 터인데 나오지 않는 것은 분명 무슨 이유가 있을 것이다. 이들도 신분제의 완충제 역할을 했다고 본다.

고신라시대는 5세기 4/4분기에 기와가 도입되었는데도 불구하고, 고신라 6세기는 금석문의 세기인데도 불구하고, 기와나 전에 쓴 명문은 없다. 고신라 최고의 기와는 5세기 4/4분기에 신라 최대의 토기 생산지인 경주 천북면 물천리와 내남면 화곡리 가마터의 단각고배를 제작했던 토기 장인에 의해 제작되었다. 5세기 4/4분기에서 676년까지 기와와 전에서는 문자 자료가 단 1예도 없다. 그래서 고신라시대에 있어서 기와와 전은 있으나 문자가 있는 와전이 없다. 그 이유가 궁금하다. 고신라 기와의 원향인 백제 기와에서도 와당이나 평기와에 문자가 있는 예가 손 곱을 정도라서 고신라 기와에서 문자와가 나올 가능성은 있을 것이다. 통일 신라 최고의 문자 자료는 679년의 儀鳳四年皆土명기와이다. 이 기와는 그 출토의 수나 양이 엄청나게 많아서 문무대왕기와로도 불린다. 이 기와는 월지와 동궁 등 10예 이상의 출토예가 있는 Ⅰ유형이 있는데 전부가 신식단판이고, 이는 다시 4가지의 박자로 나뉜다. Ⅱ유형은 나정, 월성, 발천 석교에서 출토되는 중판의 기와이다. 儀鳳四年皆土는 조그마한 조각이라도 발견되면 불상의 연구에도 결정적인 자료가 된다. 칠불암에서 儀鳳四年皆土명 기와 조각을 발견해서 가설이 많았던 칠불암 연대를 679년으로 통일하였다. 전에서 가장 빠른 문자 자료는 調露二年명전이다.

기와에서 중요한 것은 기와를 만드는 기술도 중요하지만 기와나 전에 쓰이거나 도장으로 찍은 인각와나 인각전도 중요하다. 이들 명문은 儀鳳四年皆土 명문만 하더라도 皆土를 率土皆我國家 등의 뜻으로 풀이하거나 삼국 통일의 실질적인 해로 보거나 五行 納音으로 해석해 왔다. 여기에서는 쉽게 연호나 연간지 다음에는 건물이름이나 인명이 오는 점에 의해 인명으로 보았다. 會昌七/年丁卯/年末印(847년)을 847년 年末에 기와를 만들었다로 해석하거나 印을 종결의 뜻인 이두로 보고, 이를 847년 6월에 기와를 만들었다로 해석하기도 했다. 여기에서 末印은 인명이다. 왜냐하면 年末로 끊어 읽으면 印자의 해석이 불가능하고, 847년 6월로 보아서 印자를 종결의 의미의 이두로 보면 한국 고대에 印자가 이두로 쓴 예가 없어서 문제가 되고, 印자가 이두로 나오는 大定17年銘香垸에서는 重八斤印으로 끊어져 印자가 이두이지만 會昌七年명 기와에서는 다르기 때문이다.

신라에서 고식 단판 6세기 전반~7세기 전반, 신식 단판 7세기 후반(의봉사년개토명, 습부명, 한지명 암키와), 중판은 7세기 후반~9 · 10세기로 판단하고 있다. 지방은 중판이 7세기 후반~8세기에, 경주를 제외한 지방에서는 장판이 9세기 전반부터 출토되고 있다. 그런데 익산 미륵사지에서 출토된 景辰명기와에 따르면, 656년에 만든 기와에 장판타날이 나온다. 장판타날 문양과 동반한 문자 기와는 지금까지 대개 9세기이다. 會昌七年丁卯年末印명 기와(847년), 大中三年명 기와(849년)에서 보이는 魚骨文 등이 장판타날기와의 예이다. 그런데 656년 기와에서 장판타날이 나와서 문제가 된다. 이 점은 평기와를 전공하는 학자에 의해 짚고 넘어 가야할 과제이다.

세계에서 가장 오래도록 지속한 신라 1,000년 고도 경주에는 기와가 땅속이나 지표상에 많다. 기와의 수나 양이 많을뿐더러 아름답기가 그지없다. 儀鳳四年皆土명 암키와와 세트를 이루는 인동문무악식암막새의 문양은 세련되어 있다. 이와 세트를 이루는 인동문수막새도 아름답다. 이들의 제와 시기가 679년인 점이 더욱 흥미롭다. 기와의 힘은 국력과 비례하여 이때의 기와는 힘이 있고, 세련되었으나 후삼국시대의 在城명 기와에서는 힘이 없다. 국운이 다한 것을 기와로도 느낄 수 있다. 신라 기와에서 폭넓은 시기에 걸쳐서 제와된 호박씨문기와는 전성기와 쇠퇴기를 알 수가 있다.

기와는 지배 계급을 연구할 수 있는 단초이다. 월지와 동궁을 연구하려고 하면 기와를 전공해야 된다. 신라의 왕궁이 고신라시대에는 반월성에 있었지만 통일신라시대에는 어디에 있었는지 정확히 알 수가 없다. 경주 분지에서 전랑지보다 큰 건물지를 찾을 수가 없다. 월지 주위를 두루 다 발굴했지만 왕궁은 찾지를 못했다. 후삼국시대의 왕궁은 在城명 기와가 나오는 반월성이다. 통일신라시대의 왕궁이 전랑지일 가능성도 있는 듯하다.

• 김창호

1950년 10월 27일 경북 구미생
경북대학교 대학원 사학과 수료, 문학박사
경주대학교 문화재학부 교수
문화재청 문화재 전문위원
울산광역시 문화재위원
경상북도 문화재 전문위원

저서
『고신라 금석문의 연구』, 『삼국시대 금석문 연구』, 『한국 고대 불교고고학의 연구』,
『고신라 금석문과 목간』, 『한국 고대 목간』, 『신라 금석문』,
『고구려와 백제의 금석문』
외 논문 다수

한국고대와전명문

초판발행일 2022년 10월 05일
편 저 자 김창호
발 행 인 김선경
책 임 편 집 김소라
발 행 처 서경문화사
주소 : 서울시 종로구 이화장길 70-14(204호)
전화 : 743-8203, 8205 / 팩스 : 743-8210
메일 : sk8203@chol.com
신 고 번 호 제1994-000041호
ISBN 978-89-6062-245-6 93900

※ 파본은 구입처에서 교환하여 드립니다.

정가 29,000원